PAPERERIA - LLIBRERIA

PUIG

SITGES

DICCIONARIO

DE REFRANES

ESPASA

JUANA G. CAMPOS - ANA BARELLA

DICCIONARIO

DE REFRANES

ESPASA

ESPASA CALPE
Madrid - 1993

Depósito legal: M. 23.096-1992
ISBN 84-239-5984-8

Impreso en España
Printed in Spain

Talleres gráficos de la Editorial Espasa-Calpe, S. A.
Carretera de Irún, km. 12,200. 28049 Madrid

ÍNDICE GENERAL

Con el mayor afecto agradecemos a Manuel Seco el interés y la paciencia con que nos ha orientado a lo largo de este trabajo.

PRÓLOGO

Repetidamente ha mostrado la Academia su interés por la sabiduría popular condensada en los refranes. Nunca ha dejado de sentirse heredera de la tradición que, arrancando del florilegio atribuido al Marqués de Santillana, continuó en el Siglo de Oro con Juan de Valdés, Hernán Núñez, Mal Lara, Horozco y Correas. Ya el Diccionario de Autoridades (1726-1739) acogió y explicó multitud de refranes; lo mismo hizo desde 1780 el Diccionario común en sus diversas ediciones, hasta la decimoctava, de 1956. Entre las publicaciones de la Academia figuran el Vocabulario de refranes de Correas (1906 y 1924), el Refranero General Ideológico de Luis Martínez Kleiser (1954) y finalmente los Anejos II y XVIII de su Boletín, dedicado uno a los Refranes y frases proverbiales españolas de la Edad Media, que reunió la hispanista norteamericana Eleanor S. O'Kane (1959), y otro al Refranero de Francisco de Espinosa, editado por la misma investigadora (1967).

Sin embargo, al preparar la edición decimonovena del Diccionario común la Corporación resolvió que los refranes no continuaran figurando en él. Tal acuerdo, tomado por iniciativa del entonces Secretario, D. Julio Casares, obedeció a las conveniencias de la compilación léxica tanto como a las del estudio paremiológico. El número de palabras y acepciones nuevas era tan grande que habría acarreado grave aumento de volumen al Diccionario si no hubiera tenido contrapartida. De otro lado, el Diccionario común no podía dedicar espacio suficiente a los problemas semánticos que atañen al conjunto del refrán con independencia de los relativos a cada uno de los vocablos que lo componen. Los refranes poseen infinita capacidad de admitir variantes; conservan extraordinarios arcaísmos léxicos, sin que por eso dejen de renovarse continuamente. Aluden muchas veces a realidades de otros tiempos, desconocidas para la inmensa mayoría de los hablantes que los emplean; y a pesar de ello, no pierden su capacidad significativa, aunque en ocasiones se llenen de contenidos que no son los originarios. Todo aconsejaba destinarles un repertorio autónomo, capaz de incluir y organizar un caudal de noticias superior al reunido en el Diccionario común hasta 1956.

La Academia no se lanzó a la empresa —tentadora, pero de momento, imposible— de un refranero exhaustivo, que no podría serlo sin incorporar los tesoros, solo muy par-

*cialmente allegados, de las creaciones paremiológicas hispanoamericanas. Hubo de con-
tentarse, como primer paso, con algo más asequible: reunir en volumen aparte los que
antes figuraban en el* Diccionario *común; remozar su interpretación, cuando lo que
hoy dan a entender difiere de las definiciones académicas, perpetuadas a veces desde
el siglo XVIII; y enriquecer la colección con los procedentes de algunas obras literarias
ricas en sentencias populares. Con tal propósito convocó en 1967 un concurso especial,
sufragado por la Fundación Conde de Cartagena. El trabajo que ahora ve la luz es
el que, una vez transcurrido el plazo de tres años que se fijó en la convocatoria, obtuvo
el premio en 1971. No es, por tanto, obra de la Academia, sino de sus abnegadas colectoras, que han hecho así una contribución fundamental para un deseable Refranero hispánico más ambicioso.*

*Muchas son sus aportaciones: además de los refranes contenidos en las obras litera-
rias requeridas en el concurso, han despojado los de muchas otras pertenecientes al siglo XIX y al actual, y han incorporado la colección más antigua —la atribuida a
Santillana— y una de Fernán Caballero que, por ser de las primeras cosechadas en
el campo andaluz, puede ofrecer especial interés al paremiólogo hispanoamericano. Sin
propósito de hacer un refranero histórico, suministran abundantes y valiosos datos a
quien algún día se arroje a hacerlo. Halaga pensar que alguien estudie el envejecimien-
to y renovación de vocablos en la vida multisecular de los proverbios acuñados por el
pueblo. El presente* Diccionario de Refranes *ofrece para esa labor dos instrumentos
indispensables: la prestación conjunta de las variantes de cada refrán, completada con
precisas referencias, y un índice de palabras que solo omite las de exclusiva función gramatical. Supera al refranero disperso en el* Diccionario *común hasta 1956 en caudal
más amplio y documentación más puntual, y también en organización que hace más
manejable el repertorio. Conforme se exigió en el concurso, las colectoras dan la interpretación literal del refrán, aclarando en nota las voces antiguas o dialectales; asimismo
incluyen, junto a la definición académica, otras interpretaciones o aplicaciones existentes
o posibles, y definen por su cuenta multitud de refranes no registrados en el* Diccionario
*común. Quizá sea esta labor hermenéutica la más discutible: a veces el lector se siente
inclinado a proponer otras exégesis; pero esto es inevitable en la mayoría de los casos,
dada la condición semántica de los refranes, verdaderamente proteica por lo cambiante
y huidiza.*

Espero larga vida para este Diccionario, *que sus autoras seguirán enriqueciendo
y perfeccionando en sucesivas ediciones. Lo mucho conseguido ahora debe alentarlas para
no cejar ante la gran tarea posible.*

RAFAEL LAPESA
(1975)

ADVERTENCIA

El presente trabajo obtuvo el premio especial del concurso «Fundación Conde de Cartagena» otorgado por la Real Academia Española el 19 de febrero de 1971. Se editó en 1975 con cargo a los fondos de dicha Fundación (Anejo XXX del Boletín de la R.A.E.).

El tema era el siguiente: «Colección completa de los refranes contenidos en la edición XVIII del *Diccionario* de la Academia, a los que se añadirán los de uso moderno no recogidos en obras de paremiología, y los que figuran en ciertos textos de gran interés literario, como *El Libro de Buen Amor,* de Juan Ruiz; *La Celestina,* de Fernando de Rojas; *La Lozana andaluza,* de Francisco Delicado; *Guzmán de Alfarache,* de Mateo Alemán; *La Pícara Justina; La Dorotea,* de Lope de Vega; *El Criticón,* de Gracián, etc.».

En la nota explicativa para la ejecución del trabajo se indicaba: «los refranes se dispondrán por orden alfabético de conformidad con las reglas para el uso del *Diccionario* [...], y cada refrán llevará un número de orden. Convendrá prestar especial atención a las expresiones calificadas de frases proverbiales. [...] En caso de duda deberá incluirse entre los refranes la frase de que se trate. A continuación de cada refrán deberá darse la explicación de su sentido recto, deteniéndose a definir las voces poco conocidas empleadas en el refrán. Después se expondrá el sentido traslaticio para lo cual se copiará, en primer lugar, la interpretación que figura en el *Diccionario* [...]. Hecho esto, el autor del trabajo, si ha lugar, presentará su propia interpretación ateniéndose al uso del refrán. El trabajo deberá contener un índice alfabético de los nombres propios, sustantivos, verbos, adjetivos, adverbios y pronombres que figuren en los refranes».

La forma y estructura de este refranero están, pues, condicionadas por las bases que se acaban de transcribir.

De cómo hemos aplicado estas normas, conviene dar alguna explicación.

1.   Los refranes del Diccionario

En muchos casos hemos omitido la explicación literal, unas veces por ser esta evidente (*en abril, aguas mil; el que sigue la caza, ese la mata,* etc.), y otras porque es la propia Academia la que da en su definición el sentido recto del refrán. En cambio, se han definido generosamente las palabras anticuadas o de poco uso en notas a pie de página; dichas notas tienen numeración distinta para cada letra.

Los comentarios a las definiciones de la Academia se dan cuando hemos creído que cabía otra interpretación posible del refrán, por el uso que se le da en la actualidad, o por el sentido que se deduce de algún texto literario utilizado.

Determinar las frases proverbiales o de otro tipo que podrían considerarse refranes nos suscitó numerosas dudas. Consultamos diccionarios y otros textos relacionados con el tema [1], y en todos ellos se advierten vacilaciones a la hora de fijar las características del refrán o de delimitar su campo. Y en las obras de paremiología aparecen mezclados refranes con frases o locuciones.

Para tratar de deslindar este campo nos fijamos en primer lugar en la definición de refrán; una de las definiciones más orientadoras que encontramos es la que da Julio Casares en su *Introducción a la Lexicografía moderna*, pág. 192. Dice así: «Es una frase completa e independiente que, en sentido directo o alegórico, y por lo general en forma sentenciosa y elíptica, expresa un pensamiento —hecho de experiencia, enseñanza, admonición, etc.—, a manera de juicio, en el que se relacionan por lo menos dos ideas».

Ateniéndonos a estas investigaciones, a la etimología de la palabra *refrán* y a gran parte de los primeros testimonios que hemos manejado, consideramos refranes indudables los que van rimados y los que, aun sin rima, constan al menos de dos miembros; como *si el corazón fuera de acero, / no lo venciera el dinero,* o *cuando el gato no está, / los ratones bailan.*

Sin embargo, abundan los refranes unimembres, tanto en el *Diccionario* como en los textos literarios más antiguos: *cada palo aguante su vela; el mentir pide memoria; tomar la corriente desde la fuente,* etc.

Naturalmente, hemos incorporado todos esos refranes —plurimembres o unimembres— calificados de tales por la Academia, e igualmente hemos recogido otros con calificaciones distintas: frases proverbiales, expresiones, locuciones, etc. Para estos últimos, nos ha servido de guía bien que en ediciones anteriores del *Diccionario* académico se calificaran de refranes, o que aparecieran incluidos en refraneros o en autoridades literarias antiguas.

Para finalizar este apartado hay que observar que a veces la Academia define un refrán enviando a otro su interpretación. Así, *más vale mal ajuste que buen pleito,* lo explica con *más vale mala avenencia que buena sentencia.* Hemos conservado esta forma de definición entre comillas, y a continuación se ha añadido una pequeña explicación. Se recuerda que todas las definiciones del *Diccionario* van siempre entrecomilladas.

2. Material explorado

Aparte de las obras literarias que proponía la Academia, enumeradas al principio de la Advertencia, hemos seleccionado otros textos medievales y clásicos: *El Libro del Caballero Zifar, El Corbacho,* de Alfonso Martínez de Toledo, *Diálogo de la Lengua,* de Juan de Valdés, y *Don Quijote de la Mancha,* de Miguel de Cervantes.

---

[1] VALDÉS, *Diálogo de la Lengua,* 12 y 13; COVARRUBIAS, *Tesoro de la lengua española* y *Diccionario de Autoridades,* s/v adagio, proverbio y refrán; COTARELO, *Refrán, semántica española;* CASARES, *Introducción a la Lexicografía moderna,* 3.ª parte; LÁZARO CARRETER, *Diccionario de términos filológicos;* MARTÍNEZ AMADOR, *Diccionario gramatical;* PINNEAUX, *Proverbes et dictons français,* 5 y 6 (v. referencias bibliográficas en pág. XIX).

Asimismo se han explorado varias obras de los siglos XIX y XX: de Fernán Caballero, de Pérez Galdós, de Cela y de Delibes[2].

Siguiendo las bases del concurso, no se ha utilizado material de refraneros, con alguna excepción: *Refranes que dicen las viejas tras el fuego,* del Marqués de Santillana, por su antigüedad, y una pequeña recopilación de Fernán Caballero. Nos hemos servido de ambos solamente para autorizar o confirmar los refranes tanto académicos como literarios que se han incluido. Para refrendar los refranes procedentes de textos literarios, que no estaban incluidos en el *Diccionario* académico, y solo en el caso de que no hubiera otra autoridad que apoyara el refrán, hemos acudido a los refraneros tradicionales (Hernán Núñez y Gonzalo Correas)[2].

a)   *Autores clásicos*

La mayor dificultad para seleccionar los refranes en las obras que se han manejado cuando no figuran en el *Diccionario,* la han planteado los textos más antiguos, en especial *El Libro del Caballero Zifar* y El *Libro de Buen Amor,* debido en parte a no estar consolidada la forma del refrán y en parte al tono sentencioso y moralista del lenguaje que se emplea en dichas obras.

Nos ha servido de norma consultar los refraneros tradicionales, como hemos apuntado anteriormente, y ha sido también de gran utilidad el hecho de que en el propio texto se introduzca la cita con las palabras: adagio, aforismo, cantar, decir, dicho, ejemplo, fabla, parlilla, proverbio, razón, refrán, regla, retraer, verbo y fórmulas con el verbo «decir» (como dicen, se dice, decir se suele, como dice la vieja, etc.). Las fórmulas más representadas son las formadas con el verbo «decir» y «refrán».

b)   *Autores modernos*

Los refranes correspondientes a los autores seleccionados de los siglos XIX y XX no se han incorporado en su totalidad, porque como se recogía en las bases del concurso solo debían incluirse los de uso moderno «no recogidos en obras de paremiología», y todos los que hemos encontrado figuran en alguna de estas colecciones. Así pues, aparecerán, bien para corroborar los refranes del *Diccionario* o de los textos clásicos —si ambas lecturas son idénticas—, o bien para hacer constar la variante[3] al lado de aquellos; es decir, con el mismo criterio que se ha seguido en los refraneros de Santillana y de Fernán Caballero.

3.   **Estructura de los artículos: las variantes**

Al iniciar el presente trabajo, es decir, al sacar los refranes contenidos en la edición XVIII del *Diccionario,* encontramos, dentro de un mismo artículo algunas veces y otras en artículos distintos, refranes de construcción y significado idénticos. En unos casos se debía a la inversión de los términos de un mismo refrán (*callen **barbas** y hablen cartas / hablen **cartas** y callen barbas);* en otros, al cambio de algunas

---

2   v. datos completos en bibliografía: obras exploradas.
3   v. apartado 3.

palabras *(el que fuera va a casar... / quien lejos va a casar...)*; y también porque, como en el ejemplo citado en primer lugar *(barba / carta)*, se registraba el refrán en artículos distintos por no coincidir la palabra clave [4]: *una* **alma** *sola, ni canta ni llora / una* **ánima** *sola, ni canta ni llora / una* **ave** *sola, ni bien canta ni bien llora.*

Todo esto no afectaba a las normas para la ordenación de los refranes dadas por la Academia, pero sí, en cierto modo, al orden lógico. El cambio de una o más palabras o la transposición de sus términos hacía pensar que, o era el mismo, o se trataba de variantes de un solo refrán. Por tanto, acordamos agrupar las distintas formas en un solo artículo, intentando así un verdadero diccionario de refranes en el que se vieran reunidas las diversas variantes de un refrán, con el fin de obtener una mejor idea de conjunto y facilitar su localización.

Las variantes, cuando no van seguidas o precedidas del principal, se han puesto en el lugar alfabético que les corresponde, y a continuación el número donde se encontrará el refrán que encabeza la serie. Ejemplo:

7   **Si bien canta el** ***abad,*** **no le va en zaga el monacillo** (Ac. y Quijote, II, 25). *Si bien canta el cura, no le va en zaga el monaguillo* (Galdós, Arapiles, 124).

En s/v cura, aparecerá:

1170   **Si bien canta el** ***cura,*** **no le va en zaga el monaguillo.** v. 7.

Como ya se ha dicho, en el *Diccionario* de la Academia se cita a veces el mismo refrán en artículos diferentes, y cuando en los dos tiene definición, se hace constar del siguiente modo:

2952   **A quien lo** ***quiere*** **celeste, que le cueste** (Ac.). *El que quiera azul celeste, que le cueste* (Ac. s/v azul).
    «Da a entender que el que quiere darse un gusto, debe hacer el sacrificio correspondiente.» «Da a entender que quien quiera obtener lo que desea, no debe quejarse si por ello se le originan gastos y molestias.» (s/v azul.)

Después de las variantes de la Academia, si las hay, irán las de los textos literarios por orden de antigüedad y no de semejanza con la forma del refrán tomado como base.

Si un artículo versa sobre un refrán procedente de un texto literario, se encabeza igualmente con la forma más antigua.

4.   El índice alfabético de palabras

Al final del presente diccionario irá un índice en el que se recogen todas las palabras que figuran en los refranes, con los números en que aparecen. De este índice se han excluido: artículos, preposiciones, conjunciones, pronombres relativos y personales, y los adverbios *sí* y *no* (en cambio figura *non*). También se ha omitido el verbo *haber* cuando tiene una función puramente auxiliar.

---

[4]   v. Instrucciones para el uso de este diccionario.

Cuando hay un adjetivo registrado solo en femenino aparecerá en la forma siguiente: desalmado: desalmada 1499.

De la misma manera se citarán las palabras que únicamente figuran en diminutivo: arrendador: arrendadorcillo 50.

Los diminutivos, aumentativos, etc., irán a continuación de la forma positiva correspondiente: correa 1139, 3385; corregüela 1061; correhuela 1978.

INSTRUCCIONES PARA EL USO DE ESTE DICCIONARIO

Cada refrán se encontrará en el artículo correspondiente a uno de los vocablos de que se compone, por este orden de preferencia:

1) sustantivo, o cualquier palabra usada como tal, y cuando haya varios, en el que aparezca en primer lugar. Si no hay sustantivo, se buscará en el
2) verbo (excepto *ser* y *haber* usados como auxiliares)
3) adjetivo
4) pronombre

Por ejemplo, *quien no sabe de abuelo, no sabe de bueno* debe buscarse en el artículo *abuelo*. Los refranes *del rico es dar remedio, y del viejo consejo; con lo mío me ayude Dios; con otro ea, llegaremos a la aldea*, estarán, respectivamente, en los artículos *rico, mío* y *ea*, por estar usadas estas palabras como sustantivos. *A quien dan en qué escoger, le dan en qué entender* se encontrará en el artículo *dar*, que corresponde al primer verbo; *o muerto o pinjado, o rico o descalabrado*, en *muerto*, que es el primer adjetivo, y *lo mío, mío, y lo tuyo, de entrambos*, en *mío*. Para facilitar esta búsqueda, la palabra clave irá destacada en negrita cursiva.

BIBLIOGRAFÍA

1. Obras utilizadas como fuentes, y forma en que aparecen citadas

Ac. = REAL ACADEMIA ESPAÑOLA: *Diccionario de la lengua española*. Ed. XVIII. Madrid, 1956.

BAmor [1] = RUIZ, Juan: *El Libro de Buen Amor*. Ed. de J. Ducamin. Toulouse, 1901.

Cela, *El Gallego* = CELA, Camilo José: *El Gallego y su cuadrilla y otros apuntes carpeto-vetónicos*. Barcelona, 1955.

Cela, *Judíos* = *Judíos, moros y cristianos*. Barcelona, 1956.

Cela, *Lazarillo* = *Nuevas andanzas y desventuras del Lazarillo de Tormes*. Madrid, 1948.

Cela, *MViento* = *El Molino de Viento y otras novelas cortas*. Madrid, 1956.

Celestina [2] = ROJAS, Fernando de: *La Celestina* (1499-1502). Ed. y notas de Julio Cejador y Frauca. En *Clásicos Castellanos,* ts. 20 y 23. Madrid, 1913.

Corbacho = MARTÍNEZ DE TOLEDO, Alfonso: *El Corbacho* (1438). Ed. de L. B. Simpson. México, 1939.

Correas = CORREAS, Gonzalo: *Vocabulario de refranes y frases proverbiales* (1627). Madrid, 1924.

Criticón [3] = GRACIÁN, Baltasar: *El Criticón* (1651-1657). Ed. crít. y notas de M. Romera Navarro. 3 vols. University of Pennsylvania, 1938-1940.

Delibes, *DCazador* = DELIBES, Miguel: *Diario de un cazador*. Barcelona, 1958.

Delibes, *DEmigrante* = *Diario de un emigrante*. Barcelona, 1958.

Delibes, *5 horas* = *Cinco horas con Mario*. Barcelona, 1966.

DLengua = VALDÉS, Juan de: *Diálogo de la Lengua* (1535). Ed. y notas de José F. Montesinos. En *Clásicos Castellanos,* t. 86. Madrid, 1928.

Dorotea [2] = LOPE DE VEGA, Félix: *La Dorotea* (1634). Ed. y notas de Edwin S. Morby. Valencia, 1958.

FC = FERNÁN CABALLERO: *Refranes y máximas populares recogidos en los pueblos del campo* (*a*1877). En *Biblioteca de Autores Españoles,* t. 140. Madrid, 1961, págs. 257-276.

FC, *Dicha* = *Dicha y suerte* (1852). En *Biblioteca de Autores Españoles,* t. 139. Madrid, 1961, págs. 139-155.

FC, *LGarcía* = *Lucas García* (1852). En *Biblioteca de Autores Españoles,* t. 139. Madrid, 1961, págs. 195-226.

FC, *Más honor* = *Más vale honor que honores* (*c*1865). En *Biblioteca de Autores Españoles,* t. 139. Madrid, 1961, págs. 159-192.

Galdós, *Amadeo I* = PÉREZ GALDÓS, Benito: *Amadeo I.* Madrid, 1910.

Galdós, *Apostólicos* = *Los Apostólicos* (1879). Madrid, 1906.

Galdós, *Arapiles* = *La batalla de los Arapiles* (1875). Madrid, 1903.

Galdós, *ATettauen* = *Aita Tettauen.* Madrid, 1905.

Galdós, *Ayacuchos* = *Los Ayacuchos* (1900). Madrid, 1906.

Galdós, *Bailén* = *Bailén* (1873). Madrid, 1906.

Galdós, *Bodas* = *Bodas reales* (1900). Madrid, 1903.

Galdós, *Camarilla* = *Los duendes de la camarilla.* Madrid, 1903.

Galdós, *Cánovas* = *Cánovas.* Madrid, 1912.

Galdós, *Carlos IV* = *La Corte de Carlos IV* (1873). Madrid, 1903.

Galdós, *Carlos VI* = *Carlos VI en La Rápita.* Madrid, 1905.

Galdós, *Cien mil* = *Los cien mil hijos de San Luis* (1877). Madrid, 1906.

Galdós, *Chamartín* = *Napoleón en Chamartín* (1874). Madrid, 1907.

Galdós, *De Oñate* = *De Oñate a La Granja* (1898). Madrid, 1900.

Galdós, *Empecinado* = *Juan Martín el Empecinado* (1874). Madrid, 1905.

Galdós, *Estafeta* = *La estafeta romántica* (1899). Madrid, 1900.

Galdós, *ETrágica* = *España trágica.* Madrid, 1909.

Galdós, *Gerona* = *Gerona* (1874). Madrid, 1905.

Galdós, *GOriente* = *El Grande Oriente* (1876). Madrid, 1903.

Galdós, *Luchana* = *Luchana* (1899). Madrid, 1906.

Galdós, *Maestrazgo* = *La campaña del Maestrazgo* (1899). Madrid, 1906.

Galdós, *MCortesano* = *Memorias de un cortesano de 1815* (1875). Madrid, 1903.

Galdós, *Mendizábal* = *Mendizábal* (1898). Madrid, 1906.

Galdós, *Narváez* = *Narváez* (1902). Madrid, 1906.

Galdós, *O'Donnell* = *O'Donnell.* Madrid, 1904.

Galdós, *Prim* = *Prim.* Madrid, 1906.

Galdós, *República* = *La primera república.* Madrid, 1911.

Galdós, *Rey José* = *El equipaje del rey José* (1875). Madrid, 1903.

Galdós, *Sin rey* = *España sin rey.* Madrid, 1908.

Galdós, *TDestinos* = *La de los tristes destinos.* Madrid, 1907.

Galdós, *Tormentas* = *Las tormentas del 48* (1902). Madrid, 1903.

Galdós, *Trafalgar* = *Trafalgar* (1873). Madrid, 1905.

Galdós, *Un faccioso* = *Un faccioso más y algunos frailes menos* (1879). Madrid, 1902.

Galdós, *Vergara* = *Vergara* (1899). Madrid, 1906.

Galdós, *Zaragoza* = *Zaragoza* (1874). Madrid, 1906.

Galdós, *1824* = *El terror de 1824* (1877). Madrid, 1906.

Galdós, *2.ª casaca* = *La segunda casaca* (1876). Madrid, 1903.

Galdós, *2 mayo* = *El 19 de marzo y el 2 de mayo* (1873). Madrid, 1905.

Galdós, *7 julio* = *7 de julio* (1876). Madrid, 1906.

GAlfarache [3] = ALEMÁN, Mateo: *Guzmán de Alfarache* (1599-1604). Ed. y notas de Samuel Gili Gaya. En *Clásicos Castellanos,* ts. 73, 83, 90, 93 y 114. Madrid, 1926-1936.

HNúñez [3] = NÚÑEZ, Hernán: *Refranes o proverbios en romance* (*c*1549). Madrid, 1804, 3 vols.

Lozana = DELICADO, Francisco: *Retrato de la Lozana andaluza* (1528). En *Colección de Libros Españoles Raros o Curiosos,* t. I. Madrid, 1871.

PJustina [3] = *La Pícara Justina* (1605). Ed. y notas de Julio Puyol y Alonso. Publicado por la *Sociedad de Bibliófilos Madrileños,* ts. I y II. Madrid, 1912.

Quijote [4] = CERVANTES, Miguel de: *El Ingenioso Hidalgo Don Quixote de la Mancha,* 2 vols. (1605 y 1615). Ed. facsímil de la Real Academia Española, 1917.

Santillana [5] = SANTILLANA, Marqués de: *Refranes que dicen las viejas tras el fuego* (*a*1454). Publicado por Urban Cronan en *Revue Hispanique* XXV (1911), págs. 134-219.

Zifar = *El Libro del Caballero Zifar* (*c*1300). Ed. de Charles Philips Wagner. Michigan, 1929.

2.   Obras consultadas

ACADEMIA ESPAÑOLA: *Diccionario de Autoridades,* 6 vols. 1726-1739.

— *Diccionario de la lengua castellana,* 2.ª impresión, 1770.

— *Diccionario de la lengua española,* eds. I a XX (1780-1984).

— *Diccionario manual e ilustrado de la lengua española,* 2.ª ed. 1950.

— *Esbozo de una nueva Gramática de la lengua española,* Madrid, 1973.

AGUADO, José María: *Glosario sobre Juan Ruiz.* Madrid, 1929.

AGUILERA, Miguel: *Teoría ideológica del refrán,* en *Boletín de la Academia Colombiana,* XXI, núm. 86 (1971), 5-22.

ALATORRE, Margit Frenk: *Una fuente poética de Gonzalo Correas,* en *Nueva Revista de Filología Hispánica,* XX, núm. 1 (1971), 90-95.

---

[1]   *BAmor:* En esta obra se cita el núm. del verso.
[2]   *Celestina y Dorotea:* Los números romanos corresponden al acto, y los árabes a la página.
[3]   *Criticón, GAlfarache, HNúñez y PJustina:* En romanos, el tomo; en árabes, la página.
[4]   *Quijote:* En romanos se cita el tomo, y en árabes el capítulo.
[5]   *Santillana:* El número es el del refrán en la ed. utilizada.

ALFAU DE SOLALINDE, Jesusa: *Manual de tejidos españoles.* Madrid-México, 1981.

ALFONSO X: *Las Siete Partidas,* t. I. Publicado por la Real Academia de la Historia, 1807.

ALONSO HERNÁNDEZ, José Luis: Ed., pról., índices y glosario de Horozco, *Teatro Universal de proverbios.* Salamanca, 1986.

ALONSO Y DE LOS RUYZES DE FONTECHA, Juan: *Diccionario de los nombres de piedras, frutos, yerbas..., para los estudiantes que comienzan la ciencia de la medicina.* Alcalá de Henares, 1606.

ALLEGRA, Giovanni: v. DAMIANI, Bruno M.

BAROJA, Pío: *Vitrina pintoresca,* en *Obras completas,* Biblioteca Nueva, V. Madrid, 1948, 713-859.

BERGIER, Abate: *Diccionario de Teología.* Madrid, 1847.

BOGGS, Ralph S., KASTEN, L., KENISTON, H. y RICHARDSON, H. B.: *A tentative Dictionary of Medieval Spanish.* Chapel Hill, North Carolina, 1946.

BUSSELL THOMPSON, B.: Introd., ed. y notas de Francisco del Rosal, *La razón de algunos refranes.* London, Tamesis Books, 1976.

CABALLERO, Ramón: *Diccionario de modismos.* Madrid, s. a. [1899].

Cancionero general de Hernando del Castillo (1511). En *Bibliófilos Españoles.* 2 vols. Madrid, 1882.

Cancionero de Gómez Manrique (c1445-c1490). En *Colección de Escritores Castellanos,* ts. 36 y 39. Madrid, 1885.

Cancionero de Juan Alfonso de Baena (c1406-a1445). Madrid, 1851.

CÁRCER Y DE SOBÍES, Enrique de: *Las frases del «Quijote».* Madrid, 1916.

CARO Y CEJUDO, Jerónimo Martín: *Refranes y modos de hablar castellanos, con los latinos que les corresponden y la glosa de los que tienen necesidad de ella.* Madrid, 1792.

CARTAGENA, Alonso de: *Doctrinal de Caballeros.* Burgos, 1487.

CASARES, Julio: *Diccionario ideológico de la lengua española.* Barcelona, 1959.

— *Introducción a la Lexicografía moderna.* Madrid, 1950.

CASTILLO, Hernando del: v. *Cancionero general.*

CASTRO, Américo: *Glosarios Latino-Españoles de la Edad Media,* en *Revista de Filología Española,* anejo XXII. Madrid, 1936, 349-362.

CEJADOR Y FRAUCA, Julio: *Vocabulario medieval castellano.* Madrid, 1929.

COLL Y VEHÍ, José: *Los refranes del «Quijote». Ordenados por materias y glosados.* Barcelona, 1874.

Collecting of Proverbs in Spain before 1650 (The), en *Hispania,* XX (1937), 85-94.

COMBET, Louis: Texte établi, annoté et présenté de Correas, *Vocabulario de refranes y frases proverbiales.* Université de Bordeaux, Lyon, 1967.

COROMINAS, Joan: *Diccionario crítico etimológico de la lengua castellana.* 4 vols. Madrid, 1954-1957.

— Ed. crítica de Juan Ruiz, *Libro de Buen Amor.* Madrid, 1967.

COROMINAS, Joan y PASCUAL, José A.: *Diccionario crítico etimológico castellano e hispánico*. 5 vols. Madrid, 1980-83.

COSSÍO, José María: *Los toros en el lenguaje*, en *Los Toros*, II. Madrid, 1947, 235-238.

COTARELO, Emilio: *Refrán, Semántica española*, en *Boletín de la Real Academia Española*, IV (1917), 242-259.

COVARRUBIAS, Sebastián de: *Tesoro de la lengua española*. Madrid, 1611.

DAMIANI, Bruno M. y ALLEGRA, Giovanni: Ed. crítica de Francisco Delicado, *La Lozana andaluza*. Madrid, 1975.

DIEGO DE, Natividad y LEÓN, África: *Indumentaria Española*. Madrid, 1915.

Diccionario Enciclopédico UTEHA, 10 vols. México, 1953.

Enciclopedia Universal Ilustrada Europea-Americana (= Espasa), 70 vols. Barcelona, 1908-1930.

ESPINOSA, Francisco: *Refranero* (1527-1547). Ed. de Eleanor S. O'Kane. Anejo XVIII del *Boletín de la Real Academia Española*. Madrid, 1967.

ESPINOSA, Pedro: *El perro y la calentura*, en *Obras*, publicadas por Francisco Rodríguez Marín. Madrid, 1900.

FEIJOO, Fray Benito Jerónimo: *Falibilidad de los adagios*, en *Cartas eruditas y curiosas*, III, carta 1ª. Madrid, 1750.

FERNÁNDEZ, M.: *Antología de refranes populares y cultos de la lengua castellana, explicados y razonados*. Madrid, 1987.

FERNÁNDEZ DE MEDRANO, Sebastián: *El arquitecto en el arte militar*. Bruselas, 1700.

FERNÁNDEZ DE OVIEDO, Gonzalo: *Primera parte de la Historia Natural y General de las Indias*. Sevilla, 1535.

FERNÁNDEZ SEVILLA, Julio: *Presentadores de refranes en «La Celestina»*. En *Homenaje a Fernando Lázaro Carreter*, I. Madrid, 1983, 209-218.

FONT QUER, P.: *Diccionario de Botánica*. Barcelona, 1953.

FONTECHA, Carmen: *Glosario de voces comentadas en ediciones de textos clásicos*. Madrid, 1941.

GAOS, Vicente: Ed. crítica y comentario de Cervantes, *Don Quijote de la Mancha*. 3 vols. Madrid, 1987.

GARAY, Blasco de: *Quatro cartas hechas en refranes para enseñar el vso dellos*. Madrid, 1619.

GARCÍA DE DIEGO, Vicente: *Diccionario etimológico español e hispánico*. Madrid, s. a. [1954].

GARCÍA GÓMEZ, Emilio: *Hacia un «refranero» arabigoandaluz*. I: *Los refranes de Ibn Hisam Lajmi;* II. *El refranero de Ibn «Asim en el ms. londinense»*, en *Al-Andalus*, vol. XXXV, 1 y 2 (1970), 1-68 y 241-315.

— *Tres notas sobre el refranero español*. En *Homenaje a la memoria de don Antonio Rodríguez-Moñino*. Madrid, 1975, 239-253.

GARCÍA MORENO, Melchor: *Catálogo paremiológico*. Madrid, 1918.

GELLA ITURRIAGA, José: *Refranero del mar*. Publicado por el Instituto Histórico de Marina, 1944.

GELLA ITURRIAGA, José: *Las monedas en el refranero: 1.700 proverbios* y *locuciones.* Madrid, 1982.

GILLET, Joseph E.: *An elliptical construction in a group of Spanish Proverbs,* en *Romance Philology,* I (1947-1948), 235-242.

GONZÁLEZ-GRANO DE ORO, Emilio: *El español de José Luis Castillo Puche. Estudio léxico.* Madrid, 1983, 244-246.

GONZÁLEZ MUELA, Joaquín: Ed., introducción y notas de Alfonso Martínez de Toledo, *Archipreste de Talavera o Corbacho.* Madrid, 1970.

GORGUES Y LERMA, Juan: *Lluvia de refranes.* Madrid, 1880.

GUADIX, Diego: *Recopilación de algunos nombres arábigos.* Copia manuscrita de la Biblioteca Colombina de Sevilla (1593).

HARTZENBUSCH, Juan Ignacio: *La Visionaria,* en *Obras escogidas.* París, 1850.

HESELTINE, Janet E.: *Prólogo a «The Oxford Dictionary of English Proverbs».* Oxford, 1948.

HOROZCO, Sebastián de: *Libro de Proverbios* (1570). 4 vols. Copia manuscrita de la Real Academia Española.

— *Recopilación de refranes y adagios comunes y vulgares de España* (1580). Biblioteca Nacional, ms. 1849.

IRIARTE, Juan de: *Refranes castellanos traducidos en verso latino,* en *Obras sueltas,* II. Madrid, 1774, 3-224.

IRIBARREN, José María: *El porqué de los dichos.* Madrid, 1956.

ISCLA ROVIRA, Luis: *Refranero de la vida humana.* Pról. de Pedro Laín Entralgo. Madrid, 1989.

JOLY, Monique: *Aspectos del refrán en Mateo Alemán y Cervantes,* en *Nueva Revista de Filología Hispánica,* XX, núm. 1 (1971), 95-106.

JUAN MANUEL: *Libro de las armas,* en *Don Juan Manuel, biografía y estudio,* por A. Giménez Soler. Zaragoza, 1932.

— *Libro de los Enxemplos* o *Conde Lucanor.* Ed. de H. Knust. Leipzig, 1900.

KASTEN, Lloyd A.: v. BOGGS, R. S.

KAYSERLING, M.: *Refranes o proverbios españoles de los judíos españoles,* en Biblioteca Española-Portuguesa-Judaica. Strasbourg, 1890, 119-140.

KENISTON, Hayward: v. BOGGS R. S.

KIYOSHI MIZUTANI: *Refranes españoles.* Tokio, 1962.

LAPESA, Rafael: *La obra literaria del Marqués de Santillana.* Madrid, 1957.

LÁZARO CARRETER, Fernando: *Diccionario de términos filológicos.* Madrid, 1962.

Libro de los Buenos Proverbios. Ed. de H. Knust. Tübingen, 1879.

LIDA DE MALKIEL, María Rosa: *Tres notas sobre Don Juan Manuel: 2. Los refranes en las obras de Don Juan Manuel,* en *Romance Philology,* IV (1950-51), 144-194.

LOPE BLANCH, Juan M.: Ed. introducción y notas de Valdés, *Diálogo de la Lengua.* Valencia, 1969.

MAL LARA, Juan de: *La Philosophía vulgar.* Sevilla, 1568.

MALDONADO, Felipe C. R.: *Refranero clásico español y otros dichos populares.* Anotaciones, introd., notas y vocabulario de —. Madrid, 1960.

MARIANA, Juan de: *Historia General de España,* 2 vols. Toledo, 1601.

MÁRMOL CARVAJAL, Luis del: *Historia de la rebelión y castigo de los moriscos de Granada.* Málaga, 1600.

MARTÍNEZ AMADOR, Emilio M.: *Diccionario gramatical.* Barcelona, 1954.

MARTÍNEZ DE ESPINAR, Alonso: *Arte de ballestería y montería.* Madrid, 1644.

MARTÍNEZ KLEISER, Luis: *El tiempo y los espacios en los refranes.* Madrid, 1945.

— *Refranero ideológico general.* Madrid, 1953, reimpresión 1978.

MATEOS, Juan: *Origen y dignidad de la caça.* Madrid, 1634.

MATONS, Augusto: *Diccionario de Agricultura, Zootecnia y Veterinaria.* 3 vols. Barcelona, 1939-1940.

MENÉNDEZ PIDAL, Ramón: *Vocabulario del «Cantar de Mio Cid».* Madrid, 1911.

MIR Y NOGUERA, P. Juan: *Frases de los autores clásicos españoles.* Madrid, 1899.

— *Rebusco de voces castizas.* Madrid, 1907.

MOLINER, María: *Diccionario del uso del español.* 2 vols. Madrid, 1966-1967.

MORBY, Edwin: *Los refranes de «La Dorotea»,* en *Romance Philology,* VIII (1954-1955), 243-259.

MUSSO Y FONTÉS, José: *Diccionario de las metáforas y refranes de la lengua castellana.* Madrid, 1876.

O'KANE, Eleanor S.: *Refranes y frases proverbiales españolas de la Edad Media.* Anejo II del *Boletín de la Real Academia Española.* Madrid, 1959.

OLIVER, Juan Manuel: *Refranero español.* Madrid, 1983.

OUDIN, César: *Refranes o proverbios castellanos, traduzidos en lengua francesa.* París, 1624.

Oxford Dictionary of Proverbs (The). Oxford, 1948.

PASCUAL, José A.: v. COROMINAS, Joan.

PAZ Y MELIA, Antonio: *Sales españolas,* 2.ª serie, en *Colección de Escritores Castellanos,* t. 80. Madrid, 1890.

PEÑA Y VALLE, Ventura de: *Tratado General de Carnes.* Madrid, 1832.

PÉREZ DE HERRERA, Cristóbal: *Proverbios Morales y Consejos Christianos...* Madrid, 1733.

PICCUS, Jules: *Refranes y frases proverbiales en el «Libro del Cavallero Zifar»,* en *Nueva Revista de Filología Hispánica,* XVIII (1965-1966), 1-24.

PINNEAUX, Jacques: *Proverbes et dictons français.* París, 1963.

PUENTE Y ÚBEDA, Carlos: *Meteorología popular, o refranero meteorológico de la península ibérica.* Madrid, 1896.

PUYOL Y ALONSO, Julio: *Estudio crítico, glosario, notas y bibliografía de «La Pícara Justina».* Publicado por la Sociedad de Bibliófilos Madrileños. Madrid, 1912.

REYES, Alfonso: *De los proverbios y sentencias vulgares,* en *Obras completas,* I. México, 1955, 163-170.

— *La experiencia literaria: Marsyas o del tema popular,* en *Obras completas,* XIV. México, 1962, 52-81.

RICARD, Robert: *Uno piensa el bayo...,* en *Homenaje ofrecido a Dámaso Alonso,* III. Madrid, 1963, 155-160.

RICHARDSON, Henry B.: *An Etymological Vocabulary to the «Libro de Buen Amor» de Juan Ruiz.* New Haven, 1930.

RIUS SERRA, José: v. *Romancea Proverbiorum.*

RODERO, José María: *Diccionario de caza.* Barcelona, 1953.

RODRÍGUEZ MARÍN, Francisco: *Los refranes. Discurso leído ante la Academia Sevillana de Letras el 8 de diciembre de 1895.*

— *El año en refranes.* Sevilla, 1896.

— *Más de 21.000 refranes castellanos no contenidos en la copiosa colección del maestro Gonzalo Correas.* Madrid, 1926.

— *12.600 refranes más, no contenidos en la colección del maestro Gonzalo Correas.* Madrid, 1930.

— *Los 6.666 refranes de mi última rebusca.* Madrid, 1934.

— *10.700 refranes más, no registrados por el maestro Correas.* Madrid, 1941.

Romancea proverbiorum. Refranes aragoneses del s. XIV. Publicados por José Rius Serra, en *Revista de Filología Española,* XIII (1926), 364-372.

SALAZAR, Eugenio de: *Cartas.* Madrid, 1886.

SÁNCHEZ DE LA BALLESTA, Alonso: *Diccionario de vocablos castellanos... con un índice copioso de los latinos de los que responde el castellano, que van puestos por el orden del ABC.* Salamanca, 1587.

SÁNCHEZ ESCRIBANO, Francisco: *Dialogismos paremiológicos castellanos,* en *Revista de Filología Española,* XXIII (1936), 275-291.

SÁNCHEZ PÉREZ, Juan B.: *Dos refraneros del año 1541.* Publicados nuevamente por —. Madrid, 1944.

SANTA CRUZ, Melchor: *Floresta española de apotegmas,* 2.ª parte. Madrid, 1953.

SÁÑEZ REGUART, Antonio: *Diccionario Histórico de las Artes de la Pesca Nacional.* 5 vols. Madrid, 1791-1795.

SAPORTA Y BEJA, Enrique: *Refranero Sefardí,* en *Biblioteca Hebraico-Española.* Madrid-Barcelona, 1957.

SBARBI, José María: *El libro de los refranes.* Madrid, 1872.

— *Florilegio o ramillete alfabético de refranes y modismos comparativos de la lengua castellana.* Madrid, 1873.

— *El refranero general español.* 10 vols. Parte recopilada y parte compuesta por el autor. Madrid, 1874.

— *Monografía sobre los refranes, adagios y proverbios castellanos y las obras o fragmentos que expresamente tratan de ellos en nuestra lengua.* Madrid, 1891.

— *Gran Diccionario de Refranes de la lengua española.* Obra póstuma ordenada, corregida y publicada bajo la dirección de Manuel J. García. Buenos Aires, 1943.

SECO, Manuel: *Diccionario de dudas y dificultades de la lengua española,* 9.ª ed. revisada y puesta al día. Madrid, 1986.

SEM TOB DE CARRIÓN: *Proverbios Morales.* Cambridge, 1947.

Semiloquium. Colección de refranes del siglo XV. Publicado por F[rancisco] N[avarro] S[antí], en *Revista de Archivos, Bibliotecas y Museos,* 3.ª época, año VIII (1904), 434-447.

SORAPÁN DE RIEROS, Juan: *Medicina española contenida en proverbios vulgares de nuestra lengua.* 2 vols. Granada, 1615-1616.

SPITZER, Leo: *En torno al arte del Arcipreste de Hita.* En *Lingüística e Historia Literaria.* Madrid, 1955, 103-160.

STEIGER, Arnald: *Contribución al estudio del vocabulario de «El Corbacho»,* en *Boletín de la Real Academia Española,* X (1923), 285-293.

SUÁREZ, Alonso: *De la excelencia de los caballos.* Toledo, 1564.

TIMONEDA, Juan de: *Sobremesa y alivio de caminantes.* Publicado por la Sociedad de Bibliófilos Españoles, t. 19. Madrid, 1947.

VALLÉS, Pedro: *Libro de refranes... en el qual se contienen quatro mil y trezientos refranes.* Zaragoza, 1549.

VILLAFUERTE, Carlos: *Refranero de Catamarca.* Academia Argentina de Letras, Serie Estudios Académicos, XIII. Buenos Aires, 1972.

WAGNER, Charles Philips: *The sources of «El caballero Zifar»,* en *Revue Hispanique* (1903), 5-104.

ZAPATA, Luis: *Miscelánea,* en *Memorial Histórico Español,* XI. Madrid, 1859.

ZUNZUNEGUI, Juan Antonio de: *La vida como es.* Barcelona, 1960.

LISTA DE ABREVIATURAS

a	ante	ms.	manuscrito
Ac.	Diccionario Real Acade-	n.	nota
	mia Española	núm.	número
ant.	anticuado	pág.	página
c	circa	p.p.	participio pasado
crít.	crítica	prep.	preposición
dicc.	diccionario	pról.	prólogo
ed.	edición	ref.	refrán
expr.	expresión	reimpr.	reimpresión
fam.	familiar	sent.	sentido
fig.	figurado	s.	siglo
fº	folio	s.a.	sin año
fr.	frase	sust.	sustantivo
germ.	germanía	s/v	sub voce
hist.	historia	t.	tomo
interj.	interjección	v.	véase
introd.	introducción	vº	vuelto
irón.	irónico	vol.	volumen
loc.	locución		

DICCIONARIO DE REFRANES

A

1   ***Abad*** [1] **avariento, por un bodigo** [2] **pierde ciento** (Ac.). Censuraba a ciertos párrocos que, por su codicia en recoger una determinada ofrenda, per-
dían la oportunidad de recibir otras.
«Da a entender que la avaricia redunda por lo común en perjuicio del
mismo avaro.»

2   ***Abad*** **de Zarzuela,** [3] **comisteis la olla, pedís la cazuela** (Ac.).
«Reprende a los que, no contentos con lo necesario, piden lo superfluo.»

3   ***Abad*** **y ballestero, mal para los moros** (Ac.). *Abad y ballestero* (Santillana, 3).
«Advierte cuán peligroso es tener por enemigo a quien reúna en sí el
poder de la autoridad espiritual y de la fuerza material.»

4   **Como canta el *abad*, responde el monacillo** (Ac.). *Como canta el abad,
responde el sacristán* (Ac.).
«Indica que los súbditos se ajustan generalmente al dictamen o manera
de proceder de los superiores.»

5   **El *abad* de Bamba,** [4] **lo que no puede comer, dalo por su alma** (Ac.).
«Reprende al que solo da lo que le es inútil o no le aprovecha.»

6   **El *abad*, de lo que canta yanta** (Ac., Quijote, II, 60 y Galdós, *Chamartín*,
119 y *A Tettauen*, 87). *El abad, donde canta, ende* [5] *yanta* (Santillana, 278). *El
abad, de do canta, de allí viste* (Celestina, VI, 205). *El abad, de donde canta,
de allí yanta* (DLengua, 41, 51 y 111). *El abad, de donde canta yanta* (Quijote,
II, 71).
«Da a entender que cada uno debe vivir y sustentarse de su trabajo.»

---

[1]   *Abad,* en algunas provincias 'cura párroco'.
[2]   *Bodigo* 'panecillo especial que solía llevarse a la iglesia como ofrenda'.
[3]   *Zarzuela,* pueblo de la provincia de Cuenca.
[4]   *Bamba,* pueblo de la provincia de Valladolid.
[5]   *Ende* 'de allí'.

7 Si bien canta el *abad,* no le va en zaga el monacillo (Ac. y Quijote, II, 25). *Si bien canta el cura, no le va en zaga el monaguillo* (Galdós, *Arapiles,* 124).
   «Denota paridad de condiciones o circunstancias entre personas de distinta índole o jerarquía.» También da a entender que una persona de condición humilde puede llegar a igualarse en algún aspecto con el superior a cuyo lado trabaja. Puede tomarse a mala parte.

8 Quien mucho *abarca,* poco aprieta (Ac.). *Quien mucho abarca, poco suele apretar* (Celestina, XII, 104).
   «Significa que quien emprende o toma a su cargo muchos negocios a un tiempo, no suele desempeñar bien ninguno.» Se dice con frecuencia de la capacidad intelectual que, si se dispersa en muchos asuntos, no se aplica con utilidad a ninguno.

9 Quien se *abate* [6] a poco, no perdonará lo mucho (GAlfarache, II, 95).
   La persona que no tiene reparo en cometer faltas pequeñas acaba, frecuentemente, incurriendo en delitos graves.

10 *Abeja* y oveja, y parte en la igreja, [7] desea a su hijo la vieja (Ac.).
   «Da a entender que la carrera eclesiástica, el ganado lanar y los colmenares proporcionan comodidades y riquezas.»

11 Muerta es la *abeja* que daba la miel y la cera (Ac.).
   «Indica haber muerto la persona que atendía a todas nuestras necesidades.»

12 Un *abismo* llama otro (GAlfarache, II, 249 y Quijote, II, 60).
   Da a entender que una falta suele conducir a otra. (Procede del Libro de los Salmos, 42,8.)

13 *Abril,* aguas mil (Ac.). *En abril, aguas mil, y en mayo, tres o cuatro, y estas con recaudo* (FC, 267).
   «Manifiesta lo abundantes que en este mes [abril] suelen ser las lluvias.»

14 *Abril* y mayo, llaves de todo el año (Ac.). *Abril y mayo son la llave del año* (FC, 267).
   «Se dice porque de las lluvias y templanzas de estos meses pende la abundancia de las cosechas.»

15 En *abril,* aguas mil, y en mayo, tres o cuatro, y estas con recaudo. v. 13.

16 Llueva para mí *abril* y mayo, y para ti todo el año (Ac. y FC, 267).
   «Denota cuán convenientes son para las cosechas las lluvias en estos meses.»

---

[6] *Abatirse* 'rebajarse'.
[7] *Igreja,* ant. 'iglesia'.

17 Éramos pocos, y parió mi *abuela* (Ac.). *Éramos compañuela*[8] *y parió nues-*
    tra abuela (Ac. s/v compañuela). *Éramos pocos y parió la abuela* (Delibes, *DCa-*
    zador, 70 y *DEmigrante,* 107 y 181).
    «Da a entender que aumenta de un modo inoportuno la concurrencia
    de gente allí donde ya hay mucha.» «Se aplica cuando habiendo exceso de
    una cosa no buena, todavía se aumenta en perjuicio de alguno.» (s/v com-
    pañuela.)

18 ¡Ay *abuelo*!, sembrasteis alazor[9] y naciónos anapelo[10] (Ac.).
    «Zahiere al ingrato.»

19 Criado por *abuelo,* nunca bueno (Ac.).
    «Quiere dar a entender que los abuelos, por ser demasiado indulgentes
    para con sus nietos, no los educan bien.»

20 Los sus *abuelos* comieron el agraz, y en ellos fincó la dentera. v. 1589.

21 Quien no sabe de *abuelo,* no sabe de bueno (Ac., Santillana, 582 y Cri-
    ticón, III, 201).
    «Denota el gran cariño con que los abuelos tratan regularmente a los
    nietos.»

22 Lo que *abunda,* no daña (Ac. y Galdós, *Maestrazgo,* 175).
    «Da a entender que el exceso en las cosas útiles para algún fin no puede
    causar perjuicio.»

23 Antes que *acabes,* no te alabes (Ac.).
    «Enseña que hasta el fin no es prudente alabarse de cosa alguna.»

24 Más vale un «por si *acaso*» que un «quién pensara» (Ac.). *Más vale un*
    «por si acaso» que un «¡válgame Dios!» (Ac.). *Más vale un «por si acaso» que un*
    «no pensé» (FC, *Más honor,* 167).
    «Enseña que mejor es prevenir que tener que remediar.»

25 Delante hago *acato,* y por detrás al rey mato (Ac.).
    «Se dice del que en presencia alaba o aplaude y en ausencia vitupera.»

26 ¡*Aceite* de cepas,[11] marido, que me fino![12] (Ac.). *Caldo de uvas,*[11] *ma-*
    rido, que me fino (Ac. s/v caldo). Lo mismo que se apaga el candil cuando
    queda poco aceite, la borracha cree desmayar cuando le falta el vino.
    «Contra las borrachas.» «Contra los que exageran sus males o necesi-
    dad para pedir con exceso.» (s/v caldo.)

_____

[8]   *Compañuela,* dim. de 'compaña, familia'.
[9]   *Alazor* 'planta'. Sus flores, de color de azafrán, se usan para teñir. La semilla, que
se emplea especialmente para cebar aves, produce un aceite comestible que se usó en medicina.
[10] *Anapelo* 'acónito, planta medicinal cuyas semillas son venenosas cuando han llegado
a su madurez'.
[11] *Aceite de cepas* y *caldo de uvas,* metáforas para designar el 'vino'.
[12] *Finarse* 'consumirse, deshacerse por una cosa o apetecerla con anhelo'.

27   **Quien el *aceite* mesura, las manos se unta** (Ac.). Alude al peligro de mancharse las manos al medir el aceite.
      «Da a entender que los que manejan dependencias o intereses ajenos suelen aprovecharse de ellos ilícitamente.»

28   ***Aceituna*, una es oro; dos, plata, y la tercera, mata** (Ac.). *Aceituna, una, y si es buena, una docena* (Ac.). *Aceituna, una; dos, mejor, y tres, peor* (Ac.).
      «Da a entender la moderación con que se deben comer las aceitunas para que no hagan daño.» En un sentido más general, significa que las cosas, aun siendo buenas, deben hacerse con prudencia.

29   **Andando gana la *aceña*,** [13] **que no estándose queda** (Ac.). *El molino andando gana* (BAmor, 473 y Lozana, 92 y 153).
      «Da a entender que el que vive de su trabajo, solo trabajando alcanza provecho.»

30   **El que está en la *aceña* muele, que no el que va y viene** (Ac.).
      «Advierte que para conseguir las cosas es preciso tener sufrimiento y constancia.»

31   **Más vale *aceña* parada que el molinero amigo** (Ac.). *Más vale aceña parada que amigo molinero* (Dorotea, V, 446). Cuando el molino está parado, el primero que llega puede moler su grano al momento, pero si está funcionando tiene que esperar su turno, aunque el molinero sea amigo.
      «Significa que muchas veces vale más la buena coyuntura que la amistad.»

32   **Más vale *acial*** [14] **que fuerza de oficial** [15] (Ac.).
      «Más vale maña que fuerza.» Muchas veces un instrumento suple la fuerza del hombre.

33   ***Acometer* hace vencer** (Ac.).
      «Enseña que más veces vencen los que acometen que los que se defienden.» En sentido más amplio significa que quien emprende con decisión y osadía una tarea, aunque sea difícil o arriesgada, obtiene muchas veces el éxito.

34   **¿Para qué *aconseja* el que a sí no se aconseja?** (GAlfarache, IV, 233 y Correas, 383).
      Reprende a los que dan consejos a otros y no los toman para sí.

35   **Quien a solas se *aconseja*, a solas se remesa** [16] (Ac.). *Quien a solas se aconseja, a solas se desaconseja* (Ac.).

----

[13]   *Aceña* 'molino harinero de agua, situado dentro del cauce de un río'.
[14]   *Acial* 'instrumento con que oprimiendo el labio o la oreja de las bestias, se las tiene sujetas para herrarlas, curarlas o esquilarlas'.
[15]   *Oficial* 'diestro en un oficio'.
[16]   *Remesar* 'mesar repetidas veces la barba o el cabello'.

«Advierte los riesgos que tiene el gobernarse uno solamente por su dictamen en asuntos de importancia.» Da a entender también que quien toma una decisión sin tomar parecer de otro no puede exigir responsabilidades si fracasa.

36 Lo más *acordado,* más olvidado (Ac.).
«Denota que con frecuencia suele olvidarse uno de lo que más le importa.» También significa que las cosas más habituales o manidas se olvidan en muchas ocasiones, precisamente por la escasa atención que se les presta.

37 Un solo *acto* no hace hábito (Celestina, VII, 256 y Correas, 496).
Ejecutar una sola vez una buena o mala acción no es suficiente para caracterizar a las personas.

38 Dormiréis sobre ello, y tomaréis *acuerdo* (Ac.). El descanso que proporciona el sueño da clarividencia a la mente.
«Advierte la reflexión y pausa con que se debe proceder para tomar resolución en las cosas de importancia.»

39 *Achaque* al odre, que sabe a la pez. v. 41.

40 *Achaques* al jueves, para no ayunar el viernes (Ac.). *Achaques al viernes para no le ayunar* (Ac.). *Achaques en viernes por comer de carne* (FC, 262). Reprende a los que, para no cumplir la ley del ayuno, fingen una indisposición física o enfermedad pasajera el día anterior o el mismo día en que se debe observar.
«Se dice de los que alegan pretextos frívolos para no hacer alguna cosa.»

41 *Achaques* [17] al odre, que sabe a la pez (Ac.). *Achaque al odre, que sabe a la pez* (Santillana, 101). El recipiente puede dar mal sabor al vino.
«Se dice de los que alegan pretextos frívolos para no hacer alguna cosa.» Puede aplicarse a quienes tratan de justificar sus errores o faltas, amparándose en hechos o en circunstancias que son completamente ajenos.

42 *Achaques* al viernes para no le ayunar. *Achaques en viernes por comer de carne.* v. 40.

43 Con *achaque* [18] de trama, [19] ¿está acá nuestra ama? (Ac.). *En achaque de trama, ¿visteis acá a nuestra ama?* (Ac.). *En achaque de trama, etc.* (Celestina, V, 197). *En achaque de trama, ¿está acá nuestra ama?* (DLengua, 65).
«Se aplica a los que fingen una cosa y hacen o quieren hacer otra.»

44 Para *adalid* [20] eres tú bueno, cargado de agüeros y recelo (Celestina,

---

[17] *Achaque* 'culpa'.
[18] *Achaque* 'ocasión, pretexto'.
[19] *Trama* 'especie de seda para tejer'.
[20] *Adalid* 'guía, conductor'.

III, 140). *Para adalid érades bueno, cargado de agüeros y de recelo* (HNúñez, III, 124). *Para adalid érades bueno, cargado de agüeros y herreruelo* (Correas, 382). Contra los pusilánimes y faltos de espíritu.

45 Abájanse los *adarves* [21] y álzanse los muladares (Ac.).
«Se usa cuando vemos que el hombre noble se humilla y el ruin se ensalza.»

46 *Adivino* de Marchena, [22] que, el sol puesto, el asno a la sombra queda (Ac.).
«Hace burla de los que anuncian como secreto y misterioso lo que todos saben.»

47 *Adivino* de Salamanca, que no tiene dinero quien no tiene blanca (Ac.).
«Adivino de Marchena, que, el sol puesto, el asno a la sombra queda.»

48 *Adivino* de Valderas, [23] cuando corren las canales, que se mojan las carreras [24] (Ac.).
«Adivino de Marchena, que, el sol puesto, el asno a la sombra queda.»

49 *Administrador* que administra y enfermo que se enjuaga, algo traga (Ac.).
«Advierte cuán raro es manejar intereses ajenos con toda pureza.»

50 *Administradorcillos,* comer en plata y morir en grillos (Ac.). *Arrendadorcillos, comer en plata y morir en grillos* (Ac. s/v arrendadorcillo). Los grillos eran unos instrumentos de hierro que se ponían a los presos para impedirles andar.
«Se dice de los que gastan y triunfan con las rentas ajenas que administran y después vienen a morir en la cárcel o miserablemente.» «Se dijo porque ciertos arrendadores que manejan mucho dinero suelen gastar sin medida y al ajuste de cuentas resultan alcanzados y vienen a parar en la cárcel.» (s/v arrendadorcillo.)

51 A buen *adquiridor,* buen expendedor (Ac.).
«Advierte cómo la hacienda que con trabajo y afán se adquirió suele venir a parar en manos de quien en breve tiempo la disipa y consume.» También puede significar que quien acumula riquezas con facilidad, suele gastar con despreocupación.

52 Quien mal *adquiere* para bien gastar, no es de loar ni envidiar (Ac.).
«Enseña que no se deben adquirir mal las cosas, aunque sea para emplearlas bien.»

---

[21] *Adarve* 'muro de una fortaleza'.
[22] *Marchena,* pueblo de la provincia de Sevilla.
[23] *Valderas,* pueblo de la provincia de León.
[24] *Carrera* 'calle que fue antes camino'.

53   El duro **adversario** entibia las iras y sañas (Celestina, XII, 110). *El duro adversario amansa las furias del contrario* (Correas, 168).

Señala que las personas más violentas y coléricas se aplacan fácilmente cuando se ven ante un adversario de fuerza superior.

54   En las **adversidades** se prueban y conocen los amigos. v. 2917.

55   **Afanar,** afanar y nunca medrar (Ac.). *Trabajar y nunca medrar* (Corbacho, 133). *Fatigar y no ganar nada* (Lozana, 307).

«Da a entender la desgracia de quien no logra mejorar de fortuna procurándolo con afán.» En general, significa que no siempre el trabajo se ve recompensado.

56   **Afición** ciega razón (Ac.).

«Advierte que el amor encubre los defectos de lo que se ama.»

57   **Agosto,** frío en rostro (Ac.). *En agosto hay frío en rostro* (PJustina, I, 61).

«Da a entender que en este mes suele empezar a sentirse el frío.»

58   **Agosto** y septiembre no duran siempre (Ac.). Se mencionan estos dos meses por ser en los que se realiza la recolección.

«Enseña que el tiempo de la abundancia y goce no suele ser duradero.»

59   **Agosto** y vendimia no es cada día, y sí cada año; unos con **ganancia** y otros con **daño** (Ac.). *Agosto y vendimia no es cada día, y sí cada año* (FC, 265). Generalmente, la recolección de los granos y de la uva solo se hace una vez al año, y está expuesta a contingencias.

«Aconseja la economía con que deben vivir los labradores.»

60   En **agosto** hay frío en rostro. v. 57.

61   Al **agradecido,** más de lo pedido (Ac.).

«Enseña que el hombre agradecido merece ser tratado con largueza.»

62   Por **agraz** [25] vendrá la falsa, [26] para la salsa (Ac.).

«Contra los que por curiosidad entran en casa ajena con pretextos necios.»

63   Unos comen el **agraz** y otros tienen la dentera. v. 1589.

64   **Agua** coge con harnero, quien se cree de ligero (Ac.). *Agua coge por harnero quien cree de ligero* (Santillana, 37). Hace referencia a la imposibilidad de retener el agua en una criba.

«Reprende la temeridad del que cree ligeramente y sin fundamento.»

---

[25]   *Agraz* 'condimento parecido al vinagre que se hacía con las uvas sin madurar'.
[26]   *Falsa* 'entrometida'.

65   **Agua** de por mayo, pan para todo el año (Ac.). *Agua por mayo, pan para todo el año* (FC, 265).

«Manifiesta cuán convenientes son en este mes las lluvias para fecundizar los campos.»

66   **Agua** de por San Juan, quita vino y no da pan (Ac.).

«Advierte que la lluvia por San Juan es dañosa a las vides y de ninguna utilidad a los trigos.»

67   **Agua** no enferma, ni embeoda ni adeuda (Ac.).

«Se recomiendan los buenos efectos del agua, por contraposición a los malos que suele causar el vino.»

68   **Agua** pasada no muele molino (Ac. y Galdós, *1824, 242*). *Agua pasada no mueve molino* (Cela, *Del Miño*, 198 y *MViento*, 111). Se refiere a la fuerza del agua a su paso por el lugar adecuado para ser utilizada.

«Se aplica a las cosas que perdieron su oportunidad, valor o eficacia, o con que se censura el traerlas a cuento.»

69   **Agua** por mayo, pan para todo el año. v. 65.

70   **Agua** vertida, no toda cogida (Ac., Santillana, 91 y DLengua, 119).

«Enseña que ordinariamente no puede remediarse todo el daño que se causa por alguna indiscreción.» En especial se refiere a las consecuencias que produce la maledicencia en la valoración de una persona.

71   **Algo tendrá el *agua* cuando la bendicen** (Ac. y Cela, *Judíos*, 299). Puede tener su origen este refrán en la antigua creencia popular de que el agua podía estar embrujada, y de ahí la costumbre de bendecirla para librarla de los malos espíritus. Tal creencia debía tener su fundamento en las enfermedades que a veces se contraían por beber agua contaminada.

«Da a entender que el encomiar a persona o cosa a quien nadie culpa, o cuando no viene al caso, es señal de haber en ella alguna malicia.»

72   **Cada uno quiere llevar el *agua* a su molino, y dejar en seco el del vecino** (Ac.).

«Se dice del que solo atiende a su propio interés, sin reparar en el daño ajeno.»

73   **Del *agua* mansa me libre Dios, que de la brava me guardaré yo** (Ac.). *Del agua mansa me libre Dios, que de la recia me guardaré yo* (Ac.). *Del río manso me guarde Dios, que del fuerte yo me guardaré* (Santillana, 188). Las aguas de un río aparentemente tranquilo, pero que puede ocultar en su fondo hoyas y remolinos, son más de temer que las de una corriente tumultuosa y violenta, donde el peligro es evidente.

«Da a entender que las personas de genio apacible y manso al parecer, cuando llegan a enojarse suelen ser las más impetuosas y terribles.»

74   **Del *agua* vertida, alguna cogida** (Ac.).
      «Aconseja que cuando no se pudiera recobrar enteramente lo perdido, se procure recoger lo que fuere posible.»

75   **El *agua*, como buey, y el vino, como rey** (Ac.). *El vino, como rey, y el agua, como buey* (Ac. s/v vino). *El agua para los bueyes, y el vino para los reyes* (Criticón, III, 77).
      «Enseña el uso moderado que debe hacerse del vino.» «Aconseja y enseña que el agua se puede beber con abundancia sin nota alguna, y el vino se debe beber con sobriedad, por no caer en la flaqueza de embriagarse.» (s/v vino.)

76   **El *agua* sobre la miel sabe mal y hace bien.** v. 3455.

77   **Nadie diga de esta *agua* no beberé** (Ac., Dorotea, III, 229 y Quijote, II, 55). *Nadie puede decir, de esta agua no beberé* (Ac.). *Ninguno no diga, de esta agua no beberé* (DLengua, 66). *No diga ninguno, de esta agua no beberé* (DLengua, 154).
      «Da a entender que ninguno está libre de que le suceda lo que a otro, ni seguro de que no hará alguna cosa, por mucho que le repugne.»

78   **Ni bebas *agua* que no veas, ni firmes carta que no leas** (Ac.).
      «Aconseja procurar la seguridad propia, aunque sea a costa de cualquier diligencia.»

79   **Ninguno no diga (o no diga ninguno) de esta *agua* no beberé.** v. 77.

80   **No es nadilla, y dábale el *agua* a la rodilla** (Ac.).
      «No es nada lo del ojo, y lo llevaba en la mano.» Contra los que no quieren ver un peligro evidente.

81   **Quien echa *agua* en la garrafa de golpe, más derrama que ella coge** (Ac.).
      «Enseña que las cosas, para que salgan bien hechas, no se han de ejecutar con precipitación.»

82   **Más vale una *aguijonada*,** [27] que dos arres (Ac.). El castigo es, a veces, más eficaz que las palabras de estímulo.
      «Reprende a los que en casos necesarios no usan de los últimos recursos para corregir a otros.»

83   **La *águila* enseña a vivir sin mengua** [28] (PJustina, II, 237).
      Debió de decirse por las cualidades que se atribuyen a esta ave: valor, generosidad, nobleza, y la facultad de renovarse o rejuvenecerse.

---

[27]   *Aguijonada* 'punzada del aguijón'.
[28]   *Mengua* 'defecto, falta'.

84 Aquí perdí una *aguja,* aquí la hallaré (Ac.). El lugar donde se extravió una cosa es donde se ha de insistir en su búsqueda.

«Se dice de los que, habiendo salido mal de una empresa, vuelven de nuevo a ella con la esperanza de indemnizarse.»

85 Una *aguja* para la bolsa y dos para la boca (Ac.). *Un ñudo a la bolsa y dos a la boca* (Ac. s/v ñudo). *Un ñudo en la bolsa y dos gordos en la boca* (Lozana, 214).

«Recomienda ahorrar dineros y palabras.» (s/v ñudo.)

86 Escucha al *agujero,* [29] oirás de tu mal y del ajeno (Ac.).

«Advierte que los demasiadamente curiosos suelen oír o ver cosas de que les resulta pesadumbre o disgusto.»

87 Quien acecha por *agujero,* ve su duelo (Ac.).
«Escucha al agujero, oirás de tu mal y del ajeno.»

88 Cada uno alaba sus *agujetas* [30] (Ac.).

«Cada ollero alaba su puchero.» Muchas personas intentan convencer de que lo suyo es lo mejor.

89 No llora el **ahorcado,** y llora el teatino (Ac.). *No suda el ahorcado, y suda el teatino* (Ac.). Chile. *No suda el ahorcado y suda su reverencia* (Ac.). Los teatinos son clérigos regulares de San Cayetano que se dedicaban, en otros tiempos, a ayudar a bien morir a los ajusticiados.

«Se dice del que se apura por el negocio ajeno más que el mismo interesado.»

90 Del **airado** es de apartar por poco tiempo; del enemigo, por mucho (Celestina, IV, 191). *Del airado, un poco; del enemigo, huye del todo* (HNúñez, I, 275).

Da a entender que la ira es un estado pasajero, mientras que la enemistad suele ser duradera.

91 *Aja* la enlodadada, ni viuda ni casada. v. 1800.

92 *Aja* [31] no tiene que comer y convida huéspedes (Ac. y Santillana, 352).

«Reprende a los que por vanidad, estando necesitados, hacen gastos superfluos.»

93 ¿De adónde *Aja* [31] con albanega? [32] (Ac.). *¿De dónde a dónde Aja con albanega?* (Santillana, 245).

«Se usa cuando se extraña alguna cosa, especialmente en las medras de algún sujeto.»

---

[29] *Agujero* 'ojo de la cerradura'.
[30] *Agujeta* 'correa o cinta con un herrete en cada punta que sirve para atar o ceñir la ropa o el calzado'.
[31] *Aja* o *Aixa*, nombre propio de mujer.
[32] *Albanega* 'especie de cofia o red para recoger el pelo o para cubrir la cabeza'.

94   Al que de *ajeno* se viste, en la calle le desnudan (Ac.). *Quien de ajeno se viste, en la calle le desnudan* (Ac.). *Quien de lo ajeno se viste, en concejo*[33] *se lo desnuda* (Ac.).

«Advierte que quien se atribuye prendas o cosas que no son suyas, se expone a verse despojado de ellas en cualquier parte, o a la hora menos pensada.» Se dice con frecuencia de los jactanciosos que presumen de méritos que no tienen.

95   *Ajo* crudo y vino puro pasan el puerto seguro (Ac.). Entre la gente del campo, el ajo se considera de gran valor nutritivo. Se le atribuyen otras cualidades, como son quitar el cansancio, evitar o curar el reuma, etc. El vino proporciona muchas calorías.

«Advierte que para soportar los trabajos corporales necesita uno estar bien alimentado.»

96   El *ajo* y el vino, atriaca[34] de los villanos (Corbacho, 51).

La gente del campo suele utilizar el ajo y el vino como curativo para toda clase de heridas y picaduras.

97   Muchos *ajos* en un mortero, mal los maja un majadero[35] (Ac.).

«Denota ser muy difícil que una persona sola maneje bien muchos negocios a un mismo tiempo.»

98   Quien se pica, *ajos* come (Ac.). *Quien se pica, ajos ha comido* (Ac.). *Quien se quema, ajos come* (Ac.). *Quien se quema, ajos ha comido* (Ac.). Los ajos tienen un sabor fuerte y picante.

«Denota que quien se resiente por lo que casualmente o en general se censura, da indicio de estar comprendido en ello.»

99   El *ajuar* de la tiñosa, todo albanegas[36] y tocas (Ac.). Censura a aquellas personas que ponen todo su empeño en encubrir un defecto físico, aun a costa de no atender otras necesidades.

«Da a entender que algunas mujeres gastan en adornos exteriores y superfluos lo que debieran gastar en cosas necesarias.»

100 Por *ajuar* colgado no viene hado[37] (Ac. y FC, *LGarcía*, 209).

«Enseña que el bienestar de los matrimonios no proviene de las alhajas y muebles que se llevan a él, sino de los bienes productivos.» Tampoco asegura su felicidad.

101 Más vale mal *ajuste* que buen pleito (Ac.).

«Más vale mala avenencia que buena sentencia.» Aconseja evitar los pleitos, porque suelen ser costosos y de resultados inciertos.

---

[33]   *En concejo* 'en público'.
[34]   *Atriaca* o *triaca* 'remedio, antídoto'.
[35]   *Majadero* 'mano de almirez'.
[36]   *Albanega*, v. n. 32.
[37]   *Hado* 'fortuna'.

102 Por el *alabado* dejé el conocido, y vime arrepentido (Ac. y Dorotea, V, 446).
«Aconseja no aventurar el bien a la conveniencia que se goce por la esperanza de otra que parezca mayor.»

103 Quien no se *alaba,* de ruin se muere (Ac.). Reconoce la influencia que ejerce el propio elogio, presentándonos como muy estimables personas o cosas que pueden no serlo.
«Denota lo poco que medran los que son demasiado modestos.»

104 Quien del *alacrán* está picado, la sombra le espanta (Ac.).
«Denota que el que ha padecido algún daño, con ligero motivo teme que le vuelva a suceder.»

105 Cuando dan por los *aladares,* canas son, que no lunares. v. 697.

106 *Alazán* tostado, antes muerto que cansado (Ac.). El alazán tostado es el caballo de color rojo oscuro. Tiene fama de ser colérico, ardiente, nervioso, ligero e infatigable.
«Da a entender lo fuertes e incansables que suelen ser los caballos de este color.»

107 Coser y hacer *albardas,* todo es dar puntadas (Ac.). *Labrar y hacer albardas, todo es dar puntadas* (Ac. y Dorotea, II, 188).
«Irónicamente se dice de los que, por no examinar bien las cosas, confunden materias muy diversas teniéndolas por unas mismas, solo porque se parecen en alguna circunstancia.»

108 El porfiado *albardán* [38] comerá tu pan (Ac.). *Híceme albardán y comíme el pan* (Santillana, 331).
«Pondera la eficacia de la tenacidad del entremetido que busca su provecho.»

109 La *albendera,* [39] los disantos, [40] hilandera (Ac.).
«Zahiere a la mujer que, por holgar en los días de labor, trabaja en los de fiesta.»

110 Ni te *alborotes,* ni te enfotes [41] (Ac.).
«Reprende la demasía en la desconfianza o confianza.»

111 *Albricias,* madre, que pregonan [42] a mi padre (Ac.).
«Zahiere a los que se alegran de aquellas cosas que debían sentir.» También podría decirlo, irónicamente, alguna persona desesperada de su suerte.

---

[38] *Albardán* 'hombre holgazán y chocarrero que se introduce en cualquier parte para vivir sin trabajar'.
[39] *Albendera* 'mujer poco aplicada a trabajar; callejera'.
[40] *Disantos* 'días festivos'.
[41] *Enfotarse* 'engreírse'.
[42] *Pregonar* 'proscribir, desterrar'.

112   **Albricias, padre, que el obispo es chantre** (Ac.). Se dice con ironía, ya
       que no es motivo de júbilo que un obispo ocupe un puesto inferior a su
       categoría.
       «Se dice de los que piden albricias por cosas que no las merecen.»

113   **Albricias, padre, que ya podan** (Ac.). *Albricias, perros, que ya podan* (Ac.).
       «Se hace burla de las personas que inconsideradamente dan por seguro
       el logro de alguna cosa antes de tiempo, como el del fruto cuando el árbol
       se está podando.»

114   **Quien descubre la *alcabala*,** [43] **ese la paga** (Ac. y GAlfarache, II, 216).
       Aconseja, cínicamente, el mayor secreto a quienes llevan a cabo negocios
       y contratos, para no verse obligados a pagar los correspondientes impuestos.
       «Se aplica a los que inadvertidamente descubren o dicen alguna cosa
       de cuyo recuerdo les puede venir daño.»

115   **Duro es el *alcacer*** [44] **para zampoñas** (DLengua, 80). *Viejo es el alcacer
       para hacer zampoñas* (Santillana, 71). *Está ya duro el alcacel para zampoñas* (Qui-
       jote, II, 73).
       «Explica que el adulto o envejecido no está dispuesto para ser corregi-
       do o enseñado. Y también significa que pasada la sazón y oportunidad de
       los negocios es difícil dirigirlos después al fin que se desea: como el alcacer,
       que una vez endurecido o seco, no está tratable para que los muchachos
       de sus cañas hagan zampoñas o flautillas.» [45]

116   **Alcalde de aldea, el que lo desee, ese lo sea** (Ac.). *Alcalde de aldea, séase
       quien quiera* (Ac.).
       «Aconseja no apetecer oficios que más tienen de gravamen que de auto-
       ridad o provecho.»

117   **Hacedme *alcalde* hogaño, y yo os haré a vos otro año** (Ac.). Critica
       la adjudicación de cargos basada en la amistad o en la intriga, más que
       en los méritos de la persona o en el provecho común.
       «Se dice de los que por convenio se reparten entre sí las utilidades de
       los cargos.»

118   **¿Quién os hizo *alcalde*? Mengua de hombres buenos.** v. 1549.

119   **Alcanza quien no cansa** (Ac.).
       «Advierte que para conseguir conviene no importunar.»

120   **Alcaraván zancudo: para otros consejo; para ti, ninguno** (Ac.). *El al-
       caraván hadeduro* [46] *a todos da consejo y a sí no ninguno* (Santillana, 290). Este
       refrán tiene probablemente su origen en la costumbre atribuida al alcara-

---

[43] *Alcabala* 'tributo que se pagaba al fisco en los contratos de compraventa'.
[44] *Alcacer* o *alcacel* 'cebada verde y en hierba'.
[45] v. Ac. 1726, s/v alcacer.
[46] *Hadeduro* o *fadeduro* 'desgraciado, simple, tonto'.

ván de lanzar agudos gritos en señal de alarma cuando ve al cazador o al
ave de rapiña, advirtiendo a las demás aves de su presencia para que huyan,
mientras él permanece quieto.

«Reprende a los que dan consejos a otros y no los toman para sí.»

121   **Al *alcornoque* no hay palo que le toque, sino la encina, que le quiebra la costilla** (Ac.). *Al alcornoque no hay palo que le toque, sino la carrasca,
que le casca* (Ac.). El alcornoque tiene la madera muy dura, pero la encina
y la carrasca la tienen mucho más.

«Denota no haber cosa alguna que no tenga su contraria.» También
indica que no hay persona que posea una cualidad en tal alto grado que
no pueda ser superada por otra.

122   **En el *aldehuela*, más mal hay que suena (o más mal hay del que se
suena).** v. 2120.

123   ***Alegrías*, albarderos, que se quema el bálago**[47] (Ac.). *Alegrías, albarderos, que el bálago se arde* (Santillana, 29). Los albarderos son los que tienen
por oficio hacer albardas. Estas se rellenan con paja. Se dice, por tanto,
irónicamente.

«Albricias, madre, que pregonan a mi padre.» Contra los que se alegran de
sucesos desgraciados.

124   ***Alegrías*, antruejo, que mañana será ceniza** (Ac.). Antruejo son los tres
días de carnaval que preceden al miércoles de ceniza.

«Denota cuán poco durables son los gustos de la vida humana, y excita
a aprovechar y celebrar los motivos de contento y satisfacción.»

125   ***Alegría* secreta, candela muerta** (Ac.).

«Enseña que los gustos son menores cuando no se comunican.»

126   **Dos *alesnas*[48] no se pican** (Ac.). *Dos alesnas no se pinchan* (Ac.).

«Denota que cuando dos tratantes son igualmente astutos y entendi-
dos, no puede el uno engañar al otro.» También da a entender que si dos
enemigos están en poder de fuerzas semejantes es muy difícil que se rompa
el equilibrio.

127   **A un *alevoso*, dos traidores.** v. 3287.

128   ***Alfaya*[49] por alfaya, más quiero pandero que no saya** (Ac.). Se supone
en boca de quien entre dos objetos de igual valor prefiere adquirir el que
le reporta mayor entretenimiento.

«Zahiere a las personas de poco seso, que anteponen la diversión a la
verdadera utilidad y conveniencia.»

---

[47]   *Bálago* 'paja larga de los cereales después de quitarles el grano'.
[48]   *Alesna* 'lezna, instrumento'.
[49]   *Alfaya* 'alhaja'.

129   **Alfayate** [50] **sin dedal, cose poco, y eso mal** (Ac.).
«Contra los que se ponen a desempeñar su oficio sin los instrumentos correspondientes.»

130   **El alfayate** [50] **de la encrucijada pone el hilo de su casa** (Ac.). *El alfayate de la esquina, que ponía hasta el hilo de su casa* (GAlfarache, V, 64).
«El sastre del campillo, que cosía de balde y ponía el hilo.» Se burla de los que trabajan sin provecho.

131   **El alfayate del cantillo hacía la costura de balde y ponía el hilo.** v. 3119.

132   **Remendar bien no sabe todo alfayate** [50] **nuevo** (BAmor, 66).
Alude a la poca pericia que suelen tener los principiantes en cualquier oficio o trabajo.

133   **Algarabía** [51] **de allende, que el que la habla no la entiende** (Ac.). Literalmente alude a la lengua árabe y a la dificultad de entenderla.
«Contra los que no se explican bien por ser afectados en el lenguaje.» Puede también aplicarse a la falta de claridad y precisión de aquellos que no conocen perfectamente la lengua en que quieren expresarse.

134   **Algo** [52] **ajeno no hace heredero** (Ac.). El que disfruta bienes que no son de su propiedad no puede transmitirlos a sus descendientes.
«Advierte que la hacienda mal adquirida no aprovecha a los herederos.» Puede referirse también a la que se tiene en usufructo.

135   **Algo es queso, pues se da por peso** (Ac.). *Algo* tiene aquí un valor ponderativo. El queso es estimable, puesto que se vende con medida.
«Advierte que no se deben despreciar las cosas, aunque parezcan de poco valor.»

136   **Más vale algo que nada** (Ac., GAlfarache, II, 239 y FC, *Dicha,* 146). *Más vale algo que no nada* (Quijote, I, 21).
«Advierte que no se deben despreciar las cosas por muy pequeñas o de poca calidad.»

137   **Alguacil de campo,** [53] **cojo o manco** (Ac.).
«Advierte que el que ejerce este oficio suele recibir graves heridas por impedir que se entre a cazar en los términos del lugar cuya defensa tiene a su cargo.»

138   **Alguacil descuidado, ladrones cada mercado** (Ac.).
«Advierte los desórdenes que nacen del descuido de los ministros de justicia.»

---

[50]   *Alfayate,* ant. 'sastre'.
[51]   *Algarabía* 'lengua o escritura ininteligible'.
[52]   *Algo* 'hacienda, caudal'.
[53]   *Alguacil de campo* 'guarda que cuida de los sembrados'.

139   Cada uno tiene su *alguacil* (Ac.).
       «Da a entender que nadie, por grande que sea su independencia o auto-
       ridad, deja de tener quien se las coarte, observándole y fiscalizando sus ac-
       ciones.»

140   Descalabrar al *alguacil* y acogerse al corregidor (Ac.).
       «Se dice del que, procurando huir de un peligro, se mete más en él.»

141   *Alhaja* que tiene boca, ninguno la toca (Ac.).
       «Da a entender que todos huyen de aquello que trae costa o gasto.» Se
       emplea con frecuencia para tranquilizar a las personas miedosas.

142   La que lo *aliña,* esa lo hila (Ac.).
       «Enseña que el que cuida de ordenar las cosas es ordinariamente el propio
       autor de ellas.»

143   El *alma* triste, en los gustos llora (GAlfarache, I, 228). *El alma triste, en
       los gustos llora y más se aflige* (Correas, 172).
       Para las personas melancólicas, incluso las alegrías son motivo de tris-
       teza.

144   Una *alma* sola, ni canta ni llora. v. 220.

145   Anda el *almohaza,* [54] y toca en la matadura (Ac.). Al cepillar al ani-
       mal se tropieza muchas veces en las heridas.
       «Advierte que en las conversaciones se suelen a veces tocar puntos que
       lastiman a alguno en la honra o le causan disgusto.»

146   *Alquimia* [55] probada, tener renta y no gastar nada (Ac.).
       «Da a entender que el medio más seguro para hacer dinero es no gas-
       tarlo.»

147   Allega, *allegador,* para buen desparramador (Ac.). *Allega, allegador, para
       buen despendedor* (Ac.).
       «Se da brega al codicioso, amenazándole con un heredero gastador.»

148   *Allegador* de la ceniza y derramador de la harina (Ac.). *Esparcidor de
       harina y recogedor de ceniza* (Ac. s/v esparcidor). *Allegadoras de la ceniza, mas
       bien derramadoras de la harina* (Corbacho, 127). *Derramadora de la harina,
       allegadora de la ceniza* (Santillana, 207). *Allegadora de la ceniza y derramadora
       de la harina* (DLengua, 43).
       «Nota el mal gobierno y economía del que se aplica a guardar las cosas
       de poco valor y no cuida de las de mucha importancia.» Se aplica frecuen-
       temente a las mujeres que administran mal.

---

[54] *Almohaza* 'especie de cepillo de hierro para limpiar las caballerías'.
[55] *Alquimia* 'arte con que se pretendía hallar la piedra filosofal'.

149   *Ama* sois, ama, mientras el niño mama; desde que no mama, ni ama
      ni nada (Ac.). *Entre tanto que cría, amamos al ama; en pasando el provecho, luego*
      olvidada (Ac.). *Ama sodes, ama, mientras el niño mama* (Santillana, 64). Juega
      el ref. con los dos sentidos de la palabra *ama*. El ama de cría es en cierto
      modo el ama de la casa mientras amamanta al niño, porque todos se plie-
      gan a sus gustos o necesidades.
          «Denota que por lo común solo estimamos a las personas mientras ne-
      cesitamos de ellas. Del primero de estos dos refranes solo se emplea gene-
      ralmente la primera parte.»

150   El *ama* brava es llave de su casa (Ac.). *Ama brava* se refiere a la mujer
      que rige su hacienda con rectitud y severidad. *Llave* está en sentido figura-
      do por cosa que sirve de salvaguardia o defensa.
          «Advierte que la severidad de los amos contiene a la familia para que
      no haya excesos ni desperdicios.»

151   Entre tanto que cría, amamos al *ama;* en pasando el provecho, luego
      olvidada. v. 149.

152   *Ama* a quien no te ama y responde a quien no te llama (DLengua, 155).
      Ama a quien no te ama, responde a quien no te llama, andarás carrera vana (HNú-
      ñez, I, 88 y Correas, 41).
          El bien debe hacerse sin esperar recompensa.

153   Bien *ama* quien nunca olvida. v. 2965.

154   El que no *ama,* jugando [56] te desama [57] (Zifar, 478).
          Cuando la amistad es fingida se abandona en el momento que con-
      viene.

155   Quien bien *ama,* bien desama (DLengua, 97).
          Indica que la persona capaz de sentir un gran amor, también puede
      aborrecer con la misma intensidad.

156   Quien bien *ama,* tarde olvida. v. 2965.

157   Quien feo *ama,* hermoso le parece (Ac.).
          «Da a entender cuánto engaña el deseo y la voluntad o el afecto.»

158   *Amén,* amén al cielo llega (Ac.). *Muchos amenes llegan al cielo* (Ac.).
          «Denota la eficacia que tienen las oraciones o ruegos repetidos para
      alcanzar lo que se pide.»

159   Más son los *amenazados* que los acuchillados (Ac.).
          «Da a entender que es más fácil amenazar que castigar o ejecutar.»

---

[56] *Jugar* 'burlar, engañar'.
[57] *Desamar* 'aborrecer'.

160   Más vale ser buena *amiga* que mala casada. v. 185.

161   Al *amigo,* con su vicio (Ac.).
      «Advierte que no se debe dejar al amigo porque tenga algún defecto.»
      De modo más general, significa que a la persona a quien damos nuestra
      amistad debemos admitirla tal como es.

162   Al *amigo* que no es cierto, con un ojo cerrado y el otro abierto (Ac.).
      «Recomienda la precaución con que se debe tratar al que, a pesar de
      llamarse amigo, no inspira gran confianza.»

163   Al *amigo* y al caballo, no apretallo (Ac.). Al caballo no se le debe forzar
      sin necesidad con el bocado o con la espuela.
      «Advierte que no conviene importunar a los amigos.»

164   Al mayor *amigo,* el mayor tiro (Criticón, III, 203).
      Contra los traidores o los desagradecidos.

165   *Amigo* de León, tuyo seja,[58] que mío non (PJustina, I, 94).
      Considera poco dignos de confianza a los naturales de esta región.

166   *Amigo* que no presta y cuchillo que no corta, que se pierda poco im-
      porta (Ac.). *El amigo que no presta y el cuchillo que no corta, que se pierda poco
      importa* (Ac.).
      «Da a entender que los amigos egoístas y poco dispuestos a hacer algún
      sacrificio o tomarse alguna incomodidad son inútiles y no hay que sentir
      interrumpan la amistad.»

167   *Amigo,* ¿quién te hirió? — Yo mismo me lo busqué; yo me lo tengo
      y lo hallé (Corbacho, 338).
      Contra los que se lamentan de desgracias que ellos mismos se han bus-
      cado.

168   *Amigo* reconciliado, enemigo doblado[59] (Ac.). Las rencillas entre ami-
      gos solo se olvidan aparentemente; el rencor puede persistir.
      «Advierte que no se debe fiar del amigo con quien una vez se haya re-
      ñido.»

169   *Amigos* y mulas, fallecen[60] a las duras (DLengua, 107 y Correas, 44).
      Los amigos y los servidores suelen fallar en los momentos difíciles o
      cuando más se les necesita.

170   *Amigo,* viejo; tocino y vino, añejo (Ac.).
      «Advierte que de estas tres cosas, la más antigua es la mejor.»

---

[58] *Seja,* forma dialectal del presente de subjuntivo del verbo ser.
[59] *Doblado* 'que actúa con doblez, solapado'.
[60] *Fallecer* 'fallar, faltar'.

171   Aquel es tu *amigo,* que te quita de ruidos [61] (Ac.).
      «Denota que los servicios oportunos son la mejor prueba de amistad.»
      También indica que el verdadero amigo es el que procura evitar todo moti-
      vo de disgusto.

172   **Aquellos son ricos, que tienen** *amigos* (Ac.). La verdadera riqueza no
      reside en los bienes materiales, sino en el aprecio y estimación de los demás.
      «Pondera la ventaja de contar con buenos amigos.»

173   **A su** *amigo,* **el gato le deja siempre señalado** (Ac.). *Buen amigo es el gato,
      sino que rascuña* (Santillana, 115). Se suele atribuir a los gatos falta de apego
      hacia sus amos.
      «Denota que tiene siempre malas consecuencias la amistad con gentes
      de mala condición.»

174   **Cuanto más amigos, más claros** (Ac.). *Mientras más amigos, más claros* (Ac.).
      «Da a entender que entre amigos se debe hablar con toda ingenuidad
      y franqueza.»

175   **De** *amigo* **a amigo, agraz en el ojo** (Ac.). *De amigo a amigo, chispa en el
      ojo* (Ac.). *De amigo a amigo, sangre en el ojo* (Ac.). *De compadre a compadre, san-
      gre en el ojo* (Ac. s/v compadre). *De compadre a compadre, chinche en el ojo* (Santi-
      llana, 224). *De amigo a amigo, la chinche, etc.* (Quijote, II, 12). El agraz, la
      chispa, la sangre, la chinche, etc., vienen a representar las ingratitudes que
      a veces se reciben de los que se dicen amigos.
      «Enseña que no se debe confiar demasiado en todos los que se venden
      por amigos.»

176   **Descubríme a él como** *amigo,* **y armóseme como testigo** (Ac.).
      «Enseña la cautela que debe observarse para confiar un secreto.»

177   **Dos** *amigos* **de una bolsa, el uno canta y el otro llora.** v. 1439.

178   **El** *amigo* **que no presta y el cuchillo que no corta, que se pierda poco
      importa.** v. 166.

179   **Entre** *amigos,* **con verlo basta** (Ac.). Está dicho irónicamente.
      «Enseña la suma precaución con que debe obrarse en materia de inte-
      reses. Empléase también para denotar desconfianza del testimonio ajeno.»

180   **Entre** *amigos* **y soldados, cumplimientos son excusados** (Ac.). *Entre pro-
      pios, los cumplimientos son excusados* (FC, *Más honor,* 190).
      «Enseña que entre los que se tratan con amistad y llaneza no se debe
      reparar mucho en ceremonias.»

---

[61]   *Ruido* 'pendencia'.

181   **Entre dos *amigos*, un notario y dos testigos** (Ac. y Santillana, 276). *Entre hermanos, dos testigos y un notario* (Ac. s/v hermano).
      «Enseña que la seguridad y formalidad en los contratos no se debe tomar por desconfianza en la amistad, pues sirve para mantenerla sin quiebra o discordia.» La variante aconseja la misma formalidad aun cuando se trate de personas de la misma familia.

182   **Ese es el *amigo* que socorre a su amigo; y este llamo socorro, con el que corro** (GAlfarache, II, 209). *Ese es amigo que socorre al amigo; y ese llamo socorro, con el que corro* (Correas, 207).
      La verdadera amistad consiste en ayudar generosamente y con presteza al amigo en cualquier necesidad.

183   **Ganar *amigos* es dar dinero a logro [62] y sembrar en regadío** (GAlfarache, II, 67 y Correas, 222).
      Pondera el valor de la amistad.

184   **Más vale *amigo* en plaza que dinero en casa.** v. 186.

185   **Más vale buen *amigo* que mal marido** (BAmor, 1327). *Más vale ser buena amiga que mala casada* (Celestina, XV, 159).
      Considera preferible un amancebamiento feliz a un matrimonio desgraciado.

186   **Más valen *amigos* en plaza que dineros en arca** (Criticón, III, 206 y Correas, 301). *Más vale amigo en plaza que dinero en casa* (FC, 263).
      Antepone el valor de la amistad al del dinero.

187   **Más vale un *amigo* que pariente ni primo** (Ac.).
      «Advierte que a veces vale más una buena amistad que el parentesco.»

188   **Mientras más *amigos*, más claros.** v. 174.

189   **Muchos son los *amigos*, y pocos los escogidos.** v. 2070.

190   **No hay amigo para *amigo*: las cañas se vuelven lanzas.** v. 726.

191   **Quien es *amigo* del vino, enemigo es de sí mismo** (Criticón, III, 78).
      Manifiesta lo perjudicial que puede ser para la salud el abuso del vino.

192   **Reniego del *amigo* que cubre con las alas y muerde con el pico** (Ac.).
      Alusión a la costumbre de las aves de proteger con las alas a sus crías.
      «Reprende a los lisonjeros o engañosos que, aparentando favorecer a uno, le perjudican descubriendo sus faltas.»

193   ***Amistad* de yerno, sol en invierno** (Ac.). *Amistad de yerno, sol de invierno* (FC, 258). El sol invernal calienta muy poco.
      «Denota la tibieza o poca duración de la amistad entre suegros y yernos.»

---

62   *A logro* 'con interés'.

194   Al *amo* que honra, el criado le sirve (GAlfarache, II, 276).
       Aconseja a los superiores dar un buen trato a sus subordinados.

195   ¿Cómo no riñe tu *amo?* — Porque no es casado (Dorotea, III, 226). *¿Por qué no riñe su amo? — Porque no es casado* (Criticón, III, 208).
       Considera el matrimonio fuente de problemas y disgustos.

196   Haz lo que tu *amo* te manda y sentaráste con él a la mesa (Ac.). *Haz lo que te manda tu señor, y pósate con él a la mesa* (Santillana, 323). *Haz lo que tu amo te manda, y siéntate con él a la mesa* (DLengua, 51 y Quijote, II, 29).
       «Da a entender la mucha estimación que logra de su amo el criado que le obedece puntualmente.»

197   ¿Por qué no riñe su *amo?* — Porque no es casado. v. 195.

198   Quien a muchos *amos* sirve, a algunos ha de hacer falta (Ac.). *Quien a muchos amos sirve, a unos y otros ha de hacer falta* (Ac.).
       «Enseña que no se puede servir bien a la vez a distintas personas.»

199   *Amor* con amor se paga (Ac.). *El amor no admite sino solo amor por paga* (Celestina, XVI, 159).
       «Denota que la correpondencia debe ser proporcionada a la obligación. Suele usarse irónicamente.»

200   *Amor* de asno, coz y bocado (Ac.). Aconseja huir del trato amistoso con personas toscas y groseras, de las cuales —igual que de un asno— solo cabe esperar impertinencias.
       «Se dice de aquellos que muestran su cariño haciendo mal o incomodando.»

201   *Amor* de niño, agua en cesto (Ac. y Santillana, 22). *Amor de niño, agua en cestillo* (Ac.).
       «Denota la poca confianza que se debe tener en el amor de los niños.»

202   *Amor* de padre, que todo lo demás es aire (Ac.). *Amor de madre, que todo lo demás es aire* (Ac.).
       «Advierte que solo el amor de los padres es el seguro.»

203   *Amor* de rey no es heredad, ni dura todavía [63] (Zifar, 280). *Amor de señor no es posesión* (Correas, 45).
       Aconseja no confiar demasiado en la protección o el afecto de los poderosos.

204   *Amor* loco, yo por vos y vos por otro (Ac.).
       «Denota que muchas veces la persona que es muy amada de uno suele amar a otro que no le corresponde.»

_____
63   *Todavía* 'siempre'.

205 *Amor* **trompero,** [64] **cuantas veo tantas quiero** (Ac.).
«Da a entender la facilidad con que algunos se enamoran de todas las mujeres que ven.» En general, censura la inconstancia y volubilidad de los afectos humanos.

206 *Amor* **y señorío no quieren compañía** (Dorotea, IV, 368). *Ni amor ni señoría, no quieren compañía* (HNúñez, III, 16 y Correas, 333).
El sentimiento amoroso y el afán de poder no toleran competencia.

207 **De los** *amores* **y las cañas,** [65] **las entradas** (Ac. y Dorotea, III, 228).
«Denota que el amor, a los principios, es más vehemente, así como en el juego de las cañas son mayores, cuando se empieza, el ardor y la gallardía.»

208 **Donde hay** *amor* **hay dolor** (Ac.).
«Da a entender que las penas de las personas queridas se sienten como propias.»

209 **El** *amor* **no admite sino solo amor por paga.** v. 199.

210 **Ni** *amor* **ni señoría, no quieren compañía.** v. 206.

211 **Para el** *amor* **y la muerte no hay cosa fuerte** (Ac.). *Para el amor ni muerte hay casa fuerte* (GAlfarache, I, 223).
«Pondera el poder del amor y de la muerte.»

212 **Por poco mal decir, se pierde gran** *amor* (BAmor, 424).
De causas muy pequeñas se pueden derivar graves consecuencias.

213 **Vanse los** *amores* **y quedan los dolores** (Ac.).
«Da a entender que no se debe uno llevar solamente del amor irreflexivo con desprecio de otras circunstancias, porque las pasiones vehementes pasan pronto y sus consecuencias son duraderas.»

214 **Quien mal** *anda,* **mal acaba** (Ac.).
«Denota que el que vive desordenadamente tiene, por lo común, un fin desastrado.»

215 **Quien mucho ha de** *andar,* **mucho ha de probar** (Zifar, 131). *Quien mucho anda, mucho manxa* [66] (Correas, 423).
Manifiesta que los caminantes o viajeros, y en sentido más general los que se meten en empresas diversas y arriesgadas, conocen toda suerte de fortuna.

216 **Si tras este que** *ando* **mato, tres me faltan para cuatro** (DLengua, 54).
Contra los que hacen proyectos o se ilusionan con cosas que están muy lejos de alcanzar.

---

[64] *Trompero* 'engañoso'.
[65] *Cañas,* fiesta de a caballo.
[66] *Manxar,* ant. 'comer'.

217   *Anillo* en dedo, honra sin provecho (Ac. y Dorotea, IV, 368). *Honra sin*
       provecho, anillo en el dedo (Santillana, 512). *Honra sin provecho, no es sino como*
       anillo en el dedo (Celestina, VII, 256). *Honra sin provecho, sortija en el dedo* (DLen-
       gua, 141).
       «Advierte que no se debe emplear el dinero en cosas que solo sirven
       de puro fausto o vanidad.»

218   Cuando te dieren el *anillo,* pon el dedillo (Ac.). Alude especialmente
       al matrimonio.
       «Aconseja aprovechar la ocasión favorable.»

219   Si se perdieron los *anillos,* aquí quedaron los dedillos (Ac. y Santilla-
       na, 652). No hay que lamentar la pérdida de la fortuna cuando se dispone
       de manos hábiles para levantarla de nuevo.
       «Da a entender que no se debe sentir mucho la pérdida de lo accesorio
       cuando se salva lo principal.»

220   Una *ánima* sola, ni canta ni llora (Ac.).*Una ave sola, ni bien canta ni bien*
       llora (BAmor, 111). *Una alma sola, ni canta ni llora* (Santillana, 703 y Celes-
       tina, VII, 255).
       «Da a entender que uno solo, sin la ayuda de otros, para ninguna cosa
       puede ser de provecho.»

221   Tardío *anochecedor,* mal madrugador (Ac.).
       «Da a entender que la persona que se acuesta tarde no suele ma-
       drugar.»

222   El *ánsar* de Cantimpalos, [67] que salió al lobo al camino (Ac. y DLen-
       gua, 141).
       «Se dice de los que inconsideradamente se exponen a un daño o pe-
       ligro.»

223   Enhorabuena, *Antona,* fuestes a misa, venistes a nona. v. 1802.

224   Más valéis, vos, *Antona,* que la corte toda (PJustina, I, 89 y Correas,
       300).
       Ensalza las cualidades de un ser querido, anteponiéndolas a todos los
       demás bienes.

225   Ni *antruejo* [68] sin luna, ni feria sin puta, ni piara sin artuña [69] (Ac.).
       «Significa que por carnestolendas hay siempre luna nueva; en las fe-
       rias, malas mujeres, y en los rebaños de ovejas, alguna a quien se le haya
       muerto la cría.»

---

[67]   *Cantimpalos,* pueblo de la provincia de Segovia.
[68]   *Antruejo* 'los tres días que preceden al miércoles de ceniza'.
[69]   *Artuña,* entre pastores 'oveja parida que ha perdido la cría'.

226   Más vale *añada* [70] que buena barbechada (Ac.). Por muy bien prepara-
       da que esté la tierra, si el tiempo no es favorable, de nada o de muy poco
       sirve para el logro de una buena cosecha.
          «Más vale sazón que barbechera ni binazón.» La suerte vale, en ocasiones, más
       que el esfuerzo personal.

227   Aunque todo sea *añil,* poco puede teñir (Ac.). La coloración que da el
       añil es muy intensa, pero no permanente.
          «Manifiesta lo poco que puede hacerse con escasos medios.»

228   A buen *año* y malo, molinero u hortelano (Ac.).
          «Denota la utilidad casi cierta que rinden estos dos oficios, así en los
       años abundantes como en los escasos.»

229   A cabo de cien *años,* los reyes son villanos, y a cabo de ciento y diez
       los villanos son reyes (Ac.).
          «Alude a la inconstancia de las cosas y suerte de los hombres.» (s/v cabo.)

230   Al *año* tuerto, el huerto; al tuerto tuerto, la cabra y el huerto; al tuerto
       retuerto, la cabra, el huerto y el puerco (Ac.). El año tuerto es el que
       se da mal para las faenas agrícolas, debido a lo poco favorable del tiempo.
          «Enseña que la granjería [71] del ganado cabrío y de cerda y el cultivo
       de los huertos son los recursos más útiles en los años estériles por estar menos
       expuestos a perderse.»

231   Al cabo de cien *años* todos seremos calvos (Ac.). *Al cabo de cien años todos
       seremos salvos* (Ac.). *Antes de mil años, todos seremos calvos* (Santillana, 41).
          «Denota que al fin de este tiempo ya habremos muerto y estaremos li-
       bres de las miserias de esta vida.»

232   Al cabo del *año,* más come el muerto que el sano (Ac.). Se llama *cabo
       de año* el sufragio o funeral que se hace por el difunto cumplido el año que
       murió, y que en algunos lugares suele ser más solemne que el que se celebra
       cuando muere.
          «Indica lo mucho que suele gastarse en sufragios y otras cosas por los
       difuntos en el primer año después de su muerte.»

233   Al cabo de los *años* mil, vuelve el agua por do solía ir (Ac.). *Al cabo
       de los años mil, torna el agua a su cubil* (Ac.). *Al cabo de los años mil, vuelven
       las aguas por do solían ir* (Ac.). *A los años mil, vuelven las aguas por do solían
       ir* (Ac.). *A los años mil, torna el agua a su cubil* (DLengua, 104).
          «Advierte que con el transcurso del tiempo tornan ciertas cosas a su
       primitivo ser, o vuelve a hacerse lo que había caído en desuso.»

234   Al cabo de un *año* tiene el mozo las mañas [72] de su amo (Ac.).
          «Denota lo que influye en los inferiores el ejemplo de los superiores.»

---

[70]   *Añada* 'tiempo bueno que hace durante un año'.
[71]   *Granjería* 'ganancia o beneficio que se obtiene del cultivo del campo y de la cría
de ganado'.
[72]   *Maña* 'habilidad. Mala costumbre'.

235   Antes de mil *años,* todos seremos calvos. v. 231.

236   **Año de brevas, nunca lo veas** (Ac. y FC, 266).
      «Quiere dar a entender que el año en que hay abundancia de brevas
      suele ser estéril en granos y otros frutos.»

237   **Año de gamones,** [73] **año de montones** (Ac.).
      «Da a entender que en el año abundante en gamones suele ser buena
      la cosecha de cereales.»

238   **Año de heladas, año de parvas** (Ac. y FC, 266).
      «Denota que en el año de grandes heladas suelen ser buenas las co-
      sechas.»

239   **Año de muchas endrinas,** [74] **pocas hacinas** (Ac.).
      «Denota que en el año abundante en esta fruta suele ser escasa la cose-
      cha de granos.»

240   **Año de neblinas, año de hacinas** (Ac. y FC, 266).
      «Denota la gran influencia que tienen las nieblas en la abundancia de
      las mieses.»

241   **Año de nieves, año de bienes** (Ac.).
      «Da a entender que en el año en que nieva mucho suele ser abundante
      la cosecha de frutos.»

242   **Año de ovejas, año de abejas** (Ac.).
      «Da a entender que el año que es bueno para una de estas dos granje-
      rías [75] lo es también para la otra.»

243   **Año de veintisiete, deja a Roma y vete** (Lozana, 131).
      Alude al saco de Roma por las tropas imperiales de Carlos V en el
      año 1527.

244   **Año lluvioso, échate de codo** [76] (Ac.). *Año lluvioso, échate de codos*
      (FC, 266).
      «Denota que cuando el año es de muchas lluvias está ocioso el labra-
      dor, porque no se pueden hacer las labores del campo.»

245   **Año malo, panadera en todo cabo** (Ac.). En los años de escasez solía en-
      carecerse el pan.
      «Significa que el oficio de panadera es más útil en los años estériles.»

246   **Cien *años* de guerra, y no un día de batalla** (Ac.).
      «Aconseja que, aunque se haga la guerra, se procure evitar los riesgos de
      una batalla por lo mucho que se aventura.» Por extensión, recomienda que
      no se lleve a extremos de violencia la enemistad que se tenga con alguna persona.

---

[73] *Gamón* 'planta liliácea'.
[74] *Endrina* 'fruto del ciruelo silvestre o endrino'.
[75] *Granjería,* v. n. 71.
[76] *Echarse de codo* 'estar mano sobre mano'.

247   **Cual el año, tal el jarro** (Ac.).

«Advierte que el jarro con que se dé de beber sea grande o chico, según haya sido abundante o escasa la cosecha de vino. Úsase también para expresar la necesidad que hay de que los gastos no excedan los medios de cubrirlos.»

248   **El año de la sierra, no le traiga Dios a la tierra** (Ac.).

«Da a entender que el año que es bueno para la sierra no lo es para la tierra llana.»

249   **El año derechero,** [77] **el besugo al sol y el hornazo al fuego** (Ac.). *Hornazo* es una torta guarnecida de huevos que se cuecen juntamente con ella, y que se suele comer por Pascua de Resurrección.

«Denota que para ser bueno el año ha de hacer sol en noviembre, mes en que se empieza a comer besugo, y llover por abril, que es cuando se comen los hornazos.»

250   **El año seco tras el mojado, guarda la lana y vende el hilado** (Ac.).

«Aconseja no vender la lana cuando pesa menos por haberse lavado el vellón con las lluvias antes de trasquilarlo, y no guardar el hilado en tiempo seco, porque entonces pierde lo correoso y se quiebra con facilidad.»

251   **El mal año entra nadando** (Ac.).

«Denota que las excesivas lluvias al principio del año son perjudiciales, porque desustancian la tierra.»

252   **En año bueno el grano es heno; en año malo la paja es grano** (Ac.).
En año bueno el grano es heno, y en año malo la paja es grano (FC, 266).

«Denota los distintos efectos que causan la abundancia y la carestía.»

253   **En año caro, harnero espeso y cedazo claro** (Ac. y Dorotea, V, 385). El harnero se utiliza para separar del trigo o de otro cereal las impurezas; el cedazo sirve para separar el salvado de la harina.

«Advierte la economía con que se debe vivir en los años estériles.»

254   **En buen año y malo, ten tu vientre reglado** (Ac.).

«Advierte que ni por lo barato ni por lo caro del año se falte a la templanza en el comer.»

255   **Hora** [78] **ha un año, cuatrocientas; y hogaño, cuatro ciegas** (Ac.).

«Se dice de las cabras por lo expuestas que están a perecer por la morriña» [79].

---

[77]   *Derechero* 'justo, cabal; que viene derecho'.
[78]   *Hora* 'ahora'.
[79]   *Morriña* 'hidropesía de las ovejas y otros animales'.

256 **Lo que no acaece en un *año*, acaece en un rato** (Ac.). *Lo que no se hace en un año, se hace en un rato* (Ac.). *Lo que no sucede en un año, sucede en un rato* (Ac.).
«Denota la contingencia y variedad de los sucesos humanos.»

257 **Lo que no fue en mi *año*, no fue en mi daño** (Ac.). Probablemente se refiere a las tierras que se explotan alternativamente, de manera que el que no siembra un año no se ve afectado porque venga mala cosecha.
«Explica que no debemos hacer duelo por los acontecimientos pasados que no estuvieron a nuestro cuidado.» También podría aplicarse al que se desentiende de las culpas o desgracias ajenas.

258 **Lo que no se hace en un *año*, se hace en un rato.** *Lo que no sucede en un año, sucede en un rato.* v. 256.

259 **Mal *año* o buen año, cuatro caben en un banco** (Ac.). *Mal año o buen año, cuatro caben en un escaño* (Ac.).
«Alude a los oficios de justicia que en las iglesias de los lugares tenían banco señalado, y solían ser cuatro: alcalde, dos regidores y procurador síndico.» La administración de la justicia no se ve afectada por la abundancia o escasez del año.

260 **Más produce el *año*[80] que el campo bien labrado** (Ac.).
«Expresa que el temperamento y estaciones favorables hacen producir por sí más frutos que las labores solas.»

261 **Más vale *año* tardío que vacío** (Ac.).
«Además de su sentido recto, da a entender que, por malo que sea esperar mucho tiempo una cosa, siempre es mejor que dejarla de conseguir.»

262 **Ninguno es tan viejo que no pueda vivir un *año*, ni tan mozo que hoy no pudiese morir** (Celestina, IV, 170). *No hay ninguno tan viejo que no piense vivir un año* (Correas, 352).
Aconseja no hacer previsiones sobre el tiempo de la muerte, basadas en los muchos años del anciano o en los pocos del joven, porque su llegada es siempre incierta.

263 **No digáis mal del *año* hasta que sea pasado** (Ac.).
«Advierte que hasta ver las cosas del todo no se puede hacer juicio cabal de ellas.»

264 **No en los *años* están todos los engaños** (Ac.).
«Advierte que no solo los viejos tienen tretas y astucias, sino también los mozos.»

---

[80] *Año*, conjunto de circunstancias meteorológicas favorables que se dan en ese período.

265   No hay mal *año* por piedra, mas ¡guay de a quién acierta! (Ac.).
      «Da a entender que la cosecha no se pierde en todo un territorio o dis-
      trito porque se apedree algún término, pero sí en las heredades donde des-
      carga la nube o tempestad que trae piedra.»

266   No hay ninguno tan viejo que no piense vivir un *año*. v. 262.

267   No me lleves, *año,* que yo te iré alcanzando (Ac.).
      «Da a entender el deseo, natural en los viejos, de prolongar cada año
      su vida.»

268   Poda tardío y siembra temprano; si errares un *año,* acertarás cuatro
      (Ac.).
      «Aconseja podar las viñas y árboles tarde para que no se hielen, y sem-
      brar el grano temprano para que nazca con las primeras aguas del otoño.»

269   Quien en un *año* quiere ser rico, al medio le ahorcan (Ac. y Dorotea,
      III, 229).
      «Amenaza a los que por medios ilícitos quieren enriquecerse en poco
      tiempo.»

270   Una en el *año,* y esa, en tu daño (Ac.).
      «Se dice de quien al cabo de mucho tiempo se determina a hacer algu-
      na cosa y esa le sale mal.»

271   El más ruin del *apellido,* porfía más por ser oído (Corbacho, 320, HNú-
      ñez, II, 22 y Correas, 177).
      Generalmente, las personas con menos méritos o derechos son las más
      obstinadas en hacerse oír.

272   *Arada* con terrones, no la hacen todos los hombres (Ac.). La tierra que
      en vez de ser suelta está muy compacta o apelmazada es difícil de labrar.
      «Enseña que en los campos secos y de tierras fuertes no deben arar sino
      hombres robustos y ganado de pujanza para que la labor salga bien.»

273   El *arado,* rabudo, y el arador, barbudo (Ac.).
      «Advierte que el arado conviene que sea largo de reja, y el arador hom-
      bre hecho y forzudo.» En sentido figurado, puede significar que para que
      un trabajo salga bien se requieren medios adecuados y capacidad por parte
      del que lo realiza.

274   *Arador* de palma, no le saca toda barba [81] (Ac. y Dorotea, II, 177). El
      arador de palma es un arácnido que abre galerías en la dermis de la palma
      de la mano, y que a causa de la configuración de su cuerpo no puede volver
      atrás. Se le dio el nombre de *arador* por los surcos que va formando bajo
      la piel.
      «Da a entender que no todos pueden hacer las cosas difíciles.»

---

[81]   *Barba* 'persona, individuo'.

275   No se saca *arador*[82] a pala y azadón (Ac.). *Sacar arador a pala y azadón*
       (Celestina, I, 96).
           «Advierte que con medios desproporcionados no se puede conseguir
       lo que se desea.»

276   **Negar que negarás, que en *Aragón* estás** (Ac.). Se aconseja al reo que
       niegue la comisión del delito.
           «Ref. cuyo fundamento es que en aquel reino no se podía aplicar la
       cuestión de tormento.»

277   *Araña, ¿quién te arañó? Otra araña como yo* (Ac.).
           «Ese es tu enemigo, el que es de tu oficio.» No suelen llevarse bien las perso-
       nas de naturaleza, condición u oficio semejante.

278   **Nunca medra la *araña,* que hila y no devana** (Ac.).
           «Enseña que los que dejan las cosas a medio hacer medran poco.»

279   **Picóme una *araña,* y atéme una sábana** (Ac. y FC, *LGarcía,* 199).
           «Poco mal y bien quejado.» Contra los que emplean un remedio despro-
       porcionado al mal que sufren.

280   *Árbol* de buen natío,[83] toma un palmo y paga cinco (Ac.).
           «Enseña que el buen árbol ocupa poco terreno y da mucha utilidad.»
       No se debe valorar una cosa por su tamaño.

281   **Del *árbol* caído todos hacen leña** (Ac.).
           «Da a entender el desprecio que se hace comúnmente de aquel a quien
       ha sido contraria la suerte, y la utilidad que todos procuran sacar de su
       desgracia.»

282   **Quien a buen *árbol* se arrima, buena sombra le cobija** (Ac., DLengua,
       103 y Quijote, II, 32). *Quien a buen árbol se allega, buena sombra le cubre* (Zifar,
       131). *Quien a buen árbol se arrima...* (Celestina, VIII, 15).
           «Da a entender las ventajas que logra el que tiene protección pode-
       rosa.»

283   **Reniego del *árbol* que a palos ha de dar el fruto** (Ac.). Alude a la opera-
       ción de vareo.
           «Reprende al indócil que no obra bien sino a fuerza de castigo.»

284   **En *arca* abierta, el justo peca** (Ac.).
           «La ocasión hace al ladrón.» No hay que dar facilidades para cometer un
       delito.

285   **En *arca* de avariento, el diablo yace dentro** (Ac.).
           «Denota la fealdad de la avaricia.»

---

[82]   *Arador* 'arácnido'. v. ref. anterior.
[83]   *Natío* 'naturaleza, nacimiento'.

286   **Arcaduz** [84] de noria, el que lleno viene, vacío torna (Ac.). La noria
       hace girar sus cangilones para extraer el agua que luego ha de verter.
           «Se aplica a los que gastan su caudal en pleitos y pretensiones y se que-
       dan sin conseguir lo que solicitaban.»

287   **Arco** de tejo, recio de armar y flojo de dejo [85] (Ac.). El tejo es árbol de
       madera muy dura, pero quebradiza.
           «Denota que la madera de este árbol no es a propósito para hacer arcos.»
       En sentido figurado da a entender que no se pueden obtener buenos resul-
       tados utilizando medios impropios.

288   **Arco** de tejo y cureña [86] de serbal, [87] cuando disparan, hecho han el
       mal (Ac.).
           «Denota que por lo quebradizo de estas maderas recibe daño el que
       dispara antes que ofenda al enemigo.»

289   **Arco** que mucho brega, o él o la cuerda (Ac.).
           «Advierte que el mucho trabajo quebranta las fuerzas.»

290   **Arco** siempre armado, o flojo o quebrado (Ac. y FC, 262).
           «Da a entender que las cosas humanas no pueden mantenerse mucho
       tiempo en un estado violento.»

291   Comer **arena** antes que hacer vileza (Ac.).
           «Exhorta a la virtud, aconsejando que no se obre contra ella por más
       que estreche la necesidad.»

292   Quien en el **arenal** siembra, no trilla pegujares [88] (BAmor, 170).
           Manifiesta la inutilidad de dedicar uno su esfuerzo a cosas improduc-
       tivas.

293   Quien tiene **argén,** tiene todo bien (Ac. y Criticón, III, 207).
           «Pondera la utilidad del dinero.»

294   En torcida **argolla** no entra la bola (Ac.). Alude al juego cuyo principal
       instrumento es una argolla de hierro que con una punta aguda se clava en
       la tierra, y a través de la cual han de hacerse pasar unas bolas de madera
       impulsadas por paletas cóncavas.
           «Da a entender que muchos negocios suelen malograrse por los obstácu-
       los que ponen los contrarios.»

---

[84]   *Arcaduz* 'cangilón de noria'.
[85]   *Dejo* 'fin, duración'.
[86]   *Cureña* 'palo de la ballesta'.
[87]   *Serbal* 'madera del árbol de igual nombre'.
[88]   *Pegujar* 'corta porción de siembra, ganado o caudal'.

295   **Armas** y dineros, buenas manos quieren (Ac.).
       «Advierte que para que sean de provecho estas dos cosas, importa saberlas manejar.»

296   Lo que **arrastra**, honra (Ac. y Criticón, II, 335 y III, 205). Hace alusión a los trajes de cola que vestían, como atributo especial, las altas dignidades de la Iglesia o del Estado.
       «Suele notar irónicamente el desaliño o descuido de los que llevan la ropa arrastrando.»

297   **Arreboles** al oriente, agua amaneciente (Ac.). *Arreboles a todos cabos, tiempo de los diablos* (Ac.). *Arreboles de Aragón, a la noche con agua son* (Ac.). *Arreboles de la mañana, a la noche son agua* (Ac.). *Arreboles de la mañana, a la noche son de agua* (Ac. y Dorotea, V, 438). *Arreboles de la noche, a la mañana son soles* (Ac.). *Arreboles de Portugal, a la mañana sol serán* (Ac.). *Arreboles en Castilla, viejas a la cocina* (Ac.). *Arreboles en Portugal, viejas a solejar* [89] (Ac.). *Arreboles por la tarde, a la mañana aire* (Ac.).
       «Indica el diferente estado atmosférico que anuncian los arreboles, según la hora y situación en que aparecen.»

298   **Arrendadorcillos**, comer en plata y morir en grillos. v. 50.

299   **Arrieros** somos; en el camino nos encontraremos (Ac.). *Arrieros somos, y en el camino nos encontraremos* (Ac. y Cela, *Judíos*, 114). *Arrieritos somos*, etc. (Ac.).
       «Da a entender que aquel a quien se ha negado una gracia o favor se desquitará en otra ocasión en que se necesite de él.»

300   Quien no se **arriesga**, no gana nada. v. 2194.

301   Quien no **arrisca**, [90] no aprisca [91] (Ac. y DLengua, 102).
       «Enseña que para conseguir lo que se apetece es menester arriesgar algo.»

302   El **arroz**, el pez y el pepino nacen en agua y mueren en vino (Ac.). *El arroz, el pez y el tocino nacen en el agua y mueren en el vino* (Criticón, III, 77). Antiguamente se tenía la creencia de que no era saludable beber agua con estos alimentos, y por ello se recomienda el vino para su fácil digestión.
       «Da a entender que sobre estas cosas conviene beber vino para que no hagan daño.»

303   Con **arte** y engaño se vive medio año; y con engaño y arte la otra parte (Ac.). *La mitad del año, con arte y engaño, y la otra parte, con engaño y arte* (Ac. s/v mitad y Criticón, I, 286 y III, 181).
       «Moteja a los que viven de la trápala [92] y faramalla [93].» «Reprende el modo de vivir de algunos que sin tener cosa propia gastan y campan en fuerza de su habilidad y maña.» (s/v mitad.)

---

[89] *Solejar* 'tomar el sol'.
[90] *Arriscar* 'arriesgar'.
[91] *Apriscar* 'aprehender, coger'.
[92] *Trápala* 'embuste, engaño'.
[93] *Faramalla* 'charla artificiosa encaminada a engañar'.

304   Más vale *arte* que ventura (Zifar, 360).
       Aconseja instruirse o prepararse, y no contar con la suerte.

305   Por *arte* empreñó el conejo a la vaca. v. 1029.

306   Por *arte* [94] juran muchos, y por arte son perjuros (BAmor, 618). *Quien*
       con arte jura, con arte se perjura (Corbacho, 157).
       Manifiesta que quienes hacen promesas engañosas, fácilmente las que-
       brantan.

307   Quien tiene *arte*, [95] va por toda parte (Ac.).
       «Enseña cuán útil es saber algún oficio para ganar de comer.»

308   **As de oros, no le jueguen bobos** (Ac.). El as suele ser la carta de más
       valor en los juegos de naipes, pero hay que saber en qué baza o momento
       conviene emplearlo.
       «Advierte que para cualquier empleo o ejercicio, por fácil que parezca,
       es necesario tener inteligencia.»

309   **Aún no asamos, y ya pringamos** [96] (Ac.). *Aún no asamos y ya empringa-*
       mos [96] (Ac.). *Aún no asábamos, y ya pringábamos* (Galdós, *República*, 25).
       «Reprende a quien antes de tiempo intenta lograr o hacer alguna cosa.»

310   **Asna con pollino, no va derecha al molino** (Ac. y Santillana, 39). *La*
       burra que tiene pollino, no va derecha al molino (Ac. s/v burra).
       «Da a entender que no puede hacer rectamente las cosas quien está po-
       seído de alguna pasión.»

311   **Jo, que te estrego, asna coja.** v. 551.

312   **A asno lerdo, arriero loco** (Ac.). *A asno modorro, arriero loco* (Ac.).
       «Significa que para los que, a título de tontos, no hacen lo que deben,
       el mejor remedio es el castigo.»

313   **Al asno muerto, la cebada al rabo** (Ac.). *Al asno muerto, ponelle la cebada*
       al rabo (Santillana, 28). *A burro muerto, cebada al rabo* (Cela, *El gallego*, 33).
       A burro muerto, la cebada al rabo (Cela, *El gallego*, 134).
       «Reprende la necedad de querer aplicar remedio a las cosas pasada la
       ocasión oportuna.» También significa que nada importa a la persona que
       no puede aprovecharse de algún bien, la forma en que este se le ofrece.
       (HNúñez, I, 45 y Cela, en los textos citados, dan esta interpretación.)

314   **Asno cojo, cuando duda, corre con el aguijón** (BAmor, 641).
       Indica que a las personas flojas o perezosas, el castigo les sirve de es-
       tímulo.

---

[94]   *Arte* 'cautela, maña, astucia'.
[95]   *Arte* 'disposición, destreza y habilidad para hacer alguna cosa'.
[96]   *Empringar* o *pringar* 'mojar pan en la salsa'.

315   ***Asno*** con oro, alcánzalo todo (Ac.).
      «Da a entender que quien tiene dinero consigue lo que quiere, por necio
que sea.»

316   ***Asno*** de Arcadia, lleno de oro, y come paja (Ac.). La primera parte del
refrán es una alusión a la sentencia de Heráclito, según la cual el asno quiere más la paja que el oro.
      «Reprende a los que siendo ricos se tratan con miseria.»

317   ***Asno*** de muchos, lobos lo comen (Ac., BAmor, 906 y Santillana, 54).
Asno de muchos, lobos se lo comen (Criticón, III, 203 y FC, 256).
      «Denota que nadie cuida de lo que está encargado a muchos.»

318   ***Asno*** lerdo: tú dirás lo tuyo y lo ajeno (Ac.).
      «Advierte que los necios no saben callar nada.»

319   ***Asno*** malo, cabe casa aguija [97] sin palo (Ac.). *Asno malo, cabe casa aguija*
(Santillana, 47).
      «Zahiere a los malos trabajadores, que solo se dan prisa a trabajar cuando
ya se acaba la tarea.»

320   ***Asno*** que entra en dehesa ajena, volverá cargado de leña [98] (Ac.).
      «Da a entender el riesgo a que se expone quien entra en sitio vedado
o en que no debe entrar.» De modo más general, significa que quien obra
fuera de la ley se expone a ser castigado.

321   ***Asno*** sea quien asno batea [99] (Ac.).
      «Reprende a los que dan empleos a quienes son incapaces de desempe-
ñarlos.»

322   **Bien sabe el *asno* en cuya cara rebuzna** (Ac.). *Bien sabe el asno en cuya*
casa rebuzna (Ac. y Santillana, 135). El asno suele rebuznar cuando se encuentra en lugares que le son familiares.
      «Denota que la demasiada familiaridad suele dar motivo a libertades
o llanezas.»

323   **Burlaos [100] con el *asno*: daros ha en la barba con el rabo** (Ac.).
      «Enseña que no conviene gastar chanzas con gente de limitada capa-
cidad.»

324   **Cada *asno*, con su tamaño** (Ac.).
      «Enseña que cada uno debe juntarse con los de su igual.»

---

97   *Aguijar* 'acelerar el paso'.
98   *Cargar de leña* a uno 'darle de palos'.
99   *Batear* 'bautizar'.
100 *Burlar* 'bromear'.

325   De que no pueden al *asno* tórnanse al albarda. v. 338.

326   Dijo el *asno* al mulo: arre allá, orejudo (DLengua, 36). *Dijo el asno al mulo: tira allá, orejudo* (Santillana, 210).
      Indica con cuánta facilidad se hacen notar los defectos ajenos y pasan desapercibidos los propios, aunque sean mayores.

327   Do [101] vino el *asno,* vendrá la albarda (Ac. y Celestina, I, 89).
      «Denota que con lo principal va comúnmente lo accesorio.»

328   El *asno* que no está hecho a la albarda, muerde la atafarra [102] (Ac.).
      «Da a entender lo mal que llevan las incomodidades los que no están acostumbrados a ellas.»

329   El *asno* sufre la carga, pero no la sobrecarga (Ac.). *El asno sufre la carga, mas no la sobrecarga* (Quijote, II, 71).
      «Advierte que la paciencia tiene sus límites.» También puede aplicarse a la resistencia física o a la capacidad mental.

330   Más quiero *asno* que me lleve, que caballo que me derrueque (Ac. y Santillana, 426). *Más vale asno que os lleve que no caballo que os derrueque* (Lozana, 313). Es preferible el paso lento pero seguro del asno, al galope de un caballo indócil.
      «Enseña que es mejor contentarse con un mediano estado que aspirar al peligro de los grandes puestos.»

331   Más vale con mal *asno* el hombre contender, que solo y cargado haz a cuestas traer (BAmor, 1622). *Más vale con mal asno contender, que la leña a cuestas traer* (Santillana, 447).
      Aconseja servirse de la ayuda de alguien, aunque sea torpe, antes que realizar uno mismo todo el trabajo.

332   No compres *asno* de recuero ni te cases con hija de mesonero (Ac.).
      «Enseña que está muy expuesto a ser engañado el que compra caballería que vende un arriero y el que se casa con mujer criada muy a su libertad.»

333   No pueden al *asno,* tórnanse al albarda. v. 338.

334   Pierde el *asno* los dientes, mas no las mientes. v. 2041.

335   Que quiera, que no quiera, el *asno* ha de ir a la feria (Dorotea, II, 187, HNúñez, III, 240 y Correas, 418).
      Da a entender que la persona que tiene una posición subordinada ha de obedecer las órdenes del superior, aunque no sean de su gusto.

---

[101]   *Do* 'de donde'.
[102]   *Atafarra* 'ataharre, cincha que sirve para sujetar el aparejo de las caballerías'.

336   Quien al *asno* alaba, tal hijo le nazca (Dorotea, I, 62 y HNúñez,
      III, 269).
      Quien elogia personas o cosas que no son dignas de aprecio, merece
      sufrirlas en su casa.

337   Quien *asnos* ha perdido, cencerros se le antojan. v. 532.

338   Quien no puede dar en el *asno,* da en la albarda (Ac. y Galdós, *Arapiles,*
      111). *De que no pueden al asno, tórnanse al albarda* (Santillana, 227). *No pueden
      al asno, tórnanse al albarda* (Santillana, 460).
      «Se dice de los que, no pudiendo vengarse de la misma persona que
      los ofendió, se vengan en alguna cosa suya.»

339   Tal sabe el *asno* qué cosa es melcocha [103] (Ac.).
      «No se hizo la miel para la boca del asno.» No se deben ofrecer cosas exquisi-
      tas a quien no sabe apreciarlas.

340   Un *asno* entre muchas monas, cócanle [104] todas (Dorotea, I, 114 y
      HNúñez, III, 471).
      Da a entender que las cosas desconocidas o poco habituales suelen
      ser objeto de curiosidad y admiración. También puede significar que un
      solo hombre entre muchas mujeres suele ser mimado y atendido por
      todas.

341   El que lo tiene lo gasta, y si no, se lame el *asta* (Ac.). *Lamerse el asta*
      es una locución que expresa que algo es imposible de hacer. Se supone que
      la persona que tiene dinero puede disfrutar de él, y la que no lo posee, no
      tiene posibilidad de gastarlo.
      «Da a entender que cada uno debe resignarse con su suerte.»

342   No hay peor *astilla* que la de la misma madera (o del mismo palo).
      v. 1167.

343   Uno muere de *atafea*, [105] y otro la desea (Ac. y Santillana, 718).
      «Denota que muchas veces procuramos satisfacer nuestros apetitos, sin
      escarmentar en los daños que de ellos han resultado a otros.» De un modo
      más general indica la diversidad de los gustos humanos, porque lo que unos
      desprecian por hastío otros desearían disfrutarlo.

344   No hay *atajo* sin trabajo (Ac. y Santillana, 494).
      «Explica que sin trabajo no se puede conseguir en poco tiempo lo que
      se quiere.»

---

[103]   *Melcocha* 'miel elaborada en forma de pasta muy correosa'.
[104]   *Cocar* 'expresar cariño o halagos con fiestas o ademanes'.
[105]   *Atafea* 'hartazgo'.

345 **Quien bien *ata,* bien desata** (Ac. y DLengua, 97).
«Da a entender que el que emprende con conocimiento un negocio sabrá salir bien de él.»

346 **El que a cuarenta no *atura*** [106] **y a cincuenta no adivina, a sesenta desatina** (Ac.).
«Reprende a los que llegan a la edad madura, y aun a la vejez, sin tener asiento en sus juicios ni cordura en su proceder.»

347 ***Ausencia,* enemiga de amor; cuan lejos de ojos, tan lejos de corazón** (Ac.).
«Denota que con la ausencia se olvida lo que se ama.»

348 **Ni *ausente* sin culpa, ni presente sin disculpa** (Ac. y FC, 262).
«Da a entender cuán difícil es al ausente contestar a los cargos que se le hacen.»

349 **Nunca los *ausentes* se hallaron justos** (Celestina, XIV, 135 y Correas, 366).
v. Ni ausente sin culpa, ni presente sin disculpa.

350 **La *avaricia* rompe el saco.** v. 970.

351 **El *avariento,* do tiene el tesoro tiene el entendimiento** (Ac.).
«Denota el gran apego que tienen los avarientos al dinero.»

352 **Piensa el *avariento* que gasta por uno, y gasta por ciento** (Ac.).
«Advierte que el excesivo ahorro suele ocasionar al avariento mayores gastos.»

353 **Al *ave* de paso, cañazo** [107] (Ac.).
«Aconseja no tener trato íntimo con forasteros o transeúntes.»

354 ***Ave* de albarda, señal de tierra que nunca yerra** (Ac.). *Ave de albarda* es una metáfora humorística por 'burro'. Se dice cuando alguna cosa es notoria, como que los navegantes están cerca de tierra cuando ven borricos.
«Da a entender que alguna cosa es tan evidente que no tiene duda. Empléase también para zaherir al que, después de haber discurrido largamente, dice lo que todos saben o conocen.»

355 ***Ave* de cuchar, más come que val** (Ac.). *Ave de cuchar, nunca en mi corral* (Ac.). Se llamaban *aves de cuchar* los ánades, gansos, patos, cisnes y todas aquellas que tienen el pico en forma de cuchara.
«Denota la poca utilidad de estas aves.»

---

[106] *Aturar* 'proceder con sensatez y prudencia'.
[107] *Cañazo* 'golpe dado con una caña'.

356   *Ave* muda no hace agüero. v. 359.

357   **De las *aves*, la mejor es el ave de tuyo** (Ac.). *No hay tal ave como la que dicen: ave del tuyo* (Lozana, 103).
        «Se moteja así al miserable y avaro, como al pródigo o generoso en demasía. *Ave de tuyo* es juego de palabras, por *habe de tuyo*, ten de lo tuyo, y no de lo ajeno; sé rico de tus cosas.»

358   **De las *aves* que alzan el rabo, la peor es el jarro** (Ac.). Se compara el jarro con un ave, por el pico por donde se bebe y el asa que se levanta al beber, lo mismo que la cola de las aves.
        «Denota las fatales consecuencias de la embriaguez.»

359   **El *ave* muda no hace agüero** (BAmor, 1483). *Ave muda no hace agüero* (HNúñez, I, 143 y Correas, 74).
        Indica que no se pueden conocer las opiniones o deseos de la persona que no los expone, lo mismo que no es fácil hacer vaticinios o agüeros con los pájaros que no cantan.

360   **No hay tal *ave* como la que dicen: ave del tuyo.** v. 357.

361   **Una *ave* sola ni bien canta ni bien llora.** v. 220.

362   **Más vale mala *avenencia* que buena sentencia** (Ac.). Es preferible llegar a un acuerdo, aunque no sea muy ventajoso, a iniciar un procedimiento judicial, aun cuando el fallo sea favorable, por los muchos gastos y molestias que el pleito lleva consigo.
        «Advierte la utilidad que se sigue de componer los pleitos y diferencias, aunque haya derecho.»

363   **Quien no *aventura*, no gana.** v. 2194.

364   **Ea, sus, [108] y traga el *avestruz*** (Ac.). Se puede suponer que se ha suprimido la primera parte de este refrán en que se expresaría escándalo por algún hecho insignificante.
        «Reprende a los hipócritas que, notando los más leves defectos del prójimo, cometen enormes delitos o desaciertos.»

365   **Más vale un no cena que cien *avicenas*.** v. 926.

366   **Con la *ayuda* de vecino mató mi padre un cochino** (Ac.).
        «Zahiere a quien se vale de auxilio ajeno sin declararlo.»

367   **Ayúdate, y ayudarte he** (Ac.).
        «Enseña que para conseguir uno algún fin, ha de poner de su parte lo que pueda y no fiarlo al auxilio ajeno.»

---

[108] *Ea, sus,* loc. interjectiva con que se da ánimo para hacer alguna cosa.

368 Bien **ayuna** quien mal come (Ac. y Criticón, II, 301). *Harto ayuna quien mal come* (Ac.). No se puede exigir la observancia del ayuno a los que habitualmente comen menos de lo que ordena este precepto.
«Explica la penalidad del mal comer, que equivale al ayuno.»

369 Quien trae [109] **azada, trae zamarra** (Ac.).
«Da a entender la utilidad que reporta el trabajo.»

370 A la primera **azadonada, disteis en el agua** (Ac.). *A la segunda azadonada sacó agua* (Celestina, XV, 146).
«Denota haberse conocido, a poco de tratar o de observar a una persona, no ser merecido el buen concepto que de ella se tenía.»

371 ¿A la primera **azadonada, queréis sacar agua?** (Ac.).
«Advierte que las cosas arduas no se consiguen a las primeras diligencias.»

372 A la segunda **azadonada sacó agua.** v. 370.

373 En el **azogue,** [110] quien mal dice mal oye (Ac.).
«Advierte que quien murmura de otros en parte pública es por lo común castigado con la pena de que también se murmure de él públicamente.»

374 El que quiera **azul celeste, que le cueste.** v. 2952.

---

[109] *Traer* 'manejar'.
[110] *Azogue* 'plaza de pueblo'.

B

375   **El que ha de ser *bachiller,* menester ha deprender** [1] (Ac.).
     «Enseña que para lograr algún fin es necesario poner los medios adecuados.»

376   **Quien dispara sin *bala* nunca mata** (PJustina, II, 277).
     Critica a los que hacen las cosas sin poner los medios adecuados para ello. Puede aludir también a los indecisos o a los tímidos.

377   **Desdichado *balandrán,*** [2] **nunca sales de empeñado** (Ac.). El balandrán se solía llevar con frecuencia a las casas de empeño para remediar un apuro económico.
     «Se dice de los que nunca pueden salir de deudas o atrasos.»

378   **De *baldón* de señor o de marido, nunca zaherido** (Ac.).
     «Denota que los criados no deben ofenderse de ninguna palabra de sus amos, ni las mujeres de las de sus maridos.» De modo más general, puede aplicarse a las advertencias o represiones de persona allegada.

379   ***Ballestero*** [3] **que mal tira, presto halla la mentira** (Ac.). *Ballestero que mal tira, presta tiene la mentira* (Santillana, 117).
     «Demuestra que los malos tiradores y jugadores, cuando yerran o se equivocan, hallan siempre excusas para cohonestar sus faltas.» En general, significa que quien desempeña mal algún trabajo procura justificar sus errores.

380   **No se ha de apretar tanto el *ballestón* que salte la verga** (Ac.). *Ballestón* es un aumentativo de *ballesta,* antigua arma portátil, con un canal por donde salían las flechas impulsadas por la fuerza elástica de un muelle en figura de arco, llamado verga.
     «Reprende la intolerancia y excesiva severidad con los inferiores.» Es contraproducente exigir de una persona más de lo que puede dar de sí.

---

[1]   *Deprender* 'aprender'.
[2]   *Balandrán* 'vestidura talar ancha que solían usar los colegiales y eclesiásticos'.
[3]   *Ballestero* 'cazador'.

381 Jurado ha el *baño,* de negro no hacer blanco (Ac.). *Jurado ha el baño, de lo negro no hacer blanco* (Santillana, 375).

«Da a entender que lo natural prevalece siempre contra los esfuerzos del arte. También advierte que es muy difícil borrar las manchas de la reputación.»

382 ¿Para qué va al *baño* la negra, si negra se queda? (Ac.). *¿Para qué va al baño la negra, si blanca no puede ser?* (Ac.). *¿Para qué va la negra al baño, si blanca no puede ser?* (Ac. s/v negra.)

«Enseña que en vano se aplican los medios cuando el fin no es asequible.»

383 Quien la *baraja*[4] puede excusar, bien barata[5] en huir de ella (Zifar, 416).

Aconseja evitar, siempre que sea posible, las riñas o pendencias.

384 A *barba*[6] muerta, obligación cubierta[7] (Ac.).

«Denota que, muerto el dueño de la casa, los que tenían obligaciones con él no las confiesan a la viuda ni a los hijos.»

385 A las *barbas* con dineros, honra hacen los caballeros (Ac.).

«Advierte que a los viejos acaudalados les muestran todos respeto por el interés que esperan lograr cuando mueran.»

386 Antes *barba* blanca para tu hija, que muchacho de crencha[8] partida (Ac.).

«Enseña deberse preferir para yerno el hombre de juicio, aunque de edad, al mozo que no lo tiene.»

387 A poca *barba,* poca vergüenza (Ac.). *Poca barba* equivale a 'pocos años', y por extensión a falta de conocimiento y experiencia de las cosas.

«Advierte que regularmente los pocos años hacen a los hombres atrevidos.»

388 **Barba** a barba, honra se cata[9] (Ac. y FC, 262). *Barba a barba, vergüenza se cata* (Ac., Santillana, 110 y DLengua, 104). *Cara a cara, vergüenza se cata* (Ac. s/v cara).

«Da a entender que estando presente una persona se le tiene mayor atención y respeto que en ausencia de ella.» «Da a entender que en presencia de uno no se dice, por respeto, lo que a sus espaldas se habla sin reparo. También denota que se niega con alguna dificultad lo que se pide cara a cara.» (s/v cara.)

---

4 *Baraja* 'riña'.
5 *Baratar* 'proceder, obrar'.
6 *Barba,* sinécdoque por 'hombre, individuo'.
7 *Cubierta* 'encubierta, oculta'.
8 *Crencha* 'raya que divide el cabello por la mitad'.
9 *Catar* 'tener en cuenta, considerar'.

389   ***Barba*** **pone mesa, que no pierna tiesa** (Ac. y Santillana, 124). *Barba* está
usado en el sentido de 'hombre cabal' que se afana en trabajar para mantener a su familia, y se contrapone al de *pierna tiesa,* es decir, al que no se
mueve.
          «Recomienda el trabajo y la aplicación para adquirir lo necesario.»

390   ***Barbas*** [10] **mayores quitan menores** (Ac.).
          «Demuestra que siempre se atiende con preferencia a las personas de
mayor importancia.»

391   **Callen *barbas* y hablen cartas** (Ac. y Santillana, 173). *Hablen cartas y callen barbas* (Ac. s/v carta y Quijote, II, 7).
          «Advierte ser ocioso gastar palabras cuando hay instrumentos para probar
lo que se dice.» (s/v carta.)

392   **Cuales *barbas*, tales tobajas** [11] (Ac.).
          «Advierte que a cada uno se le debe hacer el honor y obsequio que co-
rresponde a su clase.»

393   **Cuando la *barba* de tu vecino vieres pelar, echa la tuya a remojar** (Ac.).
Cuando la barba de tu vecino vieres pelar, echa la tuya en remojo (Ac.). *Cuando
la barba de tu vecino vieres pelar, pon la tuya en remojo* (Corbacho, 59). *Cuando
la barba de tu vecino veas pelar, echa la tuya en remojo* (Criticón, III, 207). *Cuando
las barbas de tu vecino veas arder...* (Galdós, *De Oñate,* 125). Antiguamente
cortar a un hombre la barba se consideraba una gran afrenta.
          «Advierte que debemos aprender de lo que sucede a otros para escar-
mentar y vivir con cuidado.»

394   **De tal *barba*, tal escama** [12] (Ac.).
          «Advierte que regularmente no se debe esperar de los hombres otra cosa
que la que corresponde a su nacimiento y crianza.»

395   **Dos *barbas*** [13] **parejas, mal guardan ovejas** (Ac.).
          «Enseña que cuando la autoridad y gobierno están repartidos entre mu-
chos, unos por otros descuidan su obligación.»

396   **Hazme la *barba*, hacerte he el copete** (Ac.). *Hazme la barba, y hacerte
he el copete* (Galdós, *Apostólicos,* 177). *Hacer el copete* es peinar el pelo con un
mechón levantado sobre la frente.
          «Aconseja que conviene ayudarse uno a otro para conseguir lo que
desean.»

397   **De *barbero* a barbero no pasa dinero** (Ac.).
          «Entre sastres no se pagan hechuras.» Las personas de un mismo oficio o pro-
fesión no suelen cobrarse entre sí.

----

[10]   *Barba,* v. n. 6.
[11]   *Tobaja,* ant. 'toalla'.
[12]   *Escama* 'piel'.
[13]   *Barba,* v. n. 6.

398   **Ni *barbero* mudo ni cantor sesudo** (Ac.).
       «Denota el demasiado hablar de ciertos barberos cuando afeitan y el
       poco asiento o juicio que suelen tener algunos músicos.»

399   **Quien ha de pasar la *barca*, no cuente jornada** (Ac.). El que se embarca
       no debe dar por seguro que va a llegar sin contratiempos a la otra orilla.
       «Advierte que no ha de darse por seguro el éxito mientras haya obs-
       táculos que vencer.»

400   **Por viejo que sea el *barco*, pasa una vez el vado** (Ac.).
       «Advierte que por inútil y quebrantado que esté cualquiera puede en
       ocasiones servir de algo.»

401   **Si no es en esta *barqueta*, será en la que se fleta** (Ac.). *Si no fuere en
       esta barqueta, irá en la que se fleta* (Ac.).
       «Da a entender que lo que no se logra en una ocasión se puede o suele
       conseguir en otra.»

402   **No hay *barranco* sin atranco** (Ac.). El paso de un precipicio supone siem-
       pre un gran obstáculo.
       «Da a entender que en toda empresa difícil o descabellada hay algún
       entorpecimiento, peligro o daño.»

403   ***Barro* y cal encubren mucho mal** (Ac.). Los desperfectos de fachadas y
       paredes solían arreglarse con una mano de barro y un encalado.
       «Denota que el afeite y barniz puesto en muchas cosas oculta lo malo
       que hay en ellas.»

404   **Uno piensa [14] el *bayo* y otro el que le ensilla** (Ac.). *Uno cuida [15] el bayo
       y otro el que lo ensilla* (BAmor, 179). *Uno piensa el bayo y otro el que lo ensilla*
       (Santillana, 702, Celestina, XIX, 190 y DLengua, 130). *Uno piensa el bayo
       y otro lo ensilla* (PJustina, II, 78). Este refrán ha tenido varias interpreta-
       ciones, debido al sentido que se puede atribuir a los verbos *pensar* y *cuidar*.
       La Ac. se inclina por la etimología del latín *pensare* 'imaginar' y de ahí su
       explicación. Otros han entendido los verbos en su sentido de 'dar pienso'
       y de 'atender, ocuparse de', en cuyo caso el refrán tendría este sentido: Mien-
       tras una persona cuida del caballo, otra aprovecha la ocasión para ponerle
       la montura. Y en sentido traslaticio: Del descuido y falta de previsión de
       los simples, se aprovechan los más hábiles. Por otra parte, las distintas cons-
       trucciones del refrán (con los pronombres *lo* y *le,* o con el uso o la omisión
       del relativo *que*) han dado lugar también a diversos estudios y jui-
       cios. [16]
       «Advierte el diferente modo de pensar de los que mandan y de los que
       obedecen.»

---

[14]   *Pensar,* 'imaginar, discurrir.—Dar pienso'.
[15]   *Cuidar* 'pensar, discurrir.—Atender, ocuparse de'.
[16]   v. DLengua, 130; Correas, 496, y los estudios de Cotarelo, Monners Sans, J. Casares, *Introducción...,* 199, y Robert Ricard.

405   **Do entra *beber,* sale saber** (Ac.).
        «Expresa que el exceso en beber vino embota el entendimiento.»

406   **Becerrilla mansa, a su madre y a la ajena mama** (Ac.). *Becerrilla mansa,*
        a todas las vacas mama (Ac.). *Corderilla mega,* [17] *mama a su madre y a la ajena*
        (Ac. s/v corderilla). *Oveja duenda,* [17] *mama a su madre y a la ajena* (Ac. s/v
        oveja). *Becerrilla mansa, mama a su madre y a la ajena* (Santillana, 142). *Cor-*
        derica mansa mama su madre y la ajena (Celestina, XI, 76). *La becerra mansa*
        mama de su madre y de la ajena (GAlfarache, II, 197). *Becerrita mansa, que*
        de todas vacas mama (FC, 256).
        «Denota que el hombre comedido, dócil y de buen genio halla buena
        acogida entre todas las gentes.» «Enseña que con apacibilidad y agrado se
        vencen las dificultades y se logra lo que se desea.» (s/v corderilla.) «Enseña
        que la afabilidad y buen trato se concilian el agrado y benevolencia en ge-
        neral.» (s/v oveja.)

407   **Quien bien quiere a *Beltrán,* bien quiere a su can** (Ac., Santillana, 613,
        DLengua, 146 y Cela, *Judíos,* 62). *Quien bien quiere a Beltrán, a todas sus cosas*
        ama (Celestina, XVII, 171).
        «Da a entender que el cariño que se tiene a una persona suele exten-
        derse a todas las que le son allegadas o a las cosas que tienen relación
        con ella.»

408   **Bellacos hay en casa, madre, y no somos yo ni mi padre** (Ac.). Modo
        indirecto de indicar a una persona la opinión desfavorable que se tiene de
        ella.
        «Da a entender a alguien que se le conoce a fondo.»

409   **Tú que coges el *berro,* guárdate del anapelo** (Ac.). El berro y el anapelo
        son hierbas que se crían en los mismos lugares y son fáciles de confundir.
        Las hojas del berro son comestibles, y las del anapelo, venenosas.
        «Aconseja la cautela con que se debe proceder para evitar lo malo que
        tiene apariencia de bueno.»

410   **Berzas y nabos, para en una son entrambos** (Ac.). *Berzas y nabos, para*
        en una son entrambos (Dorotea, IV, 267). *Coles y nabos, para en una son entram-*
        bos (Ac. s/v col).
        «Se dice de aquellos que siendo de malas propiedades se conforman
        y juntan para hacer alguna cosa.»

411   **A la *bestia* cargada, el sobornal** [18] **la mata** (Ac.).
        «Significa que al que tiene mucha carga, si le aumentan otra, por ligera
        que sea, le rinde.»

---

[17]   *Mega* y *duenda* 'mansa, apacible'.
[18]   *Sobornal* 'sobrecarga, lo que se añade a la carga regular'.

412 **Mucha mala *bestia* vende buen corredor** (BAmor, 443).
Con habilidad y astucia se pueden vender o presentar como buenas cosas que no lo son.

413 **Quien quiere *bestia* sin tacha, a pie se anda.** v. 2429.

414 **Reniego de *bestia* que en invierno tiene siesta** (Ac.). La siesta solo se considera disculpable en el verano, por el calor que hace en el centro del día.
«Reprende a los flojos y perezosos.»

415 **Aquel sabe del *bien*, que sabe del mal** (Criticón, III, 290). *Quien no sabe de mal, no sabe de bien* (FC, 257).
La persona que ha sufrido dolores o contrariedades es la que mejor valora cualquier bien o ventaja que se le presente.

416 ***Bienes* de campana, dalos Dios, y el diablo los derrama** (Ac.). *Bienes de campana* son los que corresponden a los eclesiásticos.
«Denota la frecuencia con que el caudal de los eclesiásticos es dilapidado por sus herederos.»

417 **Cuando viene el *bien*, métele en tu casa** (Ac. y Quijote, II, 4).
«Nos enseña a no despreciar la buena suerte.»

418 **Del *bien* al mal no hay un canto de real** (Ac.).
«Advierte cuán cerca están los males de los bienes.» También puede expresar que los límites entre el bien y el mal obrar a veces están tan próximos que se traspasan fácilmente.

419 **El *bien* no es conocido hasta que es perdido** (Ac.). *No hay bien conocido hasta que es perdido* (Santillana, 487). *El bien hasta que se pierde no se conoce* (GAlfarache, I, 168).
«Denota el gran aprecio que debe hacerse de la buena suerte por los perjuicios y daños que se experimentan cuando se malogra.»

420 **El *bien* o el mal a la cara sal** (Ac.). *El bien o el mal a la cara sale* (Ac.).
«Da a entender que la buena o mala disposición de la salud y del ánimo se manifiestan en el semblante.» También puede aplicarse a la situación económica.

421 **El *bien* se acaba, y el mal dura** (Criticón, III, 52).
Considera que los momentos felices suelen ser de poca duración.

422 **El *bien* suena, y el mal vuela** (Ac. y Santillana, 252).
«Da a entender que más presto se saben las cosas malas que las buenas.» Además, que las malas acciones suelen ser objeto de mayores comentarios.

423   El mucho *bien* hace mal (Criticón, I, 218).
       Advierte que una vida demasiado fácil y regalada es con frecuencia per-
       judicial para la mente y para la salud.

424   Hacer *bien,* nunca se pierde (Ac. y Dorotea, III, 230).
       «Enseña lo mucho que importa hacer buenas obras y que siempre traen
       alguna utilidad al que las hace, aunque sean mal correspondidas.»

425   Haz *bien* y guárdate (Ac.). *Haz bien y guarte* [19] (GAlfarache, V, 11).
       «Da a entender la ordinaria ingratitud de los hombres.»

426   Haz *bien* y no cates [20] a quién (Ac., Zifar, 343 y 353, Santillana, 331
       y DLengua, 104). *Haz bien y no mires a quién* (Ac. y Criticón, III, 205).
       «Enseña que el bien se ha de hacer desinteresadamente.»

427   Los *bienes,* si no son comunicados, no son bienes. v. 2842.

428   No hay *bien* conocido hasta que es perdido. v. 419.

429   No hay *bien* ni mal que cien años dure (Ac.). *No hay mal que cien años
       dure* (Galdós, 2.ª *Casaca,* 223; *Mendizábal,* 116; *Tormentas,* 208, y *Cánovas,* 82).

       «Procura consolar al que padece.»

430   No hay *bien* sin lacerio. v. 1205.

431   Quien *bien* te hará, o se te irá, o se te morirá (Ac., Santillana, 575 y
       Criticón, II, 373).
       «Advierte que los desgraciados pierden luego sus bienhechores.» Puede
       ser también una censura contra los pesimistas.

432   Quien *bien* tiene y mal escoge, del mal que le venga no se enoje (Ac.).
       Quien bien tiene y mal escoge, por mal que le venga no se enoje (Santillana, 625).
       «Advierte que el que deja un bien cierto por otro dudoso no debe que-
       jarse de su desgracia.»

433   Quien quisiere el *bien,* no lo merezca (Ac.).
       «Denota que muchas veces alcanzan los bienes de fortuna quienes menos
       los merecen.»

434   Siga el *bien* quien bien se quier; si no, hallarse ha solo y sin argén.
       v. 3242.

---

[19] *Guarir* 'guardar'.
[20] *Catar,* v. n. 9.

435   Más vale *blanca* de paja que maravedí de lana (Ac.). La blanca y el ma-
       ravedí fueron monedas que tuvieron distintos valores; en algunas épocas,
       la blanca valió medio maravedí.
          «Denota que algunas cosas baratas aprovechan más que otras de mayor
       precio.»

436   Díjolo **Blas,** punto redondo (Ac.). *Lo dijo Blas, punto redondo* (Delibes, *5
       horas,* 114 y 176).
          «Replica al que presume de llevar siempre la razón.»

437   Al *bobo* múdale el juego (Ac.).
          «Da a entender que a los que quieren parecer instruidos en todas las
       cosas, porque hablan mucho de las que tienen estudiadas o saben de me-
       moria, se les descubre su ignorancia mudándoles de asunto.»

438   A los *bobos* se les aparece la Madre de Dios (Ac.). La sencillez y la hu-
       mildad se ven a veces favorecidas por Dios.
          «Denota que a algunos les viene la fortuna sin saberse cómo.»

439   *Bobos* van al mercado, cada cual con su asno (Ac.). La simpleza y la
       terquedad están simbolizadas en el asno.
          «Contra los que insisten necia y porfiadamente en su dictamen, aun-
       que conozcan que es contra razón.»

440   El *bobo,* si es callado, por sesudo es reputado (Ac.). *El tonto, si es callado,
       por sesudo es reputado* (FC, 263).
          «Recomienda la prudencia en ocultar con el silencio la falta de capa-
       cidad.»

441   Entre *bobos* anda el juego (Ac. y Criticón, III, 181).
          Irónicamente «se usa cuando los que tratan alguna cosa son igualmente
       diestros y astutos».

442   Para los *bobos* se hizo la mala fortuna (PJustina, II, 80). Se condena
       con ironía la injusticia de la suerte.
          Da a entender que las personas inteligentes saben salir con bien de los
       trances difíciles.

443   ¿Qué haces, *bobo?* —Bobeo: escribo lo que me deben y borro lo que
       debo (Ac.).
          «Denota que algunos que parecen lerdos solo hacen lo que les tiene cuenta
       y se desentienden de lo demás.»

444   A una *boca,* una sopa (Ac.).
          «Recomienda la justicia distributiva.»

445   *Boca* brozosa cría mujer hermosa. v. 448.

446   *Boca* [21] con duelo [22] no dice bueno (Ac.).
        «Denota que los que están enojados con alguna persona no hallan cosa
        buena que decir de ella.»

447   *Boca* con rodilla, y al rincón con la almohadilla (Ac.). La locución sus-
        tantiva *boca con rodilla* alude a la postura inclinada de la mujer cuando borda
        y pone sobre sus rodillas la almohadilla para sujetar el bastidor.
        «Enseña el retiro y aplicación que deben tener las doncellas.»

448   *Boca* pajosa cría cara hermosa (Ac.). *Boca brozosa cría mujer hermosa* (Ac.).
        La broza y la paja son el desecho o desperdicio de alguna cosa. Pero, por
        extensión, pueden ser las hebras de hilo, lana o cualquier otro hilado que
        quedan en los labios al cortarlas con los dientes. La boca brozosa o pajosa
        es, por tanto, señal de laboriosidad.
        «Advierte lo bien que parecen las mujeres aplicadas a sus labores.»

449   Dice la *boca* por do lleve la coca. v. 457.

450   En *boca* cerrada no entra mosca (Ac. y Santillana, 271). *En boca cerrada
        no entran moscas* (Ac.).
        «Enseña cuán útil es callar.»

451   En la *boca* del discreto lo público es secreto (Ac.). La persona prudente
        no comenta los hechos escandalosos, aun cuando sean del dominio público.
        «Recomienda la reserva y prudencia en el hablar.»

452   Habla la *boca*, lleva la coca. v. 457.

453   Halagar con la *boca*, y morder con la cola (Ac.).
        «Nota la falsedad de los que se muestran amigos y proceden como ene-
        migos.»

454   La *boca* y la bolsa abierta, para hacer casa cierta (Ac.).
        «Enseña que para ser bienquisto en cualquier lugar en que uno se esta-
        blezca ha de hablar bien de todos y ser liberal y franco.»

455   Llorar a *boca* cerrada, y no dar cuenta a quien no se le da nada (Ac.).
        «Aconseja no comunicar nuestros males a quien no se ha de compade-
        cer de ellos ni remediarlos.»

456   Mala *boca*, peces coma (Ac.).
        «Contra los murmuradores y maldicientes. Díjose así por el riesgo que
        tienen de ahogarse con las espinas los que comen peces.»

---

[21]   *Boca*, sinécdoque por 'persona'.
[22]   *Duelo* 'resentimiento'.

457 **No diga la *boca* lo que pague la coca**[23] (Ac.). *No diga la lengua lo que pague la cabeza* (Ac. s/v lengua). *No diga la lengua por do pague la cabeza* (Ac. s/v lengua). *Dice la boca por do lleve la coca* (Corbacho, 169). *Habla la boca, lleva la coca* (Corbacho, 332).
«Advierte que no se digan palabras que acarreen daño al que las dice.» (s/v lengua.)

458 **Por la *boca* muere el pez** (Ac. y Delibes, *DEmigrante,* 270). Alude al anzuelo.
«Advierte cuán peligroso puede ser el hablar inconsideradamente.»

459 **Quien tiene *boca,* no diga a otro sopla** (Ac.).
«Enseña no dejar al cuidado ajeno lo que uno puede hacer por sí.»

460 **Uno dice por la *boca,* otro tiene al corazón** (Corbacho, 155). *Una en la boca y otro en el corazón* (Correas, 493).
Contra los hipócritas.

461 **A *bocado* harón,**[24] **espolada**[25] **de vino** (Ac.).
«Advierte que así como se ayuda a la bestia lerda con la espuela, así al manjar seco e indigesto se le ha de ayudar con el vino.» Por extensión, se puede aplicar a la persona inapetente que necesita estimular su apetito.

462 **A buen *bocado* buen grito** (Ac. y Santillana, 13). *A buen bocado, buen suspiro* (Ac.). *Buen bocado* alude al comer en exceso que suele acarrear trastornos.
«Da a entender estarle bien empleado a uno el mal que se ha buscado por entregarse sin rienda a algún placer.»

463 ***Bocado* comido no gana amigo** (Ac.).
«Advierte que quien no parte lo suyo con otros no gana las voluntades.»

464 **Más valen dos *bocados* de vaca que siete de patata** (Ac.).
«Denota que es mejor poco bueno que mucho malo.»

465 **Por no perder un *bocado,* se pierden ciento** (Criticón, I, 218).
Quien se empeña en conservar una cosa determinada, suele perder otras quizá más ventajosas. Se aplica generalmente a los avaros.

466 **A *boda* ni bautizado,**[26] **no vayas sin ser llamado** (Ac.).
«Reprende a los entremetidos.»

467 ***Bodas* largas,**[27] **barajas**[28] **nuevas** (Ac.). Cuanto más se prolonga un noviazgo, más motivos surgen de discordia.
«Denota que al cabo suelen no celebrarse las que se aplazan demasiado.»

---

[23] *Coca* 'cabeza'.
[24] *Harón* 'perezoso'.
[25] *Espolada* 'golpe de espuela', y en sent. fig., 'trago de vino'.
[26] *Bautizado* 'bautizo'.
[27] *Larga* 'aplazada, demorada'.
[28] *Baraja* 'contienda, reyerta'.

468   De tales *bodas, tales costras* [29] (Ac.). *De tales bodas, tales tortas* (Ac.). *De tales bodas, tales roscas* (Zifar, 503). De la posición económica de los novios depende la calidad y abundancia de los manjares en el convite de la boda.
       «Enseña que los que andan en malos pasos no pueden tener buen fin.»

469   En la *boda,* quien menos come es la novia (Ac.).
       «Muestra que en las grandes funciones el que menos las disfruta es el dueño de la casa, por el cuidado que tiene en dar providencias para que todo esté bien servido.»

470   Ese es de la *boda* que duerme con la novia (Dorotea, V, 388, HNúñez, II, 127 y Correas, 207).
       Se dice para indicar que una cosa es evidente.

471   Lo que no viene a la *boda,* no viene a toda hora (Ac.).
       «Denota que lo que prometen los suegros, si no se cumple antes de la boda, se realiza después con dificultad.» En general, significa que quien no se muestra liberal antes de cerrar un trato no es de esperar que lo sea después.

472   Ni *boda* pobre ni mortuorio rico (Ac.).
       «Da a entender que ordinariamente se ponderan los caudales más de lo que son en realidad al tiempo de celebrarse los casamientos y se disminuyen al de la muerte.»

473   No hay *boda* sin doña Toda [30] (Ac.).
       «Se dice de algunas señoras que se hallan en todas las fiestas.»

474   No se hace la *boda* de hongos, sino de buenos bollos redondos (Ac.). *No se hace la boda de hongos, sino de buenos ducados redondos* (Ac.). *No se hace la boda de hongos* (Santillana, 495). *No se hacen los negocios de hongos, sino con buenos dineros redondos* (Lozana, 322). Se supone que los hongos no valen nada, porque se encuentran en el campo.
       «Denota que las cosas importantes no se hacen a poca costa.»

475   Quien bien baila, de *boda* en boda se anda (Ac.).
       «Muestra que el que tiene alguna gracia o habilidad quiere manifestarla a todos, o es bien recibido en todas partes.»

476   Quien se ensaña [31] en la *boda,* piérdela toda (Ac. y Santillana, 584).
       «Censura a los aguafiestas.»

---

       [29]   *Costra* 'costrada, torta hecha de huevos, azúcar y pasta con toda suerte de aves, viandas, frutas y legumbres'.
       [30]   *Doña Toda,* nombre figurado que se da a ciertas mujeres que no suelen perder ocasión para mostrarse en público.
       [31]   *Ensañarse* 'irritarse, enfurecerse'.

477 Si de esta escapo y no muero, nunca más *bodas* al cielo (Ac. y DLengua, 54). *Si de esta escapo y no muero, nunca más bodas ni en el cielo* (Ac.).
«Ref. que dicen los que se hallan en un lance peligroso de que les parece muy difícil salir o los que, escarmentados de algún daño, hacen propósito de ser más cautos en adelante.»

478 Bésote, *bode,* [32] porque has de ser odre (Ac.). La piel del ganado cabrío o lanar sirve para distintos usos. Alguno de ellos es hacer recipientes para líquidos, como odres, pellejos, botas.
«Se dice de aquello que esperamos que, andando el tiempo, nos dé alguna utilidad.»

479 Al que va a la *bodega,* por vez se le cuenta, beba o no beba (Ac.).
«Advierte que se huya de lugares sospechosos, aunque se vaya con buen fin.»

480 La *bodega* huele al vino que tiene (Ac.).
«Denota que los hombres en sus obras y palabras manifiestan siempre su interior, aunque procuren disimularlo.»

481 *Bofetón* amagado, nunca bien dado (Ac.).
«Significa que el que amenaza no tiene ánimo de ejecutar lo que dice, sino de atemorizar.»

482 *Bolsa* sin dinero, llámala cuero (Ac.). *Bolsa sin dinero, dígole cuero* (Santillana, 121 y DLengua, 67). El dinero se solía llevar en saquillos de cuero.
«Significa el poco aprecio que se debe hacer de las cosas cuando no sirven para el fin a que están destinadas.»

483 El que compra y miente, en su *bolsa* lo siente (Ac. y Quijote, I, 25). *Quien merca y miente, su bolsa lo siente* (Santillana, 587).
«Contra los que por ufanía fingen que compran barato.» En sentido figurado, significa que se puede engañar a los demás pero no a uno mismo.

484 Huélame a mí la *bolsa,* y hiédate a ti la boca. *Heder la boca* tiene el sentido figurado de 'hablar mal del prójimo'.
«Se dice de los que prefieren su comodidad y provecho a su buen nombre y fama.»

485 Quien merca y miente, su *bolsa* lo siente. v. 483.

486 Trae la *bolsa* abierta, y entrársete ha en ella la sentencia (Ac. y PJustina, 253).
«Advierte cuánto puede el dinero como medio de corrupción.»

487 Quien tiene cuatro y gasta cinco, no ha menester *bolsico* (Ac.). *El que tiene cuatro y gasta cinco, no ha menester bolsillo* (FC, 259).
«Contra el que gasta más de lo que tiene.»

---

[32] *Bode* 'macho cabrío'.

488   **Donde hay saca y nunca pon, presto se acaba el *bolsón*** (Ac.). *Donde hay saca y nunca pon, presto se llega al hondón* [33] (Ac. s/v hondón).

       «Advierte que por grande que sea el caudal, si se gasta y no se repone, llega el caso de acabarse.»

489   ***Bonete*** [34] **y almete** [35] **hacen casas de copete** (Ac.). El copete es el pelo que se llevaba levantado sobre la frente, y de ahí ha pasado a significar todo lo que es elevado y noble.

       «Denota que letras y armas dan lustre a las familias.»

490   ***Bordón*** [36] **y calabaza, vida holgada** (Ac.). El bordón y la calabaza son distintivos de los romeros o peregrinos. La calabaza llevaba la bebida y algunas veces se colgaba del bordón. El refrán tiene su origen en la costumbre de alojar y mantener a los que iban en peregrinación.

       «Contra los vagabundos que andan peregrinando por no trabajar.»

491   ***Borrachez* de agua nunca se acaba** (Ac.). *Borrachera de agua nunca se acaba* (Ac.).

       «Enseña que los vicios crecen al paso que menudean las ocasiones.»

492   **Al *borracho* fino,** [37] **ni el agua basta ni el vino** (Ac.).

       «Nota que el que bebe mucho vino necesita después mucha agua.»

493   **A la *borrica* arrodillada, doblarle la carga** (Ac.). *A borrica arrodillada, le doblan la carga* (FC, LGarcía, 223).

       «Se dice contra los que añaden trabajo a los que no pueden con el que tienen.» Puede aplicarse también al que aprovecha la situación adversa de otra persona en beneficio propio.

494   **Al que no está hecho a *bragas*, las costuras le hacen llagas** (Ac. y Galdós, *Bodas*, 23). *El que no es ducho de bragas, las costuras le matan* (Santillana, 292). El que no está familiarizado con lujos y refinamientos, no sabe apreciarlos, e incluso le molestan.

       «Denota la repugnancia y dificultad que cuesta hacer las cosas a que no está uno enseñado o acostumbrado.»

495   **¿Qué tienen que hacer las *bragas*, con la alcabala** [38] **de las habas?** (Ac. y Dorotea, IV, 368).

       «Nota a los que hablan fuera de propósito o del asunto que se está tratando.»

---

[33]   *Hondón* 'fondo de la bolsa'.
[34]   *Bonete* 'especie de gorra, generalmente de cuatro picos, que usaban los graduados'.
[35]   *Almete* 'pieza de la armadura antigua que cubría la cabeza'.
[36]   *Bordón* 'bastón o palo más alto que la estatura de un hombre'.
[37]   *Borracho fino* 'borracho habitual'.
[38]   *Alcabala* 'tributo o derecho real que se pagaba sobre los productos que se vendían'.

496 Yo dígole que se vaya, y abájase las *bragas* (Celestina, XII, 108). *Yo le digo que él se vaya, y él descálzase las bragas* (Santillana, 723).

Se aplica al que responde con despropósitos o hace lo contrario de lo que se le ordena.

497 **Brasa** [39] trae en el seno la que cría hijo ajeno (Ac.). *Brasa trae en el seno el que cría hijo ajeno* (FC, *Más honor,* 165).

«Denota el gran cuidado y zozobra que ocasiona el encargarse de cosas ajenas.»

498 No hay más *bronce* que años once, ni más lana que no saber que hay mañana (Ac.). *Bronce* y *lana* están usados en sentido figurado; el primero, como vigor o fortaleza, y el segundo, como dinero o hacienda.

«Denota la robustez y resistencia de los pocos años.»

499 Él es *brujo* [40] y ella bruja, y saben hacer calzas de aguja (Ac.). *Calzas* son las medias que cubrían toda la pierna y el muslo y que se hacían a punto de media.

«Moteja a ciertos matrimonios taimados.» En general, se puede aplicar a los que, teniendo las mismas disposiciones e intereses, se asocian para mejor conseguir los fines —a menudo ilícitos— que se proponen.

500 El que tiene *búa,* [41] ese la estruja (Ac.).

«Significa que nadie se interesa en remediar los males tanto como el que los padece.»

501 Al *bueno* porque te honre, y a este tal porque no me deshonre (Lozana, 264). *Honra al bueno porque te honre, y al malo porque no te deshonre* (Santillana, 514 y FC, 263).

Recomienda la cortesía con toda clase de personas, aunque por motivos distintos.

502 Allégate a los *buenos,* y serás uno de ellos (Ac., Santillana, 60 y DLengua, 51). *Arrímate a los buenos, y serás uno de ellos* (Ac.). *Júntate a los buenos y serás uno de ellos* (Quijote, II, 32). *Júntate con buenos, y serás uno de ellos* (FC, 256).

«Enseña el provecho que se saca de las buenas compañías.»

503 Honra al *bueno* porque te honre, y al malo porque no te deshonre. v. 501.

504 Júntate con *buenos,* y serás uno de ellos. v. 502.

505 Lo *bueno* fue, y lo malo es (Criticón, III, 52).

Manifiesta que los momentos alegres o felices son generalmente breves, y los malos, duraderos; y también, que solemos creer que fueron mejores los tiempos pasados.

---

[39] *Brasa,* fig. 'inquietud, desazón'.
[40] *Brujo* 'hombre pícaro'.
[41] *Búa* 'buba, postilla o tumorcillo de pus'.

506   **Ni para *buenos* ganar, ni para malos dejar** (Criticón, III, 206). *Ni para buenos cumple ganar, ni para malos dejar* (Correas, 339).
      Aconseja a los padres no afanarse demasiado por dejar caudales a sus hijos.

507   **Nunca lo *bueno* fue mucho** (Quijote, I, 6).
      Hace notar que generalmente abunda más lo malo que lo bueno.

508   **A *buey* harón[42] poco le presta[43] el aguijón** (Ac.).
      «Se aplica a la persona lerda y perezosa, que por mucho que la estimulen nunca sale de su paso.»

509   **A *buey* viejo no le cates[44] abrigo** (Ac.). *A buey viejo no le cates majada,[45] que él se la cata* (Ac.). *A buey viejo no cates abrigo* (Santillana, 1). *Al buey viejo no le cates abrigo* (DLengua, 104).
      «Contra los que quieren dar consejos y advertencias a los experimentados.»

510   **¿A dó irá el *buey* que no are?** (Ac. y Santillana, 75). *¿Adónde irá el buey que no are?* (Celestina, IV, 154 y DLengua, 51). *¿Dónde irá el buey que no are?* (FC, 267).
      «Enseña que en todos los oficios y estados hay trabajos que sufrir.»

511   **Al *buey* maldito[46] el pelo le luce** (Ac. y DLengua, 98).
      «Advierte que muchas veces prosperan los hombres más cuanto más malquistos están.»

512   **Al *buey* por el asta, y al hombre por la palabra** (Ac.). *Al buey por el cuerno, y al hombre por el verbo* (Ac.). *Al hombre por la palabra, y al buey por el cuerno* (Santillana, 69).
      «Declara quedar el hombre tan atado por la palabra a cumplirla como el buey uncido por el cuerno para tirar o arar.»

513   **Al *buey* viejo, múdale el pesebre y dejará el pellejo** (Ac.).
      «Enseña que los hombres ancianos, mudando de clima y alimentos, exponen su salud y vida.»

514   **Al *buey* viejo, no le cates abrigo.** v. 509.

515   **Al que *bueyes* ha perdido, cencerros se le antojan.** v. 532.

516   **Are mi *buey* por lo holgado, y el tuyo por lo alabado** (Ac.). *Holgar* es no trabajar, y en sentido traslaticio, referido a la tierra, es la que se deja sin sembrar, o en barbecho, para que descanse.
      «Enseña que la tierra holgada da más fruto que la que se siembra todos los años, aunque sea de mejor calidad.»

---

42   *Harón* 'perezoso'.
43   *Prestar* 'aprovechar'.
44   *Catar* 'buscar, procurar'.
45   *Majada* 'lugar donde se recoge de noche el ganado'.
46   *Maldito* 'despreciado'.

517   ***Buey,* frontudo; caballo, cascudo** (Ac.).
        «Indica las cualidades que son preferibles, respectivamente, en los ani-
        males de una y otra especie.»

518   ***Buey* solo (o suelto) bien se lame.** v. 525.

519   ***Buey* viejo, surco derecho** (Ac. y FC, *LGarcía,* 209).
        «Se aplica a los hombres que, guiados de su inteligencia y práctica, ma-
        nejan bien sus encargos u oficios.»

520   **¿Dónde irá el *buey* que no are?** v. 510.

521   **El *buey* bravo, en tierra ajena se hace manso** (Ac.).
        «Denota que en país ajeno se procede con más templanza y modera-
        ción que en el propio por faltar el apoyo que se halla en este.»

522   **El *buey* harto no es comedor** (Ac.). *El caballo harto no es comedor* (Ac. s/v
        caballo). *Hombre harto no es comedor* (Santillana, 516).
        «Significa que la continuación en los deleites causa fastidio.»

523   **El *buey* que me acornó, en buen lugar me echó** (Ac.). *El buey que me
        corneó, a buena parte me echó* (FC, 272).
        «Denota que lo que parece desgracia suele ser origen de alguna for-
        tuna.»

524   **El *buey* sin cencerro piérdese presto** (Ac.). El cencerro se le pone al buey
        para que guíe la manada.
        «Advierte la diligencia y cuidado que se debe poner en las cosas para
        que no se pierdan.»

525   **El *buey* suelto bien se lame** (Ac. y Quijote, II, 22). *Buey suelto bien se lame*
        (Santillana, 116). *El buey suelto...* (Galdós, *7 julio,* 71). *Buey solo bien se lame*
        (Cela, *Judíos,* 282).
        «Denota lo apreciable que es la libertad.»

526   **El *buey* traba ⁴⁷ el arado, mas no de su grado** (Ac.).
        «Da a entender que el trabajo siempre cuesta repugnancia.»

527   **El *buey* viejo arranca la gatuña del barbecho** (Ac.). La *gatuña* es una
        hierba que aparece espontáneamente en las tierras y que se arranca cuando
        se prepara la siembra.
        «Da a entender que no se deben despreciar ligeramente las cosas vie-
        jas, porque suelen ser muchas veces de mayor provecho y utilidad que las
        nuevas.»

---

⁴⁷ *Trabar* 'prender, agarrar, asir'.

528   El que no tiene *buey* ni cabra, toda la noche ara (Ac.).
       «Enseña el desvelo y cuidado que ocasiona el carecer de los medios ne-
       cesarios para algún fin.»

529   El ruin *buey* holgando se descuerna (Ac.).
       «Se dice de los que se fatigan con poco trabajo.»

530   Habló el *buey* y dijo mu (Ac.).
       «Se aplica a los necios acostumbrados a callar y que cuando llegan a
       hablar es para decir algún disparate.»

531   Lo que ha de cantar el *buey,* canta la carreta (Ac.). *Lo que ha de cantar
       el carro, canta la carreta* (Ac. s/v carro). *Lo que ha de cantar el carro, lo canta
       la carreta* (FC, 274). Está inspirado en la fábula de Esopo *El eje y los bueyes.*
       El buey es el que soporta la carga y la carreta es la que rechina como en
       señal de protesta.
       «Se dice del que se anticipa a reñir o quejarse, teniendo menos motivo
       que otro.» (s/v carro.)

532   Quien *bueyes* ha perdido, los cencerros trae al oído (Ac.). *Quien bueyes
       ha menos, cencerros se le antojan* (Santillana, 573). *Quien asnos ha perdido, cence-
       rros se le antojan* (DLengua, 50). *Al que bueyes ha perdido, cencerros se le antojan*
       (FC, 257). Cuando se tiene reciente el recuerdo de algo que se ha perdido,
       se cree verlo por todas partes.
       «Advierte lo que engaña el deseo, pues con poco fundamento persuade
       el logro de lo que apetecemos.»

533   Cada *buhonero* alaba sus agujas (Ac. y Celestina, IX, 34).
       «Cada ollero alaba su puchero.» Los vendedores expertos saben hacer pro-
       paganda de su mercancía presentándola como la mejor.

534   A menos *bultos,* [48] más claridad (Ac.). *Cuanto menos bulto, más claridad*
       (Cela, *Judíos,* 294).
       «Da a entender que no tiene importancia la ausencia o la retirada de
       personas convocadas a una reunión.»

535   *Buñolero,* a tus buñuelos (Ac.). *Buñolero, haz tus buñuelos* (Ac.).
       «Zapatero, a tus zapatos.» «Enseña que cada uno trate de su negocio y del
       arte o profesión que tiene y no se meta o entremeta en lo que no entiende
       ni le toca.» [49]

536   *Buñolero* solía ser; volvíme a mi menester (GAlfarache, II, 99). *Tor-
       naos a vuestro menester, que zapatero solíades ser* (Santillana, 694).
       Quien se entremete en asuntos que no conoce, suele salir malparado.

---

[48]   *Bultos:* en todos los refraneros consultados, la palabra aparece en singular. Únicamente cita así el refrán Hartzenbusch, *La Visionaria,* acto III, escena 6ª Ac. no lo cita en
eds. anteriores.
[49]   v. Ac. 1726 s/v buñolero.

537 **A la *burla*, dejarla cuando más agrada** (Ac.). *La burla, dejarla cuando más agrada* (FC, LGarcía, 208).
«Da a entender que la demasiada continuación de la chanza suele parar en pesadumbre y disgustos.»

538 **A las *burlas*, así ve a ellas que no te salgan a veras** (Ac.). *Las burlas se vuelven en veras* (Quijote, II, 49).
«Enseña el miramiento y discreción que se deben guardar en las chanzas para que no sean ofensivas.»

539 ***Burla* con daño no cumple el año** (Ac.).
«Da a entender que las burlas perjudiciales duran poco tiempo.»

540 ***Burlas* de manos, burlas de villanos.** v. 1980.

541 **En *burlas* ni en veras, con tu señor no partas peras.** v. 544.

542 **La *burla*, dejarla cuando más agrada.** v. 537.

543 **Las *burlas* se vuelven en veras.** v. 538.

544 **Ni en *burlas* ni en veras, con tu amo no partas peras**[50] (Ac.). *En juego ni en veras, con tu señor no partas peras* (Ac. s/v juego). *En burlas ni en veras, con tu señor no partas peras* (Santillana, 304). *Ni en burlas ni en veras, es bueno partir peras con los santos* (PJustina, I, 38). *Con tu mayor no partas peras* (Criticón, III, 205).
«Enseña que no conviene usar familiaridad con los superiores.»

545 **No hay peor *burla* que la verdadera** (Ac. y Santillana, 491).
«Aconseja que en las chanzas no se echen en cara a los otros los defectos que tienen.»

546 **No son buenas *burlas* con los mayores** (GAlfarache, II, 264).
v. «Ni en burlas ni en veras, con tu amo no partas peras.»

547 **No son buenas *burlas* las que salen a la cara** (GAlfarache, III, 271). *No son buenas las burlas que salen a veras* (Correas, 362).
Aconseja evitar las bromas ofensivas, que pueden volverse contra uno mismo.

548 **Quien hace la *burla*, guárdese de la escarapulla**[51] (Ac.).
«Denota que quien gasta chanzas pesadas debe recelarse de enemistades y venganzas.»

549 **Quien burla al *burlador*, cien días gana de perdón.** v. 1995.

---

[50] *Partir peras* con uno 'tratarle con familiaridad y llaneza'.
[51] *Escarapulla* 'escarapela, riña que acaba llegando a las manos'.

550   El que se *burla,* tal vez se confiesa (Criticón, I, 217). *Alguno se burla,*
      que se confiesa (Correas, 30).
         Se dice cuando alguien bromea sobre sus propios asuntos o defectos.

551   Jo, [52] que te estrego, [53] *burra* de mi suegro (Ac. y Quijote, II, 10). *Jo,*
      que te estriego (Santillana, 720). *Jo, que te estrego, asna coja* (Celestina, I, 92).
         «Se aplica a los que se resienten cuando les hacen bien.» También puede
      referirse a quienes, halagando a alguien que no lo merece o que no goza
      de su simpatía, pretenden solapadamente sacar algún provecho.

552   La *burra* que tiene pollino, no va derecha al molino. v. 310.

553   A *burro* muerto, cebada (o la cebada) al rabo. v. 313.

554   Quien *busca* halla (Ac.).
         «Da a entender lo que importan la inteligencia y actividad para conse-
      guir lo que se desea.» Está probablemente inspirado en la frase evangélica:
      «Pedid y recibiréis; buscad y hallaréis» (Mateo, 7,7).

---

[52]   *Jo* 'so', interjección para detener a una caballería.
[53]   *Estregar* 'restregar, frotar una cosa para sacarle brillo o para darle calor'. En sentido
más amplio, 'acariciar'.

C

555 A *caballero* nuevo, caballo viejo (Ac.).

«Enseña que los principiantes en algún arte necesitan medios o instrumentos buenos que les faciliten el aprendizaje.» En sentido más amplio, da a entender que la intrepidez y osadía de la juventud deben estar encauzadas por la experiencia de personas maduras.

556 Artero,[1] artero, mas non buen *caballero* (Ac.). Aunque la palabra *artero* hoy día se suele tomar en mal sentido, no siempre fue así, puesto que una de las cualidades exigidas para ser buen caballero era esta.[2]

«Reprende a los que en su proceder usan de alguna astucia para engañar a otro.»

557 Poderoso *caballero* es don dinero.

«Encarece lo mucho que puede el dinero.»

558 A *caballo* comedor, cabestro[3] corto (Ac. y Santillana, 5).

«Enseña la necesidad de sujetar al vicioso.»

559 A *caballo* presentado, no hay que mirarle el diente (Ac.). *A caballo regalado, no hay que mirarle el diente* (Ac.). Es costumbre entre ganaderos mirar la dentadura del ganado que van a comprar, para saber sus años y no ser engañados.

«Da a entender que las cosas que nada cuestan pueden admitirse sin inconveniente, aunque tengan algún defecto o falta.»

560 *Caballo* que alcanza,[4] pasar querrá (Ac. y Santillana, 158).

«Denota que por lo común aspiramos a más de lo que hemos conseguido.»

---

[1] *Artero* 'cauto, sagaz, mañoso, astuto'.
[2] v. *Doctrinal de Caballeros,* tít. III.
[3] *Cabestro* 'rama o cordel que se ata a la cabeza o al cuello de la caballería para llevarla o asegurarla'.
[4] *Alcanzar* 'llegar al mismo punto que otro'.

561   De *caballo* de regalo, a rocín de molinero (Ac.).
       «Se dice del que pasa de la prosperidad a la desgracia.»

562   El *caballo* harto no es comedor. v. 522.

563   El *caballo* y la mujer, al ojo se han de tener (Ac.). Tanto la mujer como
       el caballo deben vigilarse. El caballo porque necesita un trato esmerado,
       y la mujer porque se desconfía de ella.
       «Denota la asistencia que requieren uno y otra.»

564   El que quiere *caballo* sin tacha, ese se anda a pata. v. 2429.

565   Eso queremos los de a *caballo,* que salga el toro (Ac.). Hasta el s. XVIII
       el toreo se hacía a caballo.
       «Explica el deseo que tiene alguno de lo que mira como útil, aunque
       a costa de alguna dificultad o peligro.»

566   Si el *caballo* tuviese bazo y la paloma hiel, toda la gente se avendría
       bien (Ac.). Antiguamente se atribuía al bazo la facultad de moderar la cólera.
       «Enseña que no podrá tener buen trato y correspondencia el que no
       comtemporice con los afectos o inclinaciones de los demás.» Da a entender
       también, que si el soberbio mitigase su ira y el manso se irritara alguna
       vez, las fuerzas estarían equilibradas y no habría abusos.

567   *Cabellos* y cantar, no cumplen [5] ajuar [6] (Ac.). *Cabellos y cantar, no es buen
       ajuar* (Ac.).
       «Denota que la mujer atenta principalmente a componerse y divertirse
       no es hacendosa.»

568   Cada *cabello* hace su sombra en el suelo (Ac.). *Un cabello hace su sombra
       en el suelo* (Ac.).
       «Aconseja no despreciar ninguna cosa, por insignificante que parezca.»

569   No mengua [7] *cabestro* [8] a quien tiene cibera [9] (BAmor, 920).
       Manifiesta que no suele faltar lo accesorio al que posee lo principal.
       También puede indicar que el que cuenta con medios económicos siempre
       encuentra personas dispuestas a hacerle cualquier clase de servicio.

570   *Cabeza* loca no quiere toca (Ac.). *En cabeza loca no se tiene toca* (Santillana,
       314). *Cabeza loca no sufre toca* (DLengua, 125). Las mujeres llevaban habi-
       tualmente la cabeza tapada, como señal de honestidad.
       «Moteja a la persona que fuera de ocasión lleva descubierta la cabeza.
       Empléase también para dar a entender que la persona de poco juicio no
       se sujeta a regla o método alguno.»

---

[5]   *Cumplir* 'enriquecer'.
[6]   *Ajuar* 'hacienda, fortuna'.
[7]   *Menguar* 'faltar'.
[8]   *Cabestro* 'ramal o cordel que se ata a la cabeza de la caballería'. Fig, 'alcahueta'.
[9]   *Cibera* 'granos'.

571   Cuantas *cabezas,* tantos pareceres (GAlfarache, II, 104). *Cuantas son las cabezas, tantos son los caprichos* (Criticón, III, 17).
        Es difícil que varias personas coincidan en una misma opinión.

572   En *cabeza* loca no se tiene toca. v. 570.

573   Casarme quiero; comeré *cabeza* de olla [10] y sentarme he primero (Ac.).
        «Denota las ventajas que consigue el que es cabeza de familia.»

574   Do no hay *cabeza* raída, no hay cosa cumplida [11] (Ac.). *Cabeza raída,* por alusión a la tonsura de los clérigos.
        «Advierte que los eclesiásticos son por lo regular el amparo de sus familias.»

575   La *cabeza,* blanca, y el seso, por venir (Ac.).
        «Reprende a los que, siendo ya ancianos, proceden en sus acciones sin juicio ni madurez.»

576   Más vale ser *cabeza* de ratón que cola de león (Ac.).
        «Denota que es más apreciable ser el primero y mandar en una comunidad o cuerpo, aunque pequeño, que ser el último en otro mayor.»

577   Nunca lavé *cabeza* que no me saliese tiñosa (GAlfarache, V, 11, HNúñez, III, 84 y Correas, 366).
        Se emplea para lamentarse de la mala suerte.

578   Quebrásteme la *cabeza,* y ahora me untas el casco (Ac.). *Quebrar el ojo, y untar el casco* (Santillana, 589). Juega el ref. con el sentido recto de *untar el casco* 'curar la cabeza herida', y el figurado de lisonjear a una persona alabando sus acciones exageradamente.
        «Reprende al que con adulación o lisonja quiere curar el grave daño que antes ha hecho contra el mismo sujeto.»

579   A cada *cabo* [12] hay tres leguas de mal quebranto (Celestina, IV, 166). *De cada canto,* [13] *tres leguas de mal quebranto* (DLengua, 144).
        Enseña que en todos los lugares y circunstancias se encuentran problemas o disgustos.

580   El que está en muchos *cabos,* [12] está en ninguno (Celestina, I, 101).
        Indica que quien intenta poner su atención en muchos asuntos a la vez, no atiende bien a ninguno.

---

[10]   *Cabeza de olla* 'las primicias de la olla'.
[11]   *Cumplida* 'completa'.
[12]   *Cabo* 'parte'.
[13]   *Canto,* 'lugar'.

581 Por el *cabo* de la cuchar, sube el gato a la olla (Dorotea, IV, 366). *Por el rabo de la cuchara sube el gato a la olla* (HNúñez, III, 180).
Da a entender que ciertas personas saben aprovechar las menores facilidades que se les dan para medrar o para obtener algún provecho.

582 **Cabra coja no tenga siesta** (Ac. y Santillana, 164).
«Da a entender que el que tiene poco talento debe poner más aplicación.»

583 **Cabra**[14] **por viña, cual la madre tal la hija** (Ac.). *Cabra va por viña, cual madre, tal hija* (Santillana, 166).
«Denota que los hijos tienen por lo común el genio y costumbres de sus padres.»

584 **La *cabra* siempre tira al monte** (Ac.). Este animal tiene preferencia por los lugares accidentados y altos.
«Significa que regularmente se obra según el origen o natural de cada uno.» Por lo general, con sentido peyorativo.

585 **Por do salta la *cabra*,**[14] **salta la chiva** (Ac.). *Por do salta la cabra, salta la que la mama* (Ac.).
«Cabra por viña, cual la madre tal la hija.» Los hijos suelen imitar a sus padres.

586 **Cuando te dan (o te dieren) la *cabrilla*, acorre con la soguilla.** v. 3336.

587 **El que no *cae* no se levanta** (Ac.).
«Da a entender que nada instruye tanto como las consecuencias de los yerros propios.»

588 **De muy alto, grandes *caídas* se dan** (Celestina, XIII, 120).
Cuanto más elevada es la posición de una persona, tanto más dolorosa le resulta la pérdida de sus privilegios.

589 **Quien no tiene *caire*,**[15] **no tiene amigos ni donaire** (Ac.).
«Pone de manifiesto el poder del dinero.»

590 **Aún no está en la *calabaza* y ya se torna vinagre** (Ac.). *Aún no está en la calabaza y tornóse vinagre* (Santillana, 80). *Aún no es vino y ya es vinagre* (FC, 267). Las calabazas vacías se usaban para guardar líquidos, y especialmente vino.
«Ref. alusivo a la persona que apenas ocupa un buen lugar o empleo, descubre su mala condición o genio adusto.»

591 **Ni *calabaza* sin tapón ni mujer sin quita y pon** (Ac.).
«Aconseja no tomar la primera, porque se vierte o evapora el líquido, ni la segunda sin bienes que ayuden a la comodidad de la vida.»

---

14 *Cabra*, fig. 'ramera'.
15 *Caire*, germ. 'dinero'.

592   *Calagozo* [16] **corta encina, que no cola vulpina** [17] (Ac.). Para cortar un
      árbol no sirven artimañas, sino buenas herramientas.
      «Advierte que el fin solo se consigue empleando medios adecuados.»

593   **Con un *caldero* viejo se compra otro nuevo** (Ac.).
      «Se aplica a los mozos y mozas que se casan con viejos con el fin de
      heredarlos.»

594   **Quién dice a quién: el *caldero* a la sartén** (Ac.).
      «Se aplica a las disputas entre los que, por su ruindad, nada tienen que
      perder ni que echarse en cara.»

595   ***Caldo* de raposa es, que parece frío y quema.** *Caldo de raposa, está frío
      y quema.* v. 598.

596   ***Caldo* de tripas, bien te repicas** (Ac.). *Cómo te repicas, caldo de tripas* (Ac.).
      «Ref. dirigido a los que fingen hacer gran favor con una nonada.»

597   ***Caldo* de uvas, marido, que me fino.** v. 26.

598   **Como *caldo* de altramuces, que está frío y quema** (Ac.). *Como caldo de
      zorra, que está frío y quema* (Ac.). *Caldo de raposa es, que parece frío y quema*
      (Corbacho, 196). *Caldo de raposa, está frío y quema* (Santillana, 178). Los al-
      tramuces son ricos en sustancias nutritivas, y el agua donde se ponen en
      remojo toma un sabor fuerte y cálido: «Aunque un caldo de zorra o de otra
      alimaña se tome frío, por el ardor irritante natural de su especie, su mucí-
      lago es capaz de alterar la economía y producir una enfermedad». [18]
      «Se aplica a ciertos dichos y expresiones que, aunque parecen suaves,
      tienen sentido picante y ofensivo. Dícese también de la persona que se finge
      pacífica y afable para lograr astutamente su intención.»

599   **Cómo te repicas, *caldo* de tripas.** v. 596.

600   **De esos *caldos*, denle hartos** (Ac.). *De esos caldos, váyanle dando* (Ac.).
      «Recuerda cómo las cosas útiles, v. gr., el dinero, no hay inconveniente
      en que se prodiguen en favor de alguno.»

601   **El *caldo*, en caliente; la injuria, en frío** (Ac.).
      «Advierte que las ofensas deben recibirse con ánimo sereno y tranqui-
      lo, a fin de no precipitarse o excederse en la forma de reprimirlas o casti-
      garlas.»

602   **Lo que me ha de dar cocho, démelo asado, que yo le perdono el *caldo***
      (Ac.). La carne asada es más sabrosa y nutritiva que la cocida.
      «Reprende a los que para hacer un favor lo retardan o lo ponderan de
      antemano.»

_____

[16]   *Calagozo* 'instrumento de hierro a modo de podadera grande para desmochar y podar
los árboles'.
[17]   *Cola vulpina*, o *de zorra* 'persona astuta y solapada'.
[18]   v. Peña y Valle *Tratado general de carnes*, 16.

603 Quien tras el *caldo* no bebe, no sabe lo que pierde (Ac.).
«Si bebieres con el caldo, no darás al médico un puerco cada año.» Aconseja esta práctica como beneficiosa.

604 Si bebieres con el *caldo,* no darás al médico un puerco cada año (Ac.). La segunda parte del refrán alude a la antigua costumbre de pagar los servicios en especie.
«Expresa la creencia antigua de que el vino sobre el caldo preservaba de enfermedades.»

605 *Calentura* cuartana, a los viejos mata y a los mozos sana (Ac.). *Calentura cuartana* es la que se repite de cuatro en cuatro días. Hay una creencia muy extendida de que durante la niñez y la adolescencia la fiebre puede ser provocada por el crecimiento.
«Advierte que ciertas cosas parecen bien en la juventud y mal en la edad madura.»

606 *Calentura* [19] del hogar, solo dura hasta el umbral (Ac.). *Calentura del llar, hasta el corral* (Ac.). *Calentura del llar, hasta el umbral* (Ac.).
«Enseña que el calor más útil es el del alimento.»

607 *Calenturas* de mayo, salud para todo el año (Ac.).
«Porque el buen tiempo que sigue las cura.»

608 *Calenturas* otoñales, o muy largas, o mortales (Ac.).
«Porque el invierno las agrava.»

609 Ni *calentura* con frío, ni marido en casa contino [20] (Ac.).
«Advierte que ambas cosas cansan y molestan.»

610 Gran *calma,* señal de agua (Ac.). No suele llover hasta que se calma el viento.
«Puede aplicarse a lo moral.»

611 *Calor,* agua ni hielo nunca se quedan en el cielo (Ac.).
«Porque sentimos nosotros sus efectos. También se aplica en sentido moral.»

612 *Calor* de paño jamás hizo daño (Ac.).
«Porque solo conserva el natural.»

613 *Calumnia,* que algo queda (Ac.).
«Explica lo difícil que es demostrar la inocencia del calumniado.»

614 *Calvo* vendrá que calvo me hará (Ac.). *Calvo vendrá que calvo vengará* (Ac. y Santillana, 157).
«Alude a la muerte.»

---

[19] *Calentura* 'calor'.
[20] *Contino*, ant. 'continuamente'.

615 **¿Cómo te hiciste calvo? Pelo a pelo pelando** (Ac. y Santillana, 153). *¿Cómo te hiciste calvo? Pelo a pelillo el pelo levando* [21] (Corbacho, 126).
«Demuestra que no se debe tener en poco un mal pequeño si es continuo.»

616 **Ni tanto ni tan calvo.** v. 3163.

617 **A calza corta, agujeta** [22] **longa** (Ac.). *A corta calza, agujeta larga* (Ac.).
«En lo moral enseña a suplir con buen ánimo la cortedad de los dones de la suerte.»

618 **Si te vas y me dejas, déjame unas calzas viejas** (Ac.).
«Porque con poco se remediará la ausencia.» Da a entender, irónicamente, el poco aprecio que se hace de alguien.

619 **Calzado de uno, no lo des a ninguno** (Ac.).
«Muestra que no debe uno desprenderse de aquello que le es más necesario.»

620 **El ruin calzado sube a los cascos** (Ac.).
«Porque produce dolores.»

621 **Calza como vistes y viste como calzas** (Ac.).
«Recomienda que se guarde la armonía y proporción de unas cosas con otras.»

622 **Al buen callar llaman Sancho** (Ac., Quijote, II, 43 y Criticón, III, 203). *Al buen callar llaman santo* (Ac., GAlfarache, II, 42 y Criticón, II, 313 y III, 203). *A buen callar llaman Sancho* (Corbacho, 227, Santillana, 2 y DLengua, 50). El origen de este refrán es incierto. Hay quienes se inclinan por la explicación histórica, suponiendo a distintos Sanchos esta cualidad, y otros —y parece lo más probable— suponen que Sancho es nombre común, por santo, bueno, etc.
«Recomienda la prudente moderación en el hablar.»

623 **Cállate y callemos, que sendas nos tenemos** (Ac. y Santillana, 184). *Cállate y callemos* (BAmor, 422). *Duérmete y callemos, que sendas nos tenemos* (Lozana, 112). *Sendas* alude a las mismas faltas.
«Denota que al que tiene defectos propios no le conviene dar en cara a otro con los suyos.»

624 **Calle el que dio y hable el que tomó** (Ac.).
«Advierte que el que ha recibido el beneficio es quien debe publicarlo y no el que lo hace.»

---

[21] *Levar*, ant. 'llevar'.
[22] *Agujeta* 'correa o cinta con un herrete en cada punta que sirve para atar o ajustar la ropa o el calzado'.

625   El *callar* y el hablar no caben en un lugar (Ac.).
       «Denota que no puede ser prudente y discreto el que es locuaz en demasía.»

626   El que *calla*, otorga. v. 629.

627   Más vale *callar* que mal hablar (Ac.).
       «Ref. de sentido recto y claro.»

628   Por eso te *callo:* [23] por que me calles (Ac.).
       «Explica cómo el que pudiendo evitarlos tolera los desafueros de otro para que no descubra los suyos.»

629   Quien *calla*, otorga (Ac. y Criticón, III, 210). *El que calla, otorga* (Cela, *MViento*, 65).
       «Enseña que el que no contradice en ocasión conveniente da a entender que aprueba.»

630   Quien *calló*, venció y lo que quiso vio. v. 3197.

631   En la *calle* de Meca, quien no entra no peca (Ac.). *Meca* era «calle en Zaragoza de mujeres de mal vivir». [24]
       «Ref. que se explica por el de Quien quita la ocasión, quita el pecado.» Aconseja evitar las tentaciones.

632   Salí a la *calle* y afrentéme; volví a mi casa y remediéme (Ac.). *Fui a casa de mi vecino y afrentéme; volví a mi casa y remediéme* (Ac. s/v casa). *Fui a mi vecina y avergoncéme; volví a mi casa y consoléme* (Santillana, 336). *Fui a casa de mi vecina y denostéme; vine a mi casa y confortéme* (DLengua, 146). *Salí a la calle y avergoncéme; y entré en mi casa y consoléme* (FC, 275). Donde uno se encuentra más seguro y dueño de sí es en su propia casa, y por extensión, entre gente de su mismo oficio o clase social.
       «Enseña a contentarse con lo que se tiene. Es el mismo que el que dice: Fui a casa de mi vecino, etc.»

633   Aquel se andará por las *callejas,* que no pone rienda en las expensas (Ac.).
       «Manifiesta que la pobreza es la consecuencia de la prodigalidad.»

634   Dos buenos *callos* me han nacido: el uno en la boca y el otro en el oído (Ac.).
       «Aconseja hablar poco y no hacer caso de las impertinencias que se oigan.»

---

[23]   *Callar* 'ocultar, no hacer pública una cosa'.
[24]   v. Correas, 193.

635   A chica *cama*, si queréis remedio, echaos en medio (Ac.). *A chica cama,
échate en medio* (Santillana, 4).
         «Aconseja aprovechar las cosas según vienen: conformarse uno con su
suerte.»

636   A mala *cama*, colchón de vino (Ac.).
         «Advierte que cuando se espera pasar mala noche se procura aliviar
este trabajo bebiendo vino.»

637   *Cama* y condidura,[25] y cebada para la mula (Ac.).
         «Reprende a los que exigen comodidades donde no suele o no puede
haberlas.»

638   Échate en tu *cama* y piensa en lo de tu casa (Ac.).
         «Declara ser buena la noche para tomar consejo.»

639   En *cama* angosta y en luengo camino, no hallarás amigos. v. 661.

640   En la *cama* del can no busques el pan, ni en el hocico de la perra la
manteca (Ac.). *En cama de galgos no busques mendrugos* (FC, 256).
         «Denota que no se ha de buscar el remedio donde no hay lo que se
desea o se necesita.»

641   Hagamos esta *cama*: hágase, haga, y nadie comenzaba (Ac.).
         «Demuestra que la obligación de muchos no se desempeña. Es el mismo
sentido que el de Unos por otros y la casa por barrer.»

642   La *cama*, caliente, y la escudilla, reciente (Ac.).
         «Aconseja se haga pronto la una y se lave la otra al acabar de comer
y, en general, que no se descuide el ejecutar lo que debe hacerse.»

643   La *cama* es buena cosa: quien no puede dormir, reposa (Ac.).
         «Muestra que no deben desdeñarse los provechos menores de las cosas
cuando faltan los otros mejores.»

644   La *cama* guarda la fama (Ac.). *Cama* está en un sentido amplio por 'matrimonio, hogar'.
         «Aconseja la reserva y prudencia en todo aquello cuya divulgación puede
perjudicar.»

645   La *cama* y la cárcel son prueba de amigos (Ac.).
         «Ref. de sentido recto, por el desamparo en que la enfermedad y la pri-
sión suelen dejar a uno.»

646   La mala *cama* hace la noche larga (Ac.).
         «Denota que las desgracias e incomodidades parecen al que las soporta
mayores de lo que son.»

_____

[25] *Condidura* 'aderezo de la comida'.

647 **Ni *cama* sin cabezales**[26] **ni tintero sin cendales**[27] (Ac.).
«Demuestra que las cosas de uso deben reunir todo su complemento si han de ser de provecho.»

648 **No hay tal *cama* como la de la enjalma**[28] (Ac.). Irónicamente se pondera la enjalma como buen colchón para los que hacían largos viajes sobre caballerías.
«Manifiesta que no hay lecho duro ni incómodo cuando hay buena disposición o gana de dormir.»

649 **Quien mala *cama* hace, en ella se yace** (Ac.).
«Demuestra que el daño granjeado por voluntad deberá soportarse sin queja.» Puede referirse al que se equivoca en el matrimonio.

650 **Como el *camaleón,* que se muda de colores do se pon** (Ac.). Se usa esta comparación cuando, a semejanza de este animal, una persona cambia fácilmente de parecer o doctrina.
«Censura el servilismo y la poca constancia en los pareceres.»

651 **Al *camarón* que se duerme, se lo lleva la corriente** (Ac.).
«Estimula la diligencia de una persona.»

652 ***Camarón* y cangrejo corren parejo** (Ac.).
«Compara dos cosas o personas casi iguales.»

653 ***Caminante* cansado, subirá en asno, si no encuentra caballo** (Ac.).
«Denota que el que con urgencia necesita algo, tomará cualquier remedio que halle a mano, aunque no sea el mejor.»

654 **Al mal *camino,* darle priesa**[29] (Ac.). *El mal camino, andarlo pronto* (FC, *Dicha,* 149 y Galdós, *Apostólicos,* 76 y *Tormentas,* 295).
«Aconseja que los asuntos enojosos deben despacharse pronto.»

655 ***Camino* de Roma, ni mula coja ni bolsa floja** (Ac.). Para hacer un viaje largo se precisan buenos medios de locomoción y dinero.
«Aconseja no emprender cosas arduas sin medios proporcionados.»

656 ***Camino* de Santiago, tanto anda el cojo como el sano** (Ac. y Santillana, 146).
«Se dice de los que se juntan para ir en romería, que como se van esperando unos a otros, todos vienen a llegar a un mismo tiempo, aunque no sean de igual robustez y aguante.»

---

[26] *Cabezal* 'almohada larga que ocupa toda la cabecera de la cama'.
[27] *Cendales* 'hebras de algodón puestas en el fondo del tintero para que la pluma no coja demasiada tinta'.
[28] *Enjalma* 'especie de aparejo de bestia de carga, como una albardilla ligera'.
[29] *Darle priesa* 'hacerlo pronto'.

657   *Camino* viejo y sendero nuevo (Ac.).
        «Aconseja tomar uno u otro, según los casos, y no al contrario, porque
        el camino antiguo, por más trillado y sabido, es mejor y el sendero reciente
        está limpio de zarzas y maleza, al revés del sendero antiguo.»

658   Cuando fueres por *camino,* no digas mal de tu enemigo (Ac.).
        «Enseña la precaución con que se debe hablar de otros en los caminos
        y parajes públicos donde concurren personas desconocidas.»

659   De un *camino,* dos mandados (Ac.).
        «Denota la oportunidad que unas diligencias ofrecen para otras.»

660   El mal *camino,* andarlo pronto. v. 654.

661   En luengos *caminos* se conocen los amigos (Ac.). *En luengo camino y en
        cama angosta se conocen los amigos* (Santillana, 259). *En cama angosta y en luengo
        camino, no hallarás amigos* (Galdós, *Narváez,* 78).
        «Porque se molestan unos a otros y hay lugar de ejercitar la paciencia
        y la tolerancia mutuas.» En sentido general, da a entender que como mejor
        se conoce a las personas es con la convivencia.

662   Llevando de cada *camino* un grano, bastece la hormiga su granero
        para todo el año (GAlfarache, I, 146). *Llevando cada camino un grano, abas-
        tece la hormiga su granero para todo el año* (Correas, 281).
        Recomienda la perseverancia como el mejor medio de conseguir lo que
        se desea.

663   Quien malos *caminos* anda, malos abrojos halla (Ac.). *Quien malos pasos
        anda, malos polvos levanta* (Santillana, 591). El doble sentido de la palabra
        abrojo (el recto de 'planta espinosa' y el figurado de 'sufrimiento o dolor'),
        da la explicación literal y traslaticia del ref.
        «Declara que las malas acciones traen peores consecuencias.»

664   Quien siembra en el *camino,* cansa los bueyes y pierde el trigo (Ac.).
        «Enseña que trabajan inútilmente los que no se valen de los medios opor-
        tunos para conseguir alguna cosa.»

665   *Camisa* con trenzas, más es de lo que piensas (Ac.). *Camisa con trenzas*
        es sinécdoque por 'niña' o 'joven'.
        «Indica que el mérito de las personas suele conocerse aun por ligeras
        señales.» También manifiesta que no debe descalificarse a las personas por
        su corta edad.

666   *Camisa* y toca negra no sacan al ánima de pena (Ac.).
        «Reprende el exceso en los lutos y exterioridades de los duelos cuando
        se descuida lo que importa al alma del difunto.»

667   Más cerca está la *camisa* de la carne que el jubón (Ac.). *Más cerca está
      la camisa que el sayo* (PJustina, I, 49).
      «Advierte la preferencia que debe darse a los parientes o personas in-
      mediatas sobre las que no lo son.»

668   Primero es la *camisa* que el sayo (Ac.).
      «Se esfuerza la necesidad del orden en las cosas, empezando por lo que
      debe ir primero.» También puede interpretarse en el mismo sentido que
      el del número anterior.

669   Pues que la *camisa* lo calla, cállelo la saya (Ac.). *Camisa y saya* son si-
      nécdoques para representar al marido y a la mujer, respectivamente.
      «Acredita que en cosas de honra, si el interesado calla, el allegado o
      el amigo no debe ser menos discreto.»

670   Quien *camisas* hurta, jubón espera (GAlfarache, IV, 43). Juega el re-
      frán con el doble sentido de la palabra *jubón*: el de 'vestidura que cubre
      desde los hombros, ceñida y ajustada al cuerpo', y el de 'azotes que daba
      el verdugo'.
      Quien comete algún delito se expone a recibir el castigo correspondiente.

671   Tu *camisón* no sepa tu intención (Ac.).
      «Pondera lo conveniente de la reserva en todos los asuntos.

672   *Campana* cascada, nunca sana (Ac. y Dorotea, III, 226). La campana
      que se ha resquebrajado no vuelve a tener el mismo sonido, aun después
      de reparada.
      «Explica la esterilidad de los esfuerzos dedicados a imposibles reme-
      dios.»

673   Cual es la *campana,* tal la badajada (Ac.). El toque de campana deberá
      hacerse de acuerdo con la sonoridad que esta tenga.
      «Enseña que las acciones son más o menos sonadas según la calidad
      de las personas.»

674   A *campo* malo le viene su año [30] (Zifar, 123).
      Indica que incluso lo que parece inútil o despreciable puede servir en
      alguna ocasión.

675   Al *campo* y al señor cómprale cuando le hayas menester, antes no (Ac.).
      Antiguamente, los labradores no eran dueños de la tierra que cultivaban.
      «Pondera la conveniencia de no tomarse cuidados y peligros sin nece-
      sidad.»

676   Cuando no lo dan los *campos,* no lo han los santos (Ac.). *Cuando hay
      por los campos, hay para los santos* (FC, *LGarcía,* 203).
      «Manifiesta que la escasez no es propicia a la devoción dadivosa.»

---

[30]   *Año* 'conjunto de circunstancias meteorológicas favorables que se dan en ese período'.

677   El **campo** fértil, no descansando, tórnase estéril (Ac.). *El campo fértil,
      si no descansa, se hace estéril* (FC, 256). Por este motivo se suelen dejar en
      barbecho los campos en años alternos.
         «Denota la necesidad del descanso en el trabajo para continuarlo con
      aprovechamiento.»

678   En el **campo** de Barahona,[31] más vale mala capa que buena azco-
      na[32] (Ac.).
         «Denota que se debe usar de las cosas según la necesidad de ellas.»

679   A **can** que lame ceniza, no le fiar la harina (Ac.).
         «Manifiesta que la extrema necesidad suele inducir a malas acciones.»

680   Amidos[33] hace el **can** barbecho (BAmor, 954). Refrán de sentido du-
      doso. Corominas, en nota al verso correspondiente, dice:[34] «que el empleo
      del verbo *fazer* (en el cual coinciden los ms. G. y S.) es algo singular, aun-
      que sería bastante arriesgado enmendar en *yaz el perro en barbecho*, pues *en*
      no está tampoco en los dos manuscritos». Aguado,[35] s/v barvecho, inter-
      preta *hacer barbecho* como 'dormir al sereno'.
         Parece dar a entender que uno se ve obligado a hacer algo en contra
      de su gusto.

681   **Can** con angusto, a su dueño torna al rostro. v. 686.

682   **Can** con rabia a su dueño muerde. v. 2789.

683   **Canes** que ladran, ni muerden ni toman caza (Ac.).
         «Aplicable al hombre alabancioso y holgazán, que no hace cosa de pro-
      vecho ni aun para sí mismo.»

684   **Can** que mucho ladra, ruin es para casa (Ac.).
         «Demuestra lo vano de las baladronadas.»

685   **Can** que mucho lame, saca sangre (Ac.). *El can que mucho lame, sin duda
      sangre saca* (BAmor, 616). El perro tiene la lengua muy áspera.
         «Enseña que el demasiado cariño suele ser dañoso.»

686   El **can** con agosto, a su amo vuelve el rostro (Ac.). *Can con angusto, a
      su dueño torna al rostro* (Zifar, 347). *El can con gran angosto, y con rabia de la
      muerte, su dueño traba[36] al rostro* (BAmor, 1704). *El can congosto, a su amo vuel-
      ve el rostro* (DLengua, 145). *Angusto, angosto* son formas anticuadas de *angus-
      tia. Congosto* es contracción, del latín *coangustus,* favorecida por la frecuencia
      de las palabras que empiezan por *con.* A la vista de estas variantes,

      ─────────────

      31 *Barahona,* pueblo de Segovia.
      32 *Azcona* 'arma arrojadiza, como dardo, que se usaba antiguamente'.
      33 *Amidos* 'de mala gana, a la fuerza'.
      34 v. Corominas, ed. crít. *BAmor.*
      35 v. Aguado, *Glosario Juan Ruiz.*
      36 *Trabar* 'prender, asir, agarrar'.

parece que la forma que registra la Ac., *con agosto,* podría ser una corrupción de las formas antiguas, basada en la angustia que suele producir el calor y la sed en este mes. Por otra parte, en catalán moderno (Ampurdán), *conguxa* equivale a 'modorra causada por el bochorno de los días calurosos'. [37]

«Enseña que el hombre airado maltrata aun a las personas que más quiere.»

687   El *can* con rabia, de su dueño traba. v. 2789.

688   El *can* de buena raza, siempre ha mientes [38] del pan de la casa (Ac.).
«Explica que el hombre honrado se acuerda siempre del beneficio que ha recibido.»

689   El *can* que mucho lame, sin duda sangre saca. v. 685.

690   El pequeño *can* levanta la liebre, [39] y el grande la prende (Ac.).
«Tiende a demostrar que la iniciativa y primeros esfuerzos en algunas empresas suelen tocar al humilde y desvalido, y el provecho a los poderosos.»

691   Los *canes* de Zurita, no teniendo a quien morder, uno a otro se mordían. v. 2796.

692   No te fíes en *can* que ladra ni en gato que miaña [40] (Ac.).
«Porque avisan al enemigo y, además, ni el uno muerde ni el otro caza ratones.»

693   Pequeño *can* suele embargar [41] muy gran venado (Zifar, 146).
Aconseja no despreciar los obstáculos o los enemigos que parecen pequeños, porque pueden ocasionar daños muy graves o producir consecuencias importantes.

694   Quien su *can* quiere matar, levántale [42] que quiere rabiar (Ac.). *Quien mal quiere a su can, levántale que quiere rabiar* (Ac.). *Quien matar quisier su can, achaque [43] le levanta porque no le dé del pan* (BAmor, 93).
«Declara la ruindad del que para deshacerse de un amigo le imputa faltas que no ha cometido.»

695   ¿Quieres que te siga el *can*? Dale pan (Ac.). *Si quieres que te siga el can, dale pan* (Dorotea, III, 229).
«Da a entender lo mucho que puede el interés.»

---

[37]   v. Corominas *Dicc. Etim.,* s/v angosto.
[38]   *Haber mientes* 'acordarse, tener en la memoria'.
[39]   *Levantar la liebre* 'hacerla salir de su madriguera'.
[40]   *Miañar* 'maullar'.
[41]   *Embargar* 'impedir, estorbar, obstruir el camino'.
[42]   *Levantar* 'decir algo malo e incierto de otro; calumniar'.
[43]   *Achaque* 'culpa'.

696   **A *canas* honradas, no hay puertas cerradas** (Ac.). *A canas honradas, nunca ha de haber puertas cerradas* (Criticón, III, 52).
        «Enseña el respeto y atención que se debe tener a los ancianos.»

697   **Canas son, que no lunares, cuando comienzan por los aladares** [44] (Ac.). *Cuando dan por los aladares, canas son, que no lunares* (Dorotea, II, 191). Dicho en son de burla de los que intentan encubrir sus años.
        «Se dice contra los que quieren disimular lo que todos ven, procurando desmentir con apariencias y ficciones lo que no se puede negar.»

698   ***Canas* y armas vencen batallas** (Ac.).
        «A los consejos de la experiencia se ha de añadir la fuerza para lograr buen éxito.»

699   **Cuando estas sean *canas,* la luna tiene manchas** (Dorotea, I, 60).
        Usando de una hipérbole, alude a la imposibilidad de que algo ocurra, o a la certeza del que habla de que no ocurrirá. También puede significar que, cuando hay mucho tiempo por delante, se pueden prever grandes cambios.

700   **Quien hace la *canasta,* hará el canastillo** (BAmor, 1343).
        El que sabe realizar bien una labor, podrá repetirla muchas veces.

701   ***Candado* sin tornillo da la hacienda al vecino** (Ac.). La cerradura inadecuada o incompleta facilita el robo de la casa.
        «Pondera la conveniencia de asegurarse uno en los contratos y negocios.»

702   **Quien pide para *candela* no se acuesta sin cena** (Ac.). Quien pide lo necesario para encender la lumbre es que tiene algún alimento que guisar.
        «Se aplica al que, teniendo lo indispensable, pide o exige lo superfluo.»

703   **Cuando la *Candelaria* [45] plora, [46] el invierno es fora; cuando ni plora ni hace viento, el invierno es dentro, y cuando ríe, quiere venire** (Ac.). *Cuando por la Candelaria plora, frío fora* (FC, 266).
        «Ref. antiguo cuyo sentido es claro y conocido.»

704   **Por la *Candelera,* [45] mide tu puchera y guarda tu cibera** [47] (Ac.). A principios de febrero, todavía falta mucho tiempo para recoger la nueva cosecha, y conviene economizar en la comida propia y en la de los animales.
        «Preconiza el buen orden y economía en los gastos durante el año.»

705   **Muchas *candelillas* hacen un cirio pascual** (Ac.).
        «Muchos pocos hacen un mucho.» No conviene desechar las cosas por insignificantes que sean, porque reuniendo varias de ellas, se puede obtener alguna utilidad.

---

[44]   *Aladares* 'sienes'.
[45]   *Candelaria* o *Candelera*, fiesta de la Purificación de la Virgen que se celebra el 2 de febrero.
[46]   *Plorar* 'llorar; llover'.
[47]   *Cibera* 'todo género de simiente que puede servir para mantenimiento y cebo'.

706 *Candil* sin mecha, ¿qué aprovecha? v. 708.

707 **En balde quemas tu *candil*, obrero ruin** (Ac.). El que no sabe trabajar, gasta en vano el aceite de la lámpara.
    «Alusivo al operario torpe e ignorante.»

708 **¿Qué aprovecha *candil* sin mecha?** (Ac.). *Candil sin mecha, ¿qué aprovecha?* (DLengua, 113).
    «Se usa cuando queda inútil una cosa por falta de los adherentes necesarios.»

709 **Cual el *cangilón*,** [48] **tal el olor** (PJustina, II, 139).
    Da a entender que por las acciones que realiza una persona se puede deducir cómo es. También, que una misma cosa puede parecer distinta según sea quien la juzgue.

710 **No todos los *canos* son viejos ni sabios** (Ac.).
    «Muestra que no siempre con la edad se adquieren ciencia y prudencia.»

711 **Canonista** [49] **sin leyes, arador sin bueyes** (Ac.). *Cánones sin leyes, arado sin bueyes* (Ac.).
    «Da a entender que para salir consumado en el estudio de los cánones es también necesario el de las leyes civiles.»

712 **Canonista** [49] **y no legista, no vale una arista** [50] (Ac.).
    «Canonista sin leyes, arador sin bueyes.»

713 **Lo bueno *cansa*, y lo malo nunca se daña** (GAlfarache, II, 244).
    Es propio de los hombres inclinarse más al mal que al bien.

714 **Más se *cansa* quien mira, que no quien juega** (Ac.). Suele ser aburrido observar el juego de los demás, porque no se siente la emoción del que toma parte en él.
    «Indica que el estímulo del vicio es imperioso, aun con los trabajos y disgustos que ocasiona.»

715 **Cantar mal y porfiar** (Ac., Santillana, 150, Lozana, 190 y Criticón, III, 90).
    «Contra los impertinentes y presumidos que molestan repitiendo lo que no saben hacer.»

716 **No es todo *cantar* cuanto ruido suena** (BAmor, 164 y Correas, 269).
    Aconseja examinar bien las cosas, y no dejarse llevar de la primera impresión.

---

48 *Cangilón* 'vasija de barro o metal en forma de cántaro para llevar o tener líquidos'.
49 *Canonista* 'el que se ha especializado en derecho canónico'.
50 *Arista* 'cosa de ningún valor'.

717   Quien mal *canta,* bien le suena (Ac.).
       «Prueba cuánto ciega el amor propio, que nos impide conocer nuestros
       defectos.»

718   **Cantarillo** que muchas veces va a la fuente, o deja el asa o la frente
       (Ac. y Santillana, 143). *Tantas veces va el cántaro a la fuente, que deja el asa*
       o la frente (Ac. s/v vez). *Tanto va el cántaro a la fuente, hasta que deja allá el*
       asa o la frente (Zifar, 416). *Tantas veces va el cantarillo a la fuente...* (Quijote,
       I, 30). *Cántaro que muchas veces va a la fuente, deja el asa o la frente* (FC, 256).
       Tanto va el cántaro... (Galdós, Vergara, 256).
       «Advierte que el que frecuentemente se expone a las ocasiones peligra
       en ellas.»

719   Si da el *cántaro* en la piedra, o la piedra en el cántaro, mal para el
       cántaro (Ac. y Quijote, II, 43).
       «Advierte que conviene excusar disputas y contiendas con el que tiene
       más poder.»

720   Tanto va el *cántaro* a la fuente, hasta que deja allá el asa o la frente.
       v. 718.

721   De cada *canto,* tres leguas de mal quebranto. v. 579.

722   Entre tanto, llévate este *canto* (Ac.).
       «Censura el abuso de ocupar los servidores en las horas de descanso.»

723   Por el *canto* se conoce el pájaro (Ac.).
       «Expresa que por los hechos se conoce la condición de las personas.»

724   Tras cada *cantón,* [51] buen cerrevedijón [52] (Ac.).
       «Reprende a los que, no sabiendo un arte u oficio, desperdician más
       que aprovechan las materias en que trabajan. El ref., en sentido recto, habla
       de las malas hilanderas, que dejan caer los mechones de lino.»

725   ¡*Cañas* vanas, cañas vanas; mucho creces y poco granas! (Ac.). Las cañas
       alcanzan gran altura y tienen hueco su interior.
       «Condena las apariencias del hombre vanidoso y de poco entendimiento.»

726   Las *cañas* se vuelven lanzas (Ac.). *No hay amigo para amigo: las cañas se*
       vuelven lanzas (Quijote, II, 12). *No hay amigo para amigo* (Galdós, 1824, 118).
       Las *cañas* era una fiesta de a caballo en que diferentes cuadrillas hacían va-
       rias escaramuzas, arrojándose recíprocamente las cañas, de que se resguar-
       daban con las adargas o escudos.
       «Se usa para expresar que algunas veces las cosas que empiezan por
       juego se hacen serias y graves.»

---

[51]   *Cantón* 'rincón'.
[52]   *Cerrevedijón* 'vedija o mechón grande de lana, lino, etc.'.

727   **A *capa* vieja no dan oreja** (Ac.). Al hombre mal trajeado no se le presta oído.

«Expresa cómo al pobre nadie le atiende ni ayuda.»

728   **Al que te mata so *capa,* no le salves en concejo** (BAmor, 1479). «*Matar:* "apabullar, golpear, contusionar." *En concejo:* "en público"; pero en *salvar* es dudoso si se trata de la acepción moderna o de la medieval *saludar*.»[53]

Recomienda no tener amistad con personas poco dignas de confianza.

729   **Al que veas con *capa* de lamparilla**[54] **por Navidad, no le preguntes cómo le va** (Ac.).

«Denota que ir desabrigado en invierno es claro indicio de falta de medios.»

730   ***Capa,* calzón y sayo, de un mesmo paño** (Ac.).

«Recomienda la uniformidad en cosas y hechos de carácter semejante.»

731   ***Capa* negra y cofradía, no puede ser cada día** (Ac.). La capa negra se usaba en las festividades, en contraposición a la capa parda de los días de trabajo.

«Muestra cómo el lujo y fiestas no han de ser continuos.»

732   **Debajo de una mala *capa* hay un buen bebedor** (Ac.). *Debajo de una mala capa suele haber un buen bebedor* (Ac.). *Debajo de una mala capa hay un buen vividor* (Ac.). *Debajo de una mala capa suele haber un buen vividor* (Ac.). *So mala capa yace buen bebedor* (BAmor, 18 y Santillana, 651). *Debajo de buena capa hay mal bebedor* (PJustina, II, 109). *Debajo de mala capa suele haber buen bebedor* (Quijote, II, 33). *Debajo de una buena capa hay un mal bebedor* (Criticón, III, 73). *Debajo de una mala capa se esconde un buen bebedor* (Cela, *Lazarillo,* 194).

«Advierte que se suelen encontrar en un sujeto prendas y circunstancias que las señales exteriores no prometían.»

733   **Donde perdiste la *capa,* ahí la cata**[55] (Ac.).

«Aconseja no descaecer de ánimo cuando se sufren pérdidas en el caudal o en algún negocio, sino proseguir buscando allí la fortuna.» Solía usarse mucho entre jugadores.

734   **Echa la *capa* y bailemos, que buen rey tenemos** (Ac.).

«Reprende a los improvisores.» También alude a los que viven despreocupadamente confiando en que otros les resuelvan sus problemas.

---

[53]   v. Corominas, ed. crít. *BAmor.*
[54]   *Lamparilla* 'tejido de lana delgado y ligero de que se solían hacer las capas de verano'.
[55]   *Catar* 'buscar'.

735 El que tiene *capa,* escapa (Ac.). *Capa,* como ampliación de su sentido de 'abrigo contra el frío', significa 'protección'.
«Da a entender que logra evitar riesgos o salir de conflictos el que para ello cuenta con medios adecuados o tiene quien le valga.»

736 Que por allá, que por acá, daca[56] la *capa* (Ac.). *Que por acá, que por allá* son expresiones para dar a entender el disimulo o rodeos de que se vale el que habla para no descubrir claramente sus intenciones.
«Contra los que intentan disfrazar con pretextos sus malos hechos.»

737 Quien tiene *capa,* escapa; quien chapirón,[57] o escapa o non (Ac.).
«Denota que el rico puede salir mejor que el pobre de cualquier aprieto.»

738 Ron, ron; tras la *capa* te andan (Ac.). *Ron, ron; tras la capa te ando* (Santillana, 641). *Ron, ron* es voz onomatopéyica para representar el ronroneo del gato cuando está contento. Aquí, por extensión, significa 'zalamería, halago que se hace a alguien cuando se intenta obtener de él algún beneficio'.
«Manifiesta cómo el que tiene que perder debe vivir prevenido.»

739 So mala *capa* yace buen bebedor. v. 732.

740 Todos son buenos, mas mi *capa* no parece (Ac.). *Todos son honrados, mas mi capa no parece* (Ac.).
«Pondera la dificultad de hallar el autor de un daño cuando son varios los que pudieron causarlo.»

741 Una buena *capa* todo lo tapa (Ac.).
«Da a entender que una buena apariencia puede encubrir muchas faltas.»

742 No lo quiero, no lo quiero; mas échamelo en el *capelo.* v. 3180.

743 A buen *capellán,* mejor sacristán (Ac.). *A mal capellán, mal sacristán* (Ac.). Los adjetivos *buen* y *mejor* están usados irónicamente.
«Se toma en mal sentido, censurando la falta de cumplimiento en su oficio a uno y otro.»

744 No quiero, no quiero; pero echádmelo en la capilla. v. 3180.

745 No son todos los que traen *capilla*[58] frailes (Ac.).
«El hábito no hace al monje.» Aconseja no juzgar a las personas por su aspecto externo.

---

[56] *Daca* 'dame acá'.
[57] *Chapirón* 'capirote o caperuza que sirve para cubrir la cabeza'.
[58] *Capilla* 'parte del hábito que visten los religiosos de varias órdenes para cubrir la cabeza'.

746 Lo que en el *capillo* se toma y pega, con la mortaja se deja (Ac.). El capillo puede ser la cubierta de lienzo que se pone en la cabeza a los niños de pecho, o la vestidura de tela blanca con que se les cubre la cabeza al bautizarlos.

«Lo que en la leche se mama, en la mortaja se derrama.» Lo que uno aprende de niño suele recordarlo siempre.

747 Ponte el *capillo*, [59] ruin, que viene abril (Ac.).

«En general, aconseja tomar las precauciones debidas para resistir algún daño.»

748 *Capitán* vencido, ni loado ni bien recibido (Ac.).

«Enseña que el desgraciado, aun siéndolo sin culpa, no suele hallar compasión ni justicia.»

749 Donde manda *capitán*, no manda marinero. v. 2730.

750 Al *capón* que se hace gallo, azotallo (Ac.).

«Advierte que merece castigo el que se hace altanero y orgulloso sin tener méritos para ello.»

751 A quien te da el *capón*, dale la pierna y el alón (Ac.).

«Advierte que seamos agradecidos.»

752 Aunque me veis con este *capote*, otro tengo allá en el monte (Ac.).

«Contra los que se jactan de poseer lo que no tienen.»

753 *Cara* a cara, vergüenza se cata. v. 388.

754 *Cara* de beato y uñas de gato (Ac.). *Cuentas de beato y uñas de gato* (Ac. s/v cuenta, y Galdós, *Apostólicos*, 74). *Tocas de beata, y uñas de gata* (Ac. s/v toca). *Uñas de gato, y cara de beato* (Ac. s/v uña). *Uñas de gato, y hábito de beato* (Ac. s/v uña y Dorotea, IV, 367).

«Contra los hipócritas.»

755 *Cara* pone mesa, que no barba tiesa (Ac.). *Cara pone mesa, que no pierna tiesa* (Ac.). *Cara* está usado en el sentido de 'buen semblante y buenos modales', y *barba* o *pierna tiesa*, en el de 'envaramiento que se atribuye a la soberbia y altanería'.

«Enseña cuánto son más agradables la humildad o buenas y graciosas maneras que la altivez y la soberbia.»

756 *Cara* sin dientes hace a los muertos vivientes (Ac. y Dorotea, II, 186). *Cara sin dientes*, metáfora por 'gallina'.

«Irónicamente denota que el buen alimento, como el de carne de gallina, hace recobrar las fuerzas perdidas y, en cierto modo, da la vida.»

---

[59] *Capillo* 'capucha que usaban los labradores de Tierra de Campos'.

757   Cual tenéis la *cara,* tal tengáis la pascua (Ac.).
      «Va contra los mal agestados por efecto de su mala condición.»

758   Si me quiere, con esta *cara;* si no, vaya (Ac.).
      «Aconseja tomar a las personas tales como son.»

759   *Caracol* de mayo, candela en mano (Ac.). En mayo los caracoles suelen
      causar destrozos en las huertas, y es corriente salir a cogerlos por la noche
      provistos de una luz.
      «Ref. de sentido recto, porque los caracoles son dañosos en prima-
      vera.»

760   El *caracol,* por quitarse de enojos, por los cuernos dio los ojos (Ac.).
      La vista del caracol es casi nula y la suple con el sentido del tacto, que radi-
      ca en sus antenas o cuernecillos.
      «Suele aplicarse al que deja lo bueno por lo que no lo es.»

761   Quien no va a *carava,* no sabe nada (Ac.). *Carava* era la reunión de re-
      creo que celebraban los labradores los días de fiesta.
      «Advierte que para adquirir experiencia es necesario el trato con los
      hombres.»

762   Echa *carbón* y fuella, y llámame a las doce (Ac.). Alude a las amas de
      casa que dejan enteramente el gobierno de la suya en manos de criados.
      «Reprende a los que por pereza dejan perderse tiempo y hacienda.»

763   Ni *carbón* ni leña no los compres cuando hiela (Ac.).
      «Porque pesan más que en tiempo seco.» También, porque las cosas
      se encarecen cuando hay mayor demanda de ellas.

764   *Cárceles* y caminos hacen amigos (Ac.). *Desdichas y caminos hacen amigos*
      (Ac. s/v desdicha).
      «Expresa ser ambas cosas ocasión de contraer amistades por los servi-
      cios mutuos a que dan lugar.» «Denota que el correr la misma suerte en
      las adversidades y en las fatigas suele ocasionar la amistad, así como el ca-
      minar juntos.» (s/v desdicha.)

765   El *cardo* que ha de picar, luego [60] nace con espinas (Ac.).
      «Alude a los que temprano muestran condición aviesa.»

766   Más quiero *cardos* en paz que no salsa de agraz. *Más valen cardos en paz*
      que pollos con agraz. v. 3319.

767   Sacadlo de entre los *cardos,* sacároslo hemos de entre las manos (Ac.).
      Sacaldo de entre los cardos, sacároslo hemos de entre las manos (Ac.).
      «Alude a los que encomiendan a otros lo difícil o áspero de los nego-
      cios y se reservan la parte fácil o beneficiosa.»

---

      60   *Luego* 'enseguida, desde el primer momento'.

768 La *carga* bien se lleva: el sobornal[61] causa la queda[62] (Ac.). *La carga cansa, la sobrecarga mata* (Ac.).

«A la bestia cargada, el sobornal la mata.» No debe traspasarse en el trabajo el límite de las propias fuerzas, porque se produce el agotamiento.

769 No hay *carga* más pesada que la mujer liviana (Ac.). Juego de palabras en que se oponen *carga* y *liviana* con su doble sentido.

«Ref. y sentido claros.»

770 Si te hace *caricias* el que no las acostumbra hacer, o engañarte quiere, o te ha menester. v. 1570.

771 La *caridad* bien ordenada empieza por uno mismo (Ac.). *La caridad bien entendida empieza por uno mismo* (Galdós, *Cánovas,* 171).

«Denota lo natural que es pensar en las necesidades propias antes que en las ajenas.»

772 A *carne* de lobo, diente de perro (Ac. y Dorotea, IV, 367). *A carne de lobo, salsa de perro* (DLengua, 50).

«A buena hambre no hay pan duro, etc.» El hambre obliga a perder cualquier reparo sobre la calidad de la comida.

773 *Carne* a carne, amor se hace (Ac.).

«Da a entender que el trato íntimo produce amor o amistad.»

774 *Carne,* carne cría; y peces, agua fría (Ac. y Santillana, 174). *Carne hace carne* (FC, 261).

«Da a entender que la carne es alimento más sustancioso que el pescado.»

775 *Carne* de pluma quita del rostro la arruga (Ac.). *Carne de pluma, siquiera de grúa*[63] (Ac.).

«Denota que por lo general engordan los que comen regaladamente.»

776 *Carne* hace carne. v. 774.

777 *Carne* mal asada, buen tozuelo[64] para[65] (Ac.). Se refiere, sin duda, a la carne de cerdo.

«Ref. de sentido recto y claro, pues dicha carne engorda.»

778 *Carne* que crece no puede estar si no mece[66] (Ac.).

«Explica cuán propio es de los muchachos el jugar y no estarse quietos.»

---

[61] *Sobornal* 'sobrecarga'.
[62] *Queda* 'parada, detención'.
[63] *Grúa* 'grulla'.
[64] *Tozuelo* 'cerviz'.
[65] *Parar* 'proporcionar, deparar'.
[66] *Mecer* 'moverse'.

779   **Carne sin hueso no se da sino a don Bueso** (Ac.). *Don Bueso,* como personificación del hombre rico.
      «Explica la preferencia con que se suele tratar a los ricos o poderosos.»

780   **Deja la carne un mes, y ella te dejará tres** (Ac.). *Deja el vicio por un mes, y él te dejará por tres* (FC, 258). *Carne,* en el sentido de 'lujuria'.
      «Enseña que las malas costumbres excitan y estimulan más al pecado que la misma naturaleza.»

781   **La carne en el techo y la hambre en el pecho** (Ac.). La primera parte del refrán se refiere a los embutidos que se solían tener colgados del techo.
      «Contra los avaros, que se privan aun de lo preciso.»

782   **La carne sobre el hueso relumbra como espejo** (Ac.). En otros tiempos, la gordura se consideraba indicio de buena salud. El aspecto de la piel cuando la persona está gruesa es terso y brillante.
      «Denota cómo la buena salud realza la hermosura.»

783   **No está la carne en el garabato** [67] **por falta de gato** (Ac. y GAlfarache, IV, 205). La carne, especialmente la de cerdo, solía colgarse para quitarla del alcance de los animales domésticos.
      «Se dice comúnmente de las mujeres que no dejan de casarse por falta de quien las quiera, sino por algún otro motivo.»

784   **Quien come la carne, que roa el hueso** (Ac.).
      «Tomar las duras con las maduras: Fr. fig. y fam, que se usa para significar que debe llevar las incomodidades de un empleo, cargo o negocio, el que tiene las utilidades y los provechos.» (s/v duro.)

785   **A carnero castrado no le tientes el rabo** (Ac.).
      «Aconseja no indagar sobre cosas notorias, porque el carnero castrado suele estar gordo.»

786   **Cada carnero cuelga de su piezgo** [68] (Ac.) *Cada carnero por un pie se cuelga* (FC, 263).
      «Se aplica a las cosas que están en su lugar debido.»

787   **Carnero, hijo de oveja; no yerra quien a los suyos semeja** (Ac.).
      «Denota que los hechos de las personas son según los antecedentes que hay de ellas.»

788   **El carnero encantado, que fue por lana y volvió trasquilado.** v. 2004.

789   **Harto** [69] **está el carnero que anda a testaradas con su compañero** (Ac.).
      «Se aplica a las personas juguetonas.»

---

[67]   *Garabato* 'gancho de hierro que sirve para tener colgadas algunas cosas'.
[68]   *Piezgo* 'parte de la piel del animal correspondiente al pie'.
[69]   *Harto* 'satisfecho, bien alimentado'.

790 Más vale *carnero* en paz, que no pollo con agraz. v. 3319.

791 Siembra temprano y cría *carneros;* que para venirte uno malo, te vendrán ciento buenos (Ac.).
    «Indica la probabilidad de obtener resultados de carneros y de siembras tempranas, más que de ovejas y de siembras tardías.»

792 A lo *caro,* añadir dinero, o dejarlo (Ac.). El mantenimiento de las cosas de precio elevado suele ser costoso.
    «Recomienda aceptar lo irremediable del mejor modo posible.»

793 Derribada la *carrasca,* cualquiera la leña apaña [70] (Ac.).
    «Del árbol caído todos hacen leña.» Mucha gente suele aprovecharse de las personas que han quedado sin protección.

794 *Carrera* al ojo, [71] marido astroso (Ac.).
    «Aconseja el aliño y pulcritud a las mujeres con el ejemplo de traer torcida la raya o carrera.»

795 Quien hace la *carreta,* sabrá deshacella (Ac.). El que fabrica un instrumento sabe las piezas de que se compone, y la manera de desmontarlas.
    «Ref. de claro sentido moral.» Da a entender que quien comete una mala acción debe saber cómo repararla.

796 Lo que ha de cantar el *carro,* canta (o lo canta) la carreta. v. 531.

797 No se puede hacer el *carro* sin pisar el barro (Ac.).
    «Indica que para conseguir algo bueno, hay que pasar trabajos.»

798 A *cartas,* [72] cartas, y a palabras, palabras (Ac.).
    «Aconseja conducirse uno según los demás proponen con sus actos.»

799 Hablen *cartas* y callen barbas. v. 391.

800 Por *carta* de más o de menos se pierden los juegos (Ac.). *Tanto se pierde por carta de más como por carta de menos* (Quijote, II, 37). *Lo propio se peca por carta de menos que por carta de más* (FC, LGarcía, 224).
    «Aconseja huir de los extremos viciosos.»

801 A *casa* de tu hermano no irás cada serano [73] (Ac.). *A casa de tu tía, mas no cada día* (Ac.).
    «Aconseja no abusar de la bondad aun de los que más nos quieren.»

802 A *casa* hecha, sepultura abierta. v. 814.

---

[70] *Apañar* 'coger'.
[71] *Carrera al ojo* 'raya que se hace en el pelo sin esmero ni cuidado'.
[72] *Carta* 'documento, escritura'.
[73] *Serano* 'tarde'.

803   A «idos de mi *casa*» y «qué queréis con mi mujer» no hay que respon-
der (Ac. y Quijote, II, 43).
«Significa que al que manda o reconviene con autoridad y evidente derecho no se le puede replicar.»

804   **A mal decir no hay *casa* fuerte** (Ac.). *A mal decir no hay cosa fuerte* (FC,
LGarcía, 210). No hay familia, por sólida que sea su reputación, que no
sufra menoscabo ante la maledicencia.
«Enseña que cuando la fortuna se declara contra alguno, de nada sirven el poder ni las riquezas para resistirla.»

805   **A tuerto o a derecho,** [74] **nuestra *casa* hasta el techo** (Ac. y Celestina,
I, 103).
«Denota que el ambicioso usa todos los medios que se le ofrecen, sean
buenos o malos, para satisfacer su ambición.»

806   **Beata la *casa* en que hay viejo cabe su brasa.** (Ac.).
«Ensalza la prudencia y experiencia que suelen acompañar a la ancia-
nidad.»

807   **Bina** [75] **cuando otro alza,** [76] **si quieres henchir tu *casa*** (Ac.).
«Aconseja no retrasar las labores que tienen plazo fijo.»

808   **Bueno es misar y *casa* guardar.** v. 853.

809   **Cada uno en su *casa,* y Dios en la de todos** (Ac.).
«Se usa para significar que conviene que las familias vivan separadas
para evitar disensiones.»

810   **Casa con dos puertas mala es de guardar** (Ac.). *Casa con dos puertas no
la guardan dueñas* (Ac.). *Todo te haré, mas casa con dos puertas no te guardaré*
(Santillana, 698).
«Solo se emplea en sentido recto. También se decía: Casa con dos puertas
no la guardan dueñas.»

811   **Casa de padre, viña de abuelo y olivar de bisabuelo** (Ac.).
«Expresa la duración respectiva de esas cosas y la conveniencia de apro-
vecharlas por su orden.»

812   **Casa en cantón,** [77] **y viña en rincón** (Ac.). *Casa en canto* [77] *y viña en pago* [78]
(Santillana, 170).
«Establece la conveniencia de tener casa con vistas a dos calles y viña
escondida para que no la esquilmen los viandantes.» También indica que
las propiedades valen más cuanto mejor situadas están.

---

[74]   *A tuerto o a derecho* 'justa o injustamente'.
[75]   *Binar* 'dar segunda vuelta o reja a la tierra de labor'.
[76]   *Alzar* 'dar la primera reja'.
[77]   *Cantón* o *canto* 'esquina'.
[78]   *Pago* 'distrito determinado de tierras o heredades, especialmente de viñas u olivares'.

813   **Casa, en la que vivas; viña, de la que bebas; y tierras, cuantas veas** (Ac.).
«Enseña la manera de elegir ciertas clases de bienes.»

814   **Casa hecha, sepultura abierta** (Ac.). *A casa hecha, sepultura abierta* (Criticón, III, 338).
«Se dice con ocasión de morir una persona cuando acababa de construir una casa.»

815   **Casa hospedada, comida y denostada**[79] (Ac. y DLengua, 146).
«Reprende a los que pagan los beneficios con ingratitud.»

816   **Casa negra, candela accensa**[80] (Ac.)
«Advierte que en las casas oscuras se necesita luz artificial.»

817   **Casa reñida, casa regida** (Ac.).
«Expresa la conveniencia de ser severo para que en el hogar doméstico haya regularidad y concierto.»

818   **Casas, cuantas mores; viñas, cuantas podes** (Ac.). *Casas, cuantas quepas; viñas, cuantas bebas* (Ac.).
«Ref. de sentido recto y claro, así como el de Casas, cuantas quepas; viñas, cuantas bebas.» No conviene tener más posesiones que aquellas que uno pueda disfrutar y atender personalmente.

819   **Cuando fueres a *casa* ajena, llama de fuera** (Ac.).
«Reprende la mala crianza de los que se entran en el interior de una casa o habitación sin llamar antes.»

820   **Cuando vieres tu *casa* quemar, llégate a escalentar** (Ac.).
«Aconseja la paciencia en los males que no tienen remedio.» También recomienda aprovechar el pequeño beneficio que puede derivarse de un mal.

821   **De buena *casa*, buena brasa** (Ac.).
«Denota que de las casas o personas ricas, aun los desperdicios son buenos.»

822   **De fuera vendrá quien de *casa* nos echará** (Ac.).
«Reprende al que se mete a mandar en casa ajena.»

823   **En cada *casa* cuecen habas, y en la nuestra, a calderadas.** v. 2709.

824   **En *casa* de Gonzalo, más puede la gallina que el gallo** (Ac.).
«Denota que en algunas partes suele tener más dominio la mujer que el marido.»

---

[79] *Denostada* 'criticada'.
[80] *Accensa,* ant. 'encendida'.

825   **En *casa* del abad, comer y llevar** (Ac.).
      «Pondera la abundancia que suele haber en las casas de los abades y otros eclesiásticos ricos.»

826   **En *casa* del ahorcado, no hay que (o no se ha de) mentar la soga.** v. 3169.

827   **En *casa* del alboguero, todos son albogueros.** v. 829.

828   **En *casa* del bueno, el ruin cabe el fuego** (Ac.). *En casa del bueno, el ruin tras el fuego* (DLengua, 121).
      «Da a entender que el que es bueno da el mejor lugar en su casa aun al más infeliz.»

829   **En *casa* del gaitero todos son danzantes** (Ac.). *En casa del alboguero*[81] *todos son albogueros* (Ac. y Santillana, 272). *En casa del tamborilero todos son danzantes* (Ac. y FC, 256). En la elección de oficio o profesión influye mucho la tradición familiar.
      «Advierte que conforme a las costumbres del padre de familia, suelen ser las de las personas que están a su cargo.»

830   **En *casa* del hacino, más manda la mujer que el marido.** v. 832.

831   **En *casa* del herrero, badil de madero** (Ac.). *En casa del herrero, cuchillo de palo* (Ac.). *En casa del herrero, cuchillo mangorrero*[82] (Ac. y Santillana, 281).
      «Denota que allí donde hay la proporción y facilidad de hacer y conseguir alguna cosa, suele descubrirse o verificarse la falta de ella.»

832   **En *casa* del mezquino,**[83] **más manda la mujer que el marido** (Ac. y Santillana, 274). *En casa del hacino,*[83] *más manda la mujer que el marido* (DLengua, 121).
      «En casa del ruin, la mujer es alguacil.» Cuando el marido tiene un carácter débil es la mujer quien dirige la casa.

833   **En *casa* del moro no hables algarabía**[84] (Ac. y Santillana, 268).
      «Recomienda callar lo que ofende al que oye.» En sentido más general, da a entender que la persona profana en alguna materia debe abstenerse de opinar ante un experto.

834   **En *casa* del oficial, asoma el hambre, mas no osa entrar** (Ac.).
      «Enseña que al que sabe un oficio o arte y se aplica a su ejercicio, con dificultad le faltará lo necesario para su mantenimiento.»

---

81   *Alboguero* 'el que toca el albogue, especie de dulzaina'.
82   *Mangorrero* 'cuchillo tosco y mal forjado'.
83   *Mezquino* y *hacino* 'débil de carácter, apocado'.
84   *Algarabía* 'lengua árabe'.

835   En *casa* del ruin,[85] la mujer es alguacil (Ac. y Dorotea, V, 384).
      «Denota que cuando el marido es flojo y de poco ánimo, la mujer se
      levanta con el mando y hace lo que quiere.»

836   En *casa* del tamborilero todos son danzantes. v. 829.

837   En *casa* de Mari-Miguel, ella es él (Ac.). *Mari-Miguel,* como personifica-
      ción de la mujer hombruna.
      «En casa del ruin, la mujer es alguacil.» Censura a las mujeres autoritarias.

838   En *casa* de mujer rica, ella manda y ella grita (Ac. y FC, 263).
      «Denota la soberbia que la riqueza suele infundir a las mujeres.»

839   En *casa* llena, presto se guisa la cena (Ac., PJustina, II, 188 y Quijote,
      II, 30 y 43). *En casa llena, aína se hace cena* (Santillana, 250). *En casa llena,*
      presto se adereza cena (Celestina, VIII, 17).
      «Denota que donde hay abundancia de medios se sale con facilidad de
      cualquier empeño.»

840   En chica *casa* gran hombre cabe (Corbacho, 172). La casa más humilde
      puede estar habitada por persona de grandes prendas.
      Aconseja no menospreciar a las personas por su aspecto exterior, por-
      que tras la peor apariencia pueden encubrirse grandes méritos.

841   En la *casa* donde no hay harina, todo es mohína. v. 1754.

842   En la *casa* donde no hay panchón,[86] todos riñen y todos tienen ra-
      zón (Ac.).
      Ast[urias]. «Donde no hay harina, todo es mohína.» La escasez de alimentos
      produce irritación y ocasiona disputas en las familias.

843   En otras *casas* cuecen habas, y en la mía, a calderadas. v. 2709.

844   En tu *casa* no tienes sardina, y en la ajena pides gallina (Ac.).
      «Reprende la vanidad de algunos pobretones.»

845   Fui a *casa* de mi vecina, y denostéme; vine a mi casa, y confortéme.
      Fui a casa de mi vecino, y afrentéme; volví a mi casa, y remediéme. v. 632.

846   Hoy me iré, cras[87] me iré, mal la *casa* mantendré (Ac.). *Hoy me iré, cras*
      me iré, mala casa mantendré (Santillana, 522).
      «Reprende a los perezosos y flojos, que por diferir el trabajo de un día
      para otro, no medran ni tienen lo necesario para mantener su casa.»

---

[85]   *Ruin* 'infeliz'.
[86]   *Panchón* 'pan moreno hecho con harina poco cernida'.
[87]   *Cras* 'mañana'.

847   La *casa* hecha, y el huerco [88] a la puerta (Ac. y Santillana, 394).
       «Casa hecha, sepultura abierta.» Es creencia antigua que la persona mayor
       que estrena una casa muere pronto.

848   La *casa* quemada, acudir con el agua (Ac. y Dorotea, I, 59).
       «Moteja a los que dan el socorro fuera de tiempo.»

849   Los unos por los otros, la *casa* sin barrer. v. 866.

850   Mal le va a la *casa* donde no hay corona rasa. v. 858.

851   Mi *casa* y mi hogar cien doblas val (Ac.). *Mi casilla y mi hogar, cien sueldos
       val* (BAmor, 973). *Mi casa y mi hogar cien ducados val* (Lozana, 114 y 209
       y FC, 264).
       «Denota el grande aprecio que se hace de la casa propia.»

852   Mientras en mi *casa* estoy, rey me soy (Ac.).
       «Indica que quien está contento con su suerte no solicita favores
       ajenos.»

853   Misar [89] y rezar, y *casa* guardar (Ac.). *Bueno es misar y casa guardar* (DLen-
       gua, 112). No es posible atender varias obligaciones al mismo tiempo.
       «Enseña que no se desatienda la obligación por la devoción.»

854   Mohína es la *casa* que no ha harina. v. 1754.

855   Ni en tu *casa* galgo, ni a tu puerta hidalgo (Ac.). El mantenimiento de
       un perro de raza resulta costoso; igualmente lo es el trato con personas de
       clase elevada.
       «En sentido figurado, aconseja librarse de cuidados innecesarios.»

856   Ni por *casa* ni por viña, no tomes mujer jimia [90] (Ac.). Puede aludir
       a la fealdad de los monos y también a la lujuria que se les atribuye.
       «Amonesta que por razón de intereses no hay que casarse nunca con
       mujer casquivana o lasciva.»

857   No hay *casa* do no haya su calla, calla. *No hay casa donde no haya su chiti-
       calla.* v. 859.

858   No hay *casa* harta, sino donde hay corona rapada (Ac.). *Mal le va a la
       casa donde no hay corona rasa* (Criticón, III, 206).
       «Se aplicaba al clero, en otro tiempo rico.»

859   No hay *casa* que no tenga su chiticalla [91] (Ac.). *No hay casa do no haya
       su calla, calla* (Ac.). *No hay casa donde no haya su chiticalla* (Dorotea, III, 228).
       «Advierte lo generales que son las penurias y lacerias humanas.»

---

[88]   *Huerco*, ant. 'muerte'.
[89]   *Misar* 'oír misa'.
[90]   *Jimia* 'simia, mona'.
[91]   *Chiticalla* 'cosa o suceso que se procura tener callado'.

860   Pues la casa se quema, calentémonos a ella (Ac.). *Pues la casa se quema, calentémonos todos* (Ac.).
       «Se dice de los que procuran aprovecharse de los desperdicios propios o ajenos.»

861   Quémese la casa y no salga humo (Ac.).
       «Aconseja la reserva en las cosas domésticas.»

862   Tal queda la casa de la dueña, ido el escudero, como el fuego sin trashoguero [92] (Ac.).
       «Encarece la necesidad de que en toda casa haya un hombre que la defienda.»

863   Todo te haré, mas casa con dos puertas no te guardaré. v. 810.

864   Toma casa con hogar, y mujer que sepa hilar (Ac. y Galdós, *Bailén,* 150).
       «Advierte que en los matrimonios, además de las conveniencias, se ha de buscar mujer hacendosa.»

865   Triste está la casa donde la gallina canta y el gallo calla (Ac.).
       «Denota que regularmente no está bien gobernada una casa donde manda la mujer.»

866   Unos por otros y la casa por barrer (Ac.). *Los unos por los otros, la casa sin barrer* (Cela, *El Gallego,* 30).
       «Hagamos esta cama, hágase, haga, y nadie comenzaba.» Las obligaciones que se reparten entre varios ninguno las cumple.

867   Vos cazáis, otro vos caza; más valiera estar en casa (Ac.). El que desatiende sus deberes conyugales y busca aventuras fuera de casa, se arriesga a perder la mujer propia.
       «Ref. cuya intención satírica se deja adivinar.»

868   La casada y la ensalada, dos bocados y dejalla (Dorotea, V, 389). *De la ensalada y de la casada, dos bocados y dejarla* (HNúñez, I, 273).
       Aconseja que los amoríos con mujeres casadas sean breves, por los peligros que pueden acarrear; peligros que se comparan humorísticamente con el malestar que puede producir comer diversos alimentos mezclados.

869   *Casado* y arrepentido (Ac.).
       «Además del sentido recto, se extiende a los que, habiendo hecho alguna cosa sin reflexión, se arrepienten de haberla ejecutado, cuando ya no tiene remedio.»

870   El casado casa quiere (Ac. y Cela, *El Gallego,* 270).
       «Encarece la conveniencia de que cada matrimonio viva independientemente en casa aparte.»

---

[92] *Trashoguero* 'losa o plancha que está detrás del hogar o en la pared de la chimenea para su resguardo'.

871   Esto de mi *casamiento* es cosa de cuento: cuanto más se trata, más
      se desbarata (Ac.).
      «Enseña que la demasiada prolijidad y precaución en los negocios suele
      malograrlos.»

872   Los *casamientos* y las riñas, deprisa (Criticón, III, 201).
      Ninguna de las dos cosas suelen realizarse si hay tiempo para reflexionar.

873   Antes que te *cases,* mira lo que haces (Ac. y FC, *LGarcía,* 210). *Antes
      que cases, cata qué haces, que no es ñudo que así desates* (Santillana, 20).
      «Además de su recta significación, advierte que se mediten bien los asun-
      tos graves antes de meterse en ellos.»

874   *Casar,* que bien, que mal (Ac.).
      «Denota que el estado natural del hombre y de la mujer es el del matri-
      monio.» Puede decirse también como censura contra quienes se empeñan
      en contraer matrimonio a toda costa.

875   *Casar* y compadrar, cada cual con su igual (Ac. y Ac. s/v igual). *Si quie-
      res bien casar, casa con tu igual* (FC, 260). *Casar y compadrar, cada uno con su
      igual* (Galdós, *2 mayo,* 41).
      «Enseña a mantenerse cada cual en su esfera, sin aspirar a más ni des-
      cender a menos.»

876   El que se *casa,* por todo pasa (Ac.).
      «Pondera los muchos cuidados, obligaciones y vicisitudes de la vida ma-
      trimonial.»

877   Quien mal *casa,* tarde enviuda (Ac.).
      «Indica cuán duraderas parecen las cosas adversas.»

878   Aún no ha salido del *cascarón,* y ya tiene presunción (Ac.). *Aún no ha
      salido del cascarón, y ya tiene espolón* (Ac.). *No son salidos del cascarón y pían* (Lo-
      zana, 135).
      «Contra los mozos que, teniendo poca experiencia, quieren parecer hom-
      bres. Hoy solo se usa la primera parte del refrán, y la segunda se varía según
      viene al propósito. Otros dicen: Aún no ha salido del cascarón, y ya tiene espolón,
      que parece más propio.»

879   El que te unta los *cascos,* [93] ese te los quiebra (Criticón, I, 217).
      No conviene confiar en la persona demasiado servicial o aduladora, por-
      que en algún momento puede traicionarte.

880   Mi *casilla* y mi hogar, cien sueldos val. v. 851.

---

[93]   *Untar los cascos* 'curar la cabeza herida'.

881   Al *caso* repentino, el consejo de la mujer, y al de pensado, el del más barbado[94] (Ac.).
      «Enseña que el consejo pronto de la mujer suele ser bueno; pero que en los negocios difíciles se busque el de persona madura.»

882   A la *casta*, Dios le basta. v. 2374.

883   A la *casta*, pobreza le hace hacer feeza[95] (Ac.). *A la casta, la pobreza le hacer hacer soeza*[96] (Ac.).
      «Ref. de sentido contrario al anterior.» Indica que la extrema necesidad obliga a veces a prescindir del pudor o de la honradez.

884   De *casta* le viene al galgo el ser rabilargo (Ac.). *De casta le viene al galgo...* (Galdós, *Amadeo I,* 236 y Delibes, *5 horas,* 173).
      «Da a entender que los hijos suelen tener las costumbres de los padres.»

885   Temprana es la *castaña* que por mayo regaña[97] (Ac.). Las castañas maduran en otoño.
      «Ref. alusivo a que fuera de su oportunidad no son buenas las cosas.»

886   *Castellano* viejo, ajo con pescado abadejo[98] (Ac.).
      «Indica ser frugal la comida de los hijos de Castilla.»

887   Quien a uno *castiga,* a ciento hostiga (Ac.).
      «Advierte lo provechoso que es el castigo de los delitos para el escarmiento.»

888   Más vale el *castigo* que el vestido (Ac.).
      «Encarece la utilidad de la educación y enseñanza aun antes que otras cosas necesarias.»

889   No te ensañes del *castigo* que no te da tu enemigo (Ac.).
      «Recomienda no irritarse por las enseñanzas que nos dan los que no nos aborrecen.»

890   En *Castilla,* el caballo lleva la silla (Ac. y PJustina, II, 266).
      «Denota que en los reinos de Castilla el hijo sigue la nobleza de su padre, aunque la madre sea plebeya.»

891   Buen *castillo* es el de Peñafiel, si no tuviese a ojo el de Curiel (Ac.). Ambos castillos están en la provincia de Valladolid, a unos cinco kilómetros de distancia entre sí.
      «Muestra no confiarse uno demasiado en sus fuerzas si tiene rivales o adversarios.»

---

[94]   *Barbado* 'sesudo, experimentado'.
[95]   *Feeza,* ant. 'fealdad'.
[96]   *Soeza,* ant. 'infamia, suciedad'.
[97]   *Regañar* 'abrirse el hollejo o corteza de algunas frutas cuando maduran, como la castaña, la ciruela, etc.'.
[98]   *Abadejo* 'bacalao'.

892 **Castillo** apercebido,[99] no es decebido [100] (Ac.). *Castillo apercibido, no es sorprendido* (Ac.).
«Recomienda la vigilancia y precaución para no ser engañado.»

893 **Ya que no seas casto, sé** cauto (Ac.).
«Previene que, ya que se tenga algún defecto, se procure evitar el escándalo.»

894 **El que adelante no cata, atrás se halla.** *Quien adelante no cata, a atrás cae. Quien adelante no cata, atrás se halla. Quien no cata adelante, cáese atrás.* v. 2301.

895 **Al catarro, con el jarro** (Ac.).
«Recomienda contra el constipado beber mucho vino.»

896 **A chico caudal, mala ganancia** (Ac.).
«Indica cómo los fines corresponden a los medios.»

897 **El caudal de la labranza, siempre rico de esperanza** (Ac.).
«Ref. cuyo sentido es recto, claro y exacto. Se usa como forma de comparación con otros negocios.»

898 **El que dispone de su caudal antes de su muerte, merece que le den con una porra en la frente.** v. 1735.

899 **Tras poco caudal, mala ventura** (Ac.).
«Muestra cómo a veces tras una desgracia viene otra mayor.»

900 **Pequeña causa desparte** [101] **conformes amigos** (Celestina, VIII, 11). *Pequeña causa departe conformes amistades* (Correas, 389).
Advierte que a veces las amistades se pierden por motivos insignificantes.

901 **Quita la causa, quitarás el pecado** (Ac.). *Quitada la causa, se quita el pecado* (Quijote, II, 67).
«Aconseja buscar el remedio de los males en su origen.»

902 **Buena cautela iguala buen consejo** (Ac.).
«Recomienda prevenirse con tiempo de daños que puedan sobrevenir.»

903 **Salen los cautivos cuando son vivos** (Lozana, 163). *Salen cautivos cuando son vivos* (HNúñez, III, 363 y Correas, 441).
Aconseja no desesperar del resultado de un asunto mientras queden recursos por emplear.

---

[99] *Apercebido,* ant. 'prevenido, preparado'.
[100] *Decebido,* ant. 'engañado'.
[101] *Despartir* 'separar, apartar'.

904 Dame «cava y bina», darte he la rama y vendimia (Ac.). La *bina* es la segunda vuelta o cava en los sembrados y viñedos.
«Muestra la necesidad de trabajar la tierra si han de lograrse buenos frutos.»

905 El que sigue la *caza,* ese la mata (Ac.).
«Ref. demostrativo de que el que pone los medios necesarios consigue el fin que pretende.»

906 Uno levanta la *caza* y otro la mata (Ac.). *Unos levantan la caza y otros la matan* (FC, 257). En las cacerías unos se encargan del ojeo, con el fin de espantar la caza para que se levante y se dirija a los puestos en que los cazadores están preparados para disparar sobre ella.
«Advierte que los afortunados consiguen por casualidad y sin trabajo el fruto de los desvelos y fatigas de otros.»

907 Al mejor *cazador* se le va la liebre (Ac.).
«Expresa cómo el más hábil en cualquier materia puede errar por equivocación u olvido.»

908 Si *cazares,* no te alabes; si no cazares, no te enfades (Ac.).
«Aconseja la serenidad de ánimo con que se deben tomar los sucesos prósperos o adversos.»

909 Dijo el *cazo* a la caldera: quítate allá, tiznera (Ac.).
«Tiene otras varias formas, siempre indicando que entre dos personas igualmente ruines nada tienen que echarse en cara.»

910 *Cebada* granada, a ocho días segada (Ac.). *Cebada granada, a los ocho días segada* (FC, 265).
«Da la regla para recoger dicho fruto.»

911 *Cebada* hostigada,[102] muermo[103] cría, que no nalga (Ac.). La cebada dañada por el temporal, en vez de engordar al ganado, lo enferma.
«Enseña que la cebada averiada o viciosa daña al ganado.»

912 La *cebada,* en lodo, y el trigo, en polvo (Ac.).
«Indica el tiempo, húmedo o seco, en que deben sembrarse estos dos cereales.»

913 *Cebo* haya en el palomar, que palomas no faltarán (Ac.).
«Expresa el poder atractivo del interés.»

914 Come esa *cebolla.* —Bien me sabe el queso (Ac.).
«Advierte y corrige al que, pudiendo ofrecer cosa mejor, pretende satisfacer su obligación con lo que es malo o mediano.»

---

[102] *Hostigada* 'castigada por las lluvias'.
[103] *Muermo* 'enfermedad virulenta y contagiosa de las caballerías'.

915   **Cedacito** nuevo, tres días en estaca (Ac.). *Cedazuelo nuevo, tres días en es-*
       taca (BAmor, 919 y Santillana, 152). *En estaca,* es decir, colgado de la pared,
       en la cual solían ponerse estacas para enganchar las cosas. Por extensión,
       puede significar que se tiene en lugar preeminente.
           «Advierte que muchas cosas se aprecian y cuidan más por su novedad
       que por su verdadero valor. También denota lo poco que suele durar el
       fervor con que algunas personas empiezan a servir sus nuevos destinos.»

916   **Más quiero pedir a mi** *cedazo* **un pan apretado** [104] **que a mi vecina**
       un pan prestado (Ac.). Se supone que el cedazo está roto y no cierne bien.
           «Enseña ser preferible lo nuestro, aunque no sea de lo mejor, que lo
       ajeno prestado.»

917   **Cedazuelo** nuevo, tres días en estaca. v. 915.

918   **A** *celada* **de bellacos, más vale por los pies que por las manos** (Ac.).
           «Enseña cómo es mejor huir que rechazar por la fuerza las añagazas
       traicioneras.»

919   **A quien has descubierto** *celada,* **de ese te guarda** (Ac.).
           «Manifiesta cuán peligroso es descubrir un secreto, pues el primero a
       quien se le confía suele aprovecharse de él en contra del que tuvo la debili-
       dad de confiárselo.»

920   **Celemín** [105] **por celemín, de trigo a mi rocín** (Ac.).
           «Se aplica a los que en son de terciar en disputa ajena, buscan o logran
       su provecho.»

921   **Los** *celos,* **a las veces, despiertan a quien duerme** (Ac.).
           «Enseña el peligro de ser celoso sin fundamento porque puede dar lugar
       a que los celos lleguen a ser fundados.»

922   **Acuéstate sin** *cena* **y amanecerás sin deuda** (Ac.). *Más vale acostarse sin*
       cena que levantarse con deuda (Ac.). *Más vale acostarse sin cena que amanecer con*
       deuda (FC, 256).
           «Amonesta a los que inmoderadamente gastan aun de lo que no es suyo.»

923   **A quien has de dar la** *cena,* **no le quites la merienda** (Ac.)
           «Porque eso menos consumirá al cenar. Aplícase a lo moral.»

924   **Cenas,** soles y Magdalenas tienen las sepulturas llenas (Ac.) *De gran-*
       des cenas están las sepulturas llenas (Cela, *Judíos,* 260). Los abusos en el
       comer, en tomar el sol o en los placeres carnales, son causa de enfer-
       medades.
           «Se reprenden los excesos dañosos para la salud.»

---

[104]   *Pan apretado,* el que se hace con harina prieta o morena.
[105]   *Celemín* 'medida de capacidad para granos, legumbres y semillas'.

925 **La cena y la guerra comiénzala, que ella se atea** [106] (Ac.).
«Advierte el peligro de comenzar ciertas cosas que pueden ser malas, puesto que ellas por sí mismas se acrecientan luego.»

926 **Más mató la cena, que sanó Avicena** (Ac.) *Más vale un no cena que cien Avicenas* (Ac. s/v Avicena). Avicena fue el renombrado médico y filósofo árabe (980-1037).
«Advierte que el cenar mucho es perjudicial a la salud.»

927 **Más vale acostarse sin cena que amanecer (o levantarse) con deuda.** v. 922.

928 **Cena poco, come más, duerme en alto y vivirás** (Ac.)
«Expresa preceptos claros de higiene.»

929 **Troque, troque;** [107] **los cencerros míos y los bueyes de otre** (Ac.).
«Dirigido a los que se contentan con las vanas apariencias de las cosas.»

930 **Huir de la ceniza y caer en las brasas** (Ac.).
«Expresa cómo a veces, por alejar un mal pasajero, se cae en otro más grave.»

931 **De pequeña centella se levanta gran fuego** (Zifar, 146 y 211). *De chica centella nace gran llama de fuego* (BAmor, 734). *De una centelluela se levanta gran fuego* (GAlfarache, I, 169).
Aconseja no despreciar las cosas pequeñas.

932 **Ceño y enseño,** [108] **de mal hijo hacen bueno** (Ac.). *Ceño y cenceño,* [109] *al mal hijo hacen bueno* (FC, LGarcía, 204).
«Advierte que para la crianza de un hijo travieso son necesarias la severidad y la instrucción.»

933 **Afeita** [110] **un cepo** [111] **y parecerá un mancebo** (Ac. y FC, LGarcía, 215).
«Acredita ser el adorno y aseo parte a encubrir defectos.» Especialmente pone de manifiesto el poder de las apariencias.

934 **Cuando es demasiada la cera, quema la iglesia** (Ac.).
«Condena el exceso, aun en las cosas en que suele haber abundancia.»

935 **No hay más cera que la que arde** (Ac.). *No hay más yesca que la que arde* (FC, 258).
«Nota que uno no tiene más de lo que se ve de aquella especie de que se trata.»

---

[106] *Atear* 'encender, avivar'.
[107] *Troque,* palabra onomatopéyica para representar el ruido de los cencerros.
[108] *Enseño* 'enseñanza'.
[109] *Cenceño* 'sobriedad, austeridad'.
[110] *Afeitar* 'arreglar, componer, embellecer'.
[111] *Cepo* 'rama de árbol; palo'.

936   **Cerco** de sol, moja pastor; cerco de luna, pastor enjuga[112] (Ac.). *Cerco de luna, pastor enjuga, si al tercio no enjurra*[112 bis] (Ac.).
        «Ref. meteorológico de claro sentido. Tiene otras formas, alguna muy antigua, como la que dice: Cerco de luna, pastor enjuga, si al tercio no enjurra.»

937   **Al que ha de morir a oscuras, poco le importa ser *cerero*** (Ac.). *El que ha de morir a oscuras, aunque tenga el padre cerero* (FC, 256).
        «Muestra lo inútiles que son los bienes al que no puede aprovecharlos.»

938   **Cerezas y hadas mala,**[113] **toman pocas, y llevan hartas** (Ac.). *Cerezas y hadas malas, toman pocas, y llevan sartas* (Ac.). *Cerezas y hadas malas, pensáis tomar pocas y viénense hartas* (Ac.).
        «Denota que las unas traen o llevan consigo otras.»

939   ***Cerotico* de pez, no me engañaréis otra vez** (Ac.). *Cerotico* es diminutivo de *cerote*, mezcla de pez y cera, o de pez y aceite, usada por los zapateros para encerar los hilos con que cosen el calzado.
        «Alude al escarmentado de los engaños hechos con disimulo y apariencia modesta.»

940   **No hay *cerradura* donde es oro la ganzúa** (Ac.).
        «Advierte lo mucho que puede el interés.»

941   **No es buen *certero* quien carga delantero** (Ac.).
        «Declara la torpeza del que se da a la bebida.»

942   **De eso que poco cuesta, híncheme la *cesta*** (Ac.). *De esto que nada nos cuesta, llenemos la cesta* (FC, 259).
        «En sentido irónico reprende las excesivas exigencias de algunos.»

943   **Háblanle en *cesta* y responde en ballesta** (Ac.).
        «Se aplica a los que por excusarse de hacer algo fingen no entender lo que se les dice.»

944   **Alábate, *cesto*, que venderte quiero** (Ac.).
        «Advierte que el que desea conseguir alguna cosa no ha de contentarse con el favor o protección de otro, sino que debe ayudarse con su propia diligencia.»

945   **Quien hace un *cesto*, hará ciento** (Ac. y DLengua, 44). *Quien hace un cesto, hará ciento, si le dan mimbres y tiempo* (Ac.).
        «Advierte que quien hace una cosa puede hacer otras muchas de la misma calidad o especie. Suele añadirse: si le dan mimbres y tiempo; esto es, si tiene ocasiones y lugar. Tómase por lo común en mala parte.»

---

[112] *Enjugar* 'secar'.
[112 bis] *Enjurrar* 'llover mucho'.
[113] *Hadas malas*, fig. 'desgracias, infortunios'.

946 Rompióse el *cesto,* y acabóse el parentesco. v. 1159.

947 Caséme con la *cevil* por el florín. v. 971.

948 *Cibera* [114] en molino, el que antes viene muele (BAmor, 712).
Invita a ser madrugador, para anticiparse a los demás.

949 El *cibo* [115] usado es el provechoso (Lozana, 19). El alimento solo es útil
cuando se ingiere.
Aconseja disfrutar de las riquezas o bienes que se posean.

950 Cuando guían los *ciegos,* guay de los que van tras ellos (Ac.).
«Muestra los perjuicios que una mala dirección suele causar en la vida.»

951 ¿Para qué quiere el *ciego* la casa enjalbegada, [116] si no ve nada? (Ac.).
«Reprocha al que pretende una cosa que es incapaz de aprovechar.»

952 Soñaba el *ciego* que veía, y soñaba lo que quería (Ac.).
«Denota la facilidad con que algunos se lisonjean de que van a conseguir lo que quieren.»

953 Al que al *cielo* escupe, en la cara le cae (Ac.). *Quien al cielo escupe, en su
cara le cae* (Santillana, 612). *Quien al cielo escupe, en la cara le cae* (Galdós,
Chamartín,* 249).
«Enseña lo expuesta que es a duro escarmiento la excesiva arrogancia.»

954 *Cielo* aborregado, suelo mojado (Ac.). *Cielo borreguero, vendaval o agua del
cielo* (Ac.). *El cielo aborregado, antes de tres días bañado* (Ac.).
«Indica estar próxima la lluvia cuando las nubes se aborregan.»

955 Quien al *cielo* escupe en la (o en su) cara le cae. v. 953.

956 No hay mejor *cirujano* que el bien acuchillado [117] (Ac.). *No hay mejor
cirujano que el acuchillado* (FC, 263).
«Enseña cuánto importa la experiencia para proceder con acierto.»

957 La *cítola* es por demás, cuando el molinero es sordo (Ac.). *Por demás
es la cítola en el molino, si el molinero es sordo* (Santillana, 534). *Por demás es
la cítola en el molino* (Celestina, XVI, 158). La *cítola* es una tablita de madera
pendiente de una cuerda sobre el molino harinero que sirve, entre otras
cosas, para conocer que se para el molino cuando deja de golpear.
«Significa ser precisa la capacidad y disposición en una cosa, para que
los medios que se quieran aplicar no salgan vanos.»

---

114 *Cibera,* lo que ha de molerse para hacer harina.
115 *Cibo* 'cebo, comida'.
116 *Enjalbegar* 'blanquear las paredes con cal'.
117 *Acuchillado* 'experimentado'.

958   Quien mal hace, aborrece la *claridad* (Celestina, VI, 216). *Quien hace mal, aborrece la claridad* (Correas, 420).
       Quien no obra rectamente es enemigo de presentar las cosas de manera clara y ordenada.

959   Por un *clavo* se pierde una herradura (Ac.).
       «Advierte que de descuidos pequeños pueden originarse males grandes.»

960   Un *clavo* saca otro clavo (Ac. y Galdós, *ETrágica, 25). Un clavo con otro se expele* (Celestina, X, 61). *Un clavo saca otro* (PJustina, I, 26).
       «Da a entender que a veces un mal o un cuidado hace olvidar o no sentir otro que antes molestaba.»

961   *Clérigo* viajero, ni mísero ni misero (Ac.). El clérigo que no tiene residencia fija acostumbra a ser liberal; además, no dispone de mucho tiempo para celebrar misas.
       «Enseña que la persona que anda de acá para allá, desatendiendo su oficio, gasta y no gana.»

962   El mal *cobrador* hace mal pagador (Ac.).
       «Reprende a los que se descuidan en lo que les importa, ocasionando que no les atiendan aun en lo que les es debido.»

963   *Cobre* gana cobre, que no huesos del hombre (Ac.). *Cobre,* como representación del dinero.
       «Enseña que, para aumentar el caudal, sirve más que el trabajo personal tener dinero con que comerciar y tratar.»

964   Duro de *cocer* y peor de comer (Ac.).
       «Da a entender que las cosas que por su naturaleza son aviesas y malignas, dificultosamente las reduce a razón el tiempo y la disciplina.»

965   Quien *cuece* y amasa, de todo pasa (Ac.). La preparación del pan es laboriosa y lleva consigo molestias, como son soportar el polvo de la harina, el calor del horno, etc.
       «Denota que en todos los cargos y oficios se padecen ciertas incomodidades inevitables.»

966   Cuando te ofrecieren la *cochinilla,* etc. v. 3336.

967   *Cochino* fiado, buen invierno y mal verano (Ac. y Dorotea, III, 226).
       «Denota los inconvenientes que tiene el comprar fiado por la dificultad que suele haber al tiempo de la paga.»

968   Padecer *cochura* por hermosura (Ac.). *Sufrir cochura por hermosura* (Ac. y Santillana, 671). *Padecí cochura por hermosura* (PJustina, I, 66).
       «Advierte que no se pueden lograr algunos gustos sin pasar por mortificaciones.»

969 *Codicia* **mala, en mancilla para** (Ac.). *Codicia mala, mancilla para* (Zifar, 322).
«Advierte las malas consecuencias de la excesiva codicia.»

970 **La** *codicia* **rompe el saco** (Ac., Lozana, 252, GAlfarache, II, 225 y Quijote, I, 20 y II, 13 y 36). *Codicia mala, saco rompe* (Santillana, 148). *La avaricia rompe el saco* (Cela, *Del Miño*, 214 y *El Gallego*, 82).
«Enseña que muchas veces se frustra el logro de una ganancia moderada por el ansia de aspirar a otra exorbitante.»

971 **Por** *codicia* **del florín, no te cases con ruin** (Ac.). *Caséme con la cevil* [118] *por el florín* (DLengua, 184).
«Aconseja que nadie se deje llevar de solo el interés para casarse.»

972 **Quien por** *codicia* **vino a ser rico, corre más peligro** (Ac.).
«Explica que lo mal ganado dura poco.»

973 **Beber, de** *codo;* **y cabalgar, de poyo** (Ac.). Para beber cómodamente se recomienda apoyar el codo en la mesa, y para subir a caballo, valerse de un poyo o banquillo que acorte la distancia entre el suelo y el lomo del animal.
«Aconseja que todas las cosas se hagan con la posible comodidad y seguridad.»

974 **Dos** *cofradías* **y un cigarral llevan un hombre al hospital** (Ac.). Por *cofradías* y *cigarral* debe entenderse el excesivo gasto en obras de piedad y casas de recreo.
«Pondera lo costosas que son ambas cosas.»

975 **Ni fía ni porfía, ni entres en** *cofradía* (Ac.). En este refrán se hace un uso anómalo del imperativo, condicionado, seguramente, por la rima. En la construcción negativa es habitual usar el presente de subjuntivo: «ni fíes ni porfíes.»
«Denota cuántos disgustos pueden ocasionar estas cosas.»

976 **Ni hagas** *cohecho* **ni pierdas derecho** (Ac.). *No pierdas derecho ni tomes cohecho* (Ac. s/v derecho). *Ni tomes cohecho ni pierdas derecho* (Quijote, II, 32).
«Advierte que no debe uno tomar lo que no le toca, ni perder lo que le pertenece.»

977 **Aborrecí el** *cohombro* [119] **y nacióme en el hombro** (Ac.). Con la expresión *nacióme en el hombro* se da a entender que tenemos algo muy cerca y que no hay más remedio que admitirlo.
«Indica que a veces hay que aceptar o sufrir aquello que menos se quería.»

978 **Quien hizo el** *cohombro* [119 bis], **que lo lleve al hombro** (Ac.).
«Denota que el que ha hecho alguna cosa de que proviene gravamen debe sufrir sus resultas.»

---

[118] *Cevil*, ant. 'vil, baja'.
[119] *Cohombro*, variedad de 'pepino'.
[119 bis] *Cohombro*, fam. 'chapuza, cosa mal hecha'.

979   **El que no *cojea*, renquea** (Ac.).
       «Da a entender que nadie es perfecto.»

980   **En *cojera* de perro y en lágrimas de mujer, no hay que creer** (Ac.).
       Es creencia común que las mujeres lloran con facilidad por motivos insig-
       nificantes, y que los perros cojean cuando reciben el menor golpe.
       «Aconseja desconfiar de aspavientos o exageradas lamentaciones.»

981   **Alabaos, *coles*, que hay nabos en la olla** (Ac.). *Sabedlo, coles, que espinacas
       hay en la olla* (Santillana, 650). La col, el nabo y las espinacas eran verduras
       poco apreciadas.
       «Nota a los que estiman tanto ser preferidos, que pretenden serlo aun
       en comparación de otros más ruines.»

982   ***Coles* y nabos, para en una son entrambos.** v. 410.

983   **El que quiere a la *col*, quiere a las hojas de alrededor** (Ac.).
       «Quien bien quiere a Beltrán, bien quiere a su can.» Es natural que el afecto
       que inspira una persona se extienda a todas las que le rodean, tanto con
       sus ventajas como con sus inconvenientes.

984   **Entre *col* y col, lechuga** (Ac., Celestina, VI, 204, Lozana, 266 y DLengua,
       144).
       «Advierte que para que no fastidien algunas cosas se necesita variar-
       las.» También se dice cuando alternan las cosas buenas con otras que no
       lo son tanto.

985   **Sabedlo, *coles*, que espinacas hay en la olla.** v. 981.

986   **Menea la *cola* el can, no por ti sino por el pan** (Ac.).
       «Enseña que generalmente los halagos y obsequios más se hacen por
       interés que por amor.»

987   **Arrastren** [120] **la *colcha* para que se goce la moza** (PJustina, I, 40). Re-
       frán de difícil interpretación. En el texto de PJustina se introduce así: «¿Saben
       con qué me consuelo? Con una carretada de refranes...» A continuación
       inserta cuatro refranes y, en primer lugar, el aquí citado. El autor de la
       ed., en nota en el margen del texto dice: «Refranes a propósito de tener
       en poco el qué dirán».
       Probablemente se aplica a quien desprecia las críticas ajenas. También
       podría decirse, en son de burla, contra los murmuradores.

988   **Cuando la *cólera* sale de madre, no tiene** [121] **la lengua padre** (Ac. y
       Quijote, II, 27). *Salir de madre* equivale a exceder extraordinariamente de
       lo acostumbrado o regular; perder el control.
       «Da a entender que una persona enfurecida no puede medir sus pa-
       labras.»

989   **So la *color* está el engaño** (DLengua, 117).
       Recomienda no fiarse de las apariencias.

---

120   *Arrastrar* 'llevarse por delante, quitar'.
121   *Tener* 'contener, retener'.

990   Más vale ponerse una vez *colorado,* que ciento amarillo (Ac.).
      «Aconseja arrostrar con resolución las situaciones difíciles para no te-
nerse que arrepentir después durante mucho tiempo.»

991   Galana es mi *comadre,* si no tuviera aquel Dios os salve (Dorotea, I,
      58). *Galana es mi comadre, si no la afease aquel Dios os salve* (HNúñez, II, 153
y Correas, 221). *Dios os salve,* en sent. fig. 'cuchillada'; así lo define Correas [122] y está registrado en varios textos: Celestina, IV, 171: «Hermosa
era con aquel su Dios os salve que trauiessa la media cara!»; Timoneda,
cuento 85: «Un portero que tenía un Dios os salve por la cara».
      Réplica irónica a quienes encarecen las cualidades de alguien que tiene
un defecto grave y evidente.

992   Mal me quieren mis *comadres* [123] porque digo las verdades (Ac., San-
      tillana, 413 y Celestina, II, 124).
      «Denota que el decir verdad suele traer enemistades.»

993   Más va en la *comadre* [124] que en la que lo pare (Ac.).
      «Ello va en la comadre: loc. proverb. con que se censura la gracia o favor
que ha obtenido alguno.» También da a entender que suele tener mayor
responsabilidad el que dirige una acción que quien la ejecuta.

994   Mi *comadre* la andadora, si no es en su casa, en todas las otras
      mora (Ac.).
      «Reprende a las mujeres callejeras.»

995   Mi *comadre* la gargantona [125] convidóme a su olla, y comiósela
      toda (Ac.).
      «Reprende y nota a los que ofrecen mucho y dan poco o nada, o a los
que se precian de liberales para con otros y cuidan solo de sí.»

996   Riñen las *comadres,* y dícense las verdades (Ac. y Celestina, XV, 147).
      «Significa que muchas veces en el calor de la riña se suelen descubrir
las faltas ocultas.»

997   Al *comer,* gaudeamus, y al pagar, ad te suspiramus (Ac.). *Gaudeamus*
      se llama familiarmente a una fiesta con comida y bebida abundante. *Ad
te suspiramus* es frase latina usada festivamente.
      «Reprende a los que por darse placer gastan con exceso.»

998   *Comamos* y triunfemos, [126] que esto nos ganaremos (Lozana, 170). *Co-
      mamos y bebamos y nunca más valgamos* (Correas, 115).
      Aconseja, cínicamente, gozar del presente con despreocupación.

---

[122]   v. Correas, 221.
[123]   *Comadre* 'vecina'.
[124]   *Comadre* 'partera'.
[125]   *Gargantona* 'glotona'.
[126]   *Triunfar* 'derrochar'.

999   *Comer,* a gusto, y hablar y vestir, al uso (Dorotea, I, 114).
      Aunque dentro de la propia casa se puede obrar con cierta libertad,
      en el trato y forma de vestir debe uno ajustarse a la costumbre de su época
      y país.

1000 El *comer* y el rascar, todo es empezar (Ac.).
      «Se usa para animar a uno a que empiece a hacer alguna cosa que le
      repuga.» En sentido más general, da a entender que la mayor dificultad
      de un trabajo está en los comienzos.

1001 El que *come* más, come menos (Criticón, I, 217). *El que más come, menos*
      come (Correas, 180).
      Da a entender que el comer excesivamente acorta la vida. También sig-
      nifica que quien derrocha su fortuna, acaba viviendo con estrechez.

1002 Lo que no has de *comer,* déjalo cocer (Ac.). *Lo que no habéis de comer,*
      dejadlo cocer (Lozana, 127).
      «Advierte que no es discreto inmiscuirse en asuntos ajenos.»

1003 Quien lo *comió,* aquel lo escote (Celestina, XV, 150).
      Quien goza de los beneficios debe sufrir las contrariedades que estos
      causen.

1004 Quien no *come,* no costriba. v. 2962.

1005 *Comida* hecha, compañía deshecha (Ac.). *El pan comido, y la compañía*
      deshecha (Ac. s/v pan y Quijote, II, 7). *El pan comido, la compañía deshecha*
      (Santillana, 289).
      «Reprende a los que se apartan del amigo cuyos dones disfrutaron, cuan-
      do cesa la utilidad.»

1006 *Comida* y capa y capote, que sustente y abrigue al niño y no le
      sobre (Ac.).
      «Enseña la sobriedad y moderación con que se debe criar a los niños.»

1007 Aclarádselo vos, *compadre,* que tenéis la boca a mano [127] (Ac.)
      «Se dice contra los que son molestos en la conversación y, fingiendo
      o afectando no haber entendido lo que se está diciendo, hacen preguntas
      sin necesidad.»

1008 Achicad, *compadre,* y llevaréis la galga (Ac.). Probablemente, tiene su
      origen, este refrán en una anécdota de cazadores, en la que uno exageraba
      el tamaño desmesurado de una liebre, pidiendo a otro que le prestara una
      galga que tenía aquel para poder cazarla. El dueño de la galga se excusaba
      alegando ser muy grande la liebre que pretendía cazar su compañero y le
      dijo que achicase su tamaño y entonces le prestaría el perro. [128]
      «Se dice cuando se oye una exageración desmesurada.»

_____

[127]   *Tener la boca a mano* 'tener la lengua pronta'.
[128]   v. Ac. 1726 s/v achicar.

1009   De *compadre* a compadre, chinche (o sangre) en el ojo. v. 175.

1010   Más vale andar señero que con ruin *compañero*. v. 1892.

1011   **Compañía** de dos, compañía de Dios (Ac.).
        «Explica que se avienen más bien dos que muchos en un negocio.»

1012   La **compañía** de la alpargata, que en el camino se desata (Ac.).
        «Ar[agón]. Se aplica al que deja y desampara a los demás cuando se
        necesita de su asistencia.»

1013   La **compañía** del ahorcado: ir con él y dejarle colgado (Ac.). La com-
        pañía que se presta a un hombre al que van a ajusticiar termina en el mo-
        mento de la ejecución.
        «Se aplica al que, debiendo acompañar o auxiliar a otro, le deja cuando
        le parece.»

1014   La **compañía** para honor, antes con tu igual que con tu mayor (Ac.).
        «Enseña que la mejor compañía es la de nuestros iguales.»

1015   Éramos **compañuela** y parió nuestra abuela. v. 17.

1016   Toda **comparación** es odiosa (Celestina, IX, 36 y Quijote, II, 23). *Las
        comparaciones son siempre odiosas* (Quijote, II, 1).
        Recomienda evitar toda comparación entre personas o cosas, porque
        siempre hay alguna que quedará menospreciada; también, porque cada per-
        sona o cosa tiene sus propios valores.

1017   Muchos **componedores** descomponen la novia (Ac. y PJustina, II, 292).
        Muchas maestras cohonden [129] *la novia* (Santillana, 414). *Muchos maestros cohon-
        den la novia* (DLengua, 104).
        «Denota que en las cosas de ingenio y gusto no conviene que intervenꞌ
        gan muchas personas.»

1018   Quien sirve al **común,** sirve a ningún (Ac.).
        «Manifiesta que los servicios hechos a corporaciones o pueblos suelen
        ser por lo regular poco agradecidos.» También se usa para criticar la ges-
        tión pública.

1019   A **concejo** malo, campana de palo (Ac.). *A concejo ruin, campana de made-
        ro* (Santillana, 9).
        «Indica que cuando una cosa es mala, lo son también sus anejas.»

1020   **Azótenme** en **concejo** y no lo digan en mi casa. v. 1022.

---

[129] *Cohonder* 'confundir'.

1021 Pon lo tuyo en el *concejo*, [130] y unos dirán que es blanco, y otros dirán que es negro (Ac.). *Pon tu hacienda en concejo: uno hace blanco, otro bermejo* (Santillana, 554). *Pon lo tuyo en concejo, y unos dirán que es blanco y otros que es negro* (Quijote, II, 36).
«Enseña la diversidad de pareceres y opiniones en los hombres.»

1022 Trasquílenme [131] en *concejo*, y no lo sepan en mi casa (Ac. y DLengua, 85). *Trasquílanme en concejo y no lo saben en mi casa* (Celestina, XIV, 133). *Azótenme en concejo y no lo digan en mi casa* (Santillana, 32).
«Se dice de los que están infamados en toda la república y quieren encubrirlo en su casa y parentela.»

1023 Más vale mal *concierto* que buen pleito (Ac.).
«Recomienda la transigencia y la concordia.»

1024 *Conde* y condadura, [132] y cebada para la mula (Ac.).
«Zahiere al que, no contento con lo razonable, quiere cosas excesivas.»

1025 *Condición* de buen amigo, condición de buen vino (Ac.).
«Indica que así uno como otro son mejores siendo viejos.»

1026 Donde no entra *condidura*, [133] entra pan sin mesura (Ac.).
«Expresa cómo en donde no hay aliño para comer se suple con abundancia de pan.»

1027 Dite el *conejo*, y quitásteme el pellejo [134] (Ac.).
«Ref. encaminado a censurar la ingratitud de los que pagan con maldecir los beneficios que reciben.»

1028 El *conejo* ido, el consejo venido (Ac.). *El conejo ido y el consejo venido* (Santillana, 303).
«Al asno muerto, la cebada al rabo.» Pasada la oportunidad, es vano pedir opinión sobre lo que se podría haber hecho.

1029 El *conejo* por maña doñea [135] a la vaca (BAmor, 616). *Por arte empreñó el conejo a la vaca* (Correas, 399).
Con paciencia y habilidad se pueden vencer obstáculos que parecen insalvables.

1030 Antes que *conozcas*, ni alabes ni cohondas [136] (Ac.).
«Advierte que antes de tratar y conocer a una persona o cosa es imprudencia el alabarla o vituperarla.»

---

[130] *Poner* una cosa *en conejo* 'someterla a la opinión pública'.
[131] *Trasquilar* 'menoscabar y desacreditar'.
[132] *Condadura*, ant. 'condado'.
[133] *Condidura* 'aderezo de la comida'.
[134] *Quitar el pellejo* 'hablar mal de una persona'.
[135] *Doñear* 'galantear' como eufemismo erótico, v. Corominas, ed. *BAmor* v. 616.
[136] *Cohonder*, 'vituperar'.

1031   **Quien no te *conoce*, ese te compre** (Ac.). *Quien no te conozca, ese te compre* (Ac.). *Quien no te conoce, que te compre* (Ac.). *Quien no te conozca, que te compre* (Ac.). *Quien no te conoce, que te lea* (Galdós, *Mendizábal*, 330). Los defectos de las personas o de las cosas no suelen ser evidentes a primera vista. «Denota haberse conocido el engaño o malicia de alguno.»

1032   **Buen *conorte* vence mala ventura.** v. 1049.

1033   **En *consejas*, [137] las paredes han orejas** (Ac.). Se dice cuando en un grupo de personas que tratan de asuntos privados, se teme la indiscreción o deslealtad de alguien.
        «**Las paredes oyen:** Expr. fig. que aconseja tener muy en cuenta dónde y a quién se dice una cosa que importa que esté secreta por el riesgo que puede haber de que se publique o sepa.» (s/v pared.)

1034   **Todos eran en la *conseja*, [138] y más la vieja** (Ac.). El que se mezcla en asuntos ilegales tiene mayor responsabilidad cuanto mayor es su madurez y experiencia.
        «Muestra cómo ninguno de los que se confabulan queda exento de la responsabilidad.»

1035   ***Consejo* sin remedio es cuerpo sin alma** (GAlfarache, II, 111). *Consejo sin remedio, es alma sin cuerpo,* o *es sin alma cuerpo* (Correas, 127).
        Son inútiles los consejos si no se pueden llevar a la práctica.

1036   **Dar el *consejo* y el vencejo** [139] (Ac.).
        «Previene que al consejo se ha de añadir el socorro material.»

1037   **El *consejo* de la mujer es poco, y el que no lo toma, un loco** (Ac.). *El consejo de la mujer es poco, y el que no lo toma, es loco* (Quijote, II, 7).
        «Da a entender que las mujeres, en lo que alcanzan, suelen acertar cuando aconsejan.»

1038   **El *consejo* muda el viejo, y porfía el necio.** v. 2915.

1039   **En *consejo* de bellacos, razonamiento de trapos** (PJustina, I, 184 y Correas, 187). Cuando personas poco recomendables se reúnen a deliberar, no hay que esperar de ellas argumentos dignos de consideración.
        Recomienda no fiarse de personas indeseables.

1040   **No des *consejo* a viejo, ni espulgues zamarro prieto** (Dorotea, IV, 365). *Ni des consejo a viejo, ni espulgues zamarro prieto* (Correas, 335).
        Indica que tan difícil es corregir o aconsejar a una persona anciana como limpiar de pulgas una piel muy tupida o de color oscuro.

---

[137]   *Conseja* 'conciliábulo, reunión de personas'.
[138]   *Conseja* 'confabulación, junta para tratar de algo ilícito'.
[139]   *Vencejo* 'lazo o ligadura con que se atan las haces de las mieses'.

1041   Quien da el *consejo,* da el tostón [140] (Ac.).
       «Dar el consejo y el vencejo.» Los consejos sirven de poco al necesitado,
si no se acompañan de alguna ayuda material.

1042   Quien no oye *consejo,* no llega a viejo (Ac.).
       «Recomienda oír el parecer de personas prudentes.»

1043   Antes de *contar,* escribe; y antes de firmar, recibe (Ac.).
       «Aconseja las precauciones usuales al dar y recibir dinero.»

1044   El *convite* del cordobés; vuesa merced ya habrá comido y no querrá
comer (Ac.). *El convite del toledano; bebiérades si oviérades almorzado* (Ac.). *Be-*
biérades y oviérades son formas anticuadas de «beberíais» y «hubierais».
       «Reprende a los que buscan subterfugios para mostrarse generosos sin
serlo.»

1045   Más tira *coño* que soga (Lozana, 152). *Más tira moza que soga* (HNúñez,
II, 364 y Correas, 297).
       Pone de relieve la fuerza del sexo.

1046   El que te dice la *copla,* [141] ese te la nota [142] (Ac.). *El que te dice la copla,*
te la sopla (Ac.).
       «Denota que se suele atribuir la injuria al que la dice, aunque sea en
nombre de otro.»

1047   Huélgome un poco, mas hilo mi *copo* (Ac.).
       «Da a entender que se debe aliviar el trabajo buscando el descanso a
su tiempo.»

1048   A donde el *corazón* se inclina, el pie camina (Ac.).
       «Indica el anhelo e insistencia con que instintivamente frecuentamos
los lugares en que está nuestro afecto o placer, o la esperanza de lograr una
cosa más o menos interesante.»

1049   Buen *corazón* quebranta mala ventura (Ac., Quijote, II, 10 y 35 y FC,
262). *Buen conorte* [143] *vence mala ventura* (Zifar, 484). *Buen esfuerzo vence a la*
mala ventura (BAmor, 160). *Buen esfuerzo quebranta mala ventura* (Santillana,
125). Quien tiene ánimo valeroso vence las dificultades e incluso la mala
suerte.
       «Exhorta a no descaecer en los infortunios, porque con el ánimo se hacen
más tolerables, y aun suele enmendarse o evitarse la desgracia.»

1050   *Corazón* apasionado no quiere ser aconsejado (Ac.).
       «Muestra lo difícil que es admitir consejo al que está poseído de algún
afecto vehemente.»

---

[140] *Tostón* 'cochinillo'.
[141] *Copla* 'hablilla, cuento, chisme'.
[142] *Notar* 'causar descrédito o infamia'.
[143] *Conorte,* ant. 'ánimo, esfuerzo'.

1051   Por tu corazón juzgarás el ajeno (BAmor, 565). *Por vuestro mal sacáis el ajeno* (Lozana, 90).

Es frecuente juzgar a los demás basándose en los propios sentimientos o experiencias.

1052   Si el corazón fuera de acero, no le venciera el dinero (Ac.). *Acero,* como representación de la fortaleza.

«Da a entender la dificultad que hay de resistir a las tentaciones de la codicia.»

1053   Corderica mansa, mama su madre y la ajena. *Corderilla mega mama a su madre y a la ajena.* v. 406.

1054   El cordero manso mama a su madre y a cualquiera; el bravo, ni a la suya ni a la ajena (Ac.).

«Da a entender que los que son de condición apacible se hacen lugar en todas partes; y, al contrario, los que son de genio áspero y fuerte, aun de los suyos, son aborrecidos.»

1055   Tan presto se va el cordero como el carnero (Ac., Celestina, IV, 170, GAlfarache, III, 184 y Quijote, II, 7).

«Enseña que no hay que fiarse en la mocedad, porque tan presto suele morir el mozo como el viejo.»

1056   No templa [144] cordura lo que destempla ventura (Ac.). Antepone la suerte, el hado, a la valía del individuo, idea que es bastante habitual en el refranero.

«Expresa no ser bastante el buen seso para ordenar lo que la varia fortuna desordena.»

1057   Cornada de ansarón, uñarada de león (Ac.). Compara el daño que puede ocasionar el error en un documento (cornada de ansarón), con el que produce el zarpazo de una fiera.

«Se aplica a los escribanos para denotar cuán perjudicial es cualquier yerro o falta de legalidad en su oficio. Dícese con alusión a la pluma de escribir, que solía ser de ánsar.»

1058   Dijo la corneja al cuervo: quítate allá, negro; y el cuervo a la corneja: quitaos vos allá, negra (Ac.).

«Da a entender que muchos echan en cara a otros las mismas faltas que ellos tienen.»

1059   El cornudo es el postrero que lo sabe (Ac.). *El cornudo es el último que lo sabe* (Ac.).

«Se usa cuando una persona ignora lo que le importa saber antes que nadie.»

---

[144] *Templar* 'moderar; arreglar'.

1060   Tras **cornudo,** apaleado, y mándanle bailar (Ac.). *Tras de cornudo, apo-*
        rreado, y vengan palos (Galdós, *Chamartín,* 227).
        «Reprende la injusticia de los que quieren que quien recibe un mal tra-
        tamiento quede sin disgusto.»

1061   **Corregüela** [145] **de buen cuero, de ruin mozo hace bueno** (Ac.).
        «Recomienda el castigo como medio educativo.»

1062   **Corrida** de caballo, y parada de borrico (Ac.). El caballo simboliza aquí
        el brío y la gallardía, y el borrico, la torpeza.
        «Zahiere al que empieza una cosa con garbo y luego desfallece.»

1063   Tomar la **corriente** desde la fuente (Ac.).
        «Aconseja buscar el origen de las cosas para su mejor utilidad.»

1064   Bailo bien, y echáisme del **corro** (Ac.).
        «Advierte que por lo regular los que deben ser más atendidos son des-
        preciados del vulgo.»

1065   No quita lo **cortés** a lo valiente (Ac.). *Lo cortés no quita a lo valiente* (Gal-
        dós, *Chamartín,* 107 y *7 julio,* 55). *Lo cortés no quita lo valiente* (Cela, *El Galle-*
        go, 92 y 205).
        «Da a entender lo compatibles que son la educación y el respeto a las
        personas, con la energía para sostener y defender cada cual sus conviccio-
        nes o derechos.»

1066   A mucha **cortesía,** mayor cuidado (GAlfarache, II, 171).
        Aconseja desconfiar del que usa modales excesivamente amables y cor-
        teses.

1067   **Coruja** de secano, agua en la mano (Ac.). Esta ave, la corneja, tiene fama
        entre la gente del campo de augurar el tiempo.
        «Indica que la lechuza, aun en tiempo seco, anuncia con su voz el agua.»

1068   A mal decir no hay **cosa** fuerte. v. 804.

1069   Cada **cosa** en su tiempo (Ac. s/v tiempo y PJustina, I, 63). *Cada cosa en*
        su tiempo, y los nabos en Adviento (Ac. s/v tiempo y Galdós, *Carlos IV,* 163
        y *Bailén,* 126). *A su tiempo, nabos en Adviento* (Dorotea, V, 387). Diciembre
        es la mejor época para los nabos.
        «Indica que la oportunidad avalora las cosas. Suele agregarse y los nabos
        en Adviento.»

1070   **Cosa** cumplida, solo en la otra vida (Ac.).
        «Explica lo mucho que dejan que desear las mayores felicidades mun-
        danas.»

---

        [145] *Corregüela* 'correhuela', diminutivo de 'correa'.

1071   **Cosa dura y fuerte es dejar la costumbre, el hado y la suerte** (BAmor, 166). *Duro es dejar lo usado, y mudar costumbre, a par de muerte* (Correas, 169).
Supone un gran sacrificio abandonar la vida habitual y las circunstancias conocidas.

1072   **Cosa hallada no es hurtada** (Ac.).
«Además de sus significación recta, tiende a disculpar al que se prevale de la ocasión para sus fines.»

1073   **Cosa mala nunca muere** (Ac.).
«Da a entender el sentimiento que se tiene de ver perecer las cosas buenas y permanecer las malas. Aplícase comúnmente a personas y animales.» Modernamente se suele decir en tono afectivo a la persona que está enferma o sufre contrariedades, para disipar sus temores.

1074   **El que no duda, no sabe cosa alguna** (Ac. y FC, 263). La persona que no se plantea preguntas no suele adquirir nuevos conocimientos.
«Enseña cuánto perjudica a la averiguación de la verdad la facilidad en creer y la precipitación y falta de examen.»

1075   **La cosa que es menos hallada, es más preciada** (Zifar, 293).
Generalmente, lo que escasea aumenta de valor.

1076   **Las cosas de palacio van despacio** (Ac.).
«Alude a la lentitud con que se lleva un asunto.» Se aplica con frecuencia a los trámites burocráticos de las oficinas públicas.

1077   **Manda y descuida: no se hará cosa ninguna** (Ac.).
«Advierte cuán necesaria es la vigilancia en los que mandan para que se cumpla lo mandado.»

1078   **No hay cosa escondida que a cabo de tiempo no sea bien sabida.** v. 1081.

1079   **No hay cosa más barata que la que se compra** (Ac.).
«Significa que no pocas veces los regalos y agasajos resultan más costosos que lo que se adquiere por dinero.»

1080   **No hay cosa nueva debajo del sol** (Lozana, 246).
Indica que nunca lo que parece novedad lo es, porque todo tiene su precedente.

1081   **No hay ninguna cosa tan escondida que no sea sabida** (Zifar, 331). *No hay cosa escondida, que a cabo de tiempo no sea bien sabida* (BAmor, 90).
Da a entender que aun lo más oculto acaba sabiéndose.

1082   **Oír, ver y callar, recias cosas son de obrar** (Ac.).
«Enseña el cuidado que se debe poner en estas tres cosas, pues cuesta gran dificultad y repugnancia el observarlas.» Actualmente se suele usar solo la primera parte, *oír, ver y callar,* aconsejándolo como norma de conducta.

1083   Perezoso ni tardinero no seas en tomar; muchas *cosas* prometidas se pierden por vagar (Corbacho, 153).
        Aconseja ser diligente y activo para aprovechar las ocasiones propicias.

1084   Quien desalaba la *cosa,* ese la compra (Ac.).
        «Quien dice mal de la pera, ese la lleva.» Es usual poner defectos a lo que se piensa comprar, para tratar de conseguirlo más barato.

1085   Quien las *cosas* mucho apura, [146] no tiene vida segura (Ac.).
        «Enseña que se ha de evitar la demasiada curiosidad en averiguar las cosas ajenas, por las malas consecuencias que tiene.»

1086   Tales *cosas* te digan, tal corazón te pongan. v. 2641.

1087   Todas las *cosas* tienen remedio si no es la muerte. v. 3004.

1088   Tres *cosas* demando si Dios me las diere: la tela, el telar y la que la teje (Ac.).
        «Reprende a los ambiciosos que con nada se contentan.»

1089   Tres *cosas* echan al hombre de casa fuera: el humo, la gotera y la mujer vocinglera (Ac.).
        «Explica lo incómodas que son estas tres cosas.»

1090   Tres *cosas* hacen al hombre medrar: iglesia, mar y casa real (Ac.). *Iglesia o mar o casa real* (Ac. s/v iglesia y Quijote, I, 39). *Tres cosas hacen al hombre medrar: ciencia y mar y casa real* (Dorotea, I, 117). *Iglesia, mar o casa real* (Galgós, Ayacuchos, 37).
        «Los tres medios de hacer fortuna son las dignidades eclesiásticas, el comercio y el servicio del rey en su casa.» (s/v iglesia.) Por la variante se ve que también el conocimiento de la ciencia se considera un medio adecuado para enriquecerse.

1091   Una *cosa* es predicar, y otra dar trigo. v. 3292.

1092   Va la *cosa* como debe, y el aradro [147] como suele (Corbacho, 328).
        Se dice para expresar que las cosas van al ritmo debido, con regularidad.

1093   De *cosario* [148] a cosario no se pierden sino los barriles (Ac., Santillana, 235 y Celestina, VII, 260).
        «Entre sastres no se pagan hechuras.» Los que tienen una misma ocupación suelen respetarse entre sí.

---

146   *Apurar* 'averiguar una cosa hasta su raíz'.
147   *Aradro,* en algunas partes 'arado'.
148   *Cosario* 'corsario, pirata'.

1094   **Coscorrón** de la hornera no tiene pena (Dorotea, V, 427 y Correas, 130). Para meter el pan en el horno se usa, o usaba, una pala de mango muy largo que podía golpear a quien se pusiera detrás del hornero.

      Da a entender que las ofensas o daños no son siempre imputables al que los hace; en ocasiones es responsable quien los recibe.

1095   Tras poca **cosecha,** ruin trigo (Ac.).

      «Un daño suele producir otros.»

1096   De **costal** vacío, nunca buen bodigo [149] (Ac.).

      «Enseña que del pobre nunca se puede esperar dádiva grande.»

1097   **Colorada, mas no de suyo, que de la *Costanilla* lo trujo** (Dorotea, V, 427, HNúñez, I, 240 y Correas, 115). «La Costanilla es lugar alto en Sevilla y aun en Valladolid, donde hay especieros que venden estas colores». [150] Se dice de la mujer que se pinta las mejillas.

      Se aplica a quien presume de cosas o cualidades que no le pertenecen.

1098   **Nunca mucho *costó* poco** (Celestina, VIII, 16, HNúñez, III, 85 y Correas, 367).

      Pondera la necesidad del esfuerzo y del trabajo para obtener frutos ventajosos.

1099   **A la mala *costumbre,* quebrarle la pierna.** v. 1944.

1100   **Costumbre** buena o costumbre mala, el villano quiere que vala [151] (Ac.).

      «Denota lo poderosas que son en el pueblo las costumbres muy arraigadas.»

1101   **Costumbres** de mal maestro, sacan hijo siniestro [152] (Ac.).

      «Advierte los daños que se siguen de dar un padre mal maestro a sus hijos.»

1102   **Costumbres** y dineros, hacen los hijos caballeros (Ac. y Dorotea, IV, 369).

      «Da a entender que los buenos procederes y modales, juntos con las riquezas, granjean la atención y aprecio de las gentes.»

1103   **Mudar *costumbre* es a par de muerte** (Celestina, XV, 154 y DLengua, 186). *Mudar costumbre, par es de muerte* (Santillana, 448).

      Los hábitos arraigados llegan a formar parte de la misma persona.

---

[149] *Bodigo* 'pan votivo'.
[150] v. Mal Lara, fº 265 vº
[151] *Vala,* ant. 'valga'.
[152] *Siniestro* 'propenso o inclinado al mal'.

1104   **La *coz* de la yegua no hace mal al potro** (Ac. y Dorotea, IV, 366).
«Significa que las reprensiones o castigos de quien los da por amor no hacen mal, sino bien.»

1105   **No es nada: que lleva la *cresta* hinchada** (Lozana, 177).
Censura a los que intentan quitar importancia a asuntos muy graves.

1106   ***Criados*, enemigos pagados** (Ac.).
«Expresa la no infrecuente antipatía entre criados y señores.»

1107   **Si quieres tener buen *criado*, sírvete a ti mismo.** v. 2970.

1108   **El *criar*, arruga; y el parir, alucia** [153] (Ac.).
«Denota que la mujer que cría suele desmejorarse, y la que pare se pone de mejor semblante.»

1109   ***Criatura* de un año, saca la leche del calcaño** [154] (Ac.).
«Se aplica a los niños de esa edad, que por lo común maman mucho y con fuerza.»

1110   **Cuando la *criatura* dienta, la muerte la tienta** (Ac.).
«Indica ser peligrosa en los niños la dentición.»

1111   **Toda *criatura* torna a su natura** (Zifar, 242).
Indica ser muy difícil cambiar los principios heredados, o las leyes de la naturaleza.

1112   **Detrás de la *cruz* está el diablo** (Ac. y Quijote, II, 33 y 47). *Tras la cruz está el diablo* (Quijote, I, 6).
«Advierte el peligro que hay de que las obras se vicien por la vanidad del que las hace. Aplícase también a los hipócritas, que con la apariencia de virtud intentan encubrir sus vicios.»

1113   **La *cruz* en los pechos, y el diablo en los hechos** (Ac.). *La cruz en el pecho, y el diablo en los hechos* (FC, *Más honor*, 170).
«Reprende a los hipócritas.»

1114   **Tras la *cruz* está el diablo.** v. 1112.

1115   **Un *cuartillo* presto es ido, una azumbre también se sume;** [155] **el arroba es la que abonda** [156] (Dorotea, III, 227, HNúñez, III, 466 y Correas, 495). El cuartillo, la azumbre y la arroba son medidas de capacidad.
Cuanto mayores son los medios de que se dispone para hacer una cosa, mayores serán los rendimientos.

---

[153]   *Aluciar* 'dar lustre a una cosa, ponerla brillante'.
[154]   *Calcaño* 'calcañar, parte posterior de la planta del pie'.
[155]   *Sumirse* 'consumirse'.
[156]   *Abondar* 'cundir'.

1116   El *cuarto* [157] falso, de noche pasa (Ac.).
        «Explica que las cosas malas se procuran hacer ocultamente para que
        no se puedan descubrir.»

1117   Cada *cuba* huele al vino que tiene (Ac. y FC, 263).
        «Explica que por las acciones exteriores se suelen conocer las cualida-
        des internas de las personas.»

1118   Quien te *cubre,* te descubre (Ac. y Quijote, II, 5).
        «Explica que los mismos atavíos y riquezas que tiene el que no los me-
        rece son causa de que se averigüe su falta de mérito.» En sentido figurado,
        da a entender que la persona que encubre los defectos de otra para ayudarla
        a medrar es la que mejor conoce sus debilidades y puede hacer uso de ellas.

1119   Por vos cantó el *cuclillo* [158] (Ac.). Timoneda [159] relata que dos casados
        oyeron cantar un cuclillo, y no queriendo ninguno de los dos darse por alu-
        dido, llevaron su contienda a un tercero. Este prometió a cada uno de ellos
        fallar a su favor si le enviaban un buen presente. Los dos cumplieron el
        requisito, y el juez declaró ser él mismo el aludido en el canto del cuclillo.
        «Se aplica al tercero que saca provecho de la riña de otros dos.»

1120   Dure lo que durare, como *cuchara* de pan (Ac. y DLengua, 44 y 67).
        Ture lo que turare, como cuchara de pan (Santillana, 696). *Dure lo que dure, como*
        cuchara de pan (FC, 259).
        «Exhorta a lograr de presente alguna cosa que por su poca consistencia
        se teme que ha de acabarse pronto.»

1121   Sanan *cuchilladas,* y no malas palabras (Ac.). *Sanan llagas, y no malas*
        palabras (Ac. s/v llaga y FC, 262). *Sanan las cuchilladas, y no las malas pala-*
        bras (Santillana, 657).
        «Enseña que a veces es menor mal el de herir que el de desacreditar
        o afrentar, porque este es irreparable y aquel puede tener cura.» «Repren-
        de a los murmuradores y se ponderan los irreparables daños de la mala
        lengua.» (s/v llaga.)

1122   Un *cuchillo* mesmo me parte el pan y me corta el dedo (Dorotea, II,
        188, HNúñez, III, 474 y Correas, 495).
        Manifiesta que, según se utilicen las cosas, pueden ser beneficiosas o
        dañinas. También puede aplicarse a quienes son capaces de causar un daño
        a la misma persona que en otra ocasión han favorecido.

1123   Por la *cuenda* [160] se devana la madeja (Ac.).
        «Muestra que las cosas deben hacerse del modo más fácil y mejor.»

---

[157] *Cuarto,* moneda antigua de cobre.
[158] *Cuclillo* 'ave'; su canto era de mal agüero para los maridos celosos y de ahí su
sent. fig. 'marido engañado o cornudo'; hoy día ese sentido está ant.
[159] v. *Sobremesa* cuento 70, y Covarrubias s/v.
[160] *Cuenda* 'cierto cordoncillo de hilos que recoge y divide la madeja para que no se
enmarañe'.

1124   **A cuentas viejas, barajas** [161] **nuevas** (Ac.). *A cuenta vieja, baraja nueva*
       (Santillana, 57).
       «Aconseja no retrasar el ajuste de cuentas para evitar disputas.»

1125   **Al dar la cuenta me lo diréis** (Ac.).
       «Nota a los que disipan las cosas de que deben responder.»

1126   **Con vos me entierren, que sabéis de cuenta** (Lozana, 114). *Con vos me
       entierren, que sabéis de todo* (Quijote, II, 42). *Contigo me entierren, que sabes de
       cuentas* (Dorotea, II, 152).
       Se usa para lisonjear a una persona, dándole a entender que es inteli-
       gente y su compañía grata.

1127   **Cuentas de beato, y uñas de gato.** v. 754.

1128   **Cuenta y razón conserva amistad** (Ac.). *Cuenta y razón sustenta amis-
       tad* (Ac.).
       «Enseña que aun entre los mayores amigos debe haber formalidad en
       las cuentas.»

1129   **Haya buena cuenta, y blanca** [162] **no parezca** [163] (Ac.).
       «Enseña que se deben siempre llevar con mucha formalidad las cuen-
       tas, aunque no se trate de pagar por entonces.»

1130   **La cuenta del trillo, en cada agujero su guijo** [164] (Ac.).
       «Recomienda hacer las cosas con método y oportunidad.»

1131   **Reniego de cuentas con deudos y deudas** (Ac.). *Reniego de cuentas con pa-
       rientes y deudos ausentes* (FC, 260).
       «Pondera lo penoso de hacerlas entre parientes o cuando excede lo que
       se debe a lo que hay que cobrar.»

1132   **Cuento de socarro,** [165] **parece bueno y es malo** (Ac.).
       «Censura al que por modo indirecto suele ofender en todo lo que habla.»

1133   **La cuerda se rompe siempre por lo más flojo.** v. 3171.

1134   **El cuerdo no ata el saber a estaca** (Ac.). *Atar a estaca* significa encerrar
       algo en poco espacio, limitándolo.
       «Enseña que el hombre sabio y prudente no se deja llevar a ciegas de
       la opinión ajena.» También significa que las personas inteligentes suelen
       tener amplitud de criterio y de miras.

---

[161]   *Baraja* 'riña, contienda'.
[162]   *Blanca* 'moneda antigua'.
[163]   *Parecer* 'aparecer'.
[164]   *Guijo* 'piedra puntiaguda y afilada que se pone en los trillos para cortar la mies'.
[165]   *Socarro,* ant. 'socarrón, astuto, bellaco, disimulado'.

1135 El *cuerdo* y la cuerda, en mal ajeno castiga (BAmor, 89).
Alaba la sensatez del que sabe aprender y escarmentar con lo que sucede a otros.

1136 **Mátenme *cuerdos*, y no me den vida necios** (Ac.).
«Pondera cuán enfadoso es tratar con necios.»

1137 **Sobre *cuernos*, penitencia** (Ac. y Santillana, 662).
«Se usa cuando a uno, después de haberle hecho algún agravio o perjuicio, se le trata mal o se le culpa.»

1138 **Acudir al *cuero***[166] con el albayalde,[167] que los años no se van en balde (Ac.).
«Satiriza a las mujeres que procuran disimular su edad, encubriendo con afeites las arrugas y otros defectos de la cara.»

1139 **De *cuero* ajeno, correas largas** (Ac.).
«Del pan de mi compadre, gran zatico a mi ahijado.» Es muy fácil ser generoso con lo de otros.

1140 ***Cuerpo*, cuerpo, que Dios dará paño** (Ac.). La salud, representada en el cuerpo, es el bien fundamental.
«Se aplica a los que quieren conseguir el fin sin poner los medios.»

1141 **Hermosa es, por cierto, la que es buena de su *cuerpo*** (Corbacho, 145, HNúñez, II, 179 y Correas, 238).
Antepone las cualidades morales a las puramente físicas.

1142 **Cría *cuervos*, y te sacarán los ojos** (Ac.). *Cría el cuervo, sacarte ha el ojo* (Santillana, 154). *Cría cuervo y sacaráte el ojo* (DLengua, 48). *Cría cuervos* (Delibes, *5 horas,* 12 y 20). Estas aves carnívoras suelen comer los cadáveres empezando por los ojos.
«Explica que los beneficios hechos a ingratos les sirven de armas para pagar el bien con el mal.»

1143 **Cual el *cuervo*, tal su huevo** (Ac.).
«Denota que de ordinario los hijos suelen ser como sus padres.»

1144 **No puede ser más negro el *cuervo* que sus alas** (DLengua, 189). *Yo a buenas y vos a malas: no puede ser más negro el cuervo que sus alas* (Santillana, 721). *No puede ser el cuervo más negro que las alas* (GAlfarache, III, 166). *No puede ser el cuervo más negro que sus alas* (GAlfarache, V, 63).
«Se dice cuando ya, sucedido un daño, se considera no puede venir otro mucho mayor en aquella especie: como el que ha perdido mucho al juego y continúa a jugar, no haciendo caso de lo que puede perder después.»[168]
Da a entender que algo es evidente.

---

166 *Cuero* 'cutis'.
167 *Albayalde* 'carbonato de plomo que usaban antiguamente las mujeres para blanquear la cara'.
168 v. Ac. 1729 s/v cuervo.

1145   Arribaos, [169] torgado, [170] que tras la *cuesta* está lo llano (Ac.).
        «Exhorta a sufrir la fatiga y trabajo con la esperanza del descanso.»

1146   **Lo mismo es a *cuestas* que al hombro** (Ac.). *Lo mismo es a cuestas que a hombros* (FC, 262).
        «Da a entender que, como se haga la cosa, importa poco que se haga de un modo o de otro.»

1147   **Tú, que no puedes, llévame a *cuestas*** (Ac. y Santillana, 691).
        «Suele usarse cuando se pide auxilio a persona que tiene tanta o más necesidad de él.»

1148   ***Cuestión* de (o de por) San Juan, paz para todo el año.** v. 3029.

1149   **Cae en la *cueva* el que a otro lleva a ella** (Ac.).
        «Indica que a veces el engañador es víctima de su malicia.»

1150   ***Cuidado* ajeno cuelga de pelo** (Ac.). *Mal ajeno del pelo cuelga* (Ac. s/v mal). *Mal ajeno de pelo cuelga* (Ac. s/v mal y Celestina, XII, 82). *Duelo ajeno de pelo cuelga* (Santillana, 219 y DLengua, 106). Se dice por la fragilidad que supone cualquier cosa que solo pende de un cabello.
        «Denota la indiferencia con que se suele mirar lo ajeno.» «Advierte que los males ajenos se sienten mucho menos que los propios, o que cada uno mira por su interés, sin importarle nada el de otro.» (s/v mal.)

1151   ***Cuidados* ajenos matan al asno** (Ac. y Quijote, II, 13).
        «Censura a los entremetidos.»

1152   **El que *cuida* [171] engañar a otro, finca [172] engañado** (Zifar, 466). *Aquel es engañado, quien cuida que engaña* (BAmor, 103).
        Muchas veces los que intentan burlar a otros caen ellos mismos en el engaño que pretendían hacer.

1153   **Al que te deja en *cuita*, [173] no le quieras en trebejo [174]** (BAmor, 1479).
        Aconseja desconfiar de los amigos que no son capaces de acompañarnos en los momentos tristes o difíciles.

1154   ***Cuita* [173] hace mercado, que no rico abastado [175]** (Ac.).
        «Muestra cómo al vendedor aprovecha más la parroquia de necesitados que la de ricos.»

---

[169]   *Arribar* 'llegar'.
[170]   *Torgado* 'trabado, torpe'.
[171]   *Cuidar* 'pensar'.
[172]   *Fincar* 'quedar'.
[173]   *Cuita* 'necesidad'.
[174]   *Trebejo* 'diversión'.
[175]   *Abastado* 'abastecido, provisto'.

1155   *Cuita* no ha ley. v. 2454.

1156   Bueno es el *culantro,* pero no tanto (Ac.). El culantro o cilantro es hierba de la familia de las umbelíferas que tiene, entre otras propiedades, la
de ser aromática y estomacal.
       «Recomienda no insistir o repetir mucho las cosas o alargar demasiado
un discurso.» También indica que los abusos, aunque sean de cosas buenas
y agradables, llegan a cansar.

1157   Quien no castiga *culito* no castiga culazo (Ac.).
       «Enseña que los padres que no cuidan de corregir las faltas de sus hijos
cuando pequeños, tampoco enmiendan sus defectos cuando son mayores.»

1158   Quien mucho se baja, el *culo* enseña (Ac.).
       «Advierte que la sumisión y humildad no han de degenerar en bajeza.»

1159   Quitósele el *culo* al cesto, y acabóse el parentesco (Ac.). *Rompióse el cesto,
y acabóse el parentesco* (Ac. s/v cesto). *Quitósele el suelo al cesto, y perdimos el parentesco* (Dorotea, IV, 368).
       «Enseña que, faltando el motivo del interés, suele cesar la amistad, co-
rrespondencia o cariño.»

1160   *Culpa* no tiene quien hace lo que debe (Ac.).
       «Enseña que el que cumple con su obligación no es responsable de las
resultas.»

1161   La *culpa* del asno echarla a la albarda (Ac.). *La culpa del asno no se ha
de echar a la albarda* (Quijote, II, 66).
       «Se aplica a las personas que para disculpar sus yerros y defectos los
atribuyen a otros que no han tenido parte en ello.»

1162   Por *culpa* de la bestia mataron al obispo (Ac.).
       «Advierte que a veces paga uno culpas ajenas.»

1163   *Cumpla* yo y tiren ellos (Ac.).
       «Significa que cada uno debe cumplir con su obligación, sin reparar
en respetos ajenos. También denota que uno hace alguna cosa por cumplir.»

1164   *Cumple* con todos y fía de pocos (Ac.).
       «Aconseja que, sin ofender a nadie, se atienda a la propia convenien-
cia.» También recomienda que solo confíe uno en quien tenga plena confianza.

1165   Lo que se aprende en la *cuna,* siempre dura (Ac. y FC, 263).
       «Lo que en el capillo se toma y pega, con la mortaja se deja.» Las costumbres
que se adquieren en la niñez suelen mantenerse a lo largo de la vida.

1166   **Donde no valen *cuñas*, aprovechan uñas** (Ac. y GAlfarache, II, 268).
Cuñas y *uñas* están usadas figuradamente: la primera, con el sentido de 'palanca', y la segunda, por 'habilidad o destreza manual'.
«Nota que las cosas que no se pueden conseguir con la fuerza se logran con maña e industria.»

1167   **No hay peor *cuña* que la de la misma madera** (Ac. y FC, *Más honor,* 178). *No hay peor cuña que la del mismo palo* (Ac.). *No hay peor astilla que la de la misma madera* (Ac. s/v astilla). *No hay peor astilla que la del mismo palo* (Ac. s/v astilla).
«Expresa que, de ordinario, ninguno es peor para enemigo que el que ha sido amigo, compañero, etc., o del mismo oficio o familia.»

1168   **Cantó el *cuquillo*,** [176] **y descubrió su nido** (Ac.).
«Muestra cómo las indiscreciones perjudican al que incurre en ellas.»

1169   **No se acuerda el *cura* de cuando fue sacristán** (Ac.).
«Ref. que reprende al que, habiendo sido elevado a un empleo, o se engríe, o castiga y reprende con rigor los defectos que él cometía y debe disimular.»

1170   **Si bien canta el *cura*, no le va en zaga el monaguillo.** v. 7.

1171   **Como te *curas*, duras** (Ac.).
«Da a entender cuánto vale el cuidarse y tratarse bien, para prolongar la vida.»

---

[176] *Cuquillo* 'cuclillo'.

CH

1172 **Donde no hay *chapines,* no hay cosa bien puesta, comida sazonada, ni mesa bien aseada** (GAlfarache, IV, 181). *Chapín* es sinécdoque para representar a la mujer.

    Pondera la importancia del trabajo de la mujer en la casa.

D

1173 A *dádivas* no hay acero que resista (Corbacho, 121).
  v. Dádivas quebrantan peñas.

1174 **Dádiva** ruineja, a su dueño semeja (Ac.). *Dádiva de ruin, a su dueño parece* (Santillana, 242). *Dado*[1] *de ruin, a su dueño parece* (DLengua, 105).
  «Da a entender que según el carácter de la persona son sus hechos.»

1175 **Dádivas** quebrantan peñas (Ac., Santillana, 186 y Quijote, II, 35). *El dar quebranta las peñas* (Ac.). *El dar quiebra las piedras* (Corbacho, 65 y 121). *Dádivas ablandan peñas* (GAlfarache, IV, 208).
  «Da a entender que con los dones o presentes se suelen vencer las mayores repugnancias.»

1176 **La presta dádiva** su efecto ha doblado (Celestina, I, 111).
  Manifiesta que es más beneficioso y digno de agradecimiento lo que se concede con prontitud.

1177 **Cuando te dieren el buen dado,**[1] échale la mano (Ac.).
  «Cuando te dieren la vaquilla, acude con la soguilla.» Aconseja no desaprovechar la buena suerte.

1178 **Dado** de ruin, a su dueño parece. v. 1174.

1179 **Lo mejor de los dados es no jugarlos** (Ac.).
  «Enseña que lo más prudente es evitar las ocasiones y los riesgos.»

1180 **Si no jugué los dados,** hice otros peores baratos[2] (GAlfarache, III, 40). *No juego a los dados, mas hago peores baratos* (Santillana, 485). El jugar a los dados no estaba bien considerado.
  Indica que la mayoría de las personas tienen defectos o malas inclinaciones.

---

[1] *Dado* 'dádiva'.
[2] *Barato* 'negocio sucio'.

1181   **Las *damas* al desdén,**[3] **parecen bien** (Ac.).
         «Reprende el demasiado esmero en el adorno de las mujeres.»

1182   **Buena va la *danza,* y da el granizo en la albarda** (Ac.).
         «Se dice cuando uno se está divirtiendo sin advertir ni reparar el daño que se le sigue.»

1183   **A *daño* hecho, habed ruego y pecho.** v. 2099.

1184   ***Daño* de cada día, sufrir no es cortesía** (Corbacho, 126).
         Expresa lo intolerables que resultan los contratiempos continuos.

1185   **Del *daño,* el menos.** v. 2103.

1186   **Poco *daño* espanta, y mucho amansa** (Ac. y GAlfarache, I, 161). *El poco mal espanta, y el mucho amansa* (Criticón, III, 361).
         «Enseña que los contratiempos, cuando son ligeros, causan alguna irritación, pero cuando son grandes, enseñan y corrigen.»

1187   **Quien mucho escucha, de su *daño* oye.** v. 2134.

1188   **A quien *dan* en qué escoger, le dan en qué entender** (Ac.).
         «Nota la dificultad que se halla en atinar con lo más conveniente, cuando se ha de elegir por el propio conocimiento.»

1189   **A quien *dan* no escoge** (Ac. y Santillana, 26). *Quien pide no escoge* (BAmor, 956).
         «Advierte que el que recibe un beneficio debe mostrarse satisfecho, sin poner faltas a lo que recibe.»

1190   ***Dame* donde me siente, que yo haré donde me acueste** (Ac.).
         «Se dice de los entremetidos, que con poco motivo que se les dé se toman más licencia que la que corresponde.» También puede referirse a quienes saben sacar provecho de cualquier ayuda o favor, por pequeño que sea.

1191   ***Da* y ten,**[4] **y harás bien** (Ac.).
         «El dar y tener, seso ha menester.» Es bueno ser generoso, pero sin olvidar las propias necesidades.

1192   **Donde las *dan* las toman** (Ac., Quijote, II, 65 y Galdós, *Apostólicos,* 74). *Donde las dan, allí las toman* (DLengua, 73).
         «Enseña que al que hace daño o habla mal, se le suele pagar en la misma moneda.»

1193   **El *dar* quebranta las peñas.** *El dar quiebra las piedras.* v. 1175.

---

[3]   *Al desdén* 'al descuido, con desaliño afectado'.
[4]   *Tener* 'retener, guardar'.

1194   El *dar* va con el tomar (Criticón, III, 207). *Quien sabe dar, sabe tomar* (HNú-
       ñez, III, 324).
       Indica que debe uno corresponder a los favores que recibe de otros.

1195   El *dar* y tener, seso ha menester (Ac.). *El dar y el tener, seso ha menester*
       (Quijote, II, 43). *Para dar y tener, seso es menester* (Quijote, II, 58).
       «Da a entender cuánta prudencia se necesita para que el liberal no toque
       en pródigo ni el económico en avaro.»

1196   En «*dame*» de tus parientes, a tu bolsa para mientes [5] (Ac.).
       «Aconseja no condescender con todo lo que pidan los parientes; que
       si hallan acogida nos dejarán sin nada.» En sentido más general, recomien-
       da no dar excesivas facilidades a personas poco discretas en sus peticiones.

1197   Harto *da* quien da lo que tiene (Lozana, 52). *Quien da lo que tiene no debe
       nada* (PJustina, I, 110).
       Se usa para justificar la cantidad o la calidad de lo que uno ofrece.

1198   Ninguno *da* lo que no tiene (Celestina, XVIII, 179). *Nadie da lo que no
       tiene* (GAlfarache, V, 170).
       Manifiesta que no se debe exigir de nadie más de lo que puede dar.

1199   Para *dar* y tener, seso es menester. v. 1195.

1200   Quien *da*, bien vende, si no es ruin el que prende (Ac.). *El que regala,
       bien vende, si el que recibe lo entiende* (Ac. s/v regalar). *El que regala, bien vende,
       si no es ruin el que prende* (Ac. s/v regalar).
       «Enseña que el que sabe usar de la liberalidad, granjea con lo que da.»
       «Denota el fin interesado con que algunos hacen los regalos y también la
       conveniencia de corresponder a ellos.» (s/v regalar.)

1201   Quien *da* lo que tiene no debe nada. v. 1197.

1202   Quien no *da* lo que vale, no toma lo que desea (Zifar, 419).
       La persona mezquina no puede esperar que los demás sean generosos
       con ella.

1203   Ese tira *dardo*, que se precia del arado (Ac.). *Preciarse del arado*, en el
       sentido de 'jactarse de entender en labores campesinas'.
       «Denota que el buen labrador, como acostumbrado a trabajar, sale por
       lo común buen soldado.»

1204   Más es la *data* [6] que el cargo (GAlfarache, IV, 74).
       Se dice de los malos negocios.

---

   [5]   *Parar mientes* 'considerar'.
   [6]   *Data* 'partida que en una cuenta compone el descargo de lo recibido'.

1205   **No hay *dátil* sin hueso, ni bien sin lacerio** [7] (Zifar, 316). *No hay bien sin lacerio* (Zifar, 295).

Denota que los bienes —tanto materiales como espirituales— no suelen obtenerse sin esfuerzo y sacrificio.

1206   **Quien *debe* y paga, no debe nada** (Ac.).

«Suele usarse cuando se paga una deuda o se cumple una obligación.»

1207   **Aunque el *decidor* sea necio, el escuchador sea cuerdo** (Lozana, 110). *Aunque el decidor sea loco, el escuchador sea cuerdo* (Santillana, 76).

Recomienda la ecuanimidad.

1208   ***Decir* y hacer comen a mi mesa** (DLengua, 137).

Se dice para manifestar que las palabras de uno corresponden a sus obras.

1209   ***Dime* con quien andas, te diré quién eres** (Ac.). *Dime con quién andabas y decirte he qué hablabas* (Santillana, 200). *Dime con quién andas, decirte he quién eres* (Quijote, II, 10 y 23). De los amigos y ambientes que frecuenta una persona se pueden deducir sus gustos y aficiones.

«Advierte lo mucho que influyen en las costumbres las buenas o malas compañías.»

1210   **Del *decir* al hacer mucho hay** (Zifar, 198).

Suele haber una gran distancia entre lo que se promete y lo que llega a cumplirse.

1211   **El *decir* es porfiar; el hecho, idlo buscar** (Corbacho, 325).

Da a entender que fácilmente se hacen aseveraciones o promesas, pero que la comprobación o el cumplimiento de ellas es hipotético.

1212   **Presto es *dicho* lo que es bien dicho** (Ac.).

«Muestra cómo lo que acertadamente se expresa no molesta aunque no sea muy breve.»

1213   **Quien *dice* de mí, mírese a sí** (Ac.).

«Aconseja no arrojarse a murmurar, porque todos tenemos faltas.»

1214   **Quien *dice* lo que no debe, oye lo que no quiere** (Ac.). *Quien dice lo que quiere, oye lo que no quiere* (Ac.). *Quien habla lo que no debe, oye lo que no quiere* (Ac. s/v hablar).

«Reprende la libertad en el hablar sin reflexión y enseña que las palabras han de ser medidas, para que no originen respuesta que sea sensible o injuriosa al que la motiva.» «Advierte al maldiciente que ha de salir malparado.» (s/v hablar.)

1215   **Quien mal *dice*, peor oye** (Ac.). *Quien mal habla, peor oye* (Ac. s/v hablar).

«Quien dice lo que no debe, oye lo que no quiere.»

---

[7]   *Lacerio*, ant. 'trabajo, fatiga'.

1216   Siempre *dicen* mal los que bien no saben (Zifar, 111).
        Contra los que hacen juicios temerarios.

1217   Cuando segares, no vayas sin *dedales* [8] (Ac.).
        «Aconseja tomar las precauciones adecuadas en cualquier empresa.»

1218   Los *dedos* de la mano no son iguales (Ac. y FC, 256). *Son los dedos en
        las manos, pero no son todos parejos* (BAmor, 666).
        «Da a entender que hay diferencia en los estados y personas.»

1219   Ni un *dedo* hace mano, ni una golondrina verano (Ac.).
        «Una golondrina no hace verano.» Un solo caso no puede considerarse como
        norma general.

1220   Son los *dedos* en las manos, pero no son todos parejos. v. 1218.

1221   Quien a los treinta no asesa, [9] no comprará *dehesa* (Ac.).
        «Advierte que el que no tiene juicio cumplidos los treinta años, con
        dificultad lo tendrá después para adelantar sus intereses.»

1222   No *dejes* lo ganado por lo que has de ganar. v. 2961.

1223   Al *delicado*, poco mal y bien atado (Ac.).
        «Da a entender que el que está acostumbrado a felicidades se abate con
        cualquier contratiempo, como al que se ha criado siempre sano le hace im-
        presión la más ligera enfermedad.»

1224   Bien *demanda* quien bien sirve (Ac.).
        «Enseña la conveniencia de agradar con servicios a la persona de quien
        se desea algún favor.»

1225   Esa es la *derecha*, y dábale con la zurda (Ac.). *Esa es la derecha, y la
        torcida* [10] *la del candil* (Ac.). El refrán hace burla de los que están diciendo
        una cosa y haciendo la contraria. En el segundo caso hay un juego de pala-
        bras, basado en los dos sentidos de la palabra *torcida*.
        «Moteja a los que hacen un disparate, o toman una cosa por lo contra-
        rio que es.»

1226   Cada uno alega en *derecho* de su dedo (Ac.).
        «Denota la inclinación que todos tenemos a defender lo que nos perte-
        nece o acomoda.»

---

        [8]   *Dedal* 'dedil, funda de cuero o de otra materia que se pone en los dedos para que
no se lastimen'.
        [9]   *Asesar* 'adquirir seso o cordura'.
        [10]   *Torcida* 'que no está derecha', y también, 'mecha del candil'.

1227   ***Derecho*** apurado, [11] tuerto [12] ha tornado (Ac.).
«Condena el rigor y enseña que la justicia se debe templar con la prudencia.»

1228   No pierdas ***derecho,*** ni tomes cohecho. v. 976.

1229   ***Derramadora*** de la harina, allegadora de la ceniza. v. 148.

1230   De ***desagradecidos*** está el infierno lleno (Ac.). *De los ingratos está lleno el infierno* (GAlfarache, I, 151). *De los desagradecidos está lleno el infierno* (Quijote, II, 58).
«Se vitupera la ingratitud y se nota que es muy frecuente.»

1231   Al ***descalabrado*** nunca le falta un trapo, que roto, que sano (Ac.).
«Da a entender que no hay necesidad o trabajo que no tenga algún remedio o alivio.»

1232   ***Descansar,*** y tornar a beber (Ac.).
«Nota al que con tenacidad sostiene una opinión y, aunque alguna vez cese o calle, vuelve a la porfía.»

1233   ***Desdichas*** y caminos hacen amigos. v. 764.

1234   Al ***desdichado,*** poco le vale ser esforzado (Ac.).
«Enseña que ni el valor, ni el mérito, ni la prudencia humana bastan para contrastar la fortuna adversa.»

1235   Lo que uno ***desecha,*** otro lo ruega (Ac.).
«Enseña que lo que para uno es inútil y despreciable, es útil para otros.»

1236   Quien de veras ama, se engaña con ***desengaños*** (GAlfarache, I, 200).
Con la pasión se suele perder la objetividad y clarividencia sobre las acciones de la persona querida.

1237   No hay peor ***desentendido*** que el que no quiere entender. v. 3185.

1238   Date a ***deseo*** y olerás a poleo [13] (Ac.). *Vienes a deseo, huélesme a poleo* (Ac.).
«Explica el gusto con que se recibe a quien ha tardado y se deseaba, y se aconseja no familiarizarse uno mucho para hacerse más estimable.»

1239   El ***deseo*** hace hermoso lo feo (Ac.).
«Muestra cómo el ansia o afán de poseer una cosa ofusca el entendimiento.»

1240   El ***deseo*** vence al miedo (GAlfarache, I, 183 y Correas, 176).
Manifiesta que cuando se quiere algo con vehemencia, se olvidan todos los temores.

---

[11]   *Apurado* 'agotado, llevado al máximo extremo'.
[12]   *Tuerto* 'injusto, contra razón'.
[13]   *Poleo* 'planta que despide un olor muy agradable'.

1241   Vienes a *deseo,* huélesme a poleo. v. 1238.

1242   Desde la *desgracia* primera, ya soy doncella (Dorotea, II, 229).
        Se dice para poner en duda la buena reputación de una mujer.

1243   Para los *desgraciados* se hizo la horca (Ac.).
        «Irónicamente se condena la injusticia de la suerte.»

1244   Zumba con el *desigual* en casa, y zumbará contigo en la plaza. v. 2048.

1245   Un *desorden* no lleva al hospital, mas dos llevarán (Ac.).
        «Indica que un pequeño abuso conduce a otro mayor.»

1246   Cuando fueres por *despoblado,* non fagas desaguisado; porque cuando
        fueres por poblado, irás a lo vezado [14] (Ac.).
        «Enseña que ni aun en lo oculto se deben hacer acciones malas, porque
        la costumbre suele arrastrar a ejecutarlas en público o con descaro.»

1247   *Desposado* de hogaño, caro vale el paño (Ac.).
        «Se dice de los recién casados por los muchos gastos de la boda.»

1248   Quien *destaja,* [15] no baraja (Ac., Santillana, 568 y Quijote, II, 7 y 43).
        Quien primero destaja, después no baraja (Ac.).
        «Advierte que dos cosas distintas no pueden hacerse al mismo tiempo
        por una misma persona. También da a entender que para evitar pleitos
        y daños conviene prevenir todos los lances al principio de un negocio; en
        este sentido se dijo también Quien primero destaja, después no baraja.»

1249   ¿Por qué lo diste a *destajo?* Por quitarme de trabajo [16] (Ac.).
        «Ref. para indicar que el destajo evita la preocupación de velar por el
        buen cumplimiento del jornalero.»

1250   *Destrón,* [17] el consejo; la lengua, el ciego (Ac.).
        «Enseña que el juicio y la prudencia deben consultar y pensar las pala-
        bras antes que las pronuncie la lengua.»

1251   Más vale *deuda* vieja que culpa nueva (Ac.). *Más vale deuda vieja que
        pecado nuevo* (Ac.).
        «Enseña que es preferible que nos deban a desmandarnos contra el
        deudor.»

1252   Quien fía o promete, en *deuda* se mete (Ac.). *Quien promete, en deuda se
        mete* (FC, 260).
        «Explica la fuerza que tiene la promesa, pues por ella queda obligado
        el que la hace a cumplir lo que prometió.»

---

[14]   *Vezado* 'acostumbrado'.
[15]   *Destajar* 'cortar la baraja'.
[16]   *Trabajo* 'preocupación, cuidado'.
[17]   *Destrón* 'lazarillo o mozo de ciego'.

1253   El *deudor* no muera, que la deuda en pie se queda (Ac.). *Si el deudor no se muere, la deuda no se pierde* (Ac.). *El deudor no se muera, que la deuda pagarse ha* (Santillana, 248).
«Manifiesta la esperanza que queda de cobrar mientras vive el deudor.»

1254   A *días* claros, oscuros nublados (Ac.).
«Indica que tras el placer viene la tristeza y el pesar.»

1255   A dos *días* buenos, ciento de duelo (Ac.).
«Advierte que más son los días de pesar que los de placer.»

1256   Al *buen* día ábrele la puerta, y para el malo te apareja [18] (Ac.).
«Aconseja se aprovechen las ocasiones favorables y se prepare el ánimo para las adversidades que puedan sobrevenir.»

1257   Al buen *día,* métele en casa (Ac.). *Al buen día, meterle en casa* (Galdós, *Bodas,* 254).
«Aconseja aprovechar las ocasiones favorables.»

1258   Aquel *día* perdí mi honor, que hablé mal y oí peor. v. 2474.

1259   Aquel es buen *día,* cuando la sartén chilla (Ac.).
«Expresa que hay contento en estando abundante la comida.»

1260   A tres *días* buenos, cabo de mala estrena (Ac.). No hemos encontrado *cabo de mala estrena* en ninguno de los textos consultados. En BAmor, 1120, aparece 'diérale mala estrena', que Aguado [19] interpreta por «hacérselo pasar mal». *Cabo* podría tener el sentido de 'principio de alguna cosa'. *Estrena* se podría interpretar como 'novedad'. De este modo el refrán significaría: después de tres días buenos se inician cambios desfavorables. Por otra parte, podría tratarse de un error, porque en las ediciones de Ac. 1817 a 1947 viene *cabo de mal extremo.*
«Enseña lo poco estables y duraderas que son las dichas de este mundo.»

1261   Cada *día* gallina, amarga la cocina (Ac.). *Cada día olla, amarga el caldo* (Ac.). *Todos los días olla, amarga el caldo* (Ac. y FC, 263). *Cada día olla, amargaría el caldo* (Santillana, 177).
«Da a entender que por buena que sea una cosa se hace fastidiosa cuando es muy repetida.»

1262   De los buenos *días* se hacen los malos años (Criticón, III, 89).
Contra los que malgastan sus bienes y su salud.

1263   *Día* de bodorrio, ponte en completorio [20] (Ac.). Cuando se asiste a una fiesta o a una ceremonia, se deben lucir los mejores trajes y adornos.
«Aconseja se anticipen en días ocupados las obligaciones indispensables para no faltar a ellas.»

---

[18]   *Aparejarse* 'prepararse, prevenirse'.
[19]   v. Aguado, *Glos. Juan Ruiz* s/v estrena.
[20]   *En completorio* 'engalanado'.

1264   **Día de mucho, víspera de nada** (Ac.).
       «Advierte la instabilidad de los bienes terrenales. También indica que
       tras de abundancia excesiva suele venir demasiada escasez.»

1265   **Día de San Miguel, quita el agua a tu vergel** (Ac.).
       «Aconseja suspender el riego a partir del 29 de septiembre, porque basta
       con la lluvia.»

1266   **El día de ayuno, víspera es de santo** (Ac.).
       «Indica que al trabajo sigue la recompensa.»

1267   **El día que cierno, mal día tengo** (Ac.). *El día que cuelo, mal día llevo* (Ac.).
       El día que maso, mal día paso (Ac.).
       «Dichos contra mujeres holgazanas.»

1268   **El día que no escobé,** [21] **vino quien no pensé** (Ac.).
       «Advierte que es muy conveniente el vivir prevenido para lo que pueda
       sobrevenir.»

1269   **El día que te casas, o te curas o te matas** (Ac.).
       «Indica la prudencia y consejo de que se debe usar para tomar es-
       tado.»

1270   **El que en sí confía, yerra cada día** (Ac.).
       «Advierte el peligro que corremos al obrar sin aconsejarnos de nadie.»

1271   **En buen día, buenas obras** (Ac. y Santillana, 257).
       «Se dice irónicamente de los que en días señalados y notables se em-
       plean en hacer cosas malas.»

1272   **Hoy es día de «echad aquí, tía»** (Ac. y Dorotea, I, 60).
       «Denota ocasión en que se debe gastar con esplendidez.»

1273   **La que hila cada día bulto de un huevo de gallina, no irá a pedir cami-
       sa a su vecina** (Ac.).
       «Encarece cuánto vale la constancia en el trabajo.»

1274   **Más vale un día del discreto que toda la vida del necio.** v. 1279.

1275   **No hay día tan lueñe** [22] **que presto no esté presente** (Ac.).
       «Advierte cuán presuroso corre el tiempo.»

1276   **Quien tarde se levanta, todo el día trota** (Ac.).
       «Declara que cuando se empieza por perder el tiempo, luego ya no se
       recobra.»

---

[21]   *Escobar* 'barrer'.
[22]   *Lueñe,* ant. 'lejano'.

1277   Todos los *días* olla, amarga el caldo. v. 1261.

1278   Tras diez *días* de ayunque de herrero, duerme al son el perro (Ac. y
       PJustina, I, 40).
       «Demuestra la fuerza de la costumbre.»

1279   Vale más un *día* del hombre discreto, que toda la vida del necio (Celes-
       tina, XVII, 167). *Más vale un día del discreto que toda la vida del necio* (Co-
       rreas, 304).
       Pondera la valía del hombre inteligente.

1280   Cuando el *diablo* no tiene que hacer, con el rabo mata moscas (Ac.).
       El diablo, cuando no tiene que hacer, se entretiene en coger moscas (Galdós, *Mendi-
       zábal*, 282).
       «Se aplica a los que gastan el tiempo en cosas inútiles.»

1281   Cuando el *diablo* reza, engañarte quiere (Ac.).
       «Reprende a los hipócritas y generalmente a todos los que con buenas
       apariencias encubren dañada intención.»

1282   Cuando el *diablo* viniere a tu puerta y pidiere mangas, córtalas y dá-
       selas (Ac.).
       «Muestra la inutilidad de resistir a la violencia cuando no hay fuerzas
       para vencer.»

1283   El *diablo,* cuando no tiene que hacer, se entretiene en coger moscas.
       v. 1280.

1284   El *diablo,* harto de carne, se metió fraile (Ac. y FC, 258). *El lobo, harto
       de carne, métese fraile* (Ac. s/v lobo).
       «Moteja al que reforma sus costumbres relajadas cuando ya no tiene
       vigor para continuarlas.»

1285   El *diablo* sabe más por viejo que por diablo. v. 1287.

1286   Lo bien ganado se lo lleva el *diablo,* y lo malo, a ello y su amo (Ac.).
       Lo bien ganado se pierde, y lo malo, ello y su dueño (GAlfarache, I, 96 y Quijote,
       II, 54). *Lo bien ganado se lo lleva el diablo, y lo mal ganado, a ello y a su amo*
       (FC, 256 y LGarcía, 210).
       «Advierte la facilidad con que se suelen disipar los caudales, especial-
       mente los mal adquiridos.»

1287   Más sabe el *diablo* por ser viejo que por ser diablo (Ac.). *No sabe el dia-
       blo por diablo, sino por viejo* (FC, LGarcía, 209). *Más sabe el diablo por viejo que
       por diablo* (Cela, *Lazarillo*, 202). *El diablo sabe más por viejo que por diablo* (De-
       libes, *5 horas*, 156).
       «Encarece lo mucho que vale la larga experiencia.»

1288   **Nos por lo ajeno, y el *diablo* por lo nuestro** (Ac.).
«Enseña que lo que se adquiere por malos medios, no solo se malogra, sino que regularmente es causa de que se pierda aun lo que se posee con derecho.» También podría interpretarse, de modo más restringido, en el sentido de que el marido infiel se expone a que su mujer también lo sea.

1289   **Nunca el *diablo* hizo empanada de que no quisiese comer la mejor parte** (GAlfarache, IV, 163). *Nunca el diablo hizo empanada de que no quisiese comer la mejor tajada* (Correas, 366).
Aconseja desconfiar de los que, pretendiendo hacernos un favor o un servicio, solo buscan su provecho.

1290   **Ríese el *diablo* cuando el hambriento da al harto** (Ac.).
«Reprende al que invierte el orden de las cosas, aunque sea con pretextos honestos.»

1291   **Riñen los *diablos*, y se descubren los hurtos.** v. 1990.

1292   **Tanto quiso el *diablo* a sus hijos, que les sacó los ojos** (Ac.).
«Reprende a los que indiscretamente dan gusto a sus hijos en perjuicio de su buena educación.»

1293   **Yo como tú, y tú como yo, el *diablo* nos juntó** (Ac.). *Yo como tú, y tú como yo, el diablo te me dio* (Ac.).
«Explica que la conformidad en las costumbres, cuando son malas, es principio de muchos daños; y por eso parece que es obra del diablo, o disposición suya, el que se junten dos personas, especialmente en casamiento, que es a lo que alude el refrán.»

1294   **La *dicha* de la fea, la hermosa la desea** (Ac.). *La suerte de la fea, la hermosa la desea* (Ac. s/v suerte).
«Responde a la idea que tiene el vulgo de que la mujer fea suele casarse mejor que la hermosa.»

1295   **Nunca es tarde si la *dicha* es buena** (Ac.).
«Alude a un bien que se ha hecho esperar mucho.»

1296   **Del *dicho* al hecho hay gran trecho** (Ac. y Quijote, II, 34 y 64). *Del dicho al hecho va un trecho* (Delibes, *5 horas,* 258).
«Enseña la distancia que hay entre lo que se dice y lo que se ejecuta, y que no se debe confiar enteramente en las promesas, pues suele ser mucho menos lo que se cumple que lo que se ofrece.»

1297   **El *dicho* yo le apruebo; el propósito no entiendo** (Celestina, II, 121). *El dicho apruebo, y el propósito no entiendo* (Dorotea, III, 229).
Da a entender que se sospecha una intención oculta en algo que otro dice con aparente razón.

1298   **Guardaos del *dicho*, y escaparéis del hecho** (Zifar, 307).
Recomienda la prudencia en el hablar.

1299   Es mucho don *Diego,* buen marido y caballero (PJustina, II, 28 y Correas, 209).
Se dice de los que tienen demasiadas exigencias.

1300   Antes son mis *dientes* que mis parientes. v. 1302.

1301   Cuando pienses meter el *diente* en seguro, toparás en duro (Ac.). Literalmente alude a quien se dispone a comer despreocupadamente y encuentra un hueso.
«Explica el engaño del que, cuando juzga fácil conseguir un negocio,
encuentra grandes dificultades.»

1302   Primero son mis *dientes* que mis parientes (Ac.). *Antes son mis dientes
que mis parientes* (Ac.). *Más cerca están mis dientes que mis parientes* (Ac.). *Más
cerca tengo mis dientes que mis parientes* (Santillana, 459). *Más quiero mis dientes
que mis parientes* (Criticón, II, 111).
«Explica que cada uno debe mirar primero por sí que por los otros,
por muy allegados que sean.»

1303   A un *diestro,* un presto (Ac.).
«Enseña que hay ocasiones en que aprovecha y sirve más la prontitud
y celeridad en ejecutar una cosa, que la habilidad y destreza.»

1304   De *diestro* a diestro, el más presto (Ac.).
«Da a entender que entre dos igualmente hábiles, astutos y sagaces, el
más pronto en resolver o emprender el intento lleva la ventaja.»

1305   Más cura la *dieta* que la lanceta [23] (Ac.). Antiguamente solían curarse
las congestiones producidas por el exceso de comida practicando una san-
gría.
«Significa que el buen régimen contribuye más que la medicina a conservar o restablecer la salud.»

1306   A las *diez,* en la cama estés; y si ser puede, a las nueve (Ac.).
«Denota la conveniencia de acostarse temprano.»

1307   Hay *diferencia* en lo vano, darle de codo o de mano (Ac.). *Hay diferencia en lo vano, darle de codo o darle de la mano* (Ac.). El sentido literal del refrán [24] se refiere al distinto sonido de la vasija o cántaro hueco si se le da
con el codo o con la mano. Según el Diccionario, *dar de codo* y *dar de mano*
son locuciones sinónimas, pero ateniéndonos a la explicación que da Ac.
de este ref. y a la variante «darle de la mano», se puede pensar que son
de significado opuesto: en el primer caso es 'despreciar', y en el segundo
sería 'tender la mano, ayudar'.
«Explica la diferencia que hay entre el cariño y el desprecio.»

---

[23]   *Lanceta* 'instrumento que sirve para sangrar, abriendo una cisura en vena'.
[24]   v. HNúñez, II, 153 y Correas, 236.

1308   No hay mayor *dificultad* que la poca voluntad (Ac.).
        «Declara cómo aunque no haya obstáculos para una cosa los crea el
        poco deseo de hacerla.»

1309   La *diligencia* es madre de la buena ventura (Ac. y Quijote, I, 46
        y II, 43).
        «Enseña cuánto influye el cuidado y actividad en el logro de las solici-
        tudes.»

1310   A *dineros* dados, brazos quebrados (Ac.). *A dineros pagados, brazos cansa-
        dos* (Ac.). *A dineros tomados, brazos quebrados* (Santillana, 8). *A dineros pagados,
        brazos quebrados* (Celestina, III, 127 y Quijote, II, 71).
        «Advierte que no se debe hacer el pago adelantado, porque quien lo
        recibe pierde el estímulo para continuar la obra.»

1311   Bien te quiero, bien te quiero; mas no te doy mi *dinero* (Ac.).
        «Reprende a los que hacen muchos agasajos y faltan en el tiempo de
        la necesidad.»

1312   De *dineros* y bondad, quita siempre la mitad (Ac.). *De sabiduría y de
        bondad, no hay sino la mitad de la mitad* (Criticón, II, 128).
        «Da a entender que en caudales y en virtudes suele exagerar mucho
        la opinión general.»

1313   De *dinero* y calidad, la mitad de la mitad (Ac.).
        «Advierte la frecuencia con que se exageran las condiciones de riqueza
        o de linaje de las personas.»

1314   *Dinero* llama dinero (Ac. y Delibes, *DCazador,* 204).
        «Enseña que con el dinero se hace o se logra más dinero, por la facili-
        dad en el que lo tiene, de emprender negocios lucrativos.»

1315   *Dinero* no falte, y trampa adelante (Criticón, II, 112). *Trampa adelante*
        es una expr. fam. que se dice de quien vive pidiendo prestado y saldando
        deudas con nuevos préstamos.
        Contra las personas irresponsables y desaprensivas.

1316   *Dinero* olvidado, ni hace merced ni grado [25] (Ac.).
        «Enseña que las cosas útiles dejan de serlo cuando no se hace uso de
        ellas.» También se aplica al que se olvida de devolver lo que debe.

1317   *Dineros* de avaro, dos veces van al mercado (Ac.).
        «Reprende al que de mezquino compra géneros malos que le duran poco.»

1318   *Dineros* haya en el bolsón, que no faltará quien haga el son (Ac.).
        «Expresa que todos procuran dar gusto al rico.»

---

[25]   *Grado* 'agrado, gusto'.

1319 ***Dineros*** son calidad (Ac.).
«Expresa que la riqueza da consideración y honores, o que suele suplir y aun sobreponerse al linaje.»

1320 ***Dineros*** y amores, diablos y locura, mal se dismulan (Ac.). *El dinero y el amor y el cuidado no puede estar disimulado* (Ac.). *Dineros y diablos no se pueden encubrir* (Santillana, 230).
«Declara cuán difícilmente se ocultan riquezas, pasiones y carácter.»

1321 ***Dinero,*** y no consejos (Ac.).
«Reprende a quien da consejos cuando no se le piden y mucho más si los da a quien tiene necesidad de dinero.»

1322 **El *dinero*** en la bolsa, hasta que se gasta no se goza (Ac.). *El dinero nunca se goza hasta que se gasta* (GAlfarache, II, 212). *Nunca el dinero se goza sino cuando se gasta* (GAlfarache, III, 86). Alude a la satisfacción que proporciona gastar el dinero en cosas que a uno le agradan.
«Contra avarientos.»

1323 **El *dinero*** hace al hombre entero (Ac.).
«Da a entender que el no depender de otro, por tener lo que se necesita, es un gran principio para obrar con justicia y con entereza.»

1324 **El *dinero*** nunca se goza hasta que se gasta. v. 1322.

1325 **El *dinero*** y el amor traen los hombres al derredor (Ac.).
«Indica que son el amor y el interés los dos móviles principales de las acciones humanas.»

1326 **El *dinero*** y el amor y el cuidado no puede estar disimulado. v. 1320.

1327 **Los *dineros*** del sacristán, cantando se vienen y cantando se van (Ac.). El trabajo del sacristán se considera poco duro en comparación con el de la gente del campo.
«Indica la facilidad con que suele gastarse el dinero que se gana con poco trabajo.»

1328 **Más ablanda el *dinero*** que palabras de caballero (Ac.).
«Da a entender que más fuerza tiene el interés que el halago.»

1329 **Nunca el *dinero*** se goza sino cuando se gasta. v. 1322.

1330 **Para tener *dineros,*** tenerlos. v. 1336.

1331 **Por *dinero*** baila el perro, y por pan, si se lo dan (Ac.). *Por el dinero baila el perro* (Santillana, 542). Los perros amaestrados suelen lucir sus habilidades esperando la recompensa de su amo.
«Explica la fuerza del dinero, que influye aun en aquellos a quienes no sirve ni aprovecha.»

1332   Por mi *dinero,* papa le quiero (Ac.).
        «Indica el derecho que cada uno tiene a que se le dé de la mejor condi-
        ción y calidad aquello que le cuesta su dinero.» Puede interpretarse como
        una reprensión irónica contra los que creen que con dinero se consigue
        todo.

1333   Quien tiene *dineros* pinta panderos (Ac.). *Quien tiene dinero pinta pande-*
        ros (FC, 257).
        «Manifiesta la facilidad con que logra el rico lo que se le antoja.»

1334   Si más queréis, por buen *dinero* (DLengua, 149 y Correas, 455).
        Contra los que tratan de abusar de los favores que puede procurarles
        la amistad.

1335   Si no tienes *dinero* en la bolsa, ten miel en la boca (Ac.). *Quien no tiene*
        miel en la orza, téngala en la boca (BAmor, 514).
        «Aconseja al pobre que sea halagüeño en sus palabras para hacerse bien-
        quisto.»

1336   Si quieres tener *dinero,* tenlo[26] (Ac.). *Para tener dineros, tenerlos* (Criti-
        cón, III, 209).
        «Aconseja el ahorro como medio eficaz para reunir un capital.»

1337   Sobre *dinero* no hay amistad (Celestina, XII, 101). *Sobre dinero no hay*
        compañero (HNúñez, III, 410 y Correas, 463).
        Generalmente se antepone el interés a la amistad.

1338   A *Dios* rogando, y con el mazo dando (Ac., Quijote, II, 35 y 71 y Cela,
        Del Miño, 186).
        «Aconseja hacer de nuestra parte cuanto es posible para el logro de nues-
        tros deseos sin esperar que Dios haga milagros.»

1339   Al que *Dios* se la dio, San Pedro se la bendiga. v. 1349.

1340   Al que madruga, *Dios* le ayuda. v. 1350.

1341   Amanecerá *Dios,* y medraremos (Ac. y Quijote, I, 42 y II, 68).
        «Se emplea para diferir a otro día la resolución o ejecución de una cosa.
        También indica que el tiempo puede cambiar favorablemente las cosas.»

1342   Aquel es guardado, el que *Dios* quiere guardar (Zifar, 189). *Aquel es*
        guardado, que Dios quiere guardar (Zifar, 398). *Aquel es guiado, a quien Dios*
        quiere guiar (Zifar, 382). *Guardado es el que Dios guarda* (Correas, 225).
        Indica que todas las cosas dependen de la voluntad de Dios.

1343   Aquel es rico, que está bien con *Dios* (Ac. y Celestina, IV, 167).
        «Enseña que la verdadera riqueza es la virtud.»

---

[26]   *Tener* 'retener'.

1344   A quien *Dios* bien quiere, la casa le sabe. v. 1348.

1345   A quien *Dios* no le dio hijos, el diablo le dio sobrinos (Ac.). *A quien Dios no da hijos, el diablo le da sobrinos* (Delibes, *DEmigrante*, 32).
        «Ref. para expresar que por causa ajena sobrevienen cuidados al que no los tiene por su propia situación.»

1346   A quien *Dios* quiere bien, la casa le sabe. v. 1348.

1347   A quien *Dios* quiere bien, la perra le pare lechones (Ac.). *A quien Dios quiere bien, la perra le pare puercos* (Ac.).
        «Enseña que todo le sale bien a quien tiene buena suerte.»

1348   A quien *Dios* quiere, la casa le sabe (Ac.). *A quien Dios bien quiere, la casa le sabe* (Santillana, 79). *A quien Dios quiere bien, la casa le sabe* (Quijote, II, 43).
        «Da a entender que al que es afortunado se le vienen las conveniencias a la mano sin que se fatigue en solicitarlas.»

1349   A quien *Dios* se la diere, San Antón se la bendiga (Ac.). *A quien Dios se la diere, San Pedro se la bendiga* (Ac. y Quijote, II, 64). *A quien Dios se la dio, San Pedro se la bendiga* (Quijote, I, 45). *A quien Dios se lo da, San Pedro se lo bendiga* (FC, 259). *Al que Dios se la dio, San Pedro se la bendiga* (FC, *Más honor*, 163).
        «Explica la disposición que tiene uno a conformarse con la Providencia en el buen o mal éxito de sus pretensiones o deseos.»

1350   A quien madruga, *Dios* le ayuda (Ac. y Cela, *Lazarillo*, 106). *Al que madruga, Dios le ayuda* (Galdós, *Bodas*, 312).
        «Advierte que la buena diligencia suele tener feliz éxito en las pretensiones.»

1351   A quien no habla, no le oye *Dios* (Ac.). *Quien no habla, no le oye Dios* (Santillana, 629). *Quien no habla, Dios no le oye* (FC, 260).
        «Reprende la cortedad de aquellos que, por no atreverse a explicar sus solicitudes, las malogran.»

1352   A quien se muda, *Dios* le ayuda. v. 1396.

1353   A tuerto o a derecho, ayude *Dios* a los nuestros (GAlfarache, V, 96). *Con razón o sin ella, ayúdenos Dios y a los nuestros* (FC, *LGarcía*, 198).
        Reprueba a los que usan toda clase de medios, lícitos o ilícitos, para lograr sus fines.

1354   Ayúdate bien, y ayudarte ha *Dios* (Zifar, 199). *Ayúdate, y ayudaráte Dios* (DLengua, 48). *Ayúdate tú, y Dios te ayudará* (FC, 264).
        Es necesario luchar para obtener lo que se necesita y no esperar pasivamente que otros solucionen nuestros problemas.

1355   Cada uno estornuda como *Dios* le ayuda (Ac.). Juega con la frase *Dios le ayude* que se dice cuando alguien estornuda.
«Significa que cada uno hace las cosas del mejor modo que sabe o puede.»

1356   Cuando *Dios* amanece, para todos amanece (Ac. y Quijote, II, 49). *Cuando amanece, para todo el mundo amanece* (Lozana, 240).
«Enseña que debemos comunicar nuestros bienes y felicidades a los demás.» También significa que los bienes fundamentales de la vida son gratuitos.

1357   Cuando *Dios* no quiere, lo santos no pueden (Ac.).
«Avisa que cuando no se tiene ganada la voluntad del que ha de conceder una gracia, no hay que fiar en mediaciones de amigos o intercesores.»

1358   Cuando *Dios* quería, allén[27] la barba escupía; ahora que no puedo, escúpome aquí luego (Ac.).
«Explica lo que se ve precisado a tolerar el que de rico pasa a ser pobre, y de superior estado baja al humilde y abatido.» Puede referirse también a la pérdida de fuerzas que trae consigo la vejez.

1359   Cuando *Dios* quiere, con todos aires llueve (Ac.). *Cuando Dios quiere, con todos los aires llueve* (Ac.). *Cuando Dios quiere, con todos los vientos llueve* (Ac.).
«Enseña que todo obedece a la voluntad de Dios, disponiendo que los medios que se creen más contrarios al logro de una cosa sirvan para su consecución.»

1360   Da *Dios* alas a la hormiga para morir más aína[28] (Ac.).
«Enseña, con el ejemplo de este insecto, que la mucha elevación de algunos suele ser causa de su ruina.»

1361   Da *Dios* almendras al que no tiene muelas (Ac.). *Dio Dios habas a quien no tiene quijadas* (Ac., Santillana, 206, Celestina, I, 106 y DLengua, 77). *Da Dios mocos al que no tiene pañuelo* (Ac.). *Da Dios pañuelo al que no tiene narices* (Ac.).
«Se suele decir cuando las riquezas o conveniencias recaen en sujeto que no puede o no sabe disfrutarlas.»

1362   Dais por *Dios* al que tiene más que vos (Ac. y FC, 263). La invocación a Dios es la fórmula corriente para solicitar la caridad ajena.
«Reprende la necedad de muchos que sin elección ni discernimiento reparten, aun lo que a ellos mismos hará falta, entre los que no lo han menester.»

1363   De *Dios* viene el bien, y de las abejas, la miel (Ac.).
«Enseña que Dios es el único autor del bien, por cualquiera medio que nos venga.»

---

27   *Allén*, ant. 'allende, lejos de'.
28   *Aína* 'fácilmente'.

1364   **Dios aprieta, pero no ahoga** (Ac., Galdós, *Gerona*, 22 y Delibes, *DCazador*, 82).

«Aconseja la conformidad en las tribulaciones, esperando en Dios.»

1365   **Dios castiga sin palo ni piedra** (Ac.). *Dios castiga, y no a palos* (Ac.).

«Advierte que Dios muchas veces castiga al malo de modo inesperado e incomprensible.»

1366   **Dios consiente, y no para siempre** (Ac.). *Dios sufre a los malos, pero no para siempre* (Quijote, II, 40). *Dios consiente, pero no para siempre* (FC, LGarcía, 197).

«Recuerda la justicia y castigo de Dios al que obra mal, confiado en su espera y misericordia.»

1367   **Dios da el frío conforme la ropa** (Ac.). *No tiene más frío nadie que la ropa que trae* (Dorotea, II, 191).

«Advierte que Dios da el socorro según la necesidad.»

1368   **Dios desavenga a quien nos mantenga** (Ac.).

«Advierte que de las desavenencias de unos suele resultar provecho a otros.»

1369   **Dios los cría y ellos se juntan** (Ac., Galdós, *Un faccioso*, 83 y Delibes, *DEmigrante*, 138).

«Da a entender que los que son semejantes en las inclinaciones y en el genio se buscan unos a otros. Tómase por lo común en mala parte.»

1370   **Dios me dé contienda con quien me entienda** (Ac., Santillana, 196, Criticón, III, 204 y FC, 263).

«Advierte que no conviene tratar o disputar sino con personas de entendimiento.»

1371   **Dios me depare mesón que la huéspeda me haya algo, el huésped** [29] **non** (Ac.).

«Da a entender lo mucho que la mujer puede con su maña y arte en el manejo de las cosas de la casa.» En un sentido más amplio pone de relieve la influencia de la mujer, que con su habilidad suele conseguir para otras personas los beneficios que el hombre puede dispensar.

1372   **Dios no come ni bebe, mas juzga lo que ve** (Ac.). *Dios nace a cada hora: no come ni bebe, pero juzga lo que ve* (FC, Más honor, 182). *Dios ni come ni bebe, pero juzga lo que ve* (FC, 267).

«Recuerda la presencia de Dios en todo lugar, para que nosotros procedamos rectamente, como que hemos de ser juzgados por quien ve nuestras obras.»

---

[29] *Huésped* 'mesonero, amo de la posada'.

1373   ***Dios*, que da la llaga, da la medicina** (Ac. y Quijote, II, 19).
        «Enseña que debemos esperar el remedio de nuestros males, de la misma
        mano de Dios, que nos los envía.»

1374   ***Dios* sufre a los malos, pero no para siempre.** v. 1366.

1375   ***Dios* te dé ovejas, e hijos para ellas** (Ac.).
        «Enseña cuánto importa que el mismo dueño sea quien cuide de su ha-
        cienda.»

1376   ***Dios* y vida componen villa** (Ac.).
        «Advierte que es necesario el trabajo y diligencia personal para conse-
        guir las cosas con el auxilio de Dios, y que es una temeridad dejarlo todo
        a su providencia.»

1377   **El que peca y se enmienda, a *Dios* se encomienda.** v. 1397).

1378   **Eso se hace, lo que a *Dios* place** (Ac.).
        «Nos advierte que interviene Dios en todos los sucesos, disponiéndolos
        o permitiéndolos.»

1379   **Guardado es el que *Dios* guarda.** v. 1342.

1380   **Fío de *Dios* que aún tiempo vendrá, que cual es el buen amigo por
        las obras parecerá** (BAmor, 683). *Placerá a Dios y tiempo verná, cuales son
        los amigos por el tiempo parecerá* (HNúñez, III, 154 y Correas, 395).
        Da a entender que los momentos de prueba son los mejores para cono-
        cer la calidad de los amigos.

1381   **Hízonos *Dios;* maravillámonos nos** (Corbacho, 141). *Hízonos Dios, y ma-
        ravillámonos nos* (HNúñez, II, 182 y Correas, 234).
        Moteja a quien se asombra o admira de un hecho sin importancia.

1382   **Líbreos *Dios* de «hecho es»** (GAlfarache, III, 210 y Correas, 267).
        Indica lo difícil que es deshacer o reparar las acciones ya realizadas.

1383   **Lo que *Dios* da, llevarse [30] ha** (Ac.).
        «Exhota a la conformidad en los trabajos, considerándolos como envia-
        dos por Dios, que siempre busca nuestro mayor provecho.»

1384   **Lo que es de *Dios*, a la mano se viene** (Ac.). *Lo que está de Dios, a la mano
        se viene* (Ac.). *Estar o ser de Dios* una cosa equivale a creerla dispuesta por
        la Providencia y ser, por consiguiente, inevitable.
        «Ref. con que manifiesta su confianza el que pretende o litiga con jus-
        ticia.»

---

[30]   *Llevarse* 'sobrellevarse, soportarse'.

1385 **Lléveme *Dios* a ese mesón do manda el marido, y la mujer non** (Ac.).
«Aconseja que sea el hombre el que mande para que la casa esté bien regida.»

1386 **Más vale a quien *Dios* ayuda, que quien mucho madruga** (Ac. y Celestina, VIII, 15). *Más vale quien Dios ayuda, que quien mucho madruga* (Santillana, 430). *Más vale al que Dios ayuda que al que mucho madruga* (Quijote, II, 34).
«Contra los que confían más en sus diligencias que en la ayuda de Dios.»

1387 **No da *Dios* pan sino en ero[31] sembrado** (Zifar, 119).
Da a entender que Dios ayuda al que trabaja y se esfuerza.

1388 **No dé *Dios* a nuestros amigos tanto bien que nos desconozcan** (Ac.).
«Denota cuánto mudan a los hombres las prosperidades y la fortuna, que les hacen desconocer a sus antiguos amigos.»

1389 **No hizo *Dios* a quien desamparase** (Celestina, VI, 220). *No hace Dios a quien desampara* (DLengua, 97).
Manifiesta que Dios no se olvida de nadie, y que no debe perderse la esperanza en ningún caso, por desesperado que parezca.

1390 **No hiere *Dios* con dos manos** (Ac.). *No hiere Dios con dos manos, que a la mar hizo puertos y a los ríos vados* (Ac.).
«Enseña que los castigos de Dios siempre nos vienen templados por su misericordia, pues nunca son iguales a nuestras faltas. Complétase diciendo: que a la mar hizo puertos y a los ríos vados.»

1391 **Obrar bien, que *Dios* es Dios** (Ac.). *Vivir bien, que Dios es Dios* (Ac.).
«Explica que el que cumple con su obligación no tiene que hacer caso de murmuraciones, pues Dios le sacará bien.»

1392 **Placerá a *Dios* y tiempo verná, cuales son los amigos por el tiempo parecerá.** v. 1380.

1393 **Plegue a *Dios* que orégano sea, y que no se vuelva alcaravea[32]** (Ac.). *Quiera Dios que orégano sea, y que no se vuelva alcaravea* (Ac.). *Quiera Dios que orégano sea* (Quijote, I, 21).
«Orégano sea: Expr. fig. y fam. con que se expresa el temor de que un negocio o empresa tenga mal resultado.» (s/v orégano.)

1394 **Quien no habla, *Dios* no le oye.** *Quien no habla, no le oye Dios.* v. 1351.

1395 **Quien se guarda, *Dios* le guarda** (Zifar, 398).
Quien obra rectamente, no tiene nada que temer.

---

[31] *Ero* 'tablar de huerta'.
[32] *Alcaravea* 'planta aromática que tiene propiedades carminativas y estomacales. Se usa como sahumerio'.

1396   **Quien se muda, *Dios* le ayuda** (Ac., Zifar, 34 y Criticón, III, 208). *Quien se muda, Dios lo ayuda* (Lozana, 172). *A quien se muda, Dios le ayuda* (GAlfarache, IV, 206 y Galdós, *Bodas,* 112). Alaba a quienes saben rectificar a tiempo.
       «Aconseja mudar de medios cuando los primeros no salen bien.»

1397   **Quieren yerra y se enmienda, a *Dios* se encomienda** (Ac., DLengua, 77 y Quijote, II, 28). *Quien yerra y se enmienda,* etc. (Celestina, VII, 242). *El que peca y se enmienda, a Dios se encomienda* (FC, LGarcía, 224).
       «Da a entender que no debe culparse a uno de las faltas que él mismo ha corregido.»

1398   **Rogar a *Dios* por santos, mas no por tantos** (Ac.). *Rogábamos a Dios por santos, mas no por tantos* (Santillana, 632).
       «Expresa que la demasiada abundancia, aunque sea de cosas buenas y que se deseaban, muchas veces es molesta y perjudicial.»

1399   **Si *Dios* de esta me escapa, nunca me cubrirá tal capa** (Ac.). Se refiere probablemente a las promesas que antiguamente se hacían de no volver a usar una prenda si Dios ayudaba en un momento difícil.
       «Si de esta escapo y no muero, nunca más bodas al cielo.» El que se halla en una situación de extremo peligro, se propone obrar con más prudencia en lo sucesivo.

1400   **Teme a *Dios,* y honra tu rey** (Lozana, 280).
       Aconseja respetar la autoridad divina y la humana.

1401   **Vivir bien, que *Dios* es Dios.** v. 1391.

1402   **Mientras el *discreto* piensa, el necio hace la ciencia** (Ac.).
       «Atribuye mayor eficacia a la diligencia que a la discreción.»

1403   **La *división* y la destrucción, de un parto son** (Ac.).
       «Advierte los daños que ocasiona la discordia.»

1404   **Antes *doblar* que quebrar** (Ac.).
       «Advierte que es más ventajoso ser blando y ceder algo de su derecho que ser inflexible y duro, dando ocasión a perder la amistad.»

1405   **Donde hay más *doctores,* hay más dolores** (Criticón, I, 208).
       Pone de manifiesto la antigua desconfianza que había en el saber de los médicos. También se dice porque es difícil aunar las opiniones de muchos.

1406   ***Dolencia* larga y muerte encima** (Ac.). *Dolencia larga y muerte al cabo* (Ac.).
       «Explica que cuando un mal se prolonga suele tener funesto desenlace.»

1407   Dice al *doliente* el sano: Dios te dé salud, hermano. v. 3102.

1408   **Dolor de mujer muerta dura hasta la puerta** (Ac.).
        «Explica lo poco que algunos sienten el enviudar.»

1409   **Dolor de viudo, corto y agudo** (Ac.).
        «Denota que, aunque muy profundo, suele ser de escasa duración el
        pesar que causa la viudez.»

1410   Si no crees en *dolor*, cree en color (Celestina, VII, 252). *Si crees, en dolor;*
        si no, cree en color (Santillana, 646). Aunque el dolor se puede fingir, el color
        del semblante revela si la persona está enferma o no.
        Aconseja a los que desconfían del testimonio ajeno que acepten las prue-
        bas evidentes.

1411   La *doncella* honesta, el hacer algo es su fiesta (Ac. y Quijote, II, 5).
        «Manifiesta la necesidad que hay de tener ocupadas a las jóvenes para
        preservarlas de los vicios que ocasiona la ociosidad.»

1412   La *doncella* honrada, la pierna quebrada, y en casa. v. 2397.

1413   La *doncella* y el azor, las espaldas hacia el sol (Ac.). *La doncella y el azor,*
        las espaldas al sol (Dorotea, III, 229). El azor, para poder lanzarse sobre su
        presa, vuela de espaldas al sol para que este no le deslumbre. Según el con-
        cepto clásico de la belleza, el cutis debía ser blanco, y preservarse de los
        rigores del aire y del sol.
        «Recomienda el recato en las jóvenes.»

1414   Quien adama [33] a la *doncella*, el alma trae en pena (Ac.).
        «Se dice porque las doncellas suelen estar guardadas con cuidado y no
        están a mano las ocasiones de hablarles.»

1415   Cuanto se deja de *dormir*, tanto se acrecienta en vivir (Ac.).
        «Equiparando el sueño a la muerte, aconseja no dormir demasiado.»

1416   **Duerme a quien duele, y no duerme quien algo debe** (Ac.). *Duerme*
        quien duerme, y no duerme quien algo debe (Santillana, 229).
        «Denota que los hombres honrados más sienten deber y no poder pagar
        que padecer un dolor.»

1417   **Duérmete** y callemos, que sendas nos tenemos. v. 623.

1418   **El dormir** no quiere priesa (Celestina, XIV, 139). *El dormir no quiere prisa,*
        ni la prisa quiere dormir (Correas, 176).
        Además de su sentido recto, da a entender que para hacer determina-
        das cosas no es aconsejable la precipitación.

---

[33]   *Adamar* 'cortejar; amar con vehemencia'.

1419   Mucho *dormir* causa mal vestir (Ac.).
        «Contra el perezoso, que por no acudir al trabajo se empobrece.»

1420   Quien mucho *duerme,* poco aprende (Ac.). *Quien mucho duerme, poco medra*
        (FC, 260).
        «Advierte que para saber es necesario mucho desvelo y aplicación.»

1421   *Dote,* fiado; y suegra, de contado (Ac.). *El dote fiado, y la suegra de contado*
        (Criticón, III, 121).
        «Se aplica al que, movido con promesas halagüeñas de beneficios du-
        dosos, acepta cargos que llevan fatiga y trabajo ciertos.»

1422   Si quieres saber lo que vale un *ducado* [34] pídelo prestado (Ac.).
        «Ref. sobre lo dificultoso que es siempre el préstamo.»

1423   ¿A dó vas, *duelo?* A do suelo (Ac.).
        «Explica que los males y trabajos no suelen venir solos, sino que se su-
        ceden unos a otros.»

1424   *Duelo* ajeno de pelo cuelga. v. 1150.

1425   *Duelos* con pan son buenos. v. 1427.

1426   *Duelos* me hicieron negra, que yo blanca me era (Ac.). *Hadas malas*
        me hicieron negra, que yo blanca era (Santillana, 368). Los trabajos o las pena-
        lidades desfiguran a la mujer más hermosa.
        «Da a entender lo mucho que acaban la penas.»

1427   Los *duelos* con pan son buenos. (Ac. y Lozana, 81). *Los duelos con pan*
        son menos (Ac., GAlfarache, II, 9, Quijote, II, 13 y Galdós, *Un faccioso,* 265).
        Todos los duelos con pan son buenos (Santillana, 689, DLengua, 106 y Quijote,
        II, 55). *Duelos con pan son buenos* (PJustina, II, 243).
        «Da a entender que son más soportables los trabajos habiendo bienes
        y conveniencias.»

1428   Cuando os pedimos, *dueña* os decimos; cuando os tenemos, como que-
        remos (Ac.).
        «Enseña a desconfiar de las palabras lisonjeras del que pide algo.»

1429   *Dueña* culpada, mal castiga mallada [35] (Ac.).
        «Da a entender que el que se halla culpado no puede reprender a otros.»

1430   *Dueña* que de alto hila, de alto se remira (Ac.).
        «Denota la presunción y vanidad que tienen algunas mujeres de ser muy
        hacendosas.»

---

[34]   *Ducado* 'moneda de oro que se usó en España hasta fines del s. XVI'.
[35]   *Mallada* 'criada, doncella'.

1431   *Dueña* que en alto hila, abajo se humilla (Ac.).

       «Da a entender cuán expuesto y sujeto a inconvenientes es el levantarse uno a más alto lugar que el que le corresponde; como la mujer que quiere hilar sentada en alto, y, por lo mismo, tiene que bajarse cada vez que se le cae el huso.»

1432   *Dueña* que mucho mira, poco hila (Ac. y Santillana, 240).

       «Da a entender que la mujer ventanera nunca será muy hacendosa.»

1433   La *dueña* compuesta, [36] si no quiere el mandado no da buena respuesta (BAmor, 80).

       Manifiesta que la mujer decente no se deja seducir ni engañar fácilmente.

1434   Yo *dueña* y vos doncella, ¿quién barrerá la casa? (Ac.).

       «Da a entender que cada uno debe cumplir con las obligaciones de su estado o ministerio, sin pretender cargarlas a otro.»

1435   Adonde no está el *dueño,* ahí está su duelo (Ac.). *Adonde no está el dueño, no* [37] *está su duelo* (Ac.). *Donde no está su dueño, está su duelo* (Santillana, 212). *Adonde no está su dueño, allí está su duelo* (DLengua, 105).

       «El ojo del amo engorda al caballo.» No suele ir bien un negocio cuando el propietario lo pone en manos de sus asalariados.

1436   Cual el *dueño,* tal el perro (Ac.).

       «Según es el amo de la casa, así son los que están a su servicio.»

1437   De lo ajeno, lo que quisiere su *dueño* (Ac.).

       «Explica la conformidad y gratitud que debe tener el que recibe con el que da, aunque el don sea corto.»

1438   Donde no está su *dueño,* está su duelo. v. 1435.

1439   Dos *dueños* de una bolsa, el uno canta y el otro llora (Ac.). *Dos amigos de una bolsa, el uno canta y el otro llora* (Santillana, 202).

       «Advierte que los bienes a medias acarrean muchos disgustos.»

1440   Lo bien ganado se pierde, y lo malo, ello y su *dueño.* v. 1286.

1441   A nadie le amarga un *dulce* (Ac. y Delibes, *5 horas,* 163).

       «Denota que cualquier ventaja que se ofrece, por pequeña que sea, no es de desperdiciar.»

1442   Más da el *duro* que el desnudo (Ac., Santillana, 454, DLengua, 84 y Criticón, III, 209).

       «Denota que aun del avaro debe esperarse más que del que nada tiene para sí.»

---

[36] *Compuesta* 'decente, honesta'.
[37] Así en todas las ediciones de Ac.

E

1443   **Con otro *ea*, [1] llegaremos a la aldea** (Ac.).
«Anima a continuar cualquier trabajo.»

1444   **Lo que no se *empieza*, no se acaba** (Ac. y FC, 255 y 259).
«Aconseja sacudir la pereza, denotando que suele vencerse la dificultad de un negocio con solo principiarlo.»

1445   **El *enamorado* y el pez, frescos han de ser** (Ac.).
«Alude a lo agradable que es la novedad.»

1446   **Juzgan los *enamorados* que todos tienen los ojos vendados** (Ac.). *Piensan los enamorados que los otros tienen los ojos quebrados* (Santillana, 544). *Piensan los enamorados que todos los demás tienen los ojos vendados* (Criticón, I, 148).
«Denota que el que está apasionado no repara en que los demás le observan.»

1447   **El mal *encantador*, con la mano ajena saca la culebra** (Ac.). *El encantador malo saca la culebra del forado* [2] (BAmor, 868). *Con ajena mano saca la culebra del forado* (Santillana, 147).
«Moteja al que, desconfiando de su habilidad, se vale del auxilio ajeno para ostentarla.»

1448   **No hay *encubierta* [3] que a mal no revierta** (BAmor, 542).
Las malas acciones se suelen volver contra el mismo que las realiza.

1449   **Al mal *encuentro*, darle de mano y mudar asiento** (Ac.). Antes de enfrentarnos con alguien que nos desagrada es preferible alejarse de él.
«Aconseja esquivar los peligros.»

---

[1]   *Ea*, interj. que se emplea para denotar alguna resolución de la voluntad, usada aquí como sust.

[2]   *Forado*, ant. 'agujero'.

[3]   *Encubierta* 'fraude, ocultación dolosa'.

1450   Quien presto *endentece,* presto hermanece (Ac.).
        «Indica que el niño que arroja temprano los dientes pronto tendrá un
        hermano, porque le destetan en seguida.»

1451   **Al *enemigo* que huye, la puente de plata** (Ac.). *Al enemigo que huye, ha-*
        cerle la puente de plata (Quijote, II, 58). *Al enemigo que huye, puente de plata*
        (Galdós, *O'Donnell,* 60).
        «Enseña que en ciertas ocasiones conviene facilitar la huida al enemi-
        go, o el desistimiento de quien nos estorba.»

1452   **De los *enemigos,* los menos** (Ac., Celestina, XII, 111, GAlfarache, I,
        217, Quijote, II, 14 y Criticón, II, 95).
        «Se usa cuando se trata de deshacerse de los que causan perjuicio.»

1453   **El que es *enemigo* de la novia, no dice bien de la boda** (Ac.). *El que*
        es enemigo de la novia, ¿cómo dirá bien de la boda? (Ac.).
        «Enseña no deberse tomar el dictamen de personas apasionadas y que-
        josas, ni dar fe a sus dichos.»

1454   **Ese es tu *enemigo,* el que es de tu oficio.** v. 1459.

1455   **Mejor es dejar a los *enemigos* que pedir a los amigos.** v. 2363.

1456   **No hay *enemigo* pequeño** (Ac.).
        «Proverb. de sentido patente.»

1457   **Quien a su *enemigo* popa,** [4] **a sus manos muere** (Ac., BAmor, 1200,
        DLengua, 114 y FC, 259).
        «Enseña que el que desprecia a su enemigo suele ser víctima de su vana
        confianza.» También puede entenderse en el sentido de que no se deben
        tener miramientos con quienes nos demuestran su enemistad.

1458   **Quien *enemigos* tiene, no duerma.** v. 1460.

1459   **¿Quién es tu *enemigo*? El que es de tu oficio** (Ac.). *Ese es tu enemigo,*
        el que es de tu oficio (Ac.). *Quien es de tu oficio, ese es tu enemigo* (GAlfarache,
        V, 61).
        «Advierte que la emulación suele enemistar a los hombres de una misma
        clase, ejercicio, etc.»

1460   **Quien tiene *enemigos,* no duerma** (Ac. y Criticón, III, 201). *Quien tiene*
        enemigos, no duerma, que hasta el escarabajo del águila se venga (Ac.). *Quien ene-*
        migos tiene, no duerma (GAlfarache, IV, 113).
        «Ref. y completo: que hasta el escarabajo del águila se venga. Advierte el cui-
        dado, cautela y vigilancia que se ha de tener con los enemigos, para que
        no nos cojan desprevenidos sus asechanzas o agresiones.» Está inspirado
        en la fábula de Esopo, *El águila y el escarabajo.*

---

        [4] *Popar* 'despreciar' (Ac.); 'salvar la vida, tener miramientos con' (Corominas, *Dicc. etim.,*
        s/v costribar).

1461   Sea mi *enemigo* y vaya a mi molino (Ac.).
       «Al que viene a darnos provecho lo recibimos gustosos, aunque no sea
       amigo.»

1462   Si quieres *enemigos,* haz de[5] vestir a niños (Ac.).
       «Ref. que nace de que la ropa de niños es para el sastre enfadosa de
       hacer y no la estiman bien los parroquianos.»

1463   De *enero* a enero, el dinero es del banquero (Ac.).
       «Da a entender que en el juego del monte y otros análogos, a la larga
       lleva ventaja el banquero.»

1464   En *enero,* ni galgo lebrero ni halcón perdiguero (Ac.). *En enero no hay
       galgo lebrero, sino el cañamero* (Ac.). *En enero, ni galgo liebrero ni halcón perdiguero*
       (FC, 266).
       «Enseña que en el mes de enero no conviene cazar con esos animales.
       También se dijo: En enero no hay galgo lebrero, sino el cañamero, aludiendo a
       las redes de cáñamo usadas para cazar.»

1465   *Enero* y febrero comen más que Madrid y Toledo (Ac.).
       «Alude a las carnes que en esos meses pierde el ganado por la escasez
       de hierbas.»

1466   Échate a *enfermar,* verás quién te quiere bien o quién te quiere mal.
       v. 1511.

1467   Si quieres *enfermar,* cena mucho y vete a acostar (Ac.).
       «Advierte el peligro de acostarse con el estómago muy lleno.»

1468   Al *enfermo* que es de vida, el agua le es medicina (Ac.). *Quien es de
       vida, el agua le es medicina* (FC, 262). La locución *ser de vida* equivale a 'no
       estar destinado a morir'.
       «Encarece la robusta constitución o buena estrella de una persona y todo
       lo que de suyo es sólido y hacedero.»

1469   El *enfermo* ni lo bebe ni lo come, mas mala casa pone (Ac.).
       «Ref. alusivo a que las enfermedades consumen la hacienda.»

1470   Quien engaña al *engañador...* v. 1995.

1471   Aquel es *engañado,* quien cuida que engaña. v. 1152.

1472   *Engaña* a quien te engaña, a quien te fai, faile (BAmor, 1466). *A quien
       te la fai, faila* (HNúñez, I, 114 y Correas, 62). «*Fai* de *facit* no es forma
       española, sino occitana. [...] Parece haber sido frase burlesca que debería

_____
       [5]   *Hacer de* 'dedicarse a'.

de citarse en esta forma chapurrada o macarrónico-francesa. [...] De hecho está documentada como fr. proverb. allende el Pirineo, ya en la Edad Media.» [6].

Aconseja obrar con los demás como ellos lo hacen con nosotros. Es una invitación a la venganza.

1473   En ál [7] va el **engaño** (Lozana, 253 y DLengua, 101). *En ál va el engaño, que no en besalla durmiendo* (Santillana, 305).

Da a entender que en una acción hay más malicia de la que parece.

1474   **Al enhornar se tuerce el pan** (Ac.). *Al enhornar se hacen los panes tuertos* (Ac.). *Al enhornar suelen hacerse los panes tuertos* (GAlfarache, I, 77). La masa que se mete en el horno está blanda y se puede deformar.

«Advierte el cuidado que se debe tener cuando se comienzan las cosas, para que salgan bien hechas, y el cuidado que se ha de tener para dirigir bien a los niños.»

1475   **¿Quién te enriqueció? Quien te gobernó** (Lozana, 114 y Santillana, 570). *Quien te gobernó, ese te enriqueció* (Dorotea, III, 229).

Encarece la importancia que tiene, para el éxito de cualquier asunto, una buena dirección y gobierno.

1476   **De la ensalada y de la casada dos bocados y dejarla.** v. 868.

1477   **Aún no ensillamos, y ya cabalgamos** (Ac.). *Aún no ensilláis, y ya cabalgáis* (Santillana, 30). *Aún no ensillades, y ya cabalgades* (Galdós, *Narváez,* 77).

«Reprende a los que quieren llegar al fin o término antes de tiempo sin haber puesto los medios necesarios.»

1478   **A buen entendedor, breve hablador** (Ac.). *Al buen entendedor, pocas palabras* (Ac. y Quijote, II, 37). *A hombre de buen entendimiento, pocas palabras cumplen* (Zifar, 428). *A buen entendedor, pocas palabras* (Santillana, 78 y GAlfarache, IV, 125). *A buen entendedor...* (Celestina, VIII, 23 y Delibes, *5 horas,* 54).

«Advierte que el sujeto capaz y de buen entendimiento comprende fácilmente lo que se le quiere decir.» Modernamente suele decirse solo la primera parte del refrán para hacer una advertencia sin emplear palabras ofensivas, o para aludir a una cosa que no se quiere declarar de manera expresa.

1479   **Con vos me entierren, que sabéis de todo.** v. 1126.

1480   **Tanto entornó,** [8] **que trastornó** [9] (Ac.).

«Enseña que se suelen echar a perder las cosas por querer perfeccionarlas y apurarlas más de lo que conviene.»

---

[6]   v. Corominas, ed. *BAmor* nota al verso 1466.
[7]   *Ál* 'otra cosa'.
[8]   *Entornar* 'inclinar'.
[9]   *Trastornar* 'volver una cosa de abajo arriba'.

1481   Dulce es la *entrada,* mas amarga es la estada [10] (Corbacho, 149).
        Los comienzos de las cosas (trabajo, matrimonio, etc.), suelen ser agradables.

1482   *Entrañas* y arquetas, a los amigos abiertas (Ac.).
        «Manifiesta la franqueza y confianza que se ha de tener con los amigos.»

1483   Si la *envidia* tiña fuera, ¡qué de tiñosos hubiera! (Ac.). *¡Si la envidia fuera la tiña...!* (Cela, *Lazarillo,* 215).
        «Nota al envidioso disimulado.»

1484   No puede todo ser, dormir y guardar las *eras* (Ac.).
        «Advierte que la conservación de la hacienda requiere mucha vigilancia.»

1485   Al *erizo,* Dios le hizo (Ac.).
        «Indica ser todas las criaturas obras de Dios, y cada una según su naturaleza.» En general, recomienda no despreciar a nadie.

1486   Después que te *erré,* [11] nunca bien te quise (Ac.).
        «Se usa para denotar que ordinariamente se desama a aquel a quien se ha ofendido.»

1487   *Errar* y porfiar (Ac.).
        «Reprende a los tercos.»

1488   Malo es *errar,* y peor es perseverar (DLengua, 181).
        Recomienda no persistir en ideas o acciones erróneas o perjudiciales.

1489   No hay *error* sin autor, ni necedad sin padrino (Criticón, III, 17).
        Las ideas o acciones más absurdas siempre tienen alguien que las defienda.

1490   Quien busca el *escándalo,* en él perece. v. 2765.

1491   Alguno está en el *escaño,* que a sí no aprovecha y a otro hace daño (Ac.). Se refiere al privilegio que solían tener algunos soberanos, fundadores de templos y personas de autoridad, de ocupar en las iglesias un lugar especial.
        «Se aplica a los que ocupan un puesto o gozan de favor sin fruto propio y con daño de otros.»

1492   Dijo el *escarabajo* a sus hijos: ¡Venid acá, mis flores! (Ac. y FC, *LGarcía,* 198).
        «Explica cuánto engaña el cariño en el juicio de las dotes y gracias de las personas a quienes queremos mucho.»

---

[10]   *Estada* 'detención, demora que se hace en un lugar'.
[11]   *Errar* 'faltar, no cumplir con lo que se debe'.

1493   Hasta los *escarabajos* tienen tos (Ac.). *Hasta los gatos tienen tos* (Ac. s/v gato). *Hasta los gatos tienen romadizo* (Ac. s/v gato). *Hasta los escarabajos tienen tos y empinan la cola* (FC, *LGarcía*, 200). *Hasta los escarabajos empinan la cola* (FC, 275).
    «Hasta los gatos tienen tos o romadizo: Fr. fig. y fam. con que se reprende a los que hacen ostentación de cualidades que no les son propias.» (s/v gato.)

1494   *Escarcha* rebolluda, [12] al segundo o tercer día suda (Ac.).
    «Denota que después de haber caído dos o tres escarchas grandes y seguidas, regularmente llueve.»

1495   De los *escarmentados* nacen los arteros (Ac.). *De los escarmentados se hacen los avisados* (Ac.). *De los escarmentados se hacen los arteros* (Zifar, 261). *De los escarmentados se levantan los arteros* (DLengua, 54 y 102).
    «Denota cuánto valen las experiencias de los daños y trabajos sufridos, para enseñar el modo de evitar en adelante las ocasiones peligrosas.»

1496   El *escarmentado* bien conoce el vado (Ac.). *El escarmentado busca el vado* (Ac.).
    «De los escarmentados nacen los arteros.» Los que han sufrido una experiencia desagradable —como sería la de hundirse en un río—, buscan los medios para evitar correr riesgos.

1497   Más gasta el *escaso* que el franco (Ac.).
    «Indica cómo a veces, por escatimar, se compran géneros de mala calidad que duran poco y exigen pronto nuevo gasto.»

1498   Cuando nace la *escoba*, [13] nace el asno que la roya (Ac.).
    «Denota que ninguno es tan feo ni tan pobre que no halle su igual con quien acomodarse.» En general, significa que por despreciables que parezcan las cosas, siempre tienen utilidad para alguien.

1499   *Escoba* desatada, persona desalmada [14] (Ac.). La persona desordenada suele ser tan inútil como la escoba que ha perdido su abrazadera.
    «Indica que no se puede sacar ningún partido bueno de una cosa o persona que está en desorden.»

1500   Con *escobilla,* el paño; y la seda, con la mano (Ac.). *Al paño, con el palo; y a la seda, con la mano* (FC, 256). El paño debe tratarse con el cepillo; y la seda, por ser su calidad más delicada, solo con la mano.
    «Enseña que a cada uno se ha de tratar conforme corresponde a su genio y educación.»

1501   ¡Qué *escorrozo*, [15] no tener qué comer y tomar mozo! (Ac.).
    «Irónicamente reprende a los que gastan en lo superfluo sin tener para lo necesario.»

---

[12] *Rebolluda* 'doble, que cae dos veces'.
[13] *Escoba* 'mata de la familia de las papilionáceas'.
[14] *Desalmada* 'desasosegada, alocada'.
[15] *Escorrozo* 'regodeo'.

1502   **El mejor *escribano* echa un borrón** (Ac.). *El mejor escribano...* (Galdós, *Estafeta*, 207).
«Se usa para disculpar un yerro o falta que se ha cometido una vez.»

1503   **Por bueno o por malo, el *escribano* de tu mano.** v. 2849.

1504   ***Escribe* antes que des, y recibe antes que escribas** (Ac.).
«Encarece las precauciones con que se ha de comerciar y tratar los negocios para no exponerse a las pérdidas que ocasiona el descuido o la demasiada confianza.»

1505   **A *escudero* pobre, carbón de cañuto** (Ac.). El carbón de cañuto es el que se fabrica de las ramas delgadas de algunos árboles.
«Ref. irónico, porque el carbón de canutillo es de poca duración y mucho gasto.»

1506   **A *escudero* pobre, mozo adivino** [16] (DLengua, 130). *A escudero pobre, rapaz adivino* (Santillana, 6). *Adivino* está usado irónicamente.
v. A escudero pobre, carbón de cañuto.

1507   **El *escudero* de Guadalajara, de lo que promete a la noche, no hay nada a la mañana.** v. 1782.

1508   ***Escudero* pobre, taza de plata y olla de cobre** (Ac.). *Al hombre pobre, taza de plata y olla de cobre* (Santillana, 73).
«Se aplica a aquellos que a costa de privaciones ostentan riqueza que no tienen.»

1509   ***Escuderos* de Hernán Daza, nueve debajo de una manta** (Dorotea, II, 191, HNúñez, II, 135 y Correas, 206).
Zahiere al que presume de tener muchos servidores y carece de medios suficientes para proveerlos de lo más necesario.

1510   **Tal *escudero* está en la frontera, y tal le da en la mollera** (Corbacho, 87, HNúñez, III, 416 y Correas, 469).
Da a entender que la ausencia del lugar de trabajo, suele causar la pérdida de los empleos o beneficios, que son aprovechados por otro.

1511   **En el *escudillar* [17] verás quién te quiere bien y quién te quiere mal** (Ac.). *Échate a enfermar, verás quién te quiere bien o quién te quiere mal* (Santillana, 249).
«Denota que el modo de hacer los beneficios y distribuir los empleos descubre la mayor o menor afición y particular inclinación del que los reparte.» También indica que los verdaderos amigos se conocen en los momentos de necesidad.

---

[16] *Adivino:* "Que le pone dificultades en lo que le manda, que no hallará lo que le envía a buscar" (Correas, 13).
[17] *Escudillar* 'distribuir en escudillas o platos, caldo o manjares'.

1512   Quien espera en la *esfera,* muere en la rueda (Ac.). Se compara la esfera
        terrestre con una rueda, por las vueltas que da.
        «Advierte que no debe el hombre poner su confianza en este mundo
        inconstante.»

1513   Buen *esfuerzo* quebranta mala ventura. *Buen esfuerzo vence a la mala ven-
        tura.* v. 1049.

1514   A *espalda* vuelta no hay respuesta (Ac.).
        «Ref. para indicar que no hay que responder al que huye, ni a lo que
        se murmura en nuestra ausencia.»

1515   *Espaldas* vueltas, memorias muertas (Ac.).
        «C. Rica, Chile, Hond{uras] y P. Rico. Denota que la ausencia es causa
        de olvido.»

1516   Al *espantado,* la sombra le espanta (Ac.).
        «Denota que el que ha padecido un trabajo o contratiempo con cual-
        quier motivo se recela.»

1517   Lo poco *espanta* y lo mucho amansa (Ac. y FC, 261).
        «Enseña que nos aterramos con la imagen de un mal pequeño, y que
        después la Providencia nos da aliento para sufrir con resignación grandes
        calamidades.»

1518   *Esparcidor* de harina y recogedor de ceniza. v. 148.

1519   Ofrecer mucho al que poco pide, es *especie* de negar (Celestina, VI,
        218). *Ofrecer mucho, especie es de negar* (HNúñez, III, 103 y Correas, 370).
        Ofrecer mucho a quien pide poco, especie es de negarlo todo (Correas, 370).
        Aconseja desconfiar de los que hacen promesas u ofrecimientos excesi-
        vos o desproporcionados.

1520   ¿Qué *espejo* hará la fuente do la vecera [18] se mete? (Ac.).
        «Advierte no poder dar buen ejemplo la persona de malas costumbres.»

1521   *Esperanza* luenga aflige el corazón (Celestina, I, 67).
        v. Quien espera, desespera.

1522   Más vale buena *esperanza* que ruin posesión (Quijote, II, 65 y Correas,
        298). *Vale más buena esperanza que ruin posesión* (Quijote, II, 7).
        Se aplica al que desprecia algo (trabajo, situación, premio), que consi-
        dera mezquino, fiado en la esperanza de algo mejor.

---

[18]   *Vecera* 'manada de ganado, por lo común porcuno, perteneciente a un vecindario'.

1523   Quien *espera*, desespera (Ac. y DLengua, 97).
        «Explica la mortificación del que vive en una esperanza incierta de lo-
        grar el fin de sus deseos.»

1524   Cojo, y no de *espina;* calvo, y no de tiña; ciego, y no de nube, no hay
        maldad que no encubre (Dorotea, V, 427). *Cojo, y no de espina; calvo, y no*
        de tiña; ciego, y no de nube, todo mal encubre (HNúñez, I, 247 y Correas, 115).
        Se usa para poner de relieve que los defectos de una persona son evi-
        dentes y su corrección difícil o imposible.

1525   La *espina* cuando nace, la punta lleva delante (Ac.).
        «Desde luego muestra cada uno su inclinación.»

1526   No saques *espinas* donde hay espigas (Ac.). *Espinas* está usado en un
        sentido amplio por 'cardos o hierbas malas de los sembrados'.
        «Aconseja que no se trabaje sin esperanza de fruto.»

1527   Tañe el *esquilón* y duermen los tordos al son (Ac. y PJustina, I, 40).
        Los tordos, y las aves en general, suelen asustarse de los ruidos, pero no
        huyen de los que les son familiares.
        «Se dice de los que han perdido el miedo a las represiones.»

1528   Quien bien *está* no se mueva (o no se mude). v. 3150.

1529   A gran *estatua*, gran basa (Ac.).
        «Indica que a cada cosa se ha de conceder la importancia que le corres-
        ponde.»

1530   Estella la bella, Pamplona la bona, Olite y Tafalla, la flor de Navarra.
        v. 2919.

1531   El *estiércol* de Castilla, es ámbar en Aragón (Criticón, III, 398). [19]
        Alude a la admiración que sentían los aragoneses por los castellanos,
        por la mayor riqueza de estos.

1532   Mucho *estirar*, hace hender o quebrar (Ac.).
        «Aconseja no tener mucho rigor o no ser muy exigente.»

1533   En *estómago* villano, no cabe el pavo (PJustina, II, 7).
        Expresa que el que no está acostumbrado a lujos o refinamientos, no
        sabe apreciarlos, ni le gustan.

1534   La *estopa*, de junto al fuego, quítala luego (Ac.).
        «Aconseja apartar las ocasiones de pecar. Aplícase especialmente al trato
        de la mujer moza con el varón.»

---

[19] En el texto se inserta el ref. en relación con Fernando el Católico y Fernando de
Antequera.

1535 Ni de *estopa* buena camisa, ni de puta buena amiga. v. 2940.

1536 No bastan *estopas* para tapar tantas bocas (Ac.). Generalmente, entre fontaneros, se utiliza la estopa para arreglar escapes de agua.
«Advierte lo dificultoso que es impedir la murmuración casi general.»

1537 Si no fui avisada, tomé la *estopada* [20] (Ac.).
«Da a entender que los que no tienen habilidad para los ejercicios delicados se aplican por necesidad a los groseros.»

1538 Abájanse los *estrados,* y álzanse los establos (Ac.).
«Abájanse los adarves y álzanse los muladares.» Puede referirse a los cambios radicales que se producen a veces en la situación económica y social de las personas.

1539 Jo, que te *estriego.* v. 551.

1540 Unos nacen con *estrella,* y otros nacen estrellados (Ac.).
«Da a entender la distinta suerte de las personas.»

1541 La *experiencia* es madre de la ciencia (Ac.).
«Encarece la enseñanza que procede del uso y conocimiento práctico.

1542 La *experiencia* y escarmiento hace los hombres arteros (Celestina, V, 195).
El hombre suele hacerse cauteloso y desconfiado con la edad y con los desengaños que padece.

1543 **Extremo** es creer a todos, y yerro no creer a ninguno (Celestina, I, 106). *Yerro es no creer, y culpa creerlo todo* (Celestina, I, 109 y Correas, 215).
Reprende el exceso en la confianza o desconfianza.

---

[20] *Estopada* 'porción de estopa para hilar o para otros usos'.

F

1544   A quien te la *fai,* faila. v. 1472.

1545   Lo que entra con la *faja,* sale con la mortaja (Ac.).
       «Declara que las costumbres adquiridas en la niñez perduran toda la vida.»

1546   Con el *falso* no tomes amistad, porque te hará maldad (Ac.).
       «Contra las personas engañosas.»

1547   A *falta* de buenos, han hecho a mi marido jurado. v. 1549.

1548   A *falta* de caldo, buena es la carne (Ac.). *A falta de pan, buenas son tortas* (Ac. y Delibes, *5 horas,* 215). *A mengua de pan, buenas son tortas* (Santillana, 48). *A mengua de carne, buenos son pollos con tocino* (Santillana, 106). *A falta de pan, tortas* (Galdós, *Prim,* 183).
       «Ref. irónico que aconseja conformarse con lo que se tiene o alcanza, a falta de otra cosa mejor.»

1549   A *falta* de hombres buenos, a mi padre hicieron alcalde (Ac.). *Por falta de hombres buenos, a mi padre hicieron alcalde* (Ac. s/v hombre y Galdós, *1824,* 54). *¿Quién os hizo alcalde? Mengua de hombres buenos* (Santillana, 614). *A falta de buenos, han hecho a mi marido jurado* (Criticón, III, 210).
       «Se suele decir cuando una persona tiene cargo, dignidad o cometido inmerecido o inadecuado por no haber sujeto más apto.» «Se dice cuando se da un empleo a persona que no lo merece, a falta de otra más digna.» (s/v hombre.)

1550   A *falta* de pan, buenas son tortas. *A falta de pan, tortas.* v. 1548.

1551   A *falta* de polla, pan y cebolla (Ac.).
       «Enseña a conformarse con lo que se tiene.»

1552   Por *falta* de hombres buenos, a mi padre hicieron alcalde. v. 1549.

1553   Si sabe la *falta,* deje la causa (Dorotea, II, 188).
Indica que cuando se conoce el origen de un mal, o el motivo por el que se comete, es inexcusable no evitarlo.

1554   Buena *fama* hurto encubre (Ac.).
«Aconseja que se procure adquirir buena opinión, porque con ella se puede disimular mejor un defecto, si lo hay.» También puede significar que no debe uno fiarse de las apariencias.

1555   Cobra buena *fama,* y échate a dormir (Ac. y Criticón, III, 204).
«Da a entender que el que una vez adquiere buena fama con poco trabajo la conserva.»

1556   La mala *fama* antes descubierta que la buena sea cierta [1] (Zifar, 331).
Las malas acciones suelen ser llamativas, y dan lugar a más comentarios que las buenas.

1557   Si quieres buena *fama,* no te dé el sol en la cama (Ac.). *Si quieres tener buena fama, no te halle el sol en la cama* (FC, 260).
«Reprende a los perezosos y alaba a los diligentes.»

1558   Unos tienen la *fama* y otros cardan la lana (Ac.). Unos tienen fama de trabajadores y otros son los que efectivamente hacen la labor de cardar la lana para sacarle el pelo.
«Advierte que muchas veces se atribuye a uno lo que otro hizo.»

1559   *Fatigar* y no ganar nada. v. 55.

1560   El *favo* [2] es dulce, mas pica la abeja (Ac.).
«Se aplica al placer que trae aparejado un gran dolor.» En sentido más general, pone de relieve que todas las cosas presentan siempre dos aspectos, uno bueno y otro malo.

1561   *Febrerillo* corto, con sus días veintiocho (Ac.).
«*Febrerillo,* m. d. de *febrero.* Ú(sase) solo en la locución Febrerillo el loco, para denotar la inconstancia del tiempo en este mes, y en el refrán Febrerillo corto, con sus días veintiocho.»

1562   Cuando llueve por *febrero,* todo el año ha tempero. v. 1760.

1563   En *febrero,* un día malo y otro bueno (Ac.). *En febrero, un rato al sol y otro al humero* [3] (Ac.).
«Expresa lo desigual que es el tiempo en ese mes, por lo cual se le califica de loco.»

---

[1]   *Cierta* 'reconocida'.
[2]   *Favo,* en Salamanca 'panal de miel'.
[3]   *Al humero* 'al fuego'.

1564   *Febrero,* cebadero (Ac.).
        «Denota que la lluvia en este mes afianza la cosecha de la cebada.»

1565   Si no lloviere en *febrero,* ni buen prado, ni buen centeno (Ac.).
        «Denota cuán necesaria es la lluvia de ese mes para la hierba y para los panes.»

1566   Cada uno cuenta de la *feria* como le va en ella (Ac.). *Cada uno habla de la feria como le va en ella* (Ac.). *Cada uno dice de la feria como le va en ella* (Santillana, 155). *Dice cada uno de la feria según le va en ella* (Celestina, IV, 166). *Habla cada uno de la feria según le fue en ella* (Criticón, III, 172).
        «Denota que cada cual habla de las cosas según el provecho o daño que ha sacado de ellas.» También puede aplicarse a las personas, de las que se suele hablar bien o mal, según la simpatía que inspiran.

1567   Ni *fíes* ni porfíes, ni prometas lo incierto por lo cierto (Lozana, 323). *Ni fíes ni porfíes, ni confíes, ni arriendes* (Correas, 336).
        Recomienda seguir estas normas de conducta.

1568   Haced *fiestas* a la gata, y saltaros ha a la cara (Ac.). *Regala a la gata, y te saltará a la cara* (Ac. s/v gata).
        «Aplícase al mal pago que da el ingrato.» «Contra ingratos.» (s/v gata.)

1569   Holgar hoy, mañana *fiesta,* buena vida es esta (Ac.).
        «Contra los holgazanes.»

1570   Quien te hace *fiestas* que no te suele hacer, o te quiere engañar, o te ha menester (Ac.). *Si te hace caricias el que no las acostumbra hacer, o engañarte quiere, o te ha menester* (GAlfarache, II, 172).
        «Da a entender el cuidado con que deben mirarse los aduladores.»

1571   Hoy *figura,* mañana sepultura (Ac.).
        «Alude a lo perecedero de la vanidad humana.»

1572   A la *fin* loa la vida, y a la tarde loa el día (Ac.).
        «Hasta el fin nadie es dichoso.» No hay que anticiparse a los acontecimientos, ni dar por conseguidas la felicidad o la suerte.

1573   Al *fin* se canta la gloria (Ac.).
        «Da a entender que hasta estar concluida una cosa no se puede hacer juicio cabal de ella. Fig. Indica que el premio viene después del trabajo.»

1574   Hasta el *fin* nadie es dichoso (Ac.).
        «Recomienda no alegrarse porque vaya bien un asunto hasta ver cómo acaba.»

1575   **La *flaca* baila en la boda, que no la gorda** (Dorotea, III, 230, HNúñez, II, 235 y Correas, 258). En la delgadez se simboliza la agilidad y la gracia de movimientos, y en la gordura, la torpeza de ademanes.
        «Da a entender que las personas ricas y acomodadas, aunque acuden a los festejos y funciones, se están quietas y no atienden a dar gusto, sino solo a su conveniencia, lo que no les sucede a las que no lo son, que procuran agradar y festejar.» [4]

1576   **Al *flato,* con el plato** (Ac.).
        «Denota que esta incomodidad se suele combatir comiendo.»

1577   **Ni de las *flores* de marzo, ni de la mujer sin empacho** [5] (Ac.).
        «Denota lo poco que se puede fiar en la mujer que ha empezado a perder la vergüenza, del mismo modo que del campo cuando se adelanta demasiado antes que llegue la primavera.»

1578   **Cuanto mayor es la *fortuna,* tanto es menos segura** (Celestina, I, 104 y Correas, 142).
        Cuanto más favorece la suerte o fortuna, tanto más incierta suele ser su continuidad.

1579   ***Fortuna* te dé Dios, hijo, que el saber poco te basta (o te vale).** v. 3366.

1580   ***Fortuna* y aceituna, a veces mucha y a veces ninguna** (Ac.).
        «Da a entender que así como la cosecha de la aceituna rara vez es mediana, así también es la fortuna, que rara vez se contenta con la medianía.»

1581   **La *fortuna* del tiñoso tiene la rueda de corcho** (PJustina, II, 95). La fortuna se representa por una rueda que gira.
        Da a entender que para algunas personas desgraciadas no llega nunca la buena suerte.

1582   **Más vale *fortuna* en tierra que bonanza por la mar** (Ac.).
        «Ref. que encarece los riesgos de la navegación y que prefiere a estos cualquier trabajo o adversidad en tierra firme.»

1583   ***Fraile* que pide por Dios, pide para dos** (Ac.).
        «Explica que en las obras de caridad que se hacen con el prójimo no solo se interesa el que las recibe, sino también el que las hace por el mérito que adquiere con Dios. Dicho maliciosamente, quiere indicar que el que pide para otro suele quedarse con algo.»

1584   **El *francés,* hueso de tocino,** [6] **y la mesonera, pan en el corpiño** (PJustina, I, 99). No hemos podido documentar este refrán en otros textos; aunque en *PJustina* se califica como tal. Probablemente significa que tanto el francés como la mesonera sacan provecho de las cosas más insignificantes.
        ¿Puede aludir a gustos o costumbres de estas personas?

---

[4]   v. Ac. 1726 s/v boda.
[5]   *Sin empacho* 'desenfadada'.
[6]   *Tocino,* en Aragón 'cerdo'.

1585   **Al *freír* será el reír, y al pagar será el llorar** (Ac. y FC, 258). *Al pagar será el dolor* (Corbacho, 83).

«Censura al que da por seguro lo que es ilusorio o contingente, u obra sin previsión y sin tino.»

1586   **No vienen *frieras* sino a ruines piernas** (Ac.). Las frieras, o sabañones, suelen padecerlos las personas con mala circulación sanguínea o mal alimentadas.

«Da a entender que los males y trabajos suelen venir, por lo regular, a los más débiles.»

1587   ***Frío* y amor no guarda [7] donde entra** (Corbacho, 60).

De ambas cosas no se ven libres las personas de cualquier condición que sean.

1588   **No tiene más *frío* nadie que la ropa que trae.** v. 1367.

1589   **Uno come la *fruta* aceda, y otro tiene la dentera** (Ac.). *Unos comen el agraz, y otros tienen la dentera* (Ac. s/v agraz). *Los sus abuelos comieron el agraz, y en ellos fincó la dentera* (Zifar, 332). Se refiere a la sensación desagradable que a veces se experimenta al ver comer a otra persona sustancias excesivamente ácidas o ásperas.

«Explica que algunos suelen sufrir la pena de la culpa que otros cometen.»

1590   **En *fucia* del conde, no mates al hombre.** v. 1916.

1591   **Donde *fuego* se hace, humo sale** (Ac.). *El fuego hecho, hubo de salir humo* (Corbacho, 161).

«Da a entender que por más ocultas que se hagan las cosas no dejan de rastrearse.»

1592   **No cabíamos al *fuego,* y entró nuestro abuelo** (Ac.). *No cabemos al fuego y parió mi suegra* (Santillana, 500).

«Éramos pocos y parió mi abuela.» Se dice cuando hay exceso de personas en un lugar, y llegan otras.

1593   **Si el *fuego* está cerca de la estopa, llega el diablo y sopla** (Ac.). *No está bien el fuego cabe las estopas* (Ac.). *Peligroso está el fuego cabe la estopa* (Corbacho, 86).

«Advierte el riesgo que hay en la demasiada familiaridad entre hombres y mujeres.»

1594   **Acometa quienquiera, el *fuerte* espera** (Ac.). *Acometa quienquiera, que el fuerte espera* (FC, *Más honor,* 186).

«Advierte que es más valor esperar con serenidad el peligro que acometer.»

---

[7]   *Guardar* 'mirar'.

1595 A *fuerza* de varón, espada de gorrión (Ac.).
«Aconseja usar de maña y cortesía contra la fuerza del poderoso.»

1596 A *fuerza* de villano, hierro en mano (Ac.). *A fuerza de villano, hierro en medio* (DLengua, 77). La persona cerril, incapaz de razonamiento, no entiende más lenguaje que el de la violencia.
«Enseña que a quien no escucha razones es menester resistirle por fuerza.»

1597 A la *fuerza* ahorcan (Ac., Cela, *El Gallego*, 30, *Judíos*, 214, *VAlcarria*, 159 y Delibes, *DEmigrante*, 35 y *5 horas*, 21 y 237).
«Da a entender que uno se ve o se ha visto obligado a hacer alguna cosa contra su voluntad.»

1598 Donde *fuerza* viene, derecho se pierde (DLengua, 15). *Do fuerza viene, derecho se pierde* (Santillana, 208). *Donde la fuerza oprime, la ley se quiebra* (GAlfarache, II, 101). *Donde hay fuerza, derecho se pierde* (FC, 263).
Muchas veces se atropella la justicia por las presiones de los poderosos.

1599 No hay *función* sin tarasca [8] (Ac. y Galdós, *Luchana*, 72). *No hay procesión sin tarasca* (Ac.).
«Critica a la persona que asiste a todas las fiestas y diversiones.»

---

[8] *Tarasca,* fig. 'mujer desenvuelta'.

G

1600   El *gaitero* de Bujalance,[1] un maravedí porque empiece, y diez porque acabe (Ac.).

«Zahiere a los que son molestos y pesados en su trato y conversación, y, por otra parte, difíciles de entrar en ella, haciéndose de rogar.»

1601   La *gala* del nadador es saber guardar la ropa (Ac.).

«Da a entender que en cualquier empeño, lo más importante es cuidar de no sufrir un daño o detrimento.»

1602   Presto me pondré *galán,* y en breve volveré a ganapán (GAlfarache, II, 115). *Presto me pondré a galán, y presto volveré a ganapán* (Correas, 409).

Indica que las riquezas adquiridas fácilmente se suelen perder con la misma facilidad.

1603   A la larga, el *galgo* a la liebre mata (Ac.). *A la luenga, toma el galgo a la liebre* (Santillana, 51).

«Enseña que con la constancia se vencen las dificultades.» También puede significar que el más fuerte suele salir vencedor.

1604   Donde el *galgo* no piensa, la liebre salta. v. 2027.

1605   El *galgo* barcino, o malo o muy fino (Ac.). *Barcino* se dice del animal de pelo blanco y pardo, y a veces rojizo, como ciertos perros, toros y vacas.

«Da a entender que en el galgo de este color no hay medianía.»

1606   El *galgo* y el gavilán no se quejan por la prea,[2] sino porque es su ralea (Ac.).

«Se aplica a la gente baja y de malas inclinaciones, que hace daños aun cuando no tenga ánimo de hacerlos.»

---

[1] *Bujalance,* pueblo de la provincia de Córdoba.
[2] *Prea,* ant. 'presa'.

1607   Mañana ayunará *Gálvez;* a bien que no es hoy (Ac.). *Mañana ayunará Godoy; a bien que no es hoy* (Ac. s/v Godoy).

«Da a entender que se difiere el cumplimiento de una cosa debida o prometida.» En general, se usa para censurar a quienes dilatan la realización de sus deberes.

1608   A *gallego* pedidor, castellano tenedor [3] (Ac.)

«Advierte el desaire que deben sufrir los importunos y molestos.»

1609   Aldeana es la *gallina,* y cómela el de Sevilla (Ac. y Santillana, 40). *Aldeana es la gallina, y cómela el de la villa* (Ac.). *Aldeana es la gallina y la come el de Sevilla* (FC, *Más honor,* 174). Los habitantes de las ciudades suelen alimentarse de productos procedentes de ambientes rurales.

«Advierte que no se deben despreciar las cosas por ser humildes o criadas en tierra pobre.»

1610   Escarba la *gallina* y halla su pepita [4] (BAmor, 977). *Escarba la gallina, siempre por su mal* (GAlfarache, IV, 81).

Manifiesta que muchas veces es perjudicial querer profundizar en las cosas.

1611   Holgad, *gallinas,* que el gallo está en vendimias (Ac.). *Holgad, gallinas, que muerto es el gallo* (Ac.). *Holgar, gallinas, que muerto es el gallo* (Santillana, 353).

«Da a entender la falta que hace la cabeza en una casa o comunidad, por la libertad que se toman los dependientes de ella.»

1612   La *gallina* de mi vecina más huevos pone que la mía (Ac.). *La gallina de mi vecina, más gorda está que la mía* (Ac.).

«Reprende a los envidiosos, que siempre tienen por mejor lo que otros poseen.»

1613   No es mucho que a quien te da la *gallina* entera, tú des una pierna de ella (Ac.).

«Enseña que debemos ser agradecidos a los bienhechores.»

1614   Otro cría las *gallinas* y vos coméis los pollos (Lozana, 220).

Se dice de quienes se aprovechan del esfuerzo de los demás.

1615   Tan contenta va una *gallina* con un pollo, como otra con ocho (Ac.).

«Enseña el amor y cuidado de las madres con los hijos, al modo de la gallina, que recoge debajo de sus alas a un pollo solo, y cuida de él como la que tiene muchos.»

1616   Viva la *gallina,* y viva con su pepita [4] (Ac.). *Viva la gallina con su pepita* (Santillana, 128 y Celestina, IV, 165). *Viva la gallina, aunque sea con su pepita* (Quijote, II, 5). *Viva la gallina, aunque con su pepita* (Quijote, II, 65).

«Aconseja que no se debe intentar el curar radicalmente ciertos achaques habituales, por el riesgo que puede haber de perder la vida.»

---

[3]   *Tenedor* 'que retiene'.
[4]   *Pepita* 'tumorcillo que las gallinas suelen tener en la lengua, y que las impide cacarear'.

1617   Al *gallo* que canta, le aprietan la garganta (Ac.).
        «Advierte el daño que se puede seguir de no guardar un secreto.»

1618   Cada *gallo* canta en su muladar (Ac. y FC, 263). *Cada gallo canta en su muladar, y el bueno, en el suyo y ajeno* (Ac.). *Cada gallo, en su muladar* (Santillana, 159 y Galdós, *Arapiles,* 126). *Cada gallo cante en su muladar* (DLengua, 68).

        «Advierte que cada uno manda en su casa o ministerio, y que el hombre de distinguido mérito es atendido en todas partes.»

1619   Daca [5] el *gallo,* toma el gallo, quedan las plumas en la mano (Ac. y Santillana, 243).
        «Enseña que por manejar o revolver demasiado algunas cosas suelen desmejorarse o perderse.»

1620   El que solo come su *gallo,* solo ensilla su caballo (Ac.). *Quien solo come su gallo, solo ensille su caballo* (Santillana, 598). *Quien solo come su gallo, solo ensilla su caballo* (FC, 260).
        «Enseña que el que no da de lo que tiene ni ayuda a los demás, no halla quien le socorra ni ayude en lo que ha menester.»

1621   Escarbó el *gallo,* y descubrió el cuchillo (Ac. y Dorotea, II, 147).
        «Manifiesta que los que andan averiguando lo que no les importa suelen descubrir lo que no quisieran.»

1622   *Gallo* que no canta, algo tiene en la garganta (Ac.).
        «Advierte que cuando uno deja de terciar en conversaciones que le atañen suele consistir en que algo tiene que temer.»

1623   Metí *gallo* en mi cillero, [6] hízose mi hijo y mi heredero (Ac.). *Mete el gallo en tu muladar, y saldrá heredero* (Santillana, 431).
        «Se dice del que voluntariamente recibe a uno en su casa, el cual luego, por fuerza o maña, se hace dueño de ella.» De modo más general, puede aplicarse a quienes se toman confianzas excesivas.

1624   No cantan bien dos *gallos* en un gallinero (Ac.).
        «Indica cuán mal se avienen dos que a la vez quieren imponer su voluntad o su prestigio.»

1625   Oyó al *gallo* cantar, y no supo en qué muladar (Ac.).
        «Zahiere al que oye mal o entiende mal lo que oye.»

1626   Quien solo come su *gallo,* solo ensille su caballo. v. 1620.

---

5   *Daca* 'dame acá'.
6   *Cillero* 'cilla, casa o cámara donde se recogían los granos'.

1627 **De ser buena no he gana; de ser mala dámelo el alma** (Ac.). *De ser buena no he gana; no se me tienen los pies en casa* (Ac.).
«Enseña la inclinación natural, especialmente en la gente moza, de darse a los pasatiempos y diversiones, y el cuidado que se debe tener en la edad temprana.»

1628 **Donde hay gana, hay maña** (Ac.).
«Reprende a los que rehúsan hacer lo que se les manda con el pretexto de que no saben hacerlo.»

1629 **Entre ruin ganado poco hay que escoger** (Ac.).
«Da a entender que entre varias personas o cosas ninguna es a propósito para el fin o asunto de que se trata.»

1630 **Quien tiene ganado, no desea mal año** (Ac.). No quiere que haya mala cosecha el que tiene que comprar piensos para mantener su ganado.
«Da a entender que solo los logreros tienen interés en que el año no sea abundante.»

1631 **Quien está de ganancia, no baraje** (Criticón, II, 267).
Aconseja evitar los cambios cuando las cosas marchan bien, para no perder la buena suerte.

1632 **Pierde el gañán porque los años se le van** (Ac.).
«Da a entender que para el trabajo penoso del cuerpo es necesaria la fuerza y robustez de la mocedad.»

1633 **¿De dónde le vino al garbanzo el pico?** (Ac.). El garbanzo es legumbre con que se alimenta la gente humilde.
«Reprende al que siendo de linaje humilde o de escasas dotes se ensoberbece jactándose.»

1634 **Seca la garganta, ni gruñe ni canta** (Ac.).
«Ref. con que los bebedores disculpan su afición a beber a menudo.»

1635 **Aunque la garza vuela muy alta, el halcón la mata** (Ac.).
«Contra los engreídos.»

1636 **Ni al gastador que gastar, ni al endurador que endurar**[7] (DLengua, 183). *Ni al gastador faltó que gastar, ni al lacerador*[8] *que endurar* (Correas, 333).
Da a entender que cada cual sigue sus inclinaciones naturales, por muchos obstáculos que se le pongan.

1637 **El que gasta poco, gasta doblado** (Criticón, I, 218).
Las cosas baratas suelen ser de mala calidad y, por consiguiente, duran poco.

---

[7] *Endurar* 'ahorrar'.
[8] *Lacerador* 'avariento'.

1638   Muera *gata* y muera harta. v. 2219.

1639   No eches la *gata* en tu cama, o no la acocees después de echada (Ac.).
        «Aconseja no dar demasiadas alas a uno o no extrañar ni quejarse des-
        pués si abusa de la excesiva tolerancia que con él se tiene.»

1640   Regala a la *gata*, y te saltará a la cara. v. 1568.

1641   A *gato* viejo, rata tierna (Ac.).
        «Se aplica al viejo enamorado de una mujer joven.»

1642   Cuando el *gato* no está, los ratones bailan (Ac.).
        «Cuando se ausentan los superiores, o no vigilan, los subordinados
        huelgan.»

1643   El *gato* de Mari Ramos halaga con la cola y araña con las manos (Ac.).
        «Detesta la malicia de los que se muestran afables y pacíficos para hacer
        daño más a su salvo.»

1644   El *gato* maullador, nunca buen cazador (Ac.). *Gato maullador, nunca buen
        cazador* (Santillana, 338).
        «Se aplica al que habla mucho y obra poco.»

1645   *Gato* con guantes no caza ratones (Ac.). *Gato con guante no caza ratón* (FC,
        259). *Gato con guantes no caza* (Delibes, *DCazador*, 80). Para trabajar bien
        los adornos estorban.
        «Expresa cuán embarazoso es usar de refinamientos a que uno no está
        acostumbrado.»

1646   *Gato* escaldado, del agua fría ha miedo (Ac.). *Gato escaldado, del agua
        fría huye* (Ac.). *Gato escaldado, etc.* (Galdós, *Sin rey*, 245).
        «Denota que el que ha experimentado algunos daños en lances peligro-
        sos, con dificultad entra aun en los de menor riesgo.»

1647   *Gato* maullador, nunca buen cazador. v. 1644.

1648   Hasta los *gatos* quieren zapatos (Ac. y Galdós, *De Oñate*, 267).
        «Moteja a los que tienen pretensiones superiores a su mérito y con-
        dición.»

1649   Hasta los *gatos* tienen romadizo. *Hasta los gatos tienen tos.* v. 1493.

1650   Lo más encomendado lleva el *gato* (Ac.). *Lo mejor se lleva el gato* (Loza-
        na, 59).
        «Advierte que lo que más se cuida es lo que suele extraviarse o per-
        derse.»

1651   Mandan al *gato* y el gato manda a su rabo. v. 1653.

1652 **Sepan gatos qué es antruejo** (Ac.). *Sepan gatos qué es entruejo* (Ac.). *Antruejo* o *entruejo* son los tres días de carnestolendas que preceden al miércoles de ceniza. Se celebraban con mascaradas y con grandes convites.
«Se dice de cualquier día de gran comida, y especialmente por aquellos que en los convites comen más de lo regular.»

1653 **Yo mando a mi gato y mi gato manda a su rabo** (Ac.). *Mandan al gato y el gato manda a su rabo* (Santillana, 433). Por muy humilde que sea una persona siempre desea tener a alguien a quien mandar.
«Se aplica a quien se desentiende de lo que se le ha encomendado para encargarlo a otro.»

1654 **Gavilán de Alcaraz,**[9] **mujeres, no tiene cascabeles** (Dorotea, III, 229 y Correas, 222). Era costumbre poner cascabeles a los gavilanes que se amaestraban para la caza, entre otras cosas para poderlos vigilar. Por tanto, en sentido figurado, *gavilán sin cascabeles* puede personificar al cauteloso, el que no hace ruido al acercarse. En Timoneda (cuento 87) aparece esta locución sustantiva referida al eunuco, pero del texto de *La Dorotea* parece deducirse el sentido citado en primer lugar.
Alude a la persona que, de forma indirecta y solapada, busca su provecho.

1655 **Genio y figura, hasta la sepultura** (Ac.). *Natural y figura, hasta la sepultura* (Ac. s/v natural). *Genio y figura,* etc. (Cela, *El Gallego,* 236 y Delibes, *5 horas,* 161 y 210). Las características físicas y temperamentales no suelen cambiar con los años.
«Explica no ser fácil mudar de genio.»

1656 **Anda yo caliente y ríase la gente** (Ac. y DLengua, 74). *Ándeme yo caliente y ríase la gente* (Quijote, II, 50 y Criticón, III, 203).
«Se aplica al que prefiere su gusto o su comodidad al bien parecer.»

1657 **Gente loca, coméis de mi rabo y no de mi boca** (Ac.). «Dicen esto los ratones, porque se raspa lo que ellos ratonan y no lo demás, y han traído su cola por cima de todo.»[10]
«Condena a los que en ausencia juzgan mal de acciones ajenas.»

1658 **Con las glorias se olvidan las memorias** (Ac.). En momentos de gran alegría se dejan de hacer las cosas más elementales y perentorias.
«Da a entender que el que sube a altos empleos o tiene grandes gustos y satisfacciones suele olvidar a los amigos y los beneficios recibidos.»

1659 **Gloria vana, florece y no grana** (Ac. y Santillana, 339).
«Advierte cuán poco suelen durar las satisfacciones del mundo.»

1660 **Quien te gobernó, ese te enriqueció.** v. 1475.

---

[9] Con el nombre de *Alcaraz* hay un partido judicial en Albacete y otro en Toledo.
[10] v. Correas, 233.

1661   Mañana ayunará *Godoy;* a bien que no es hoy. v. 1607.

1662   Una *golondrina* no hace verano (Ac., Santillana, 704 y Celestina, VII, 256). *Una golondrina sola no hace verano* (Quijote, I, 13).
        «Enseña que un ejemplar o caso no hace regla.»

1663   Pide el *goloso* para el deseoso (Ac. y Dorotea, II, 183).
        «Explica que algunos, con el pretexto de pedir para otros, solicitan para sí lo que desean.»

1664   El *golpe* de la sartén, si no duele, tizna bien (Ac.). *El golpe de la sartén, aunque no duele, tizna* (Dorotea, III, 229).
        «Da a entender que las calumnias contra uno, aunque siendo claras y reconocidas por tales no parezca que le perjudican, suelen dejar alguna mancha en su reputación.»

1665   *Golpe* de cobre nunca mató a hombre (PJustina, II, 106).
        Considera que el dinero nunca puede hacer daño, por mucho que se tenga.

1666   Un solo *golpe* no derriba un roble (Ac., Celestina, VIII, 21 y FC, 257).
        «Enseña que para el buen éxito de cualquiera solicitud no basta una sola instancia o tentativa.»

1667   Dame *gordura,* darte he hermosura. v. 1688.

1668   Buena *gorra* y buena boca hacen más que buena bolsa (Ac.). *Buena gorra* se entiende por buenos modales, y *buena boca* por buenas palabras.
        «Advierte cuánto vale el ser corteses y bien hablados.»

1669   *Gota* a gota, la mar se apoca (Ac. y Dorotea, III, 229).
        «Demuestra que todas las cosas llegan a su fin por grandes que sean y que los caudales más gruesos se destruyen si falta una prudente economía.»

1670   La *gotera* cava la piedra (Ac. y GAlfarache, I, 76). *Una continua gotera horaca una piedra* (Celestina, VIII, 14).
        «Enseña que la constancia o continuación vence las mayores dificultades.»

1671   Quien no adoba *gotera,* hace casa entera (Ac.). *Quien no quita gotera, hace casa entera* (Ac.). *Quien no coge la gotera, ha de hacer la casa entera* (FC, 259).
        «Enseña el cuidado con que se debe acudir al remedio de los males en sus principios antes de que sean grandes.»

1672   Una continua *gotera* horaca una piedra. v. 1670.

1673 El *gozo* en el pozo (Ac.). *Nuestro gozo en el pozo* (Santillana, 499 y Celestina, XXI, 216). *Nuestro gozo en un pozo* (Galdós, *Mendizábal,* 56, *TDestinos,* 246 y *República,* 93).
«Da a entender haberse malogrado una cosa con que se contaba.»

1674 El *gozque* al mastín ladra (Ac.). «Los *gozques* son unos perrillos [...] cortos de piernas, largos de hocico, importunos a los vecinos.» [11]
«Se aplica cuando el débil se queja violentamente del poderoso.»

1675 **Dando *gracias* por agravios, negocian los hombres sabios** (Ac. y FC, 258).
«Enseña y aconseja que pagar las injurias con beneficios y agasajos es la mejor y más acertada máxima de los hombres prudentes y discretos.»

1676 **Más vale caer en *gracia* que ser gracioso** (Ac.).
«Enseña que a veces puede más la fortuna y dicha de un sujeto que su propio mérito.»

1677 **Más vale por *grado* tomar lo que por fuerza se ha de llevar** (Corbacho, 338).
Aconseja aceptar voluntariamente y con buen ánimo los trabajos o imposiciones de los que no se puede uno librar.

1678 **Le dijo el *grajo* al cuervo: quítate allá, que tiznas** (Ac.).
«Dijo la sartén a la caldera: quítate allá, culinegra.» Es frecuente que critiquemos los defectos ajenos aunque los nuestros sean mayores.

1679 **Más vale comer *grama* y abrojo, que traer capirote [12] en el ojo** (Ac.).
«Enseña que es mejor poco con libertad o adquirido legítimamente que mucho sin ella o mal adquirido.»

1680 **De un *grano* de agraz [13] se hace mucha dentera** (BAmor, 907).
De causas insignificantes se derivan a veces importantes consecuencias.

1681 **Donde está el *grano,* está el lazo** (Ac.). En los graneros y en los sembrados se suelen poner cepos para cazar los ratones o las aves.
«Advierte a los codiciosos el peligro que corren.»

1682 ***Grano* a grano, allega para tu año** (Ac.).
«Denota lo mucho que importa la economía continuada, aunque sea en cosas pequeñas.»

1683 ***Grano* a grano, hinche la gallina el papo** (Ac., Santillana, 337 y GAlfarache, II, 212).
«Enseña que el que poco a poco va guardando lo que gana o adquiere, al cabo de algún tiempo se halla rico y abastecido.»

---

[11] v. Covarrubias s/v gozque.
[12] *Capirote* 'caperuza de cuero que se pone a las aves de cetrería para que se estén quietas hasta que han de volar'.
[13] *Agraz* 'condimento parecido al vinagre que se hacía con las uvas sin madurar'.

1684   *Grano* de trigo no hace granero, pero ayuda a su compañero. v. 1686.

1685   Más vale *grano* de pimienta que libra de arroz (Corbacho, 140). *Más vale grano de pimienta que boñigo de bestia* (Correas, 300). Alude a la mujer morena, simbolizada en el grano de pimienta, en contraposición a la mujer de tez blanca, representada en la insipidez del arroz.
       Indica ser preferible lo poco de buena calidad a lo mucho que no la tiene.

1686   Un *grano* no hace granero, pero ayuda a su compañero (Ac.). *Grano de trigo no hace granero, pero ayuda a su compañero* (FC, 267).
       «Recomienda la economía hasta en las cosas de menos valor.»

1687   Mientras descansas, machaca esas *granzas* [14] (Ac.). *Mientras descansas, maja esas granzas* (DLengua, 113). *Mientras descansas, machaca granzas* (FC, 256).
       «Nota al que impone a otro demasiado trabajo sin dejarle tiempo para descansar.»

1688   Dadme *grosura* y os daré hermosura (Criticón, II, 161). *Dame gordura, darte he hermosura* (Correas, 148).
       Considera que la gordura realza la belleza de las personas.

1689   *Grulla* trasera pasa a la delantera (Ac.).
       «Enseña que no por la precipitación y celeridad se llega más pronto al fin.»

1690   Dos a uno, tornarme he *grullo* (Ac.). Cuando las fuerzas enemigas son superiores, desearía uno transformarse en esta ave para volar tan alto como ella.
       «Da a entender que es prudente ceder y retirarse cuando las fuerzas contrarias son superiores.»

1691   *Grumos* de oro llama el escarabajo a sus hijos (Ac.).
       «Dijo el escarabajo a sus hijos: ¡Venid acá, mis flores!» Los padres suelen ver a sus hijos guapos y buenos.

1692   Guardan *guardadores* para buenos gastadores (Ac.).
       «Se aplica cuando al ahorro y economía de uno sucede el gasto o despilfarro de otro.»

1693   Quien *guarda,* halla (Ac.).
       «Recomienda la previsión y la economía, estimulando a ellas.»

1694   Cuando el *guardián* juega a los naipes, ¿qué harán los frailes? v. 2905.

---

[14]   *Granza* 'grano sin descascarillar'.

1695 **Guayas** [15] tiene quien no puede (Lozana, 153).
A veces quien no está en condiciones de socorrer miserias o desgracias ajenas, es el que se ve más asediado por ellas.

1696 **El que tonto va a la guerra, tonto viene de ella** (Ac.).
«Da a entender que los viajes podrán enseñar mucho al hombre naturalmente discreto, pero nada al de cortas luces.»

1697 **Ir a la guerra ni casar, no se ha de aconsejar** (Ac.).
«Además del sentido recto, enseña lo expuesto que es dar dictamen en asuntos de éxito contingente.»

1698 **Quien no sabe qué es guerra, vaya a ella** (Ac.).
«Reprende a los que juzgan de las cosas sin haberlas experimentado.»

1699 **Por un gustazo, un trancazo** [16] (Ac.).
«Significa que nada es difícil ni costoso cuando se desea mucho.»

1700 **Al gusto dañado, lo dulce le es amargo** (Ac.). *Al gusto estragado, lo dulce le es amargo* (Ac.). *El gusto dañado, muchas veces juzga por dulce lo amargo* (Celestina, IX, 34).
«Enseña que por lo común es ocioso reconvenir con suavidad al que está preocupado por alguna pasión vehemente.» También da a entender que quien está disgustado o triste no disfruta de las diversiones.

1701 **«A tu gusto, mula», y le daban de palos** (Ac.). *«A tu gusto, burro», y llevaba la carga a palos* (FC, 264).
«Zahiere a quien se empeña en hacer cosas de que ha de resultarse daño o perjuicio.» También puede referirse al que no admite que se está aprovechando del esfuerzo de otro.

1702 **De gustos no hay nada escrito** (Ac.). *De gustos no se ha escrito* (Ac.). *Sobre gustos no hay disputa* (Ac.). *Sobre gustos no hay nada escrito* (Ac.). *Sobre gustos no se ha escrito* (Ac.).
«Quiere dar a entender que cada cual puede tener lícitamente sus gustos, por no ser posible discernir los buenos de los malos.»

1703 **El gusto dañado, muchas veces juzga por dulce lo amargo.** v. 1700.

1704 **Hay gustos que merecen palos** (Ac. y Delibes, *5 horas*, 166).
«Afirma que algunos gustos son de todo punto desacertados y reprobables.»

1705 **Más vale un gusto que cien panderos** (Ac.).
«Significa que se prefiere un capricho al bien que puede resultar de omitirlo.»

---

[15] *Guaya* 'lloro o lamentación que se hace por una desgracia'.
[16] *Trancazo* 'golpe dado con la tranca o palo grueso'.

H

1706   Más quiero roer *haba* seguro y en paz, que comer mil manjares corrido y sin solaz (BAmor, 1381).

         Considera preferible una vida humilde, pero sosegada, a tener grandes riquezas que no se pueden disfrutar.

1707   El *habar* de Cabra [1] se secó lloviendo (Ac.).

         «Reprende a los que se empeoran con el beneficio.»

1708   El que no *ha*, no da (Zifar, 306).

         Manifiesta que no puede esperarse ninguna cosa del que nada posee.

1709   El *hábito* no hace al monje (Ac., GAlfarache, II, 36 y Galdós, *Zaragoza,* 70).

         «Enseña que el exterior no siempre corresponde al interior.»

1710   Cada uno *habla* como quien es (Ac.).

         «Da a entender que regularmente se explica cada uno conforme a su nacimiento y crianza.»

1711   El poco *hablar* es oro y el mucho (o el mucho hablar) es lodo. v. 1713.

1712   Mucho *hablar,* mucho errar. v. 1716.

1713   Poco *hablar* es oro; mucho rallar [2] es lodo (Corbacho, 333). *El poco hablar es oro, y el mucho es lodo* (HNúñez, II, 26). *El poco hablar es oro, y el mucho hablar es lodo* (Correas, 178).

         Recomienda la discreción, por las muchas molestias que causa quien habla mucho.

1714   Quien *habla* lo que no debe, oye lo que no quiere. v. 1214.

---

[1]   *Cabra,* pueblo de Córdoba.
[2]   *Rallar* 'hablar con importunidad y pesadez'.

1715 Quien mal *habla,* peor oye. v. 1215.

1716 Quien mucho *habla,* mucho yerra (Ac.). *Quien mucho habla, yerra* (BAmor, 733). *Mucho hablar, mucho errar* (Santillana, 427).
«Denota el inconveniente de la demasía en hablar.»

1717 Los *hacedores* y los consejadores del mal, igual pena merecen. v. 1736.

1718 Algo hemos de *hacer* para blanca ser (Ac.). *Algo se ha de hacer para blanca ser* (Ac.). Se supone el refrán en boca de una mujer de tez morena, ya que el cutis blanco era considerado requisito imprescindible para ser bella.
«Advierte que quien tiene un defecto, necesita poner de su parte alguna diligencia para disimularlo.»

1719 El mal *hacer,* achaques no ha menester. v. 2141.

1720 El que te *hace* llorar, te quiere bien. v. 2966.

1721 *Haga* quien hiciere, calle quien lo viere, mal haya quien lo dijere (Dorotea, III, 229, HNúñez, II, 172 y Correas, 232).
Recomienda no divulgar las acciones ajenas, cuando no son encomiables.

1722 *Haz* tú lo que bien digo, y no lo que mal hago (Celestina, I, 43). *Haz lo que bien digo, y no lo que mal hago* (HNúñez, II, 172 y Correas, 237).
Censura a los que aconsejan cosas buenas y con sus acciones las contradicen. También puede interpretarse en el sentido de que el buen consejo se debe seguir, aun cuando la persona que lo da no tenga una conducta acorde con aquella que recomienda.

1723 *Haz* tú y haré yo, y mal para quien lo descubrió (Lozana, 131).
Se dice de los que se conciertan para alguna mala acción.

1724 Más *hace* el que quiere que no el que puede (Ac.).
«Enseña que la voluntad tiene la principal parte de las acciones, y que con ella las ejecuta aun el que parece que tiene menos posibilidad.»

1725 Ni bueno *hagas,* ni malo padas [3] (Zifar, 346).
Zahiere a los que se despreocupan de los problemas ajenos, evitando intervenir por los disgustos que puedan proporcionarles. También puede interpretarse como un consejo cínico de norma de vida.

1726 No *hace* poco quien se defiende de otro. v. 2125.

1727 No la *hagas* y no la temas (Ac.).
«Da a entender que por aquello que no se haya hecho no se padecerá temor.»

---

[3] *Padir,* ant. 'sufrir'.

1728   **Quien *hace* lo que quiere, no hace lo que debe** (Ac.). No es fácil que cumpla con su deber quien se deja guiar por su capricho.

«Reprende la demasiada libertad y voluntariedad en el obrar, que comúnmente hace exceder de lo justo.»

1729   **Quien tal *hace*, tal prenda** (Zifar, 127). *Quien tal hizo, tal haya* (BAmor, 1126). *Quien tal hace, que así lo pague* (GAlfarache, II, 147). Tiene su origen en la fórmula con que terminaban los pregones para hacer pública la sentencia recaída sobre un delincuente.

Cada uno debe recibir la recompensa o el castigo según su comportamiento.

1730   **Si buena me la *hizo*, buena me la paga** (GAlfarache, II, 266). *Si buena me la dices, buena me la torno* o *te la torno* (Correas, 449).

Contra los rencorosos o vengativos.

1731   **Si no *hago* lo que veo, toda me meo** (Ac.). En lenguaje vulgar *mearse por hacer algo* significa sentir algún deseo de manera incontenible.

«Contra envidiosos e imitadores.»

1732   ***Hacienda* de sobrino, quémala el fuego y llévala el río** (Ac.).

«Indica el descuido o mala fe con que administran algunos tutores los bienes de sus pupilos.»

1733   ***Hacienda*, tu dueño te vea** (Ac.).

«Indica los perjuicios a que por lo común está sujeto el que fía sus cosas al cuidado de otro.»

1734   **Pon tu *hacienda* en concejo: uno hace blanco, otro bermejo.** v. 1021.

1735   **Quien da su *hacienda* antes de la muerte, merece que le den con un mazo en la frente** (Ac.). *Quien da lo suyo antes de la muerte, merece que le den con un mazo en la frente* (Ac. s/v suyo). *Quien da lo suyo antes de su muerte, merece que le den con un mazo en la frente* (Santillana, 615 y DLengua, 24). *El que dispone de su caudal antes de su muerte, merece que le den con una porra en la frente* (FC, 255). Aconseja a los padres que no incurran en el error de repartir sus bienes entre sus hijos.

«Enseña cuánta circunspección sea menester para que uno traspase a otro en vida sus bienes o empleos, por la facilidad con que sobrevienen después motivos de arrepentimiento.»

1736   ***Hacientes* y consencientes[4] merecen igual pena** (Ac.). *Los hacedores y los consejadores del mal, igual pena merecen* (Zifar, 220). *Hacientes y consintientes[4] merecen igual pena* (Celestina, XIV, 136). La Ac. no da interpretación para este refrán.

Son merecedores del mismo castigo los que realizan una mala acción y los que la permiten.

---

[4]   *Consenciente* o *consintiente* 'consentidor'.

1737   **Hacino**[5] **sodes, Gómez; para eso son los hombres** (Ac. y Santillana, 362).
        «Irónicamente se zahiere a los mezquinos y avaros.»

1738   **Acá y allá malas hadas ha** (Ac.). Antiguamente, *hada* podía usarse en el sentido de 'hado, fortuna'.
        «Advierte que por todas partes hay trabajos y miserias.»

1739   **A malas hadas, malas bragas** (Ac.).
        «Enseña que la mala ropa suele ser indicio de poca fortuna.»

1740   **Hadas malas me hicieron negra, que yo blanca era.** v. 1426.

1741   **Hados y lados**[6] **hacen dichosos o desdichados** (Ac.).
        «Enseña que la suerte del hombre es buena o mala según que lo dispone la Providencia, y que en ella suelen tener mucha parte las personas a que uno se arrima.»

1742   **Si tantos halcones la garza combaten, a fe que la maten** (Ac. y FC, *LGarcía*, 224). Alude probablemente al antiguo lance de caza en que se soltaban dos halcones contra la garza: uno volaba sobre ella para hacerla bajar, y otro por debajo para obligarla a subir, hasta que, cansada, se dejaba apresar.
        «Denota que si la multitud se conjura contra uno, no hay resistencia que pueda contrastarla.»

1743   **Esto y nada, lleváoslo en la halda** (Dorotea, II, 186). *Eso y nada, lleváoslo en la halda* (HNúñez, II, 129 y Correas, 210).
        Se usa para dar a entender que algo es mezquino o insuficiente.

1744   **¡Ay, ay, que me he hallado, por andar abajado!** (Ac.).
        «Denota que para hacer uno su fortuna o lograr algo conviene que ande vigilante, procurando granjear con sumisiones y ruegos la voluntad del que reparte las gracias.» Puede interpretarse también como una censura irónica contra los que medran mediante su servilismo y oficiosidad.

1745   **Cual te hallo, tal te juzgo** (GAlfarache, II, 112). *Cual te hallo, tal te cato*[7] (Correas, 132).
        Se suele juzgar a las personas por su aspecto exterior.

1746   **A buena hambre no hay pan duro, ni falta salsa a ninguno** (Ac.). *A gran hambre no hay pan malo, ni duro ni bazo*[8] (Ac.). *A hambre no hay pan bazo* (Ac.). *A la hambre no hay mal pan* (Ac. y GAlfarache, I, 142). *A buen hambre no es menester salsas* (FC, 261). El pan bazo es el que se hace con harina poco cernida.
        «Da a entender que cuando aprieta la necesidad no se repara en delicadezas.»

---

[5]   *Hacino* 'avaro, miserable'.
[6]   *Lados*, fig. 'personas que favorecen o protegen a otra'.
[7]   *Catar* 'mirar'.
[8]   *Bazo* 'de color moreno'.

1747   **Hambre que espera hartura no es hambre ninguna** (Ac.).
        «Alienta a llevar con paciencia los trabajos a que ha de seguirse una
        gran recompensa o prosperidad.»

1748   **Hambre y esperar, hacen rabiar** (Ac.).
        «Declara lo insoportables que son estas dos cosas.»

1749   **Hambre y frío entregan al hombre a su enemigo** (Ac.). *Hambre y frío
        meten a hombre por casa de su enemigo* (Santillana, 351).
        «Denota ser a veces tal la fuerza de la necesidad, que quien la padece
        se ve precisado a practicar los oficios que más se le resisten.»

1750   **Ni con toda hambre al arca, ni con toda sed al cántaro** (Ac.).
        «Da a entender que en ocasiones pide la prudencia que se contenga
        uno y aguante.»

1751   **Si quieres cedo[9] engordar, come con hambre y bebe a vagar** (Ac.).
        «Enseña que para nutrirse bien es necesario comer solo cuando hay ape-
        tito, y beber despacio.»

1752   **Más discurre un hambriento que cien letrados** (Ac.).
        «Da a entender cuán ingenioso es el hombre cuando se halla en un apuro.»

1753   **Cerner, cerner, y sacar poca harina** (Ac.).
        «Denota que algunos se afanan en cosas que de suyo traen poca utili-
        dad.» También puede aplicarse al que trabaja y se esfuerza sin conseguir
        mejorar su fortuna.

1754   **Donde no hay harina, todo es mohína**[10] (Ac. y Galdós, *Zaragoza*, 225).
        En la casa donde no hay harina, todo es mohína (Ac. s/v casa). *Mohína es la casa
        que no ha harina* (Santillana, 436).
        «Da a entender que la pobreza y miseria suelen ocasionar disgustos y
        desazones en las familias.»

1755   **Harina abalada no te la vea suegra ni cuñada** (Ac.). La harina abalada
        es la que cae fuera de la artesa, cuando se cierne con descuido.
        «Aconseja no descubrir uno las propias faltas a sus émulos, porque no
        es fácil que las disimulen.»

1756   **Haz buena harina y no toques bocina** (Ac.).
        «Aconseja obrar bien y no publicarlo.»

1757   **Más vale una hartada que dos hambres** (Ac.).
        «Se dice para disculparse de consumir algo de una vez sin dejar nada
        para otra ocasión.»

---

    9   *Cedo* 'pronto, en poco tiempo'.
   10 *Mohína* 'enojo, enfado'.

1758   En el *hato* [11] está el lobo (GAlfarache, IV, 104).
        No es aconsejable expresarse libremente cuando hay muchas personas
        reunidas y no se las conoce bien.

1759   *Haza,* [12] do escarba el gallo (Ac.).
        «Advierte que si uno ha de cuidar bien de sus heredades, conviene las
        tenga cerca del pueblo de su residencia.»

1760   Cuando llueve en *hebrero,* todo el año ha tempero (Ac.). *Cuando llueve
        por febrero, todo el año ha tempero* (FC, 266).
        «Manifiesta la buena disposición que adquiere la tierra con las lluvias
        de febrero.»

1761   Quien ha las *hechas,* ha las sospechas (Ac.). *Quien ha las hechas, tiene las
        sospechas* (Ac.).
        «Contra los que juzgan mal de otros por lo que ellos experimentan en
        sí; y también da a entender que el que comete un delito se hace sospechoso
        cuando se trata de otro de igual clase.»

1762   A nuevos *hechos,* nuevos consejos [13] (Ac.). *A nuevo hecho, ha mester* [14]
        nuevo consejo (Zifar, 349).
        «Advierte que según las circunstancias, tiempos y costumbres, varían
        las leyes o la conducta de los hombres.»

1763   El que no se quiere aventurar, no puede gran *hecho* acabar (Zifar, 154).
        Indica que para lograr cosas difíciles o valiosas es necesario correr
        riesgos.

1764   Ara con *helada,* matarás la grama (Ac.).
        «Enseña que arrancadas con el arado las raíces de las malas hierbas se
        secan fácilmente en tiempo de hielos.»

1765   A la *hembra* desamorada, a la adelfa le sepa el agua (Ac.).
        «Maldice a las personas de áspera condición y genio desagradecido, alu-
        diendo al amargor de la adelfa.»

1766   Quien lo *hereda,* no lo hurta (Ac.).
        «Se dice de los hijos que salen con las mismas inclinaciones y propieda-
        des que sus padres.»

1767   Quien no *hereda,* no medra (Ac.).
        «Denota ser muy difícil que uno junte grandes riquezas solo con su in-
        dustria y trabajo.»

---

[11]   *Hato* 'lugar donde se recogen los pastores con las ovejas'.
[12]   *Haza* 'campo de labor'.
[13]   *Consejo* 'norma, guía'.
[14]   *Ha mester* 'es menester'.

1768   **Quien dio la *herida,* la cura** (Celestina, VI, 224).
       Probablemente alude al que sufre algún daño o enfermedad, animándole a confiar en la ayuda de Dios.

1769   **Entre *hermanos,* dos testigos y un notario. v. 181.**

1770   **Entre *hermanos,* no metas tus manos. v. 2601.**

1771   ***Hermano* ayuda, y cuñado acuña** [15] (Ac.).
       «Da a entender los encontrados afectos que de ordinario se experimentan entre hermanos y cuñados.»

1772   **Medio *hermano,* remiendo de mal paño** (DLengua, 77). *Medio hermano, paño y remendado* (Correas, 306).
       Alude a este parentesco porque no suelen llevarse bien los hermanastros.

1773   **Quien dijo *hermano,* dijo herir con la mano** (PJustina, II, 213).
       Expresa lo frecuentes que son las riñas entre familiares.

1774   **Siete *hermanos* de un vientre, cada uno de su miente** [16] (Ac.).
       «Alude a la diversidad de caracteres que muchas veces se nota entre los hermanos.»

1775   ***Hermosura* en puta, y fuerza en badajo** [17] (Lozana, 45).
       Señala las cualidades que deben tener una y otro.

1776   ***Herradura* que chacolotea,** [18] **clavo le falta** (Ac.).
       «Nota al que blasona mucho de su nobleza, teniendo en ella un defecto considerable.» En general, se puede aplicar a cualquier persona que hace ostentación de alguna cualidad.

1777   **Al *herrero,* con barbas, y a las letras, con babas** (Ac.).
       «Enseña que ciertas artes mecánicas que necesitan fuerza para ejercerse, solo se aprenden en edad algo vigorosa, y que las ciencias se han de empezar desde la edad tierna.»

1778   **Como el *herrero* de Mazariegos,** [19] **que machacando olvidó el oficio** (Ac.).
       «Zahiere al que yerra en cosa propia de su oficio o habitual ocupación.»

---

[15]   *Acuñar* 'perjudicar, dañar'.
[16]   *Miente* 'opinión, parecer'.
[17]   *Badajo,* en sent. fig. 'miembro viril'.
[18]   *Chacolotear* 'hacer ruido la herradura por estar floja o faltarle clavos'.
[19]   *Mazariegos,* pueblo de la provincia de Palencia, o de la de Burgos.

1779   De *herrero* a herrero no pasa dinero (Ac.).
       «Entre sastres no se pagan hechuras.» Es costumbre que las personas del
       mismo oficio o profesión no se cobren entre sí.

1780   El *herrero* de Arganda, [20] él se lo fuella y él se lo macha, [21] y él se lo
       lleva a vender a la plaza (Ac.).
       «Se aplica al que hace las cosas que le convienen y necesita, sin valerse
       de auxilio ni favor ajeno.»

1781   Quien deja el *herrero* y va al herrerón, gasta su dinero y quémase el
       carbón (Ac.). *Herrerón* está usado despectivamente.
       «Aconseja preferir lo mejor, aunque cueste más caro.»

1782   El *hidalgo* de Guadalajara, lo que dice a la noche, no cumple a la ma-
       ñana (Ac.). *El hidalgo de Guadalajara, lo que pone* [22] *a la noche, no cumple a
       la mañana* (Ac.). *El escudero de Guadalajara, de lo que promete a la noche, no
       hay nada a la mañana* (Ac. s/v escudero).
       «Nota al que falta a su palabra.»

1783   *Hidalgo* honrado, antes roto que remendado (Ac.).
       «Enseña que el hombre honrado prefiere la pobreza a remediarla por
       medios indignos.»

1784   Poca *hiel* hace amarga mucha miel (Ac.).
       «Denota que un pesar, por pequeño que sea, quita el gusto que causa
       un placer, aunque sea grande; y también que es muy perjudicial una mala
       compañía, pues uno malo puede perder a muchos.»

1785   Quien te dio la *hiel,* te dará la miel (Ac.).
       «Expresa que la corrección de los superiores, aunque parezca amarga,
       produce efectos saludables.»

1786   Quien *hienda* [23] echa en la coladera, hienda saca de ella (Ac.).
       «Manifiesta que el que se vale de ruines medios, debe esperar el éxito
       correspondiente a ellos.»

1787   *Hierba* pace quien lo paga (DLengua, 127). *Hierba pace quien lo ha de pagar;
       y era un ánsar* (Correas, 239).
       No suelen obtenerse beneficios sin dar nada a cambio.

1788   La mala *hierba* crece mucho (Ac.). *La hierba mala aína* [24] *crece* (Zi-
       far, 241).
       «Denota festivamente que un mozo está alto y crecido.»

---

[20]   *Arganda,* pueblo de Madrid.
[21]   *Machar* 'machacar, golpear una cosa'.
[22]   *Poner* 'proponer, disponer'.
[23]   *Hienda* 'estiércol'.
[24]   *Aína* 'aprisa'.

1789   Cargado de *hierro,* cargado de miedo (Ac. y DLengua, 77). *Cargado de hierro, y cargado de miedo* (Celestina, XII, 96).
        «Da a entender que quien anda muy cargado de armas para hacer ostentación de valiente, no lo es.»

1790   No hay *hierro* tan mohoso que no pueda dorarse (GAlfarache, III, 241).
        Pone de manifiesto el poder del dinero.

1791   Quien a *hierro* mata, a hierro muere (Ac. y Dorotea, V, 390).
        «Denota que regularmente suele uno experimentar el mismo daño que hizo a otro.»

1792   Mear claro y dar una *higa* al médico (Ac.). *Dar una higa* significa, en sentido figurado, despreciar una cosa o burlarse de ella.
        «Indica que el que goza de buena salud no necesita del médico.»

1793   Con lo que sana el *hígado,* enferma la bolsa (Ac., Celestina, IX, 30 y DLengua, 144). Alude a los gastos que ocasiona cualquier enfermedad.
        «Manifiesta que las cosas importantes no se consiguen sin trabajo y costa.»

1794   Lo que es bueno para el *hígado,* es malo para el bazo (Ac.).
        «Da a entender que lo que aprovecha para unas cosas suele dañar para otras.»

1795   A bien te salgan, *hija,* esos arremangos²⁵ (Ac.).
        «Irónicamente denota el mal fin que suelen tener la desenvoltura y licencioso despejo de las doncellas.»

1796   A la *hija* casada, sálennos yernos (Ac.).
        «Reprende a aquellos que no habiendo querido remediar antes los trabajos de uno, después que por otros lados se remediaron, acuden con ofertas y muestras de deseo de hacerlo.»

1797   A la hija mala, dineros y casalla (Ac.).
        «Denota cuánto deben cuidar los padres de casar a las hijas que descubren malas inclinaciones, sin reparar en los gastos que esto les ocasiona.»

1798   Cuando a tu *hija* le viniere el hado,²⁶ no aguardes que venga su padre del mercado (Ac.).
        «Significa que no se debe dejar pasar la ocasión de la buena fortuna por pequeños reparos.»

1799   De buenos y mejores, a mi *hija* vengan demandadores (Ac.).
        «Explica el deseo que tienen los padres de que muchos pretendan a sus hijas para casarlas y tener donde escoger.»

---

²⁵ *Arremango* 'arrogancia; descaro'.
²⁶ *Hado* 'suerte, fortuna'.

1800   *Hija* enlodada, ni viuda ni casada (Ac.). *Aja,* [27] *la enlodada, ni viuda ni casada* (Santillana, 363).

«Da a entender que quien ha perdido su opinión y fama con dificultad hallará acomodo o establecimiento.»

1801   *Hija*, ni mala seas, ni hagas las semejas [28] (Ac.).

«Aconseja no solo el obrar bien, sino también el evitar cualesquiera acciones que puedan parecer mal y dar escándalo.»

1802   Mi *hija* Antona se fue a misa y viene a nona (Ac.). *Enhorabuena, Antona, fuestes a misa, venistes a nona* (Santillana, 294).

«Reprende a las mujeres que salen o se mantienen fuera de su casa con aparentes pretextos, porque siempre dan que presumir o censurar.»

1803   Mi *hija* hermosa, el lunes a Toro [29] y el martes a Zamora (Ac. y Dorotea, V, 446).

«Se dice de las mujeres andariegas y amigas de hallarse en todas las diversiones.»

1804   Muchas *hijas* en casa, todo se abrasa [30] (Ac.).

«Da a entender el gasto grande que causa el acomodo de muchas hijas.»

1805   Quien tiene *hijas* por casar, tome vedijas para hilar (Ac.).

«Aconseja a los padres que críen bien a las hijas, enseñándolas a trabajar para cuando tomen estado.»

1806   Sufriré *hija* golosa y albendera, [31] mas no ventanera [32] (Ac.).

«Advierte que, aunque los padres tengan alguna condescendencia con sus hijas, en otros defectos, de ningún modo deben permitir que se den mucho al público.»

1807   Tres *hijas* y una madre, cuatro diablos para el padre (Ac.).

«Advierte cómo se aúnan las hijas con la madre cuando riñe con el marido, y también para pedirle lo que tal vez no puede dar.»

1808   Vezaste [33] tus *hijas* galanas [34], cubriéronse de hierbas tus sembradas (Ac.).

«Pronostica malos sucesos a los padres que permiten que su mujer e hijas gasten en demasía con relación a su estado, pues les faltarán medios para cultivar su hacienda, de que procederá la ruina de su casa.»

---

[27]   *Aja*, nombre propio de mujer; del árabe Aisa.
[28]   *Semeja* 'señal, muestra, indicio'.
[29]   *Toro,* pueblo de Zamora.
[30]   *Abrasar* 'consumir, gastar'.
[31]   *Albendera* 'ociosa, vaga'.
[32]   *Ventanera* 'aficionada a asomarse a la ventana para ver y ser vista'.
[33]   *Vezar* 'acostumbrar'.
[34]   *Galana* 'que viste bien con intención de agradar'.

1809   «A bien te salgan, *hijo, tus* barraganadas»:[35] el toro era muerto y
hacía alcocarras[36] con el capirote[37] por las ventanas (Ac.). Es una burla
contra las personas que ponderan las acciones de sus hijos o parientes, aunque
sean ridículas, como si fueran grandes y heroicas.
«Se aplica a los que hacen ostentación de valor cuando están en paraje
seguro.»

1810   Al *hijo* del rico no le toques al vestido (Ac.).
«Da a entender que los ricos son regularmente poco sufridos.» De modo
más general, aconseja no molestar a las personas influyentes.

1811   Al *hijo* de tu vecino límpiale las narices y métele en tu casa (Ac. y Quijote, II, 5). *Al hijo de tu vecino métalo en tu casa* (GAlfarache, IV, 220).
«Advierte a los padres que, para casar a sus hijos, escojan personas cuyas
prendas y calidades les sean conocidas.»

1812   A mi *hijo* Lozano, no me lo cerquen cuatro (Lozana, 163 y Santillana, 33).
Por mucha fuerza y valor que tenga una persona, de nada le sirve cuando muchos se oponen a ella.

1813   Casa a tu *hijo* con su igual y no dirán de ti mal (Ac.).
«Casar y compadrar, cada cual con su igual.» Aconseja no buscar pareja de
distinta posición social o económica.

1814   Como mi *hijo* entre fraile, mas que no me quiera nadie (Ac.). Expresa
el deseo de la madre de ver hecho fraile a su hijo, aun a costa de granjearse
la enemistad de todos.
«Explica cuán amigos somos de conseguir nuestros deseos, aun a pesar
ajeno.»

1815   ¿Cuál *hijo* quieres? Al niño cuando crece, y al enfermo mientras adolece (Ac.).
«Enseña que el cariño de los padres se mueve especialmente y se aumenta
a la vista de las necesidades o desgracias de los hijos.»

1816   Dichoso el *hijo* que tiene a su padre en el infierno (GAlfarache, II, 218
y Correas, 156).
Da a entender lo conveniente que es tener amigos y valedores en todas
partes.

1817   El *hijo* borde y la mula cada día se mudan (Ac.). *Hijo borde* es el bastar-
do; y es proverbial la falsía de la mula.
«Demuestra la poca estabilidad de obras y palabras en la gente mal na-
cida.»

---

[35]   *Barraganada* 'jactancia, atrevimiento'.
[36]   *Alcocarra* 'gesto, mueca'.
[37]   *Capirote* 'capote o capa'.

1818   El *hijo* de la cabra, cabrito ha de ser (Ac.).
        «Denota que los hijos heredan las cualidades de sus padres.»

1819   El *hijo* de la cabra, de una hora a otra bala (Ac.). *El hijo de la cabra,*
        una hora ha de balar (Corbacho, 65).
        «Denota que el hombre de ruin nacimiento, cuando menos se piensa
        descubre sus bajos principios.»

1820   El *hijo* de la gata, ratones mata (Ac. y GAlfarache, III, 239).
        «Denota el poderoso influjo que tienen en los hijos el ejemplo y las cos-
        tumbres de los padres.»

1821   El *hijo* del asno, dos veces rebuzna al día (Ac.).
        «Advierte cuán natural es que los hijos imiten a los padres en las cos-
        tumbres, o los discípulos a los maestros.» Generalmente se le da un sentido
        peyorativo.

1822   El *hijo* del bueno pasa [38] malo y bueno (Ac.).
        «Enseña que la buena educación contribuye mucho a llevar con igual-
        dad la próspera y adversa fortuna.»

1823   El *hijo* muerto, y el apio en el huerto (Ac.). Entre las diversas cualidades
        medicinales del apio está la carminativa, que favorece la expulsión de los
        gases desarrollados en el aparato digestivo.
        «Nota a los que por su descuido dejan pasar la ocasión de librarse de
        un daño cuando está en su mano el remedio, con alusión a la madre que
        deja de aplicar el apio del huerto a su hijo, enfermo de ahíto.» [39]

1824   El *hijo* que aprovece, [40] a su padre parece (Ac.).
        «Se dice del que propaga su linaje.»

1825   Este nuestro *hijo* don Lope, ni es miel, ni hiel, ni vinagre, ni arrope
        (Ac.). *Ese tu hijo don Lope, ni es miel, ni es hiel, ni vinagre, ni arrope* (Dorotea,
        II, 190). Hace un símil basado en las características de estas sustancias;
        es decir: no es dulce, ni cariñoso; y tampoco es agresivo ni amargo. Es ano-
        dino.
        «Se aplica a las personas que son inútiles para todo.»

1826   *Hijo* ajeno, métele por la manga y salirse ha por el seno (Ac.). *Hijo ajeno,*
        mételo por la manga, y saldrá al seno (Santillana, 324).
        «Reprende a los desagradecidos, y se toma de la costumbre antigua de
        meter por una manga y sacar por la otra al que se adoptaba por hijo.»

1827   *Hijo* descalostrado, medio criado (Ac.).
        «Da a entender el riesgo de morir que tienen los niños en los primeros
        días de su infancia, en que maman la primera leche o calostro.»

---

[38] *Pasar* 'sufrir, tolerar'.
[39] *Ahíto* 'indigestión, hartazgo'.
[40] *Aprovecer* 'multiplicarse, reproducirse'.

1828   *Hijo* de viuda, o mal criado o mal acostumbrado (Ac.). *Hijo de la viuda,
        bien consentido, mal doctrinado* (GAlfarache, II, 11).
        «Da a entender la falta que hace el padre para la buena educación de
        los hijos.»

1829   *Hijo* envidador no nazca en casa (Ac.).
        «Manifiesta los desórdenes y perjuicios que trae consigo el vicio del
        juego.»

1830   *Hijo* fuiste, padre serás: cual hiciste, tal habrás (Ac.). *Hijo eres y padre
        serás: cual hicieres, tal habrás* (Santillana, 326).
        «Enseña que como los hijos trataren a sus padres, serán tratados ellos
        cuando lo sean.»

1831   *Hijo* malo, más vale doliente que sano (Ac.). *Mozo malo, mozo malo, más
        vale enfermo que sano* (BAmor, 945).
        «Advierte los pesares que ocasionan los hijos de malas inclinaciones.»

1832   *Hijo* no tenemos y nombre le ponemos (Ac.). *Hijo no habemos, y nombre
        le ponemos* (Santillana, 320).
        «Reprende a los que disponen de antemano de las cosas de que no tie-
        nen seguridad.»

1833   *Hijos,* de tus bragas; bueyes, de tus vacas (Ac.).
        «Denota el mayor cuidado que se tiene de las cosas propias respecto
        de las ajenas.» Parece también referirse a la seguridad o confianza que ins-
        pira lo propio.

1834   *Hijo* sin dolor, madre sin amor (Ac.).
        «Enseña que lo que cuesta poco trabajo y fatiga se estima poco.»

1835   *Hijos* y pollos, muchos son pocos (Ac.). *Hijos y pollos, todos son pocos*
        (FC, 267).
        «Se dijo por los muchos que se desgracian de unos y otros antes que
        se vean crecidos y grandes.»

1836   Los *hijos* de buenos, capa son de duelos (Ac.). *Capa* está usado figurada-
        mente por 'protección'.
        «Denota que los bien nacidos naturalmente se inclinan a proteger a los
        necesitados.»

1837   Los *hijos* de Mari Rabadilla, cada uno en su escudilla (Ac.). *Los hijos
        de Mari Sabidilla, cada uno en su escudilla* (Ac.).
        «Reprende la poca unión que suele haber entre miembros de una misma
        familia.»

1838   Muchos *hijos* y poco pan, contento con afán [41] (Ac.).
«Denota que no puede haber gusto cumplido en una familia cuando falta lo necesario para mantenerla.»

1839   No me pesa de que mi *hijo* enfermó, sino de la mala maña que le quedó (Ac.). *No me pesa de mi hijo que enfermó, sino del mal vezo* [42] *que tomó* (DLengua, 119). A un niño enfermo se le procura complacer en todo lo posible.
«Advierte que rara vez se corrigen los resabios que una vez se contraen.»

1840   Quien tiene *hijos* al lado no morirá ahitado (Ac.). *Quien tiene hijos al lado no muere ahitado* (Ac.).
«Advierte el grande amor de los padres, que muchas veces se privan de lo que necesitan, y se lo quitan de la boca para darlo a sus hijos.»

1841   Quien tuviere *hijo* varón, no llame a otro ladrón (Ac.). *Quien tiene hijo varón, no dé voces al ladrón* (Santillana, 569 y Dorotea, IV, 368).
«Enseña que no debe censurar los defectos ajenos el que está expuesto a incurrir en ellos.»

1842   Todos somos *hijos* de Adán y de Eva, sino que nos diferencia la seda (Ac.).
«Da a entender que, aunque todos los hombres tengan un mismo origen, la educación y las riquezas distinguen las diversas clases sociales.»

1843   A ti te lo digo, *hijuela;* entiéndelo tú, mi nuera (Ac.). *A ti lo digo, nuera* (Corbacho, 117). *A vos lo digo, mi nuera; entendedlo vos, mi suegra* (Santillana, 98).
«Se usa cuando, hablando con una persona, se reprende indirectamente a otra para que lo entienda y se corrija.»

1844   La que se enseña a beber de tierna, enviará el *hilado* a la taberna (Ac.).
«Advierte que los que se acostumbran a beber, consumen en vino todo lo que ganan.»

1845   A la mala *hilandera,* la rueca le hace dentera (Ac.).
«Enseña que el mal trabajador pretexta mil motivos frívolos para excusarse del trabajo.»

1846   *Hilandera* la lleváis, Vicente; quiera Dios que os aproveche (Ac.).
«Denota que no siempre salen hacendosas las mujeres, aunque lo sean antes de casarse.»

1847   Quien *hila* y tuerce, bien se le parece [43] (Ac.).
«Manifiesta que siempre luce el trabajo a quien se dedica a su ministerio con constancia y aplicación.»

---

[41] *Afán* 'aprieto, necesidad extrema'.
[42] *Vezo*, ant. 'costumbre'.
[43] *Parecer* 'aparecer'.

1848   Por el *hilo* se saca el ovillo (Ac. y Quijote, I, 4 y 30 y II, 12). *Por un hilo se saca un ovillo* (Galdós, *Un faccioso,* 65).
       «Denota que por la muestra y por el principio de una cosa se conoce lo demás de ella.»

1849   *Hito* sin señal, muchos le buscan y pocos le han (Ac.). La Ac. menciona este refrán al definir *hito negro*[44] y no da ninguna interpretación del mismo.
       Se dice de algo poco común por sus características o cualidades.

1850   A quien cuece y amasa, no hurtes *hogaza* (Ac.). *A quien cuece y amasa, no le hurtes hogaza* (Quijote, II, 33). *Al que cuece y amasa, no hay que venderle hogaza* (FC, 273).
       «Advierte que al que está experimentado y práctico en una cosa, no se le puede engañar en ella con facilidad.»

1851   La *hogaza* no embaraza (Ac.).
       «Enseña que lo necesario no debe mirarse como estorbo.»

1852   Llévame caballera,[45] siquiera a la *hoguera* (Ac.).
       «Se dice de los que por usar de alguna comodidad no reparan en inconvenientes.»

1853   Quien se pone debajo de la *hoja,* dos veces se moja (Ac.). *El que se mete debajo de la hoja, dos veces se moja* (FC, 258).
       «Denota la imprudencia de los que por conseguir una cosa desatienden otras y las pierden.» Se puede aplicar también a quienes buscan soluciones ineficaces o insuficientes.

1854   Tras esa *hoja* viene otra (Ac.).
       «Da a entender la facilidad con que algunos se contradicen en sus escritos o conversaciones.»

1855   A *hombre* de buen entendimiento, pocas palabras cumplen. v. 1478.

1856   Al *hombre,* braga de hierro; a la mujer, de carne (Lozana, 56).
       Da a entender que al hombre se le debe tratar con energía y a la mujer con dulzura. En el texto de *Lozana* tiene un sentido erótico.

1857   Al *hombre* mezquino bástale un rocino (Ac.).
       «Enseña que solo a los generosos conviene aumentar los gastos de su casa, mas no a los miserables que se lamentan de los gastos más precisos.»

1858   Al *hombre* osado la fortuna le da la mano (Ac.).
       «Manifiesta que suelen lograrse mejor las cosas cuando se emprenden sin reparo ni timidez.»

---

[44]   *Hito negro* 'aplícase al caballo sin mancha ni pelo de otro color'.
[45]   *Caballera* 'a caballo'.

1859   Al *hombre* pobre, taza de plata y olla de cobre. v. 1508.

1860   Al *hombre* por la palabra, y al buey por el cuerno. v. 512.

1861   Al *hombre* venturero la hija le nace primero (Ac.). Se considera que
        las hijas ayudan y atienden mejor a los padres.
        «Indica ser ventura para un matrimonio tener pronto una hija.»

1862   Al hombre vergonzoso el diablo le llevó a palacio (Ac.). *El mozo vergonzo-*
        so, el diablo lo trajo a palacio (Ac. s/v mozo). *Al hombre vergonzoso el diablo le*
        trajo a palacio (Celestina, VII, 257). *El mozo vergonzoso, el diablo le metió en*
        palacio (Criticón, III, 209). *Mozo vergonzoso, el diablo lo lleva a palacio* (FC,
        263).
        «Advierte que se necesita de mucho despejo y desenfado para tratar
        y conversar en los palacios, o que no sabe uno aprovecharse de su asisten-
        cia a ellos para lo que pudiera conseguir.»

1863   Anda el *hombre* al trote por ganar su capote (Ac.).
        «Denota la mucha solicitud que algunos emplean con objeto de adqui-
        rir lo necesario para su conveniencia.»

1864   De *hombre* arraigado [46] no te verás vengado (Ac.). *De hombre heredado*
        no te verás vengado (Santillana, 241). *Del hombre arraigado no te verás vengado*
        (Quijote, II, 43)
        «Advierte la dificultad que hay en tomar venganza de personas hacen-
        dadas y poderosas.»

1865   De *hombres* es errar; de bestias, perseverar en el error (Ac.). *De los*
        hombres es errar, y bestial es la porfía (Celestina, I, 110).
        «Enseña que las personas han de ser dóciles, y no tercas y obstinadas
        en sus dictámenes.»

1866   De los *hombres* se hacen los obispos (Quijote, II, 33). *De hombres se hacen*
        los obispos (Galdós, *Carlos IV,* 38 y 95 y *Estafeta,* 83). Todos los hombres
        tienen el mismo origen, aunque las riquezas o las categorías los distingan
        más tarde.
        Expresa la esperanza que se tiene de conseguir lo que se intenta, aun-
        que parezca difícil o desproporcionado.

1867   El *hombre* apercibido, medio combatido. v. 1887.

1868   El *hombre,* donde nace, y la mujer, donde va (Lozana, 97).
        La mujer suele adaptarse fácilmente a cualquier lugar donde forme su
        hogar y su familia.

1869   El *hombre,* en la plaza, y la mujer, en la casa (Ac.).
        «Enseña que así como el hombre tiene por lo regular que ganar para
        la vida fuera de su casa, la mujer debe cuidar en ella de su hacienda.»

---

[46]   *Arraigado* 'poseedor de bienes raíces'.

1870   El *hombre* es fuego; la mujer, estopa; llega el diablo y sopla (Ac.).
«Enseña el riesgo que hay en el trato frecuente entre hombres y mujeres, por la fragilidad humana.»

1871   El *hombre* pone y Dios dispone (Ac. y Quijote, II, 55). *El hombre propone y Dios dispone* (Ac., GAlfarache, III, 281 y Cela, *Lazarillo,* 165).
«Enseña que el logro de nuestras determinaciones pende precisa y únicamente de la voluntad de Dios.»

1872   El *hombre* sentado, ni capuz[47] tendido ni camisón curado[48] (Ac.).
«Enseña que las conveniencias se pierden y malogran por la pereza y ociosidad.»

1873   Guárdate de *hombre* que no habla y de can que no ladra (Ac.).
«Advierte que no debemos confiar en ellos, porque de ordinario son traidores y dañan antes de ser sentidos.»

1874   *Hombre* adeudado, cada año apedreado (Ac.).
«Se dice aludiendo a los perjuicios que padecen los que tienen deudas, como sucede de ordinario a los labradores a quienes al tiempo de recoger sus frutos se los embargan, que es lo mismo que si se los hubiese destruido un pedrisco.»

1875   *Hombre* apasionado no quiere ser consolado (Ac.).
«Advierte que el que está poseído de una vehemente aflicción, no admite ningún consuelo.»

1876   *Hombre* apercibido, medio combatido. *Hombre apercibido vale por dos.* v. 1887.

1877   *Hombre* atrevido dura como vaso de vidrio (Ac.). La vida del hombre que se arriesga demasiado es tan frágil como el cristal.
«Los valientes y el buen vino duran poco.» El que juega con su vida, arrostrando peligros innecesarios, suele perderla pronto.

1878   *Hombre* bellaco, tres barbas[49] o cuatro (Ac.).
«Advierte que el que es pícaro y astuto, muda de semblante según le conviene.»

1879   *Hombre* de hecho, pelo en pecho; mas no todo el que ha pelo en pecho será de hecho. v. 1900.

1880   *Hombre* enamorado, nunca casa con sobrado (Ac.). *Sobrado* se llamaba cada uno de los altos o pisos de una casa.
«Da a entender que los enamorados son ordinariamente disipadores de sus haciendas y no atienden a adelantarlas.»

---

[47]   *Capuz* 'capa o capote que antiguamente se usaba por gala'.
[48]   *Curado* 'blanqueado'.
[49]   *Barba* 'cara'.

1881   *Hombre* harto no es comedor. v. 522.

1882   *Hombre* honrado, antes muerto que injuriado (Ac.).
        «Aconseja preferir la honra a la vida.»

1883   *Hombre* largo, pocas veces sabio (Criticón, III, 128).
        Expresa la antigua creencia popular de que los hombres muy altos no
        suelen ser inteligentes.

1884   *Hombre* mezquino, después que ha comido ha frío (Ac.).
        «Enseña que al trabajador robusto y laborioso el comer le da ánimo
        para volver al trabajo, pero al flojo y débil se lo quita.»

1885   *Hombre* perezoso, en la fiesta es acucioso [50] (Ac.).
        «Moteja al descuidado que, no aplicándose al trabajo en los días de ha-
        cienda, quisiera en los festivos desquitar lo que ha dejado de hacer en los
        otros por su negligencia.»

1886   *Hombre* pobre, todo es trazas [51] (Ac.).
        «Enseña que la pobreza por lo común es ingeniosa y se aplica a buscar y po-
        ner en práctica todos aquellos medios que discurre posibles para su alivio.»

1887   *Hombre* prevenido vale por dos (Ac.). *Hombre apercibido vale por dos* (Ac.).
        Hombre apercibido, medio combatido (Ac., Santillana, 506 y Quijote, II, 17).
        El hombre apercibido, medio combatido (Celestina, XII, 83 y Lozana, 327).
        «Advierte la gran ventaja que lleva en cualquier lance o empeño el que
        obra con prevención.»

1888   *Hombre* que presta, sus barbas mesa (Ac.).
        «Advierte el cuidado con que se debe prestar para no tener que arre-
        pentirse.»

1889   *Hombres* tan mirados, no jueguen a los dados (Dorotea, V, 389). En
        el juego de los dados interviene más la suerte que la pericia personal.
        Advierte que las personas habitualmente precavidas y temerosas no deben
        aventurarse en un negocio.

1890   Juga jugando dice el *hombre* gran mancilla (BAmor, 921).
        A veces, bajo la apariencia de una broma, se dicen cosas ofensivas para otro.

1891   La que cree al *hombre* jurando, [52] quiebra sus ojos llorando (Corba-
        cho, 71). *La que al hombre cree el jurar ál* [53] *no gana que llorar* (HNúñez, II,
        275). *La que a los hombres cree jurando, sus ojos quebranta llorando* (Correas, 261).
        La mujer que se fía de las promesas de un hombre, suele salir desenga-
        ñada.

---

50   *Acucioso* 'activo, diligente'.
51   *Trazas* 'recursos'.
52   *Jurar* 'ofrecer, prometer'.
53   *Ál* 'otra cosa'.

1892   Más vale a *hombre* andar señero [54] que con mal compañero (Zifar, 336). *Más vale señero que con ruin compañero* (Correas, 302).
       Expresa que es preferible la soledad a una mala compañía.

1893   Más vale ser el *hombre* bueno amidos [55], que malo de grado (Zifar, 172).
       Aconseja obrar rectamente, aunque sea más agradable seguir los propios gustos e impulsos.

1894   Ni *hombre* tiple ni mujer bajón [56] (Ac.).
       «Arguye por la irregularidad de las cosas los malos efectos de ellas.»

1895   No hay *hombre* cuerdo a caballo (Ac. y Galfarache, I, 113 y III, 248).
       «Da a entender que con gran dificultad suele obrar y proceder templada y prudentemente el que se halla puesto en la ocasión de propasarse.»

1896   No hay *hombre* sin hombre (Ac. y FC, *Más honor,* 162).
       «Denota la dificultad de medrar una persona sin la ayuda de otra.»

1897   No son *hombres* todos los que mean en pared (Ac.). *No son todos hombres los que mean a la pared* (Santillana, 486).
       «Manifiesta que no se debe juzgar de las cosas por las señales exteriores, y que no todos tienen las prendas correspondientes a la excelencia de su ser.»

1898   Nunca se precia sino el vil *hombre* (Zifar, 296).
       Generalmente la persona que más se ensalza es la que menos vale.

1899   Siempre halla el *hombre* lo que no busca (Lozana, 37).
       Pone de manifiesto lo imprevisible de las cosas.

1900   Un *hombrón* de hecho, y de pelo en pecho (Dorotea, I, 115). *Hombre de hecho, pelo en pecho; mas no todo el que ha pelo en pecho será de hecho* (Correas, 244). *Hombrón de hecho* está en el sentido de 'hombre de valor y decisión', y que cumple lo que promete.
       Elogia a los hombres que reúnen cualidades físicas y morales.

1901   Donde hay saca y nunca pon, presto se llega al *hondón.* v. 488.

1902   Entonces perdí mi *honor,* cuando dije mal y oí peor. v. 2474.

---

[54]   *Señero* 'solo'.
[55]   *Amidos,* ant. 'de mala gana, con repugnancia'.
[56]   *Bajón* 'persona que tiene voz de bajo'.

1903 El que quiera *honra,* que la gane (Ac.).
«Reprueba la murmuración.»

1904 ***Honra* sin provecho, anillo en el dedo.** *Honra sin provecho no es sino como anillo en el dedo. Honra sin provecho, sortija en el dedo.* v. 217.

1905 ***Honra* y provecho no caben en un saco** (Ac., Criticón, III, 202 y FC, LGarcía, 216). *Honra y doblones no caben en un saco* (Criticón, II, 89).
«Enseña que regularmente los empleos de honor y distinción no son de mucho lucro.» Significa también que el que se enriquece en poco tiempo no suele ser honrado.

1906 **Yo a vos por *honrar*, vos a mí por encornudar** [57] (Ac.). *Yo a vos por honrar, y vos a mí por encornudar* (Santillana, 725).
«Se dice de los que corresponden con ingratitud a los beneficios que se les hacen.»

1907 **Antes de la *hora,* gran denuedo; venidos al punto, mucho miedo** (Ac.).
«Reprende a los baladrones [58] y a los que ofrecen hacer muchas cosas cuando no hay riesgo alguno ni están en ocasión de hacerlas, y cuando llega esta no ejecutan nada de lo que prometen.»

1908 **Casarás en mala *hora,* y comerás cabeza de olla** (Ac.). *Cabeza de olla* es la parte más sustanciosa del caldo, porque es la que se sirve en primer lugar; y en sentido más amplio, es la ración mayor.
«Denota las ventajas que consigue el que es cabeza de familia, aunque se case desventajosamente.»

1909 **De *hora* a hora, Dios mejora** (Ac. y Santillana, 205).
«Aconseja esperar de la misericordia de Dios el remedio de nuestros males, pues no se olvida de enviarlo pronto cuando conviene.»

1910 **En chica *hora,* Dios obra** (Ac.).
«Enseña que las obras de Dios no están circunscritas a términos y espacios precisos.»

1911 **En las *horas* de la cuita se prueban los amigos** (Zifar, 20).
El verdadero amigo se conoce cuando uno tiene problemas o disgustos.

1912 **En una *hora* no se ganó Zamora.** v. 3486.

1913 **Tal *hora* el corazón brama, aunque la lengua calla** (Ac.). Cuanto mayor es el sufrimiento, más difícil resulta hablar de él.
«Enseña no convenir muchas veces explicar uno su sentimiento.»

---

[57] *Encornudar* 'hacer cornudo a uno'.
[58] *Baladrón* 'fanfarrón, cobarde que presume de valentía'.

1914   ¿Quién te hizo acuciosa?[59] *Hormento* y agua roja. La levadura o fermento (hormento) y el agua caliente (agua roja) para hacer el pan, son dos cosas que no pueden esperar.
«Advierte que las ocasiones son muchas veces las que hacen a los hombres solícitos y cuidadosos.»

1915   No seáis *hornera* si tenéis la cabeza de manteca (Ac. y Dorotea, III, 228).
«Advierte que nadie se encargue de lo que no pueda desempeñar.»

1916   En *hoto*[60] del conde, no mates al hombre (Ac.). *En fucia*[60] *del conde, no mates al hombre* (Ac. s/v fucia).
«Advierte el riesgo de obrar mal, aun confiando en el favor de los poderosos.»

1917   Hacer un *hoyo* para tapar otro (Ac.).
«Reprende a aquellos que para evitar un daño o cubrir una trampa hacen otra.»

1918   La *hoz* en el haza,[61] y el hombre en la casa (Ac.).
«Zahiere a los que debiendo estar trabajando, se hallan ociosos.»

1919   Metióte en la *huerta,* y no te dio de la fruta de ella (Ac.).
«Contra el poderoso que pone a la vista el premio y en llegando la ocasión no lo da.»

1920   Nace en la *huerta* lo que no siembra el hortelano (Ac.). Se refiere a las malas hierbas.
«Denota que a pesar de la buena educación se suelen introducir resabios.»

1921   *Huerto* y tuerto, mozo y potro, y mujer que mira mal, quiérense saber tratar (Ac.). Hay que tener una habilidad especial para sacar fruto de cosas, animales o personas difíciles, por su delicadeza o por su indocilidad.
«Advierte que para sacar partido de una cosa se necesita paciencia y maña.»

1922   Vienes de la *huesa,*[62] y preguntas por la muerta (Ac.). *Viene de la huesa, y pregunta por la muerta* (Santillana, 709 y Dorotea, I, 114).
«Nota a los que afectan ignorancia de lo que saben.»

1923   El *hueso* y la carne duélense de su sangre (Ac.).
«Explica el sentimiento natural que toman los parientes recíprocamente en sus adversidades, aun cuando estén mal entre sí.»

---

[59]   *Acuciosa* 'diligente'.
[60]   *En hoto,* o *en fucia* 'en confianza'.
[61]   *Haza* 'campo de labor'.
[62]   *Huesa* 'sepultura'.

1924   El que se traga un *hueso,* confianza tiene en su pescuezo (Ac.).
«Da a entender la seguridad que uno tiene al acometer una empresa difícil.»

1925   El que te da un *hueso,* no te querría ver muerto. v. 1927.

1926   *Hueso* que te cupo en parte, róelo con sutil arte (Ac.). *Hueso que te queda en parte, róelo con sutil arte* (Santillana, 357).
«Enseña que en las desgracias que nos vienen sin culpa, es necesario estudiar el modo de hacerlas más tolerables.»

1927   Quien te da un *hueso,* no te quiere ver muerto (Ac.). *El que te da un hueso, no te querría ver muerto* (Santillana, 247). *Quien te da el hueso, no te querría ver muerto* (Quijote, II, 50). *Quien te da el hueso, no quiere verte muerto* (Galdós, *Arapiles,* 124).
«Enseña que no nos quiere mal quien parte con nosotros de lo que tiene, aunque sea poco o malo.»

1928   El *huésped* con sol, ha honor. v. 1930.

1929   El *huésped* y el pece [63] a los tres días hiede (Ac.).
«Enseña que los hospedados en alguna casa, deben estar en ella lo menos que puedan.»

1930   *Huésped* con sol, ha honor (Ac. y Santillana, 349). *El huésped con sol, ha honor* (GAlfarache, I, 138).
«Da a entender que el caminante que llega temprano y antes que otros a la posada, logra las conveniencias que hay en ella.»

1931   *Huésped* que se convida, rece [64] es de hartar (DLengua, 117). *Huésped que se convida, ligero es de hartar* (Santillana, 355).
No se suelen poner defectos ni mostrar exigencias con las cosas que se reciben gratuitamente.

1932   *Huésped* tardío, no viene manivacío (Ac.).
«Denota que el caminante que piensa llegar tarde a la posada, regularmente lleva prevención de comida.» En sentido más general, puede significar que cuando se llega tarde a alguna cita, convite, etc., se suelen buscar excusas para paliar la descortesía.

1933   Iránse los *huéspedes* y comeremos el gallo (Ac.).
«Denota que se difiere a uno el castigo que merece, por respeto de los que están presentes, hasta que se vayan.»

1934   *Huéspeda* [65] hermosa, mal para la bolsa (Ac.).
«Enseña que en las posadas, cuando la huéspeda es bien parecida, no se repara en el gasto.»

---

[63]   *Pece,* ant. 'pez'.
[64]   *Rece* 'fácil'.
[65]   *Huéspeda* 'mesonera o ama de la posada'.

1935   ¡Si supiese la *hueste* lo que hace la hueste! (DLengua, 108 y Correas, 461).
       Manifiesta que, generalmente, en los actos colectivos se pierde la conciencia individual.

1936   Hispe[66] el *huevo* bien batido, como la mujer con el buen marido (Ac.).
       «Ast[urias]. Ref. con que se dan a entender las dichas que alcanza una mujer teniendo un buen marido.»

1937   No es por el *huevo,* sino por el fuero (Ac., Santillana, 489 y Galdós, *2ª Casaca,* 96). *No por el huevo, sino por el fuero* (DLengua, 184). «Dicen que el huevo fue tributo de la gente pobre, y parece que algún fijodalgo, defendiendo su fuero, hizo el refrán.»[67]
       «Significa que uno sigue con empeño un pleito o negocio, no tanto por la utilidad que le resulte, cuanto porque prevalezca la razón que le asiste.»

1938   Sobre un *huevo* pone la gallina (Ac., Quijote, II, 7 y Galdós, *Arapiles,* 127). Es costumbre poner un huevo simulado en los ponederos, porque a las gallinas les gusta hacer sus puestas sobre otros huevos.
       «Enseña que es muy del caso tener algún principio en una materia para adelantar en ella.»

1939   Más se *huye* que se corre (GAlfarache, II, 175 y Correas, 297).
       Da a entender que en los momentos de peligro suele avivarse el ingenio.

1940   *Humo* y mala cara sacan a la gente de casa (Ac.). Una persona con mal genio es tan insufrible como el humo en un local cerrado.
       «Enseña que los que tienen mal modo, ahuyentan a las gentes.»

1941   No es nada; que del *humo* llora (Ac.).
       «Se usa para quitar importancia a lo que parece tenerla.»

1942   El *hurtar* es cosa linda, si colgasen por la pretina[68] (Dorotea, V, 389). *Qué cosa tan buena el hurtar, si fuese por los cintos el colgar* (HNúñez, III, 528 y Correas, 415).
       «Da a entender que el miedo al castigo hace contener a los hombres en su deber y evita los delitos.»[69]

1943   *Husada*[70] menuda, a su dueño ayuda (Ac.).
       «Enseña que la labor continuada, aunque sea de corta consideración, contribuye a mantener las casas.»

---

[66]   *Hispir* 'esponjar, ahuecar una cosa'.
[67]   v. Correas, 47.
[68]   *Pretina* 'cintura, cinto'.
[69]   v. Ac. 1734-1803.
[70]   *Husada* 'porción de lana, lino o estambre que, ya hilada, cabe en el huso'.

1944　**Al mal *huso*, quebrarle la hueca** (Ac.). *Al mal huso, quebrarle la pierna* (Ac.). *A la mala costumbre, quebrarle la pierna* (Ac. s/v costumbre). *Al mal uso, quebrarle la pierna* (GAlfarache, IV, 180). La *hueca* es el apéndice final del huso; en sentido traslaticio, la pierna se equipara con aquella. El juego de voces *huso/uso* se ve confirmado en las variantes de Ac. y de GAlfarache.

　　　　«Jugando del vocablo, condena o reprende las acciones malas, aun cuando se procura excusarlas con el uso y la costumbre.» «Enseña que no se debe seguir un abuso con pretexto de que es costumbre.» (s/v costumbre.)

1945　**Guay del *huso*, cuando la barba no anda de suso.** v. 2102.

1946   **Ida** y venida por casa de mi tía (Ac. y Santillana, 722). *Ida y venida por en casa de mi tía* (Dorotea, III, 366). La frecuencia con que se acude a un lugar nace, por lo general, de la utilidad que se espera obtener de él.

     «Se reprenden las falsas razones con que algunos cohonestan sus extravíos particulares.»

1947   **Idus** y calendas, todo se pasa en ofrendas (Ac.). En el antiguo cómputo romano y en el eclesiástico, los *idus* eran los días 15 de marzo, mayo, julio y octubre, y el 13 de los demás meses; las *calendas* son el primer día de cada mes.

     «Contra los que gastan todo el tiempo en fiestas y comilonas.»

1948   **Iglesia,** o mar, o casa real. v. 1090.

1949   Lo que **ignoran,** baldonan (PJustina, II, 187).
     Censura a los que hablan mal de cosas que no conocen.

1950   Si quieres bien casar, casa con tu **igual.** v. 875.

1951   Acá no me vean pasar mal, que en el **infierno** no me verán pernear. v. 2717.

1952   El **infierno** está lleno de buenos deseos, y el cielo de buenas obras (Ac.). *El infierno está lleno de buenos propósitos, y el cielo de buenas obras* (Ac.). *De buenas intenciones está empedrado el infierno* (Cela, *Judíos*, 15).

     «Se usa para indicar que las buenas intenciones son vanas cuando no van acompañadas de las obras.»

1953   De los **ingratos** está lleno el infierno. v. 1230.

1954   De buenas **intenciones** está empedrado el infierno. v. 1952.

1955   **Por el *interés*, lo más feo hermoso es** (Ac.).
        «Denota cuánto tuerce el interés la claridad del entendimiento y la rectitud de la voluntad.»

1956   **Buena o mala *invención*, no la hizo Villalón** (Ac.). Posiblemente se refiere al escritor del siglo XVI Cristóbal de Villalón, que tuvo gran renombre por su extenso saber en distintas artes.
        «Da a entender que no está encerrada toda la ciencia en el conocimiento de una sola persona.»

1957   **Donde *fueres*, haz como vieres** (Ac.). *Por donde fueres, haz como vieres* (Ac.). *Donde quiera que fueres, haz como vieres* (Ac. s/v querer). *Cuando a Roma fueres, haz como vieres* (Quijote, II, 54). *Donde fueres, harás como vieres* (Criticón, III, 206).
        «Advierte que cada uno debe acomodarse a los usos y estilos del país donde se halla.» «Enseña cuánto conviene no singularizarse, sino seguir los usos y costumbres del país en que cada uno se halla.» (s/v querer.)

1958   **El que *fuera* va a casar, o va engañado o va a engañar.** v. 1962.

1959   **Iráse lo amado, y quedará lo descolorado** [1] (Ac.).
        «Da a entender que pasado el deleite que causa una pasión desordenada, queda solo el descrédito, el deshonor o la vergüenza.»

1960   **Por donde *fueres*, haz como vieres.** v. 1957.

1961   **Quien bien va, no tuerce** (Zifar, 75).
        Aconseja no introducir cambios cuando las cosas marchan bien.

1962   **Quien lejos va a casar, o va engañado o va a engañar** (Ac.). *El que fuera va a casar, o va engañado, o va a engañar* (Ac. s/v casar). *El que se va a casar fuera de su lugar, o va engañado o va a engañar* (FC, 260).
        «Advierte cuánto conviene que se conozcan y traten las personas que se han de casar para el acierto de los matrimonios.»

1963   **Ve do vas, y como vieres así haz** (Lozana, 114). *Ve do vas: como vieres así haz* (Santillana, 708).
        Aconseja no salirse de los usos, modos y costumbres establecidos en cada lugar.

1964   **A *ira* de Dios no hay cosa fuerte** (Ac.).
        «Da a entender que al poder de Dios no hay cosa que resista.»

1965   **De *ira* de señor y de alboroto de pueblo te libre Dios** (Ac.).
        «Denota cuán temibles son el enojo y la violencia en los poderosos, o una conmoción popular.»

---

[1]   *Descolorado* 'pálido, bajo de color'.

1966   ***Ira*** ² **de enamorados, amores doblados** (Ac.).
        «Denota que las riñas entre los que verdaderamente se aman, les acre-
        cientan el amor.»

1967   ***Ira*** **de hermanos, ira de diablos** (Ac.).
        «Da a entender que son mucho peores los efectos de la ira cuando es
        entre personas que por el parentesco u otros motivos deben tener más unión
        y amistad.»

---

²   *Ira* 'reyerta'.

J

1968 El más ruin *jabalí* se come la mejor bellota. v. 2921.

1969 Tres *jarabes* y una purga; venga premio y anda, mula (Ac.).
   «Contra los médicos ignorantes e interesados.» De modo más general, puede aplicarse a los que buscan únicamente su lucro y no el cumplimiento de su deber.

1970 *Jaula* hecha, pájaro muerto (Ac.).
   «Casa hecha, sepultura abierta.» Se dice porque los cambios suelen ser difíciles de superar, aunque sean ventajosos.

1971 A *Juan* de la Torre la baba le corre (Ac.). *Juan de la Torre,* como representación del vanidoso que se deja impresionar por los elogios que le dirigen.
   «Contra los que se dejan adular.»

1972 Don *Juan* de Mena, ni palabra mala ni obra buena. v. 2511.

1973 Duerme, *Juan,* y yace, que tu asno pace (Ac.).
   «Da a entender el descuido y sosiego con que puede vivir el que ha despachado lo que está a su cargo.»

1974 *Juan* Palomo: yo me lo guiso y yo me lo como (Ac.). *Juan Palomo* personifica al que obra sin requerir ayuda ni compartir los beneficios que obtiene.
   «Se censura al egoísta que no cuenta con nadie para partir el provecho de lo que hace.»

1975 Tan bueno es *Juan* como Pedro. v. 2756.

1976 Al *judío,* dadle un huevo y pediros ha el tozuelo [1] (Ac.). *Al judío dadle un palmo y tomará cuatro* (Ac. y Santillana, 62). *Al ruin dadle un palmo y tomaráse cuatro* (DLengua, 37).
   «Contra los que en vez de agradecer el favor recibido, molestan al que se lo ha dispensado con nuevas importunaciones.»

---

[1] *Tozuelo* 'cerviz gruesa, carnosa y grasa de un animal'.

1977   **Desgraciado en el *juego*, afortunado en amores** (Ac.). *Afortunado en el juego, desgraciado en amores* (Galdós, *Carlos IV*, 88).
        «Suele decirse, como para consuelo, o con ironía, a la persona que pierde en el juego.»

1978   **El *juego* de la correhuela, cátale dentro y cátale fuera** (Ac.). *El juego de la correhuela, cátate dentro y cátate fuera* (Galdós, *Chamartín*, 259). El juego de la correhuela se hace con una correa que tiene las dos puntas cosidas. El que tiene la correa la presenta doblada con varios pliegues y otro mete en uno de ellos un palito: si al soltar la correa resulta el palito dentro de ella gana el que la puso, y si cae fuera, gana el otro.
        «Se dijo por los inconstantes y mudables.»

1979   **En *juego* ni en veras, con tu señor no partas peras.** v. 544.

1980   ***Juego* de manos, juego de villanos** (Ac.). *Burlas de manos, burlas de villanos* (Ac. s/v burla).
        «Censura la excesiva familiaridad en jugar y tocarse con las manos unas personas a otras.»

1981   **A *jueces* galicianos,** [2] **con los pies en las manos** (Ac.).
        «Contra los jueces que se dejan sobornar. Dícese con alusión a los regalos de aves que, cogidas de los pies, se llevan en la mano.»

1982   ***Juez* cadañero,** [3] **derecho como sendero** (Ac.). *Juez cadañero, estrecho como sendero* (Ac.).
        «Denota que el juez que se muda cada año, es estrecho en el cumplimiento de su oficio, porque ha de ser residenciado presto.»

1983   ***Jura* mala, en piedra caiga** (Ac., Corbacho, 157 y Santillana, 373). La piedra simboliza lo estéril, lo que no llega a término.
        «Enseña que no se debe ejecutar lo malo, aunque se haya jurado.»

1984   **Si el *juramento* es por nos, la burra es nuestra por Dios** (Ac.). *Si el juramento es por nos, la burra es nuestra* (Santillana, 654).
        «Da a entender la facilidad con que algunos juran en falso por su propio interés.»

1985   ***Justicia*, mas no por mi casa** (Ac.). *Justicia, y no por mi casa* (Ac. y PJustina, I, 154). *Justicia, mas no por nuestra casa* (Santillana, 372). *Justicia, mas no por su casa* (Criticón, II, 239).
        «Enseña que todos desean que se castiguen los delitos, pero no cuando son ellos los culpables.»

---

[2] *Galiciano* 'gallego'.
[3] *Cadañero* 'que dura un año'.

L

1986   *Labor* comenzada, no te la vea suegra ni cuñada. v. 2512.

1987   La *labor* de la judía, trabajar de noche y holgar de día (Ac.). *La labor de la judía, afanar de noche y holgar de día* (Santillana, 400).
     «Contra los que invierten el orden de las cosas, no haciéndolas a su debido tiempo.»

1988   *Labrador* chuchero, nunca buen apero (Ac.). *Chuchero* se dice del que coge la caza menor valiéndose de señuelos, lazos, redes, etc. *Apero* es el conjunto de instrumentos para la labranza.
     «Denota que el labrador que se distrae en la caza, adelanta poco en la labranza.» De modo más general, indica que es difícil hacer compatible la diversión con el trabajo.

1989   *Labrador* de capa negra, poco medra (Ac.). La capa negra era usada por la gente ciudadana de cierta categoría social.
     «Da a entender que el labrador que vive a lo caballero no prospera, o se arruina.»

1990   Cuando pelean los *ladrones*, descúbrense los hurtos (Zifar, 219). *Pelean los ladrones, y descúbrense los hurtos* (Santillana, 531). *Riñen los pastores, y se descubren los hurtos* (Galdós, GOriente, 191). *Riñen los diablos, y se descubren los hurtos* (Galdós, Camarilla, 65).
     En los momentos de apasionamiento, riña o disputa suelen descubrirse verdades que desearíamos que permanecieran ocultas.

1991   *Ladrón* que roba a ladrón... v. 1995.

1992   Pelean los *ladrones*, y descúbrense los hurtos. v. 1990.

1993   Piensa el *ladrón* que todos son de su condición (Ac.).
     «Enseña cuán propensos somos a sospechar de otro lo que nosotros hacemos.»

1994   Por un *ladrón* pierden ciento en el mesón (Ac.). *Por un ladrón pierden ciento mesón* (Santillana, 549).

«Explica la sospecha que se concibe contra otros por el daño que uno ha causado.»

1995   Quien hurta al *ladrón* gana cien años de perdón (Ac.). *Quien hurta al ladrón gana cien días de perdón* (Ac. y PJustina, I, 203). *Quien hurta al ladrón ha cien años de perdón* (Ac.). *Quien hurta al ladrón ha cien días de perdón* (Ac.). *Quien burla al burlador cien días gana de perdón* (Santillana, 600). *Quien engaña al engañador...* (Celestina, XIX, 190). *Ladrón que roba a ladrón...* (Galdós, *Rey José*, 223).

«Disculpa al que comete una mala acción contra un malvado.»

1996   Salí de *ladrón* y di en ventero (GAlfarache, III, 287). Los venteros solían tener mala reputación.

Da a entender que a veces por huir de un peligro se va a dar en otro semejante.

1997   *Ladroncillo* de agujeta, [1] después sube a barjuleta [2] (Ac.).

«Denota que los ladrones empiezan por poco y acaban por mucho.»

1998   *Lágrimas* y suspiros mucho desenconan el corazón dolorido (Celestina, I, 38 y Correas, 258).

Los sufrimientos o el dolor físico se alivian exteriorizándolos.

1999   Lo que no va en *lágrimas* va en suspiros (Ac.). *Lo que no va en vino, va en lágrimas y en suspiros* (Criticón, III, 77).

«Da a entender que unas cosas se compensan con otras.»

2000   No bebas en *laguna* ni comas más de una aceituna (Ac.). El agua estancada puede ocasionar enfermedades. Antiguamente se tenía la creencia de que las aceitunas eran dañinas para la salud.

«Indica ser bueno para la salud el abstenerse de ambas cosas.» De modo más amplio, podría interpretarse también en el sentido de que no es aconsejable comer o beber cosas cuya naturaleza se desconoce.

2001   Salir de *lagunas* y entrar en mojadas (Ac.).

«Salir del lodo y caer en el arroyo.» Se dice de los que, habiendo superado una situación enojosa, tienen que enfrentarse a otra peor.

2002   Aunque vestido de *lana,* no soy borrego (Ac.).

«Da a entender que uno no tiene la condición o el carácter que aparenta.»

2003   Cual más, cual menos, toda la *lana* es pelos (Ac. y FC, 258).

«Manifiesta que es inútil escoger entre cosas o personas que adolecen de unos mismos defectos.»

---

[1] *Agujeta* 'correa o cinta terminada con un herrete en cada punta, que sirve para ajustar distintas prendas de vestir'.

[2] *Barjuleta* 'bolsa grande de tela o cuero que llevaban a la espalda los caminantes'.

2004   **Ir por *lana* y volver trasquilado** (Ac. y DLengua, 85). *Venir por lana y salir trasquilado* (Ac.). *El carnero encantado,*[3] *que fue por lana y volvió trasquilado* (Ac. s/v carnero).
       «Se usa para denotar que uno ha sufrido perjuicio o pérdida en aquello en que creía ganar o hallar provecho.»

2005   **Poca *lana*, y esa en zarzas** (Ac.). Probablemente la palabra *lana* está usada en su sentido anticuado y festivo de 'dinero'. En ese caso, el ref. aludiría al que tiene poco capital y este está invertido en fincas que no son rentables.
       «Se aplica al que tiene poco, y eso con trabajo o riesgo.»

2006   **Venir por *lana*, y salir trasquilado.** v. 2004.

2007   **Quien no quiera ver *lástimas*, no vaya a la guerra** (Ac.). En otro tiempo el servicio militar no era obligatorio.
       «Reprende a los que se quejan después de haber buscado el daño voluntariamente.»

2008   **De los *leales* se hinchen los hospitales** (Ac.). *De servidores leales se hinchen los hospitales* (DLengua, 108).
       «Denota que a las personas más acreedoras a los premios y mercedes, se las suele dejar abandonadas a su escasa fortuna.»

2009   **No vive más el *leal* que cuanto quiere el traidor** (Ac.). *No vive el leal más que lo que quiere el traidor* (FC, 264).
       «Advierte que el hombre sincero y franco está expuesto a las asechanzas y tiros del alevoso.»

2010   **Por ser *leal* padezco mal** (Celestina, I, 125 y Correas, 407).
       La fidelidad y la honradez no suelen ser apreciadas ni recompensadas.

2011   **Dijo la *leche* al vino: bien seáis venido, amigo** (DLengua, 153). *La leche le dijo al vino: bien seáis venido, amigo* (Criticón, III, 77).
       Considera que estas dos bebidas se complementan.

2012   **La leche sale del mueso,**[4] **y no del hueso** (Ac.).
       «Ref. de nodrizas, que alude a la necesidad de alimentarse bien las mujeres que crían.»

2013   **Lo que en la *leche* se mama, en la mortaja se derrama** (Ac.). *Lo que en la leche se mama, en la mortaja sale* (Santillana, 406).
       «Denota que todo cuanto se infunde e imprime en los primeros años, suele arraigar de manera que se retiene toda la vida.»

2014   **Por do quiera hay su *legua* de mal camino** (Ac.).
       «Enseña que en cualquiera cosa que se intenta hacer se encuentran dificultades.»

---

[3] *Encantado* 'bobo'.
[4] *Mueso*, ant. 'bocado, comida'.

2015   No dice más la *lengua* que lo que siente el corazón (Ac.).
        «Declara que cada uno habla según sus inclinaciones y afectos.»

2016   No diga la *lengua* lo que pague la cabeza. *No diga la lengua por do pague*
        la cabeza. v. 457.

2017   Quien *lengua* ha, a Roma va (Ac., Santillana, 566 y DLengua, 50). *Quien*
        tiene lengua, a Roma va (Ac. y Criticón, III, 208).
        «Enseña que el que duda o ignora debe preguntar para lograr el
        acierto.»

2018   La *leña,* cuanto más seca, más arde (Ac.).
        «Advierte que la lascivia suele ser más vehemente en los ancianos que
        en los jóvenes.»

2019   *Leña* de romero y pan de panadera, la bordonería [5] entera (Ac.).
        «Denota la holgazanería de los labradores que compran el pan por no
        cocerlo en su casa, y queman leña ligera por no ir a buscar la recia más
        lejos.»

2020   No es tan bravo el *león* como le pintan (Ac.). *No es tan fiero el león como*
        le pintan (Ac.). *No es tan bravo el león como lo pintan* (Santillana, 475).
        «Denota que una persona no es tan áspera y temible como se creía,
        o que un negocio es menos arduo y difícil de lo que se pensaba.»

2021   La *letra* con sangre entra (Ac. y Quijote, II, 36).
        «Da a entender que para aprender lo que se ignora o adelantar en cual-
        quiera cosa no han de excusarse el estudio y el trabajo.»

2022   Las *letras* no embotan la lanza (Ac. y DLengua, 13).
        «Enseña no ser opuesto el valor al estudio y a la literatura.»

2023   Allá van *leyes,* do quieren reyes (Ac., Santillana, 81, DLengua, 121 y
        Quijote, II, 37). *Allán van leyes, donde quieren reyes* (Ac.). *Do quieren reyes, allá*
        van leyes (Ac. s/v rey). *Allá van leyes, donde quieren los reyes* (Criticón, III, 209).
        «Da a entender que los poderosos quebrantan las leyes, acomodándo-
        las o interpretándolas a su gusto.»

2024   Hecha la *ley,* hecha la trampa (Ac.).
        «Da a entender que la malicia humana halla fácilmente medios y excu-
        sas para quebrantar o eludir un precepto apenas se ha impuesto.»

2025   *Libertad* y soltura no es por oro comprado (BAmor, 206). *Libertad y*
        franqueza, no es por oro comprado (Corbacho, 21).
        Antepone la libertad a cualquier bien material, por preciado que sea.

---

[5]   *Bordonería* 'costumbre de andar vagando como peregrino'.

2026   **Libro cerrado no saca letrado** (Ac. y Dorotea, I, 61).
        «Ref. cuyo sentido es que no aprovechan los libros si no se estudia en
        ellos.»

2027   **Donde menos se piensa, salta la *liebre*** (Ac. y Cela, *Lazarillo*, 194). *Donde*
        el galgo no piensa, la liebre salta (Ac. s/v galgo). *Donde no piensan, suele saltar*
        la liebre (GAlfarache, IV, 107). *Donde no se piensa, salta la liebre, y andaba*
        sobre un tejado (PJustina, II, 212). *Donde no se piensa, salta la liebre* (Quijote,
        II, 10). *Donde menos se piensa, se levanta la liebre* (Quijote, II, 30). *En donde*
        menos se piensa, salta una liebre (Galdós, *Carlos IV*, 130). *Donde menos se piensa,*
        saltará una liebre (Galdós, *Ayacuchos*, 301). Se dice por la gran ligereza de
        este animal.
        «Da a entender el suceso repentino de las cosas que menos se espe-
        raban.»

2028   **Aunque la *lima* muerde, alguna vez se le quiebra el diente** (Dorotea,
        IV, 366). *Aunque la lima mucho muerde, alguna vez se la quiebra el diente* (Co-
        rreas, 72).
        Manifiesta que la persona más fuerte o poderosa alguna vez queda ven-
        cida. También se usa para amenazar a los murmuradores.

2029   **Lo que la *loba* hace, al lobo le place** (Ac.). *Lo que la loba hace, al lobo*
        place (Santillana, 408).
        «Enseña la facilidad con que se aúnan los que son de unas mismas cos-
        tumbres e inclinaciones.»

2030   **Bien se huelga el *lobo* con la voz de la oveja.** v. 2875.

2031   **Burla burlando vase el *lobo* al asno** (Ac. y Santillana, 139).
        «Denota la facilidad con que cada uno se encamina a lo que es de su
        inclinación o conveniencia.»

2032   **Cada *lobo* por su senda.** v. 2049.

2033   **Con un *lobo* no se mata otro** (Dorotea, V, 384 y HNúñez, I, 232).
        Da a entender que un mal no se corrige con otro. También puede signi-
        ficar que el haber salido de algún peligro no nos evita el tener que enfren-
        tarnos con uno nuevo.

2034   **Cuando el *lobo* da en la dula, ¡guay de quien no tiene más que una!**
        (Ac.). *Cuando el lobo da en la dula, ¡guay del que no tiene más que una!* (FC,
        262). La *dula* es el sitio donde pastan los ganados de los vecinos de un
        pueblo.
        «Explica cuán mal queda al primer contratiempo el que tiene poco que
        perder.»

2035   **Del *lobo*, un pelo** (Ac.). *Del lobo, un pelo, y ese de la frente* (Ac., Santillana,
        218 y DLengua, 36). *Del lobo, un pelo, y este de la frente* (DLengua, 43). Se
        supone que el pelo de la frente es el más corto, y por tanto el de menos valor.
        «Enseña que del mezquino se tome lo que diere.»

2036   De lo contado come el *lobo* (Ac., Santillana, 195, DLengua, 37 y GAlfarache, II, 272). *De lo contado como el lobo, y anda gordo* (FC, 273).
«Advierte que por más que uno cuide de resguardar una cosa, no siempre logra su seguridad.» También puede significar que en muchas ocasiones la violencia triunfa sobre el orden y el cuidado.

2037   El *lobo* está en la conseja[6] (Ac.). *El lobo es en la conseja* (Celestina,
XVII, 169).
«Se usa para avisar que cese la conversación cuando se murmura de
uno que, sin haberlo advertido, está presente o llega de improviso.»

2038   **El *lobo*, harto de carne, métese fraile.** v. 1284.

2039   El *lobo* y la vulpeja,[7] ambos son de una conseja (Ac.). *El lobo y la vulpeja, todos son de una conseja* (Santillana, 315). *El lobo y la vulpeja, son de una
conseja* (FC, 262).
«Indica la conformidad de inclinaciones y dictámenes entre los que son
de mala índole.»

2040   El que al *lobo* envía, a la fe, carne espera (BAmor, 1328 y 1494). *Quien
al lobo envía, carne espera* (Santillana, 567).
Zahiere a los que esperan obtener éxito empleando medios deshonestos.

2041   Muda el *lobo* los dientes, y no las mientes[8] (Ac.). *La zorra mudará los
dientes, mas no las mientes* (Ac. s/v zorra). *Pierde el lobo los dientes, y no las mientes*
(Zifar, 327). *Pierde el asno los dientes, mas no las mientes* (Santillana, 547).
«Advierte que los malignos, aunque crezcan en edad, no suelen mudar
de genio.»

2042   Quien al *lobo* envía, carne espera. v. 2040.

2043   **Quien con *lobos* anda, a aullar se enseña** (Ac. y FC, L*García*, 210).
«Explica el poderoso influjo que tienen las malas compañías para per-
vertir a los buenos.»

2044   Sigue el *lobo*, mas no hasta la mata (Zifar, 200).
Recomienda no correr riesgos graves por el logro de alguna cosa.

2045   Un *lobo* a otro no se muerden (Ac.). *Un lobo a otro nunca se muerde* (GAlfarache, IV, 16).
«Explica que las personas que tienen unos mismos intereses se disimulan mutuamente sus defectos.»

2046   Una *loca* hace ciento. v. 2055.

---

[6] *Conseja* 'conciliábulo, reunión'.
[7] *Vulpeja* 'zorra'.
[8] *Mientes*, ant. 'pensamientos'.

2047 Al *loco* y al aire, darles calle [9] (Ac.).
«Advierte que se deben evitar contiendas con personas de genio violento e inconsiderado.»

2048 Burlaos [10] con el *loco* en casa, burlará con vos en la plaza (Ac.). *Zumba con el desigual en casa y zumbará contigo en la plaza* (FC, 260).
«Advierte que, si se da ocasión al indiscreto para que se burle o chancee con uno a solas, lo hará también en público.»

2049 Cada *loco* con su tema (Ac., PJustina, I, 125 y Criticón, III, 205). *Cada loco con su tema, y cada lobo por su senda* (Ac.). *Cada lobo por su senda* (Criticón, III, 183).
«Comparativamente explica la tenacidad y apego que cada uno tiene a su propio dictamen y opinión; como los locos, que por lo regular disparatan siempre sobre la especie en que consiste su obsesión. Otros añaden: *y cada lobo por su senda.*»

2050 Cada *loco* hace ciento. v. 2055.

2051 El *loco,* por la pena es cuerdo (Ac.).
«Advierte que el castigo corrige los vicios, aun de los que carecen de razón.» (Ac.).

2052 Los *locos* dicen las verdades. *Los locos son los que dicen las verdades.* v. 2481.

2053 Más sabe el *loco* en su casa que el cuerdo en la ajena (Ac., Corbacho, 76 y Cela, MViento, 13). *Más sabe el necio en su casa que el cuerdo en la ajena* (Ac. s/v necio y Quijote, II, 43). *Más sabe el loco en su hacienda que el cuerdo en la ajena* (Santillana, 425). *Más sabe el necio en su casa que el sabio en la ajena* (Criticón, III, 202).
«Enseña que en los negocios propios más sabe aquel a quien pertenecen, por poco que entienda, que el que, mirándolos desde lejos, se introduce a juzgarlos sin conocimiento.»

2054 No es *loco* quien su mal echa a otro. v. 2125.

2055 Un *loco* hace ciento (Ac. y Lozana, 74). *Una loca hace ciento* (Criticón, II, 39). *Cada loco hace ciento* (Criticón, II, 371).
«Expresa el poderoso influjo que tiene el mal ejemplo para viciar la costumbre.»

2056 Quien de *locura* enferma, tarde o nunca sana (Ac.). *Quien de locura enfermó, tarde sana* (Zifar, 195). *Quien de locura enferma, tarde sana* (Zifar, 341 y Santillana, 599).
«Denota lo poco bueno que puede esperarse de quienes no tienen juicio ni discreción.»

---

[9] *Darles calle* 'dejar a su albedrío'.
[10] *Burlar* 'chancear, gastar bromas'.

2057 Si la *locura* [11] fuese dolores, en cada casa habría voces (Ac. y Celestina, VIII, 11). *Si la locura fuese dolores, en cada casa daría voces* (Santillana, 661).
«Da a entender cuán común es obrar con imprudencia.»

2058 Salir del *lodo* y caer en el arroyo (Ac.). *Salir de lodazales y entrar en cenagales* (Ac.). *Salió del lodo y cayó en el arroyo* (FC, 260).
«Se dice de los que por evitar un mal pequeño caen en otro igual o mayor, y de los que habiendo despachado un negocio incómodo deben empezar otro más arduo.»

2059 Nunca vos creades *loores* de enemigos (BAmor, 165).
Aconseja desconfiar de los aduladores.

2060 A la *losa*, tan presto va la vieja como la moza.
«Tan presto se va el cordero como el carnero.» La muerte no respeta edades ni categorías.

2061 Quien no *lucha* no cae (Zifar, 206).
Indica que es propio de los hombres cometer algún error.

2062 El que se va a casar fuera de su *lugar*, o va engañado o va a engañar.
v. 1962.

2063 Quien en ruin *lugar* hace viña, a cuestas saca la vendimia (Ac.).
«Enseña el poco fruto que debe esperarse cuando se trabaja en materias de suyo estériles, o cuando se favorece a ingratos.»

2064 Así es redonda y así es blanca la *luna* de Salamanca (Dorotea, III, 229). *La luna de Salamanca, así es redonda y así es blanca* (HNúñez, II, 284 y Correas, 279).
Zahiere a los que dicen perogrulladas.

2065 **Luna** con cerco, lavajo [12] lleno; estrella en medio, lavajo seco (Ac.).
«Da a entender que la presencia de halos o coronas alrededor de la luna es indicio de próxima lluvia.»

---

[11] *Locura* 'insensatez, falta de discreción'.
[12] *Lavajo* 'charca de agua de lluvia, que rara vez se seca'.

LL

2066 **La mala *llaga* sana, la mala fama, mata** (Ac.). *La mala llaga sana; la fama mala mata* (Santillana, 405). *La mala llaga sana, y mata la mala fama* (FC, LGarcía, 197).
«Denota cuán difícil es borrar la mala opinión una vez adquirida.»

2067 **Sanan *llagas,* y no malas palabras. v. 1121.**

2068 **Salir de las *llamas,* y caer en las brasas** (Ac.).
«Saltar de la sartén y dar en las brasas.» Se dice de los que creen haberse librado de un peligro y caen en otro mayor.

2069 **Al *llamado* del que le piensa,** [1] **viene el buey a la melena** [2] (Ac.).
«Enseña la facilidad con que se obedece a aquel de quien se reciben beneficios.»

2070 **Muchos son los *llamados* y pocos los escogidos** (Ac.). *Muchos son los amigos y pocos los escogidos* (Santillana, 439). *Los llamados han de ser muchos; los escogidos, pocos* (GAlfarache, IV, 96).
«Frase evangélica que expresa que el número de los predestinados a la gloria es menor que el de los que cooperan con sus buenas obras a la gracia de la vocación divina. Úsase también como refrán, para significar que el número de los que logran una cosa es menor que el de los que a ella aspiran.»

2071 **Aquel va más sano, que anda por el *llano*** (Ac.). *Aquel va más sano, que anda por llano* (Celestina, XI, 78).
«Aconseja obrar del modo más seguro y huir de lo que sea peligroso.»

---

[1] *Pensar* 'dar pienso a los animales'.
[2] *Venir a la melena* 'sujetarse'.

2072   Las *llaves* en la cinta [3] y el perro en la cocina (Ac. y Dorotea, IV, 369).
      «Se aplica a las personas que siendo muy descuidadas afectan ser cuidadosas.»

2073   El que primero *llega,* ese la calza [4] (Ac.).
      «Nota que el más diligente logra por lo común lo que solicita.»

2074   Yo duro y vos duro, ¿quién *llevará* lo maduro? [5] *Duro* está usado en el sentido figurado de 'obstinado, o reacio a dar o a hacer una cosa que se le pide'.
      «Explica la dificultad de concluir un ajuste o convenio entre dos porfiados.»

2075   El que no *llora* no mama (Ac., Galdós, *2ª Casaca,* 41 y Delibes, *5 horas,* 263).
      «Denota que para conseguir una cosa conviene pretenderla, y hasta pedirla importunamente.»

2076   *Llórame* solo, y no me llores pobre (Ac.). Es más fácil de remediar la pobreza que la soledad.
      «Explica que el que tiene quien le favorezca espera ver mejorada su mala fortuna.»

---

[3] *Cinta* 'cinto'.
[4] *Calzar* 'conseguir'.
[5] *Maduro* 'granado, en sazón'.

M

2077 **Madeja** entropezada, [1] quien te aspó [2] ¿por qué no te devana? (Ac.).
Si se hace mal la operación de enmadejar el hilado en el aspa, es muy difícil
devanar la madeja.
«Reprende a los que enredando una cosa en los principios, después la
dejan sin concluir para que otro tenga el trabajo de ponerla en orden.»

2078 **Madrastra, aun de azúcar, amarga** (Ac.). *Madrastra, el nombre le basta*
(Ac.). *Madrastra, el nombre le abasta* (Santillana, 452).
«Significa el poco amor que ordinariamente tienen las madrastras a sus
hijastros.»

2079 **Castígame** [3] **mi madre, y yo trómpogelas** [4] (Ac., Santillana, 168 y Quijote, II, 43 y 67). *Castígame mi madre, y yo trómposelas* (Ac. y DLengua, 118).
Ríñeme mi madre, y yo trómposelas (Dorotea, I, 119). *Trómposelas o trómpogelas*,
en su forma anticuada, equivale a 'se las trompo'. Alude probablemente
a las amonestaciones o advertencias de la madre, y de ahí su forma plural.
Esta falta de concordancia es muy frecuente en el lenguaje coloquial.
«Reprende a los que, advertidos de una falta, reinciden en ella frecuentemente.»

2080 **Cual la madre, tal la hija, y tal la manta que las cobija.** v. 2944.

2081 **Faltará la madre al hijo, y no la niebla al granizo** (Ac.).
«Quiere dar a entender que es segura la niebla después de una grani-
zada.»

2082 **La madre holgazana saca hija cortesana.** v. 2084.

---

[1] *Entropezada* 'enmarañada, enredada'.
[2] *Aspar* 'hacer madeja el hilo en el aspa'.
[3] *Castigar* 'regañar'.
[4] *Trompar* 'engañar, burlar'.

2083 *Madre* ardida[5] hace hija tollida[6] (Ac.).
«Advierte que las madres demasiado hacendosas, que no dejan nada que trabajar a sus hijas, suelen acostumbrarlas a la ociosidad.»

2084 *Madre* holgazana cría hija cortesana[7] (Ac.). *La madre holgazana saca hija cortesana* (GAlfarache, III, 105).
«Advierte el peligro a que una madre puede exponer a su hija, dándole ejemplo de ociosidad.»

2085 *Madre* pía,[8] daño cría (Ac.).
«Da a entender ser perjudicial la excesiva indulgencia de las madres con sus hijos y, por extensión, la de un superior cualquiera con sus inferiores.»

2086 Quien no cree en buena *madre,* creerá en mala madrastra (Ac.). *Quien no cree a buena madre, crea a mala madrastra* (Santillana, 586).
«Da a entender que los que no hacen caso de advertencias amistosas, tendrán al fin que abrir los ojos cuando experimenten el castigo.»

2087 Ríñeme mi *madre,* y yo trómposelas. v. 2079.

2088 Ál,[9] *madrina,* que eso ya me lo sabía (Ac.).
«Nota a los que cuentan como nuevas las cosas triviales y sabidas.»

2089 No por mucho *madrugar* amanece más aína[10] (Ac.). *No por mucho madrugar amanece más temprano* (Ac.). *Por mucho que madrugue no amanece más aína* (Celestina, XIV, 139). *Por mucho madrugar no amanece más aína* (Lozana, 62). *Por mucho madrugar no amanece más presto* (Criticón, III, 207). *No por mucho madrugar, etc.* (Galdós, *República,* 50).
«Enseña que no por hacer diligencias antes de tiempo se apresura el logro de una cosa.»

2090 A malas *maestrías*[11] muera quien con malas maestrías anda (Zifar, 490).
Contra los que emplean medios deshonestos en sus negocios.

2091 Cada *maestrillo* tiene su librillo (Ac.).
«Indica la diversidad de los modos de pensar y obrar que tienen los hombres.»

2092 El *maestro* Ciruela, que no sabe leer y pone escuela (Ac.).
«Censura al que habla magistralmente de cosa que no entiende.»

2093 Muchos *maestros* cohonden la novia. v. 1017.

---

[5] *Ardida* 'viva, diligente'.
[6] *Tollida* 'tullida, que se mueve con dificultad'.
[7] *Cortesana* 'liviana'.
[8] *Pía* 'blanda, benigna'.
[9] *Ál* 'otra cosa'.
[10] *Aína* 'pronto, temprano'.
[11] *Maestría* 'engaño, fingimiento o artificio y estratagema'.

2094   Horro **Mahoma,** y diez años por servir (Ac.). *Horro Mahoma, cien años
        por servir* (Santillana, 364). *Horro* se dice del esclavo que alcanza libertad.
        «Se dice con ironía del que erradamente hace cuenta de estar fuera de
        una obligación, faltándole mucho para quedar libre de ella.»

2095   Anda el *majadero* de otero en otero, y viene a quebrar en el hombre
        bueno (Ac. y Santillana, 25).
        «Da a entender que a veces paga el inocente los yerros del necio y por-
        fiado.»

2096   Allá va el *mal,* donde más hay (Criticón, III, 353). *¿Adónde vas, mal? Adonde
        más hay* (HNúñez, I, 21).
        Señala que las contrariedades o disgustos no suelen venir solos.

2097   Allá vaya el *mal* do comen el huevo sin sal (Ac.). Se da por sentado que
        nadie debe comer el huevo sin ese aliño.
        «Enseña que los males a nadie se deben desear.»

2098   Allá vayas *mal,* a do te pongan buen cabezal [12] (Ac.).
        «Manifiesta el deseo de que los males ocurran en donde hallen más re-
        sistencia o remedio.»

2099   A *mal* hecho, ruego y pecho [13] (Ac. y Santillana, 96). *A daño hecho, habed
        ruego y pecho* (BAmor, 880).
        «Enseña que, después de cometido un delito, no queda más recurso que
        la conformidad y el ruego por el perdón.»

2100   A quien de mucho *mal* es ducho, poco bien se le hace mucho (DLen-
        gua, 105). *Quien de mucho mal es ducho, poco bien le basta* (Santillana, 585).
        La persona curtida en el sufrimiento valora mucho cualquier bien o
        ventaja que se le presente.

2101   Bien vengas, *mal,* si vienes solo (Ac., Quijote, II, 55 y FC, *Dicha,* 152).
        Bien venga el mal, si viene solo (Lozana, 191). *Bien vengas, mal, si solo vienes*
        (GAlfarache, I, 160).
        «Da a entender que una desventura no suele ser única.»

2102   Con *mal* está el huso, cuando la barba no anda de suso [14] (Ac. y Celes-
        tina, IV, 174). *Guay del huso, cuando la barba no anda de suso* (Santillana, 343).
        Con mal anda el huso, cuando la barba no anda de suso (DLengua, 118). El *huso*
        personifica a la mujer, entre cuyas obligaciones estaba la de hilar. *Barba*
        está por 'hombre'.
        «Advierte la falta que hace a la viuda su marido.» En sentido más am-
        plio, significa que las cosas funcionan mejor con una buena dirección.

----

[12]   *Cabezal* 'almohada'.
[13]   *Pecho* 'valor'.
[14]   *Suso,* ant. 'arriba, encima'.

2103   Del *mal,* el menos (Ac. y GAlfarache, II, 101; IV, 73; V, 30 y 259). *Del mal, tomar lo menos* (BAmor, 1617). *Del mal, lo menos* (PJustina, I, 31). *Del mal, el medio* (GAlfarache, IV, 212). *Del daño, el menos* (GAlfarache, III, 173).
«Aconseja que entre dos males se elija el menor. Empléase también para manifestar conformidad cuando la desgracia que ocurre no es tan grande como se temía que fuese o hubiera podido ser.»

2104   De *mal* vino la oveja, allá va la pelleja. v. 2707.

2105   El *mal* del milano, las alas quebradas y el pico sano (Ac.). *El mal del milano, las alas quebradas y el papo sano* (Santillana, 297). *El mal del milano, el ala quebrada y el papo sano* (DLengua, 42). Es proverbial la cobardía del milano.[15]
«Zahiere al que siendo cobarde ostenta el valor que no tiene. Aplícase también al que se queja de estar enfermo y no por eso deja de comer bien.»

2106   El *mal* entra a brazadas y sale a pulgaradas [16] (Ac. y Santillana, 258). *El mal entra por quintales y sale por adarmes* [17] (Ac.).
«Denota que las enfermedades entran de golpe y salen muy despacio.»

2107   El *mal,* para quien le fuere a buscar (Ac.).
«Indirectamente se aconseja huir del peligro, o bien evitar las ocasiones de que pueda originarse un daño.»

2108   El poco *mal* espanta, y el mucho amansa. v. 1186.

2109   En *mal* de muerte no hay médico que acierte (Ac.).
«Da a entender que hay males o desgracias a que parece imposible encontrar remedio.»

2110   Hay más *mal* en el aldegüela del que se suena. *Hay más mal en el aldehuela, que se suena.* v. 2120.

2111   Haces *mal,* espera otro tal (Ac.).
«Enseña que si queremos vivir en paz y sin pesadumbres no las causemos a otros; porque de hacer mal, siempre se sigue padecerlo.»

2112   Haz *mal* y guarte [18] (DLengua, 121).
«Haces mal, espera otro tal.»

2113   Harto bueno es castigar [19] en *mal* ajeno (Ac.).
«Pregona lo útil del escarmiento en los ejemplos ajenos.»

---

[15]   v. Covarrubias, *Tesoro* s/v milano.
[16]   *Pulgarada* 'pulgada'.
[17]   *Por adarmes* 'en cortas proporciones o cantidades'.
[18]   *Guarirse* 'protegerse'.
[19]   *Castigar* 'escarmentar'.

2114   ***Mal* ajeno del pelo cuelga** (Ac.). *Mal ajeno de pelo cuelga* (Ac. y Celestina, XII, 82). *Cuidado ajeno cuelga de pelo* (Ac. s/v cuidado). *Duelo ajeno de pelo cuelga* (DLengua, 106 y Santillana, 219).
       «Advierte que los males ajenos se sienten mucho menos que los propios o que cada uno mira por su interés, sin importarle nada el de otro.» «Denota la indiferencia con que se suele mirar lo ajeno.» (s/v cuidado.)

2115   ***Mal* de cada rato no lo sufre perro ni gato** (Corbacho, 126).
       Expresa lo intolerables que son las contrariedades o disgustos continuos.

2116   ***Mal* de muchos, consuelo de tontos** (Ac. y Criticón, III, 204). *Mal de muchos, consuelo de todos* (Ac. y Criticón, III, 204).
       «Se niega que sea más llevadera una desgracia cuando comprende a crecido número de personas. Los que tienen contraria opinión dicen: *Mal de muchos, consuelo de todos.*»

2117   ***Mal* de muchos, gozo es** (Zifar, 484, Corbacho, 39 y 85, Santillana, 456 y Lozana, 45).
       Las desgracias compartidas suelen ser más llevaderas.

2118   ***Mal* haya el romero que dice mal de su bordón**[20] (Ac.). *Mal haya romero que dice mal de su bordón* (Santillana, 451).
       «Contra los que dicen mal de sus propias cosas.»

2119   ***Mal* largo, muerte al cabo** (Ac.).
       «Indica su probable terminación en sentido recto y en el figurado.»

2120   **Más *mal* hay en la aldehuela del que suena** (Ac.). *En el aldehuela, más mal hay que suena* (Santillana, 265). *Más mal hay que suena* (Celestina, XV, 145). *Hay más mal en el aldehuela que se suena* (Quijote, I, 46). *En el aldehuela, más mal hay del que se suena* (Galdós, MCortesano, 89). *Hay más mal en el aldegüela del que se suena* (Galdós, Bodas, 210).
       «Damos a entender ser mayor un mal de lo que parece o se presume.»

2121   **No hay *mal* que cien años dure.** v. 429.

2122   **No hay *mal* que por bien no venga** (Ac. y Galdós, *Arapiles*, 124). *No hay mal que no venga por bien* (GAlfarache, III, 287 y Criticón, III, 206).
       «Da a entender que un suceso infeliz suele ser inopinadamente ocasión de otro venturoso, o que sobrellevados con resignación cristiana los males traen bienes seguros para el hombre.»

2123   **No hay *mal* tan malo de que no resulte algo bueno** (GAlfarache, I, 173).
       «No hay mal que por bien no venga.»

---

[20]   *Bordón* 'bastón o palo que llevaban los peregrinos'.

2124   No hay mayor *mal* que el descontento de cada cual (Ac.).
        «Nota que el disgusto con que se reciben los males e infortunios, los
        aumenta. Úsase también para dar a entender que todo el que padece un
        mal se figura que no lo hay mayor.»

2125   No hace poco quien su *mal* echa a otro (Ac.). *No es loco quien su mal echa*
        a otro (Ac. s/v loco). *No hace poco quien se defiende de otro* (Santillana, 465).
        «Acusa al que atribuye a otro sus defectos o imperfecciones.»

2126   Paga lo que debes, sanarás del *mal* que tienes (Ac. y Santillana, 555).
        Paga lo que debes, sabrás lo que tienes (Ac. s/v pagar). *Paga lo que debes, y sanarás*
        del mal que tienes (FC, 257).
        «Aconseja la puntualidad en pagar las deudas, para librarse de los cui-
        dados y molestias que ocasionan.» «Aconseja la prontitud en la paga de
        lo ajeno, para gozar con quietud de lo propio.» (s/v pagar.)

2127   Para el *mal* que hoy acaba, no es remedio el de mañana (Ac.).
        «Aconseja poner remedio a los males en tiempo oportuno.»

2128   Para su *mal* supo la hormiga volar. v. 2130.

2129   Poco *mal* y bien quejado (Ac. y Galdós, *2 mayo,* 185 y *Cien mil,* 89).
        «Zahiere al que se lamenta mucho por leve motivo.»

2130   Por su *mal* crió Dios alas a la hormiga (Ac.). *Por su mal le nacieron alas*
        a la hormiga (Ac., Quijote, II, 33, FC, *LGarcía,* 223 y Galdós, *Bodas,* 23).
        Para su mal supo la hormiga volar (FC, 257).
        «Da Dios alas a la hormiga para morir más aína.» Enseña que algunos aconte-
        cimientos que en sí son buenos y ventajosos, pueden dar motivo a hechos
        desgraciados.

2131   Por vuestro mal sacáis el ajeno. v. 1051.

2132   Quien canta, sus *males* espanta (Ac. y Quijote, I, 22). *Quien canta, su mal*
        espanta (FC, *Dicha,* 154).
        «Enseña que para alivio de los males o aflicciones conviene buscar al-
        guna diversión.»

2133   Quien de mucho *mal* es ducho, poco bien le basta. v. 2100.

2134   Quien escucha, su *mal* oye (Ac.). *Quien mucho escucha, de su daño oye* (Zi-
        far, 451).
        «Reprende a los demasiadamente curiosos y amigos de oír lo que otros
        hablan.»

2135   Quien no sabe de *mal,* no sabe de bien. v. 415.

2136   Si el *mal* no fuese sentido, el bien no sería conocido (Corbacho, 8). *Si*
        lo malo no fuese reprobado, lo bueno no sería loado (Corbacho, 116).
        Indica que los bienes, tanto materiales como morales, se aprecian y va-
        loran como tales por la existencia de sus contrarios.

2137   **Viéneme el *mal* que me suele venir, que después de harto me suelo
dormir** (Dorotea, II, 188, HNúñez, III, 459 y Correas, 505).
Se dice irónicamente de los que se quejan por algo que es consecuencia
de un exceso cometido.

2138   **Con la *mala* yanta, y con la buena ten baraja** [21] (Ac.).
«Aconseja el poco trato y conversación que se ha de tener con los malos,
porque no son fáciles de componer sus desavenencias y disputas, y que no
debe ser así con los buenos.»

2139   **En *Malagón*,** [22] **en cada casa un ladrón, y en la del alcalde, hijo y
padre** (GAlfarache, II, 135 y 137 y Correas, 196).
Este refrán, según Correas «nace de matraca que dan los otros lugares
a los de Malagón, y ayudólos el consonante; no de una historia que finge
el pícaro Guzmán de Alfarache».

2140   **Aunque *malicia* oscurezca verdad, no la puede apagar** (Ac.).
«Advierte que, aunque la malicia o engaño logren encubrir la verdad,
no pueden jamás ocultarla tanto que al fin no llegue a descubrirse.»

2141   **El *malo*, para mal hacer, achaques** [23] **no ha menester** (Ac.). *El mal
hacer, achaques no ha menester* (FC, LGarcía, 209).
«Enseña que al malintencionado nunca le faltan pretextos ni ocasión
para dañar.»

2142   **El *malo* siempre piensa engaño** (Ac.).
«Advierte que el malo recela siempre de los demás temiendo que sean
como él.»

2143   ***Malo* vendrá que bueno me hará** (Ac. y DLengua, 181). *Malo vendrá que
bueno te hará* (Santillana, 418).
«Advierte que tales personas o cosas que hoy se tienen por malas, pueden mañana estimarse de distinta manera, comparadas con otras peores.»

2144   **Más vale *malo* conocido que bueno por conocer** (Ac.).
«Advierte los inconvenientes que pueden resultar de sustituir una persona o cosa ya experimentada con otra que no se conoce.»

2145   **Si lo *malo* no fuese reprobado, lo bueno no sería loado.** v. 2136.

2146   ***Mancebo* me fui, y envejecí; mas nunca al justo desamparado vi** (Ac.).
Mancebo fui, y viejo me vi; mas nunca justo desamparado vi (Corbacho, 270).
«Advierte que los justos son protegidos y ayudados de la divina Provi-
dencia.» Procede del Libro de los Salmos (37, 25).

---

[21]   *Baraja* 'discusión'.
[22]   *Malagón,* pueblo de Ciudad Real.
[23]   *Achaque* 'pretexto'.

2147 No temas *mancha* que sale con el agua (Ac.). *No temas mancha que sale con agua* (PJustina, I, 41).
«Enseña que no deben atemorizar los males que tienen fácil remedio.»

2148 Quien hace los *mandados,* se coma los bocados (Ac.).
«Enseña que se debe remunerar al que trabaja.»

2149 El *mandar* no quiere par (Ac. y FC, *LGarcía,* 209).
«Advierte que, siendo muchos los que gobiernan, se suele perder el acierto por la discordancia de los pareceres.»

2150 De todas *maneras,* aguaderas (Ac.).
«Expresa que un asunto no tiene solución plausible, o que, aun en el caso más favorable, el quebranto posible no tiene importancia.»

2151 El que malas *maneras* ha, tarde o nunca las perderá. v. 2187.

2152 Buenas son *mangas* [24] después de Pascua (Ac., Santillana, 112, Quijote, I, 31 y FC, 262). *Buenas son mangas pasada la Pascua* (Celestina, IX, 37). *Aún serán buenas mangas después de Pascua* (GAlfarache, IV, 197). *Son buenas mangas después de Pascua* (Criticón, III, 210).
«Advierte que lo útil siempre viene bien, aunque venga tarde.»

2153 Comé, *mangas,* que a vosotras es la fiesta (GAlfarache, IV, 91). *Comed mangas, que por vos me hacen honra* (Santillana, 165). Quizá se refiere a un personaje al que no admiten en un convite porque no va bien trajeado. [25]
Generalmente, se forma una juicio favorable sobre la persona que viste con corrección.

2154 Entra por la *manga* y sale por el cabezón (Ac.). El *cabezón* es la abertura que tiene cualquier ropaje para poder sacar la cabeza.
«Reprende a los que, viéndose favorecidos de uno, abusan de él, tomando más autoridad de la que debieran y les corresponde.»

2155 Son buenas *mangas* después de Pascua. v. 2152.

2156 Tal para la *manganilla* [26] que se cae en ella de golilla [27] (Zifar, 397).
Expresa que quien hace un engaño es muchas veces víctima del mismo.

2157 No hay *manjar* que no empalague, ni vicio que no enfade (Ac.).
«Enseña que así como los manjares, aunque sean sabrosos, llegan a fastidiar, así los vicios, aunque al principio parezcan deleitables, llegan a causar pena y hastío.»

---

[24] *Mangas* 'regalos, obsequios'.
[25] v. anécdota en Sbarbi, *Gran Diccionario de Refranes,* s/v manga.
[26] *Manganilla* 'treta, engaño'.
[27] *Golilla* 'cuello'.

2158   ¡Qué buen *manjar,* sino por el escotar! (BAmor, 944).
        Da a entender que las alegrías o los gustos se aminoran o son menos apreciados cuando llega el momento de pagar por ellos.

2159   **Un *manjar* solo continuo, presto pone hastío** (Celestina, VII, 256). *Un manjar de contino, quita el apetito* (Correas, 495).
        Aconseja evitar la monotonía en todas las acciones, aunque sean agradables.

2160   **A las *manos* me ha venido la buena dueña: no creo saldrá dellas con tocas en la cabeza** (GAlfarache, II, 13).
        Se dice del que aprovecha una ocasión propicia para vengarse de algo.

2161   **Álzome a mi *mano,* ni pierdo ni gano** (Ac.).
        «Denota que quien no está metido en un empeño, puede obrar con libertad lo que le sea más conveniente. Alude al juego de naipes, en donde el que es mano, si no gana, puede levantarse sin nota.»

2162   **Con ajena *mano* saca la culebra del forado.** v. 1447.

2163   **De buena *mano,* buen dado**[28] (Ac.).
        «Denota que de una persona buena no debe temerse cosa mala.»

2164   **De la *mano* a la boca se pierde la sopa** (Ac.).
        «Advierte que en un instante pueden quedar destruidas las más fundadas esperanzas de conseguir prontamente una cosa.»

2165   **De ruin *mano,* ruin dado**[28] (Ac.).
        «Manifiesta que las dádivas del miserable forzosamente han de ser mezquinas.»

2166   **De tal *mano,* tal dado**[28] (Ac.).
        «Según los casos, se dice del liberal que da con abundancia; del mezquino que da con escasez; del malo que causa algún daño a otra persona, etc.»

2167   **Dícente que eres bueno; mete la *mano* en tu seno** (Ac.).
        «Aconseja que no se estime uno en más de lo que conozca en sí mismo que vale.»

2168   **En buenas *manos* está el pandero** (Ac.). *En manos está el pandero que lo sabrán bien tañer* (Ac.). *Está el pandero en manos que lo sabrán bien tañer* (Ac. s/v pandero). *Está el pandero en manos que lo sabrán bien tocar* (Ac. s/v pandero). *En manos está el pandero de quien lo sabrá tañer* (Santillana, 302). *Está en manos el pandero que lo sabrá bien tañer* (Celestina, XI, 70). *En manos está el pandero que le sabrá tañer* (PJustina, II, 75). *En manos está el pandero que le sabrá bien tañer* (Quijote, II, 22). *En manos está el pandero que lo saben bien tañer* (Galdós, *Arapiles,* 115).
        «Denota que la persona que entiende en un negocio es muy apta para darle cima.»

_____
[28]   *Dado* 'dádiva'.

2169   La *mano* cuerda no hace todo lo que dice la lengua (Ac.).
       «Denota que el hombre prudente no ejecuta lo que ha dicho con incon-
       sideración.»

2170   Las *manos* del oficial, [29] envueltas en cendal [30] (Ac.).
       «Reprende la holgazanería.»

2171   Las *manos* en la rueca, y los ojos en la puerta (Ac. y Santillana, 410).
       «Reprende a los que no tienen el pensamiento en lo que hacen.»

2172   La una *mano* lava a la otra, y las dos al rostro. v. 2182.

2173   *Manos* besa el hombre que quisiera ver cortadas (Ac.). *Manos besa el
       hombre que quisiera ver quemadas* (Ac.). *Mano besa hombre que la querría ver corta*
       (BAmor, 930).
       «Da a entender que por razones que puede haber para ello suele uno
       obsequiar o servir a la misma persona a quien tiene secretamente mala vo-
       luntad.»

2174   *Manos* blancas no ofenden [31] (Ac. y Galdós, *Cien mil*, 96).
       «Da a entender que las ofensas o malos tratamientos de las mujeres no
       lastiman el honor de los hombres.»

2175   *Manos* duchas comen truchas (Ac. y Santillana, 450).
       «Denota ser la práctica el medio más a propósito para el acierto en los
       negocios.» Se hace notar, sobre todo, la maestría o habilidad.

2176   *Manos* duchas mondan huevos, que no largos dedos (Ac.).
       «Manos duchas comen truchas.»

2177   *Mano* sobre mano, como mujer de escribano (Ac., Dorotea, V, 430 y
       FC, *LGarcía*, 210).
       «Reprende la ociosidad.»

2178   *Manos* y vida componen villa (Ac.).
       «Da a entender que con el trabajo y el tiempo se hacen grandes cosas.»

2179   Mete la *mano* en tu seno y no dirás [32] de hado [33] ajeno (Ac.). *Quien tiene
       tetas en seno, no diga de hado ajeno* (Santillana, 580).
       «Enseña que aquel que se examina a sí mismo disimula mejor las faltas
       ajenas.»

---

29   *Oficial* 'trabajador manual'.
30   *Cendal* 'tela muy delgada y transparente; venda'.
31   Calderón tiene una comedia con este refrán por título.
32   *Decir* 'censurar, criticar'.
33   *Hado,* destino, vida en general.

2180   Por lo perdido no estés *mano* en mejilla (BAmor, 179).
       Aconseja no permanecer inactivos y cavilosos, lamentando las cosas que
       no tienen remedio.

2181   Quien a *mano* ajena espera, mal yanta[34] y peor cena (Ac.).
       «Denota cuán mal hace quien enteramente fía a otro sus propios nego-
       cios e intereses.»

2182   Una *mano* lava la otra, y ambas la cara (Ac.). *La una mano lava a la
       otra, y las dos al rostro* (Santillana, 397). *Una mano lava la otra y entrambas la
       cara* (GAlfarache, IV, 31). *Una mano lava la otra, y las dos la cara* (FC, 255).
       «Da a entender la dependencia que entre sí tienen los hombres y el re-
       cíproco auxilio que deben darse.»

2183   Debajo de mi *manto,* al rey mato (Ac. y Quijote, I, prólogo).
       «Da a entender que cada uno es dueño de pensar para sus adentros
       lo que quiera.»

2184   La *manzana* podrida pierde a su compañía (Ac. y FC, *LGarcía,* 210).
       «Denota el estrago que causa el trato y conversación de los malos.»

2185   Apartadle del *manzano,* no sea lo de antaño (Ac.).
       «Aconseja que nos guardemos de errar dos veces en una cosa.»

2186   A todo hay *maña,* sino a la muerte. v. 3004.

2187   El que malas *mañas* ha, tarde o nunca las perderá (Ac., DLengua, 92
       y GAlfarache, IV, 47). *El que malas maneras ha, tarde o nunca las perderá* (DLen-
       gua, 92). *Quien malas mañas ha, tarde o nunca las perderá* (Criticón, III, 208).
       «Denota que la mala costumbre, en arraigándose, con dificultad se quita.»

2188   Más vale *maña* que fuerza (Ac.).
       «Denota que se saca mejor partido con la suavidad y destreza que con
       la violencia y el rigor.»

2189   Quien malas *mañas* ha, tarde o nunca las perderá. v. 2187.

2190   Del *mar,* el mero, y de la tierra, el carnero (Ac.). *De los pescados, el mero;
       de las carnes, el carnero* (Ac. s/v pescado).
       «Da a entender que la carne de estos animales es más apetitosa que
       la de los demás.»

2191   Do va la *mar,* vayan las arenas (Ac.). *Do va la mar, vayan las ondas* (Ac.).
       Donde va la mar van las ondas (FC, *LGarcía,* 209).
       «Denota que a veces conviene aventurar lo menos, cuando peligra o
       se ha perdido lo más.» También indica que el más fuerte suele imponer
       su voluntad a los demás.

---

[34] *Yantar* 'almorzar'.

2192   El que no se arriesga no pasa la *mar*. v. 2194.

2193   **La *mar* que se parte, arroyos se hace** (Ac.).
«Da a entender que aun de las cosas más grandes resultan porciones pequeñas, si se dividen entre muchos.»

2194   **Quien no se aventura no pasa la *mar*** (Ac.). *Quien no se arriesga, no gana nada* (Lozana, 283). *Quien no aventura, no gana* (DLengua, 50 y 102). *El que no se arriesga no pasa la mar* (Cela, *El Gallego,* 86).
«Advierte ser preciso arriesgarse para conseguir cosas difíciles.»

2195   **Do el *maravedí* se deja hallar, otro debes allí buscar** (Ac.).
«Enseña que donde hemos obtenido algún provecho, es donde debemos procurar volver a obtenerlo.»

2196   **Después de *María* casada, tengan las otras malas hadas** [35] (Ac.).
«Se aplica al que únicamente atiende a su negocio, mirando con absoluta indiferencia el interés ajeno.»

2197   **Pesa presto, *María*, cuarterón** [36] **por media libra** (Dorotea, II, 187). *Delibra,* [37] *mozo, delibra, cuarterón por media libra* (Santillana, 223).
Contra los que obran sin honradez en sus negocios.

2198   **¿Quién te hizo pobre, *María*? Perdiendo poco a poco lo poco que tenía** (Corbacho, 126).
Los males pequeños llegan a ser graves cuando son continuados.

2199   **A la que a su *marido* encornuda, Señor, y tú la ayuda** (Ac.). Para la mejor comprensión de este refrán hay que suponer que la partícula *y* es expletiva, con lo que variaría su sentido: A aquella que engaña a su marido, Señor, ayúdala tú.
«Explica ser necesario el auxilio de Dios y las exhortaciones de los buenos para que la adúltera conozca su pecado y se arrepienta.»

2200   **Al *marido* malo, ceballo con las gallinas de par del** [38] **gallo** (Ac.).
«Aconseja a las mujeres que tienen maridos de mala condición que para sosegarlos procuren servirlos con más cuidado y regalarlos.»

2201   **A muerto *marido*, amigo venido** (Criticón, II, 337).
Expresa la facilidad con que se consuelan algunas viudas y, en general, la rapidez con que se ocupan los puestos vacantes.

---

[35]   *Malas hadas* 'mala ventura, mala suerte'.
[36]   *Cuarterón* 'cuarta parte de una libra'.
[37]   *Delibrar* 'despachar una mercancía'.
[38]   *De par de* 'de junto a'.

2202   Amuestra a tu *marido* el copo,[39] mas no del todo (Lozana, 11). *A tu marido o a tu esposo, muéstrale lo tuyo, mas no del todo* (HNúñez, I, 138). *A tu marido, muéstrale lo otro, mas no del todo* (Correas, 70).

Aconseja cierta reserva y misterio por parte de la mujer en las relaciones conyugales.

2203   Llevad vos, *marido,* la artesa, que yo llevaré el cedazo, que pesa como el diablo (Ac.). *Marido, llevad el artesa, y yo el cedazo, que pesa como el diablo* (Santillana, 455).

«Denota que las cosas más difíciles se suelen encargar a otros, reservándose uno para sí las más fáciles.»

2204   *Marido* tras del lar, dolor de ijar (Ac.).

«Muestra cuán perjudicial es para la hacienda familiar que el marido esté ocioso.» También puede significar que, generalmente, desagrada a las mujeres que los hombres se inmiscuyan en los asuntos de ellas.

2205   Mi *marido* es tamborilero; Dios me lo dio y así me lo quiero (Ac.).

«Ref. que persuade estar uno contento con su suerte.»

2206   Mi *marido* va a la mar, chirlos mirlos va a buscar (Ac.). La expresión *chirlo mirlo* es caprichosa, y se usa para aludir a alguna cosa fantástica y lejana. En Andalucía significa 'lugar imaginario'.

«Zahiere a los noveleros que se huelgan de mentir.»

2207   No es nada, que matan a mi *marido* (Ac.).

«Zahiere a la persona que no da importancia a cosas graves.»

2208   Pensé que no tenía *marido,* y comíme la olla (Ac. y Santillana, 562).

«Contra los que, haciéndose los distraídos, solo procuran su provecho.»

2209   Sea *marido,* aunque sea de palo (Lozana, 245). *Sea maridillo, siquiera de lodillo. Sea marido, y sea sapillo* (Correas, 446).

Da a entender que, generalmente, las mujeres desean casarse, incluso con un hombre que sea poco agraciado.

2210   Tocóse[40] *Marihuela,* y dejóse el colodrillo[41] de fuera (Dorotea, IV, 367). *Tocóse Marihuela, y el colodrillo de fuera* (Santillana, 673).

Se dice irónicamente del que, queriendo hacer las cosas con la mayor perfección, cae en lo que quería evitar.

2211   A *Marina* duélele el tobillo, y sánanle el colodrillo[41] (Ac.).

«Denota la desproporción de algunos medios para conseguir los fines que se desean.»

---

[39] En este y en otros pasajes de *Lozana,* la palabra *copo* parece tener el sentido de sexo. v. págs. 62, 209 y 266.

[40] *Tocarse* 'cubrirse la cabeza'.

[41] *Colodrillo* 'parte posterior de la cabeza'.

2212 Niña es *Marina* cuando la llevan por el diente a misa (Dorotea, IV, 265, HNúñez, III, 26 y Correas, 338).

Indica que solamente a los niños se les puede educar con facilidad.

2213 Sangraos, *Marina*. Sopa en vino es medicina. v. 3345.

2214 Si *Marina* bailó, tome lo que halló (Ac. y Santillana, 655).

«Advierte el riesgo a que se exponen las mujeres en los bailes.» De modo más general, indica que, quien se pone en ocasión de ser objeto de crítica, no tiene más remedio que soportarla.

2215 *Mariquita*, daca [42] mi manto, que no puedo estar encerrada tanto (PJustina, II, 213 y Correas, 292).

Contra las mujeres que solo piensan en divertirse.

2216 Allá se lo haya *Marta* con sus pollos (Ac. y GAlfarache, IV, 202). *Acá lo ha Marta con sus pollos* (Santillana, 38). La expresión *se lo haya* equivale a 'se las arregle, se las componga'.

«Enseña que es muy conveniente no meterse en negocios o dependencias ajenas.»

2217 Bien canta *Marta* cuando está harta (Ac. y Santillana, 114). *Bien canta Marta después de harta* (Ac. y Criticón, III, 205). *Bien parla Marta cuando está harta* (Ac.). *Bien parla Marta después de harta* (Ac.).

«Explica la alegría que tiene el que logra lo que ha menester y está satisfecho en lo que desea.»

2218 *Marta* la piadosa, que mascaba la miel a los enfermos (Ac.).

«Marta la piadosa. fig. Mujer hipócrita y gazmoña; y así dice el refrán antiguo: Marta la piadosa, que mascaba la miel a los enfermos.» Se aplica a quienes, con el pretexto de hacer un favor a otro, buscan su propio beneficio.

2219 Muera *Marta*, y muera harta (Ac. y Quijote, II, 59). *Muera gata, y muera harta* (Santillana, 417).

«Censura a los que no se detienen en hacer su gusto, por grave perjuicio que esto les haya de ocasionar.»

2220 En *martes*, ni te cases ni te embarques (Ac.). Algunos autores atribuyen esta superstición a ser el día dedicado a Marte, dios de la guerra, y otros, a que en martes se perdieron importantes batallas. [43]

«Supersticiosamente se considera el martes como día aciago.»

2221 Cuando *marzo* mayea, mayo marcea (Ac. y FC, 267).

«Da a entender que cuando en marzo hace buen tiempo, lo hace malo en mayo.»

---

[42] *Daca* 'dame acá'.
[43] v. Iribarren, *El porqué de los dichos*, 552.

2222   La que en *marzo* veló, tarde acordó (Ac.).
       «Denota que el que deja pasar la sazón se expone a no lograr lo que
       pretende.»

2223   *Marzo* marceador, que de noche llueve y de día hace sol (Ac.).
       «Se alude a la inconstancia del temporal en dicho mes.»

2224   *Marzo* marcero: por la mañana, rostro de perro; por la tarde, valiente
       mancebo (Ac.).
       «Marzo marceador, que de noche llueve y de día hace sol.»

2225   *Marzo* pardo, [44] señal de buen año (Ac.).
       «Enseña cómo conviene que sea el tiempo en dicho mes.»

2226   *Marzo* ventoso y abril lluvioso, hacen el año florido y hermoso (Ac.).
       Marzo ventoso y abril lluvioso, sacan a mayo florido y hermoso (Ac.).
       «Enseña cómo conviene que sea el tiempo en dichos meses.»

2227   Si *marzo* vuelve de rabo, [45] ni deja cordero con cencerro ni pastor en-
       zamarrado [46] (Ac.). *Si marzo vuelve de rabo, ni deja oveja con pelleja, ni pastor
       enzamarrado* (Ac.).
       «Denota la inconstancia de este mes y lo perjudiciales que suelen ser
       los temporales y hielos en él.»

2228   De mala *masa*, un bollo basta (Ac.).
       «Enseña que cuando se compra por necesidad una cosa que no sea del
       todo buena, solamente se tome lo preciso.»

2229   La *masa* y el niño en verano han frío (Ac.).
       «Enseña el cuidado con que ha de evitarse que dé el aire a la masa,
       porque se agría con facilidad, y el que, en general, ha de tenerse con las
       cosas que por su naturaleza son delicadas.»

2230   Mal *mascado* y bien remojado (Ac.).
       «Se zahiere a los bebedores viejos.»

2231   De mala *mata*, nunca buena caza (Ac.). *De mala mata, nunca buena
       zarza* [47] (Ac.).
       «Enseña que de ruines y viciosos principios no deben esperarse buenos
       y virtuosos fines.»

2232   Entre todos la *mataron* y ella sola se murió (Ac.).
       «Censura el achacar a una sola persona o causa el daño ocasionado por
       muchas y que nadie remedia.»

---

[44]   *Pardo* 'oscuro, nublado'.
[45]   *Volver de rabo* 'torcerse o mudarse una cosa al contrario de lo que se esperaba'.
[46]   *Enzamarrado* 'cubierto con una zamarra'.
[47]   *Zarza* 'zarzamora, fruto'.

2233 **Matrimonio ni señorío no quieren furia ni brío** (Ac.).
«Advierte que los casamientos se han de hacer a gusto y a voluntad de los contrayentes, y que los superiores deben tratar benigna y suavemente a sus súbditos.»

2234 **Matrimonio y mortaja, del cielo baja** (Ac.).
«Da a entender cuán poco valen los propósitos humanos con relación al casamiento y a la muerte.»

2235 **Are quien aró, que ya mayo entró** (Ac.).
«Advierte deber hacerse las labores antes de mayo.»

2236 **Dijo mayo a abril: aunque te pese, me he de reír** (Dorotea, V, 386).
Dice mayo a abril: aunque te pese me he de reír (Correas, 155).
Da a entender que en mayo hay siempre flores y alegría, aunque abril haya sido lluvioso y frío.

2237 **Mayo, cual lo encuentro, tal lo grano** (Ac.). *Mayo, cual lo hallo, tal lo grano* (Ac.).
«Enseña que ya en aquel mes granan los sembrados tal como se hallan.»

2238 **Mayo hortelano, mucha paja y poco grano** (Ac. y FC, 267).
«Indica ser este ordinariamente el resultado de la cosecha cuando en mayo llueve mucho.»

2239 **Mayo mangonero,**[48] **pon la rueca en el humero** (Ac.).
«Se decía por las muchas fiestas que había en mayo y con alusión a las mangas de las parroquias.»

2240 **Ser como el mayo de Portugal, que lo cargaron de joyas y se alzó con todas** (Ac.).
«Da a entender cuán arriesgado es el fiar a otros prendas o cosas de valor.»

2241 **Con tu mayor no partas peras.** v. 544.

2242 **Quien con su mayor burló,**[49] **primero riyó y después lloró** (DLengua, 45).
Aconseja no tener un trato demasiado familiar con los superiores.

2243 **La maza de Fraga,**[50] **saca polvo debajo del agua** (Ac.).
«Enseña que algunos con su pesadez e importunidad logran hasta lo que parecía imposible.»

---

[48] *Mangonero* 'aplicábase al mes en que había muchas fiestas y no se trabajaba'.
[49] *Burlar* 'bromear'.
[50] *Maza de Fraga* 'martinete, máquina para clavar estacas, principalmente en el mar y en los ríos', y en sent. fig. 'persona que tiene gran autoridad en lo que dice'.

2244   **Pescar con *mazo* no es renta cierta** (GAlfarache, II, 15). *Pescar con mazo no es cosa cierta, ni pescar con ballesta* (Correas, 392).
        Contra los que emplean medios inadecuados para lo que quieren conseguir.

2245   **Malo *Medellín*, bueno Medellín, hele aquí viene Lázaro Martín** (Dorotea, V, 430). *Malo Medellín, bueno Medellín, hele aquí do viene Lázaro Martín* (HNúñez, II, 326 y Correas, 288).
        Zahiere a los inconsecuentes. También se dice cuando alguien desea cambiar de conversación.

2246   **Pedir sobrado por salir con lo *mediado*** (Ac.).
        «Advierte que para conseguir algo suele convenir pedir mucho.»

2247   **Al *médico* y al letrado, no le quieras engañado** (Criticón, III, 109). *Al médico, confesor y letrado, no le hayas engañado* (HNúñez, I, 91 y Correas, 33).
        Recomienda decir la verdad, sobre todo a quienes nos han de aconsejar.

2248   **Es más cierto *médico* el experimentado que el letrado** (Celestina, V, 195).
        Considera de más valor el conocimiento práctico que el teórico.

2249   ***Médicos* errados, papeles mal guardados y mujeres atrevidas, quitan las vidas** (Dorotea, V, 408).
        La salud, los documentos comprometedores para la hacienda o para la reputación, y las mujeres desenvueltas, requieren mucha atención.

2250   **Lo *mejor* es enemigo de lo bueno** (Ac.).
        «Indica que muchas veces por querer mejorar, perdemos el bien que tenemos o el que podemos conseguir.»

2251   **Por *mejoría*, mi casa dejaría** (Ac.).
        «Denota la inclinación que tenemos a mejorar de fortuna.»

2252   **El *melón* maduro quiere el vino puro** (Criticón, III, 77).
        Expresa una creencia popular.

2253   **El *melón* y el casamiento ha de ser acertamiento** (Ac.).
        «Advierte que el acierto en estas dos cosas más suele depender de la casualidad que de la elección.»

2254   **Crecerá el *membrillo* y mudará el pelillo** (Ac.). Esta fruta está recubierta de una pelusa que se desprende cuando está madura.
        «Da a entender que algunas cosas se mudan, perfeccionándose con el tiempo.»

2255 Compra lo que no has *menester,* y venderás lo que no podrás excusar
(Ac.). *Quien compra lo que no ha menester, vende lo que ha menester* (GAlfarache,
IV, 234).
«Reprende los gastos superfluos.»

2256 De balde compra quien compra lo que ha *menester* (GAlfarache,
IV, 95).
Alaba al que sabe gastar en las cosas necesarias.

2257 Quien compra lo que no ha *menester,* vende lo que ha menester.
v. 2255.

2258 Todo es *menester:* migar y sorber (Ac.).
«Enseña que no se debe omitir medio alguno, aunque parezca de poca
utilidad, para la consecución de lo que se intenta.»

2259 Tornaos a vuestro *menester,* que zapatero solíades ser. v. 536.

2260 A *mengua* de carne, buenos son pollos con tocino. *A mengua de pan,
buenas son tortas.* v. 1548.

2261 *Mensaje* que mucho tarda, a muchos hombres demuele[51] (BAmor,
712).
Da a entender que la espera agota la paciencia.

2262 *Mensajero* frío,[52] tarda mucho y vuelve vacío (Ac.).
«Enseña la diligencia y cuidado que se deben poner en los negocios y
dependencias para lograr el fin.»

2263 Jurado tiene la *menta* que al estómago nunca mienta (Ac.).
«Enseña que la hierbabuena sienta bien al estómago.»

2264 El *mentir* pide memoria (Ac.). *El mentir quiere memoria* (FC, 256).
«Enseña la facilidad con que se descubre la mentira en el que tiene la
costumbre de decirla, por las inconsecuencias en que es fácil que incurra.»

2265 El *mentir* y el compadrar, ambos andan a la par (Ac.).
«Enseña que en las amistades afectadas conspiran todos a engañarse
unos a otros.»

2266 Quien siempre me *miente,* nunca me engaña (Ac.).
«Advierte que al mentiroso no se le da crédito, aun cuando diga la
verdad.»

2267 Al que quiere saber, *mentiras* en él (Ac.). *El que quiera saber, mentiras
en él* (FC, 264). *Al que quiera saber, poquito y al revés* (FC, 269).
«Se indica que merecen tal castigo los curiosos y escudriñadores de cosas
ajenas.»

---

[51] *Demoler* 'desgastar la paciencia; molestar'.
[52] *Frío* 'indiferente, sin interés'.

2268   La *mentira* no tiene pies (Ac.).
        «Significa cuán fácil es descubrirla.»

2269   La *mentira* presto es vencida (Ac.).
        «La mentira no tiene pies.»

2270   Más presto se coge al *mentiroso* que al cojo (Ac.).
        «Enseña la facilidad con que suelen descubrirse las mentiras.»

2271   *Mercader* que su trato no entienda, cierre la tienda (Ac.). *El mercader*
        que su trato no entienda, cierre la tienda (GAlfarache, IV, 43).
        «Contra los que no saben bien su oficio, y los que tratan en materia
        que no entienden.»

2272   El que dice mal de la *mercadería,* la quiere (Criticón, I, 217).
        Es frecuente que quien está interesado en comprar, trate de desacredi-
        tar la mercancía para obtenerla más barata.

2273   *Mercadería* cara, debajo del agua mana (Ac.).
        «Enseña que cuando sube el precio de los géneros es menor su consu-
        mo y, consiguientemente, mayor su abundancia.»

2274   Cuando un *mes* demedia, a otro semeja (Ac. y Santillana, 594).
        «Da a entender que, según fuere el tiempo, húmedo o seco, en la última
        mitad del mes, así será en la primera del venidero.»

2275   Ni *mesa* que se ande, ni piedra en el escarpe [53] (Ac.). El refrán, en su
        sentido literal, puede ser: ni mesa que se mueva, por estar coja, ni piedra
        que se pueda desprender y caer por un declive. Pero también *escarpe* es si-
        nónimo de 'alpargata' o 'zapato'. En este caso, la interpretación del refrán
        sería que conviene evitar todo lo que sea molesto. [54]
        «Aconseja evitar todo lo que es instable o inseguro.»

2276   Ni *mesa* sin pan ni ejército sin capitán (Ac.). El pan se considera necesa-
        rio, e igualmente es imprescindible que una colectividad esté dirigida por
        alguien.
        «Aconseja no prescindir de lo principal.»

2277   Quien no ha *mesura,* [55] toda la villa es suya (Dorotea, I, 119).
        Censura a los que hacen su gusto sin respetar los deseos de los demás.

2278   Al que de *miedo* se muere, de cagajones [56] le hacen la sepultura (Ac.).
        «Ref. que aconseja no se han de rendir los hombres a los contratiem-
        pos, sino que se deben esforzar para superarlos.»

---

[53]   *Escarpe* 'escarpa, declive áspero de un terreno'.
[54]   v. Guadix, s/v guita, Correas, 337 y Salazar, 29.
[55]   *Mesura* 'moderación, comedimiento'.
[56]   *Cagajón* 'excremento de las caballerías'.

2279 **Al que mal vive, el *miedo* le sigue** (Ac. y Galdós, *Bailén*, 37).
«Significa que al hombre de mala vida le está siempre acusando la conciencia, y que teme le llegue el castigo que merece.»

2280 **A quien *miedo* han, lo suyo le dan** (Ac.).
«Enseña cuánto conviene hacerse uno temer y respetar para que no le atropellen.»

2281 **El *miedo* guarda la viña** (Ac.). *Miedo guarda viña, que no viñadero* (Ac. y Santillana, 438).
«Explica que el temor del castigo suele ser eficaz para evitar los delitos.»

2282 ***Miedo* ha Payo, que reza** (Ac.).
«Advierte que en las adversidades aun los menos devotos imploran el divino auxilio.»

2283 **Por *miedo* de gorriones no se dejan de sembrar cañamones** (Ac. y Galdós, *Arapiles*, 113). *No por miedo de gorriones se deja de sembrar cañamones* (FC, 258).
«Advierte que las cosas útiles y necesarias no se deben omitir porque haya dificultad en su ejecución.»

2284 **Al que se hace de *miel*, se le comen las moscas.** v. 2286.

2285 **Como *miel* fue la venida, amarga después la vida** (Corbacho, 149).
Muchas cosas agradables en sus principios, pueden traer después consecuencias lamentables.

2286 **Haceos *miel*, y paparos [57] han moscas** (Ac. y Quijote, II, 43). *Haceos miel y os comerán las moscas* (Ac.). *Haceos miel y comeros han moscas* (Quijote, II, 49). *Al que se hace de miel se le comen las moscas* (FC, *Más honor,* 166).
«Da a entender que de la persona demasiado blanda o condescendiente se abusa con facilidad.»

2287 ***Miel* en la boca, y guarda la bolsa** (Ac.).
«Aconseja que, ya que uno no dé lo que le pidan, se excuse con buenas palabras.»

2288 **No es la *miel* para la boca del asno.** v. 2290.

2289 **No hay *miel* sin hiel** (Ac. y FC, 261).
«Enseña la inconstancia y poca duración de los bienes humanos; pues tras un suceso próspero y feliz, viene regularmente otro triste y desgraciado.»

---

[57] *Papar* 'comer'.

2290   **No se hizo la *miel* para la boca del asno** (Ac.). *No es la miel para la boca del asno* (Ac. y Quijote, I, 52). *No es la miel, etc.* (Quijote, II, 28).
       «Reprende a los que eligen lo peor entre lo que se les presenta, despreciando lo mejor.»

2291   **Quien anda entre la *miel*, algo se le pega** (Ac.). *Quien la miel trata, siempre se le pega de ella* (Ac. y Celestina, IX, 29).
       «Quien el aceite mesura, las manos se unta.» Los que administran intereses ajenos suelen sacar beneficios para sí mismos, generalmente indebidos.

2292   **Quien menea la *miel*, panales o miel come** (Lozana, 142).
       Quien conoce o trata asuntos ajenos, suele aprovechar su situación para beneficiarse de ellos.

2293   **Quien no tiene *miel* en la orza, téngala en la boca.** v. 1335.

2294   **Las *migajas* del fardel** [58] **a veces saben bien** (Ac.).
       «Enseña que las cosas que por de poca monta se desprecian, suelen aprovechar en ocasiones.»

2295   **Vale más una *migaja* de pan con paz, que toda la casa llena de viandas con rencilla** (Celestina, IX, 45).
       Pondera el valor de la vida tranquila, y la considera más digna de aprecio que la riqueza, si esta es causa de disgustos.

2296   **Dícese el *milagro*, pero no el santo** (Ac.).
       «Di tu razón y no señales autor.» Indica que pueden comunicarse las acciones buenas o malas de alguien, pero no nombrar de quién proceden.

2297   **Hágase el *milagro*, y hágalo el diablo** (Ac.). *Hágase el milagro, y... etcétera* (Dorotea, V, 428).
       «Da a entender que lo importante y bueno no desmerece por oscuro o insignificante que sea quien lo haya hecho. También denota que en el mundo no se suele cuidar mucho de los medios, con tal de lograr el fin.»

2298   **Con lo *mío* me ayude Dios** (Ac. y Quijote, II, 7).
       «Manifiesta que solo contamos y queremos contar con lo que legítimamente nos corresponde.»

2299   **Lo *mío*, mío, y lo tuyo, de entrambos** (Ac.).
       «Reprende la desordenada avaricia de algunos, que quieren tener parte en los bienes de otros sin padecer el menor quebranto ni mengua en los suyos.»

---

[58]   *Fardel* 'talego'.

2300   **Mira qué ates, que desates** (Ac.).
    «Advierte no se entre en las cosas sin considerar bien antes el fin que pueden tener.»

2301   **Quien adelante no mira, atrás se queda** (Ac.). *El que adelante no cata,* [59] *atrás se halla* (Ac. s/v catar). *Quien no cata adelante, cáese atrás* (Zifar, 339 y 480). *Quien adelante no cata, atrás se halla* (Santillana, 571). *Quien adelante no cata, a atrás cae* (Corbacho, 149).
    «Advierte cuán conveniente es premeditar o prevenir las contingencias que pueden tener las cosas antes de emprenderlas.» «Aconseja la previsión en todos los actos de la vida.» (s/v catar.)

2302   **Quien más mira, menos ve** (Ac.).
    «Advierte que la excesiva suspicacia induce muchas veces a error.»

2303   **La misa, dígala el cura** (Ac.).
    «Reprende a los que se meten a hablar de lo que no entienden, o a hacer oficios que no son de su profesión.»

2304   **No entra en misa la campana, y a todos llama** (Ac. y FC, 270).
    «Contra los que persuaden a otros a hacer lo que ellos no hacen.»

2305   **Por oír misa y dar cebada, nunca se perdió jornada** (Ac.).
    «Advierte que el cumplimiento de la obligación o prudente devoción nunca es impedimento para el logro de lo que se intenta justamente.»

2306   **Quien se levanta tarde, ni oye misa ni come carne** (Ac.). *Quien se levanta tarde, ni oye misa ni toma carne* (Ac.).
    «Reprende a los perezosos a quienes la desidia priva regularmente de los frutos que podían conseguir con la diligencia.»

2307   **La mitad del año, con arte y engaño, y la otra parte, con engaño y arte.** v. 303.

2308   **La mocedad ociosa acarrea la vejez arrepentida y trabajosa** (Celestina, VII, 262). *Mocedad ociosa, vejez trabajosa* (HNúñez, I, 83 y Correas, 316).
    Los que no trabajan mientras son jóvenes, pasan una vejez dura y difícil por falta de recursos.

2309   **Quien viejo engorda, dos mocedades goza** (Ac. y FC, 264).
    «Significa que el hombre que engorda llegando a viejo, disimula la edad y parece tan robusto como si fuera mozo.»

2310   **Antes que mohatres,** [60] **no te alabes** (Ac.).
    «Denota que el que intenta engañar a otro no puede jactarse de ello hasta haberlo conseguido.»

---

[59] *Catar* 'mirar'.
[60] *Mohatrar* 'hacer fraude o engaño'.

2311   **Molinillo, casado te veas, que así rabeas** (Ac.). Puede tener su origen este refrán en un pasaje de *BAmor,* estrofas 193-195, donde se relata la gran fuerza y valor físicos de un joven antes de casarse, y su exclamación, cuando probó sin éxito a detener la rueda del molino después de casado: «¡Ay molino recio, aún te vea casado!»
        «Enseña cuánto aquietan los cuidados y penalidades del matrimonio aun al más fuerte y bullicioso.»

2312   **Al *molino* y a la mujer, andar sobre él.** v. 2417.

2313   **El *molino* andando gana.** v. 29.

2314   **Aunque la *mona* se vista de seda, mona se queda** (Ac.). *Aunque vistan a la mona de seda, mona se queda* (GAlfarache, II, 115).
        «Enseña que la mudanza de fortuna y estado nunca puede ocultar los principios bajos sin mucho estudio y cautela.»

2315   **Eso se quiere la *mona*: piñoncitos mondados** (Ac.). *Eso quiere la mona: piñoncitos mondados* (FC, 256). *¿Qué es lo que pide la mona? Piñones mondados* (Galdós, *MCortesano,* 91).
        «Nota o zahiere al que apetece el premio sin que le cueste trabajo o fatiga.»

2316   **Está el *mono* en la pared; dice de todos, y todos de él** (Dorotea, V, 384, HNúñez, II, 126 y Correas, 212).
        Quien critica a los demás, se expone a su vez a la censura pública.

2317   **Del *monte* sale quien el monte quema** (Ac. y DLengua, 43 y 156). *Del monte sale con que se arde* (Celestina, XIV, 134).
        «Avisa que los daños que se experimentan suelen provenir de los domésticos y parciales.»

2318   **No todo el *monte* es orégano** (Ac. y FC, *Dicha,* 149). *No es orégano todo el monte* (Ac. s/v orégano). El orégano, planta aromática que se usa para condimento, suele salir en pequeños corros y en sitios determinados.
        «Denota que no todo es fácil o placentero en un asunto cualquiera.» (s/v orégano.)

2319   **Del *montón* que sacan y no ponen, presto lo descomponen** (GAlfarache, III, 254).
        El dinero que se gasta y no se puede reponer se acaba en poco tiempo.

2320   **Cuando la *mora* envera,**[61] **cerca está la cencivera**[62] (Ac.).
        «Ref. de sentido claro y recto, que puede aplicarse a lo moral cuando de un hecho se infiere otro.»

---

[61]   *Enverar* 'empezar a tomar las frutas color de maduras'.
[62]   *Cencivera,* en Aragón 'cierta clase de uva menuda y temprana'.

2321   Lo que tiñe la *mora,* otra verde lo descolora (Ac.). En su sentido recto, es un hecho experimentado.
«Enseña que ciertos males se curan con un remedio semejante a lo que los causó.» Se aplica con frecuencia a la persona que ha sufrido un desengaño amoroso.

2322   Arremangóse *Morilla,* y comiéronla los lobos (Ac.). *Arremetió Morilla, y comiéronla los lobos* (Ac.). *Arremetióse Morilla, y comiéronla lobos* (Santillana, 63).
«Reprende a los que se meten en riesgos superiores a sus fuerzas.»

2323   A más *moros,* más ganancia (Ac. y GAlfarache, IV, 23). *Mientras más moros, más ganancia* (Santillana, 453 y Celestina, VII, 256).
«Expr. [...] tomada de las guerras españolas con los moros, con la cual se desprecian los riesgos, afirmando que a mayor dificultad es mayor la gloria del triunfo.»

2324   A *moro* muerto, gran lanzada (Ac.).
«Hace burla de los que se jactan de su valor cuando ya no hay riesgo.»

2325   Mientras más *moros,* más ganancia. v. 2323.

2326   No es lo mismo oír decir *moros* vienen, que verlos venir (Ac.). *No es lo mismo decir moros vienen, que cátalos ahí* (FC, 259).
«Enseña a desconfiar o rebajar algo de la intrepidez de que muchos hacen alarde cuando se anuncian peligros todavía remotos.»

2327   Ni mueras en *mortandad,* ni juegues en Navidad (Ac.).
«Alude a lo inadvertidos que pasan estos hechos en tales ocasiones.»

2328   Aramos, dijo la *mosca* al buey (Ac.).
«Se aplica a los que se jactan de la participación que tienen en el trabajo de una cosa cuando en realidad poca o ninguna les corresponde.»

2329   Más *moscas* se cogen con miel que con hiel (Ac.).
«Enseña que la dulzura y la indulgencia son los mejores medios para atraerse las voluntades.»

2330   El que ve la *mota* en el ojo ajeno, vea la viga en el suyo. v. 2625.

2331   A la *moza,* con el moco, y al mozo, con el bozo (Ac.). Hipérbole para denotar que apenas han llegado ambos a la adolescencia.
«Da a entender que no se debe retardar mucho el casarlos.»

2332   Bien parece la *moza* lozana cabe [63] la barba cana (Ac.).
«Aconseja lo conveniente que es en los matrimonios que el marido sea mayor en edad que la mujer.»

---

[63]   *Cabe,* prep. ant. 'cerca de, o junto a'.

2333   Como la *moza* del abad,[64] que no cuece y tiene pan (Ac.). El sentido
       literal del refrán se debe a los presentes o regalos que solían recibir los curas.
       «Reprende a los que quieren mantenerse sin trabajar.»

2334   La *moza* loca, por la lista compra la toca. v. 2398.

2335   La *moza* mala hace al ama brava (Ac.).
       «Advierte que el mal proceder del súbdito hace irritar al superior, por
       pacífico que sea.»

2336   La *moza* que con viejo se casa, trátese como anciana (Ac.).
       «Aconseja a las mujeres casadas la conformidad en el porte con el de
       sus maridos, para la paz y quietud del matrimonio.»

2337   *Moza,* guárdate del mozo cuando le sale el bozo. v. 2350.

2338   *Moza* para Roma, y vieja a Benavente (Lozana, 92).
       «En el primer caso, por lo disoluta que siempre fue la capital de Italia,
       y, en el segundo, porque en Benavente (Zamora) [...] había en la antigüe-
       dad multitud de fundaciones piadosas [...] que ejercitaban la caridad [...],
       muy especialmente con las ancianas.»[65]

2339   Ni *moza* de mesonero, ni costal de carbonero (Ac.). Las criadas que
       servían en mesones solían ser de costumbres más libres o menos estrictas.
       «Advierte que con el roce de ambos corre peligro la limpieza.»

2340   Ni *moza* fea, ni obra de oro que tosca sea (Ac.).
       «Muestra el atractivo inherente a la juventud y que lo rico de la materia
       da estima aun a la obra más imperfecta.»

2341   Al *mozo* amañado, la mujer al lado (Ac.).
       «Advierte que al mozo industrioso o aplicado conviene casarle para que
       no se vicie.»

2342   Al *mozo* malmandado, ponerle la mesa y enviarle al recado (Ac.). *Al
       mozo malo, ponelde la mesa y envialdo al mandado* (Santillana, 7). *Al mozo malo,
       ponedle la mesa y enviadlo al mandado* (DLengua, 48 y 130).
       «Enseña que la esperanza del premio estimula y mueve para avivar en
       las diligencias aun al menos diligente.»

2343   A *mozo* alcucero,[66] amo roncero[67] (Ac. y Santillana, 11).
       «Aconseja que el criado goloso conviene que tenga un amo regañón y
       poco indulgente.»

2344   Delibra, *mozo,* delibra, cuarterón por media libra. v. 2197.

---

[64] *Abad* 'cura'.
[65] v. Sbarbi, *Gran Diccionario de Refranes,* s/v moza.
[66] *Alcucero* 'goloso'.
[67] *Roncero* 'regañón'.

2345   **De mozo, a palacio; de viejo, a beato** (Ac.).
        «Da a entender lo que regularmente acaece a los hombres, que cuando
        jóvenes apetecen honras y diversiones, y solo en la vejez se dan a la virtud.»

2346   **El mozo del gallego, que andaba todo el año descalzo, y por un día
        quería matar al zapatero** (Ac.).
        «Se zahiere al que, habiendo tenido tiempo para encargar que le hagan
        una cosa, por flojedad lo va dejando hasta la forzosa, y entonces hostiga
        con la prisa que mete, sin dar tiempo suficiente a quien la ha de hacer.»
        También da a entender que suele ser más exigente la persona que ha care-
        cido de todo, y que por alguna circunstancia mejora de fortuna.

2347   **El mozo puede morir, y el viejo no puede vivir** (Dorotea, II, 154). *El
        mozo se puede morir, y el viejo no puede vivir* (Correas, 320).
        Da a entender que nadie tiene la vida asegurada.

2348   **El mozo vergonzoso, el diablo le metió en palacio.** *El mozo vergonzoso,
        el diablo lo trajo a palacio.* v. 1862.

2349   **El mozo y el gallo, un año** (Ac., Dorotea, V, 388 y Criticón, III, 203).
        «Denota que suele ser conveniente mudar a menudo de gallo y de cria-
        do: el primero, porque pierde pronto el vigor, y el segundo, porque con
        el tiempo adquiere excesiva familiaridad y confianza.»

2350   **Guárdate del mozo cuando le nace el bozo** (Lozana, 62). *Moza, guárdate
        del mozo cuando le sale el bozo* (DLengua, 130).
        En la adolescencia despiertan las pasiones o apetitos sexuales, y no se
        tiene la responsabilidad del hombre adulto.

2351   ***Mozo* bueno, mozo malo, quince días después del año** (Ac.).
        «Advierte que es menester tratar a uno bastante tiempo para cono-
        cerle.»

2352   ***Mozo* de quince años, tiene papo y no tiene manos** (Ac.).
        «Advierte que los de esta edad comen mucho y trabajan poco.»

2353   ***Mozo* malo, mozo malo, más vale enfermo que sano.** v. 1831.

2354   ***Mozo* vergonzoso, el diablo lo lleva a palacio.** v. 1862.

2355   **Ni mozo dormidor, ni gato maullador** (Ac.).
        «Advierte la inutilidad del primero y la molestia que causa el se-
        gundo.»

2356   **Ni mozo pariente ni mozo rogado, no lo tomes por criado** (Ac.).
        «Advierte la poca libertad con que se manda a los criados que se hallan
        en estos casos.»

2357   **Mudanza** de tiempos, bordón[68] de necios (Ac. y Dorotea, III, 229).
       «Contra los flojos y descuidados, que sin poner de su parte los medios esperan en la mudanza del tiempo la de su fortuna. También se aplica a los que no aciertan a hablar sino del tiempo.»

2358   **Al que le duele la *muela,* que se la saque** (Ac.).
       «Se suele usar para excusarse de tomar parte en negocios ajenos.»

2359   **Entre dos *muelas* cordales,**[69] **nunca metas tus pulgares** (Ac.). *Entre dos muelas cordales, nunca pongas tus pulgares* (Ac. y Quijote, II, 43). *Entre dos muelas molares, nunca metas tus pulgares* (Ac.). *Entre dos muelas molares, nunca pongas tus pulgares* (Ac.). *Entre dos piedras molares, nadie meta sus pulgares* (FC, LGarcía, 208).
       «Aconseja no despartir[70] ni meterse a poner paz entre parientes muy cercanos.»

2360   **Espantóse la *muerta* de la degollada** (Ac. y Quijote, II, 43). *Maravillóse la muerta de la degollada* (Santillana, 443).
       «Reprende al que nota los defectos de otros, teniéndolos él mayores tal vez y de la misma especie.»

2361   **El que teme la *muerte,* el panal le sabe hiel** (BAmor, 1379).
       La persona temerosa no disfruta de la vida.

2362   **Más val buena *muerte* que vida deshonrada** (Zifar, 198). *Más vale morir honrado que vivir deshonrado* (Correas, 301).
       Se deben anteponer la honradez y el honor a cualquier otro bien.

2363   **Más vale dejar en la *muerte* al enemigo, que pedir en la vida al amigo** (Ac.). *Más vale dejar en la muerte a los enemigos, que no demandar en la vida a los amigos* (Lozana, 266). *Mejor es dejar a los enemigos que pedir a los amigos* (Dorotea, V, 430). *Más vale tener que dejar en muerte a los enemigos, que pedir en vida a los amigos* (Criticón, II, 22).
       «Demuestra cuánto contribuye una justa economía para libertarse del rubor y pena que ocasionan las deudas.»

2364   **Muerte no venga que achaque no tenga** (Ac.). *No hay muerte sin achaque* (Santillana, 464). *Muerte no venga que achaque no falta* (Criticón, III, 349). *Muerte no viene que achaque no tiene* (FC, LGarcía, 197).
       «Da a entender que nunca faltan disculpas o pretextos para cualquier suceso desagradable.»

2365   **Quien teme la *muerte* no goza la vida** (GAlfarache, II, 266).
       Contra los pesimistas.

---

[68]   *Bordón* 'voz que por hábito vicioso repite una persona con mucha frecuencia en la conversación'.
[69]   *Muela cordal* 'muela del juicio'.
[70]   *Despartir* 'apartar, dividir'.

2366 **Al *muerto* dicen: ¿queréis?** (Ac.).

«Censura a los que ofrecen protección y ayuda cuando ya no aprovecha.» También se da como respuesta burlona a quien pregunta si se desea algo evidentemente bueno.

2367 **A *muertos* e idos no hay amigos** (Ac.). *A muertos y a idos no hay amigos* (Ac.). *A muertos y a idos no hay más amigos* (Ac.). *A muertos y a idos...* (Celestina, XX, 213).

«Significa que la muerte y la ausencia dan ocasión al olvido.»

2368 **El *muerto*, al hoyo, y el vivo, al bollo** (Ac. y Cela, *MViento,* 187). *El muerto, a la sepultura, y el vivo, a la hogaza* (Quijote, I, 19).

«Indica que, a pesar del sentimiento de la muerte de las personas más amadas, es preciso alimentarse y volver a los afanes de la vida. Úsase también para censurar a los que olvidan demasiado pronto al muerto.»

2369 **Los *muertos* abren los ojos de los que viven** (Celestina, XVII, 168). *Los muertos abren los ojos a los vivos* (HNúñez, II, 317). *Los muertos abren los ojos a los que viven* (Correas, 277).

Se dice porque nos recuerdan que todos moriremos; y también, por la fortuna o cargos que puedan dejar disponibles.

2370 **Para *muestra*, basta un botón** (Ac.).

«Denota que en prueba de lo que se dice, basta aducir un solo hecho, caso o argumento de entre los muchos que se podrían citar.»

2371 **Por la *muestra* se conoce el paño** (Ac.). *Por la muestra podréis juzgar de la color del paño* (DLengua, 174).

«Da a entender que una cosa es indicio por el cual se discurre cómo son las demás de su especie. Dícese también de las personas cuando se las juzga únicamente por alguno de sus actos.»

2372 **A la *mujer* brava, dalle la soga larga** (Ac.).

«Aconseja disimular con prudencia lo que no se puede remediar prontamente, aguardando ocasión y coyuntura a propósito para reprenderlo o castigarlo.»

2373 **A la *mujer* casada, el marido le basta** (Ac.).

«Da a entender que la mujer buena no debe complacer sino a su marido.»

2374 **A la *mujer* casta, Dios le basta** (Ac.). *A la casta, Dios le basta* (Ac. s/v casta).

«Enseña que Dios cuida particularmente de las mujeres honestas.»

2375 **A la *mujer* loca, más le agrada el pandero que la toca** (Ac.).

«Censura en la mujer el afán inmoderado de divertirse.»

2376   **A la *mujer* y a la mula, por el pico les entra la hermosura** (Ac.). Se creía que el comer bien y la gordura garantizaban la salud y la belleza.
       «Significa que la conveniencia y buen trato se manifiestan exteriormente en la hermosura y brío.»

2377   **A la *mujer* y a la picaza, lo que vieres en la plaza** (Ac.). La picaza, o urraca, es vocinglera y remeda palabras y trozos cortos de música.
       «Acusa a las mujeres de poco aptas para guardar secretos.»

2378   **A la *mujer* y a la viña, el hombre la hace garrida** (Ac.).
       «Da a entender que en la galanura y buen porte de la mujer se conoce la estimación que hace de ella su marido, así como se conoce en la lozanía de la viña el cuidado del amo.»

2379   **A *mujer* parida y tela urdida, nunca le falta guarida** (Ac.).
       «Expresa que así acontece a la primera, por consideración, y a la segunda, porque dondequiera es útil.»

2380   **Compuesta no hay *mujer* fea** (Ac.).
       «Denota que el aseo y compostura encubren la fealdad.»

2381   **Con la *mujer* y el dinero no te burles, compañero** (Ac.).
       «Enseña el recato y cuidado que se debe tener con el uno y con la otra.»

2382   **Cuanto más la *mujer* se mira a la cara, tanto más destruye la casa.**
       v. 2392.

2383   **De tu *mujer* y de tu amigo experto, no creas sino lo que supieres de cierto** (Ac.).
       «Enseña que no todo lo que se oye se debe creer, aunque se tenga buen concepto de quien lo dice.» También podría entenderse en el sentido de que no se ha de creer nada malo de la mujer propia y del verdadero amigo, sin comprobarlo personalmente.

2384   **Guárdate de *mujer* latina**[71] **y de moza adivina**[72] (DLengua, 130). *De moza adivina y de mujer latina* (HNúñez, I, 297). *Ni moza adivina, ni vieja latina* (Correas, 337).
       Aconseja desconfiar de las mujeres que no se dedican a las tareas habituales en ellas. También podría entenderse en el sentido de que tan malo es una mujer excesivamente instruida como la estúpida o ignorante.

2385   **La *mujer* algarera**[73] **nunca hace larga tela** (Ac.).
       «Advierte que la mujer que habla mucho, trabaja poco.»

2386   **La *mujer* apuesta, no es de lo ajeno compuesta** (Zifar, 263).
       La mujer que tiene belleza o cualidades naturales, no necesita artificios para agradar.

---

[71] *Latina* 'sabihonda, marisabidilla'.
[72] *Adivina* 'la que cree en augurios o se cree con poderes adivinatorios'.
[73] *Algarera* 'charlatana'.

2387   La *mujer* artera, el marido por delantera (Ac.).
«Enseña que la mujer astuta se excusa con su marido para dejar de hacer lo que no le conviene.»

2388   La *mujer* buena, de la casa vacía hace llena (Ac.).
«Ensalza, por lo que hace prosperar la casa, el orden y economía de la buena madre de familia.»

2389   La *mujer* casada, en el monte es albergada (Ac.).
«Advierte que la mujer casada que tiene la honestidad y recato correspondiente a su estado, se hospeda y recoge con seguridad en cualquier parte.»

2390   La *mujer*, como la muleta, la boca sangrienta. v. 2396.

2391   La *mujer* compuesta quita al marido de otra puerta (Ac.).
«Recomienda a la mujer el aseo y aliño moderados.»

2392   La *mujer*, cuanto más mirare la cara, tanto más destruye la casa (GAlfarache, I, 69). *Cuanto más la mujer se mira a la cara, tanto más destruye su casa* (Correas, 142).
Contra las mujeres que gastan demasiado tiempo en el arreglo personal.

2393   La *mujer* del ciego, ¿para quién se afeita? (Ac. y Dorotea, IV, 368).
«Vitupera el demasiado adorno de las mujeres con el fin de agradar a otros más que a sus maridos.»

2394   La *mujer* del escudero, grande bolsa y poco dinero (Ac.). Los escuderos solían carecer de fortuna.
«Contra los que ostentan más de lo que pueden.»

2395   La *mujer* del viñadero, buen otoño y mal invierno (Ac.).
«Da a entender que como la subsistencia de las mujeres depende comúnmente del oficio u ocupación de sus maridos, lo pasa bien la del viñadero en la época en que este gana.»

2396   La *mujer* ha de ser como la muleta, [74] la boca sangrienta (Dorotea, V, 389). *La mujer, como la muleta, la boca sangrienta* (HNúñez, II, 251 y Correas, 323). La *muleta* es la mula joven, cerril. Para domarla se le pone el bocado muy tirante, causándole, a menudo, heridas en la boca.
Este refrán puede tener dos interpretaciones: la boca roja en la mujer es un atributo de belleza (y este es el sentido que parece desprenderse del texto de *La Dorotea*); y también puede significar que la mujer debe ser tratada con rigor para que no se exceda.

---

[74] *Muleta,* en su sentido taurino, no está atestiguado hasta el s. XVIII. v. Cossío, *Los toros* t. I, 876.

2397   La *mujer* honrada, la pierna quebrada, y en casa (Ac., Quijote, II, 5
        y Galdós, *Chamartín,* 140). *La doncella honrada, la pierna quebrada, y en casa*
        (Quijote, II, 49).
        «Aconseja el recato y recogimiento que deben observar las mujeres.»

2398   La *mujer* loca, por la vista compra la toca (Ac.). *La mujer loca, por los*
        cabos merca la toca (Santillana, 379). *La moza loca, por la lista compra la toca*
        (DLengua, 125).
        «Reprende la ligereza e indiscreción de los que entran en negocios sin
        examinar sus circunstancias.»

2399   La *mujer* placera [75] dice de todos, y todos de ella (Ac.).
        «Expresa los vicios y peligros de las mujeres que paran poco en casa.»

2400   La *mujer* pulida, la casa sucia y la puerta barrida (Ac.).
        «Alude al descuido con que suelen mirar sus casas las mujeres muy dadas
        a componerse.»

2401   La *mujer* que a dos dice que quiere, a entrambos engaña (GAlfarache,
        I, 94).
        Contra las mujeres coquetas.

2402   La *mujer* que poco hila, siempre trae mala camisa (Ac.).
        «Advierte que no medra el que trabaja poco.»

2403   La *mujer,* rogada; y la olla, reposada (Ac.).
        «Enseña cuánto realza a la mujer el recato.»

2404   La *mujer* y el huerto no quieren más de un dueño (Dorotea, III, 229,
        HNúñez, II, 230 y Correas, 328). El huerto suele ser de pequeña exten-
        sión, por tanto los cuidados que precisa y los beneficios que proporciona
        no conviene que sean compartidos.
        Considera que la mujer debe dedicarse solo a su marido.

2405   La *mujer* y el vidrio siempre están en peligro (Ac.).
        «Pondera el cuidado que la mujer ha de tener de su honestidad y recato.»

2406   La *mujer* y el vino sacan al hombre de tino (Ac.). *Las mujeres y el vino*
        hacen a los hombres renegar (Celestina, I, 47 y 50).
        «Encarece la necesidad de no dejarse dominar por la liviandad ni por
        la embriaguez.»

2407   La *mujer* y la camuesa, [76] por su mal se afeitan (Ac. y Dorotea, V, 448).
        La mujer y la cereza, por su mal se afeitan (Ac.).
        «Advierte que se hacen víctimas del apetito, la primera por los afeites
        y adornos de su rostro, y la segunda por los colores que indican su ma-
        durez.»

---

[75]   *Placera* 'ociosa, que anda en conversaciones inútiles fuera de su casa'.
[76]   *Camuesa* 'especie de manzana muy sabrosa'.

2408   La *mujer* y la cibera, [77] no la cates [78] a la candela (Ac.). *La mujer y la tela, no la cates a la candela* (Ac.). Con una luz escasa no se pueden apreciar los defectos de las cosas.
«Enseña la precaución con que uno ha de escoger estas cosas para no quedar engañado.»

2409   La *mujer* y la galga, en la manga (Ac.). Los galgos son más apreciados cuanto más estilizados son de cuerpo.
«Elogia festivamente a la mujer pequeña.»

2410   La *mujer* y la gallina, hasta la casa de la vecina (Ac.). *La mujer y la gallina, por andar se pierden aína* [79] (Ac., Santillana, 377, Quijote, II, 49 y FC, 263). *La mujer y la gallina, por andar se pierde aína* (DLengua, 41).
«Advierte a las mujeres los riesgos a que se exponen por no estar recogidas en su casa.»

2411   La *mujer* y la pera, la que calla es buena (Ac.). *La mujer y la pera, la que no suena* (Ac.). *La pera y la doncella, la que calla es buena* (Ac. s/v pera). Se supone que la pera no hae ruido cuando no cruje por estar muy madura.
«Alaba el silencio en las mujeres.»

2412   La *mujer* y la sardina, de rostros en la ceniza (Ac.). *La mujer y la sardina, de rostros en el fuego* (Santillana, 382). En su sent. recto, indica que la sardina sabe mejor asada, y que la mujer, en la posición que señala el refrán, atiende el fuego del hogar y lo que este representa; naturalmente, cuando las lumbres o los hogares eran bajos.
«Recomienda a las mujeres las ocupaciones domésticas propias de ellas.»

2413   La *mujer* y la tela, no la cates a la candela. v. 2408.

2414   La primera *mujer*, escoba, y la segunda, señora (Ac.).
«Enseña que los que se casan dos veces suelen tratar mejor a la segunda mujer que a la primera.»

2415   Las *mujeres* y el vino hacen a los hombres renegar. v. 2406.

2416   Muéstrame tu *mujer*, decirte he qué marido tien (Ac.).
«Da a entender que en el porte de los inferiores se conoce el gobierno del superior.» Es bien sabido el poco respeto y consideración con que se solía tratar a las mujeres.

---

[77] *Cibera* 'todo género de simientes que puede servir para mantenimiento y cebo'.
[78] *Catar* 'mirar'.
[79] *Aína*, ant. 'fácilmente'.

2417 **Mujer, molino y huerta, siempre quieren gran uso** (BAmor, 472). *Al molino y a la mujer, andar sobre él* (Correas, 33).

Se compara a la mujer con el molino y con la huerta, porque estas dos cosas, igual que la mujer, están mejor cuando son atendidas con solicitud y cuidado.

2418 **Mujer que habla latín, rara vez tiene buen fin.** v. 2425.

2419 **Mujer, viento y ventura, pronto se mudan** (Ac.).
    «Indica la instabilidad de estas tres cosas.»

2420 **Ni mujer de otro, ni coces de potro** (Ac.).
    «Advierte los peligros de tener tratos con mujer ajena.»

2421 **No hay mujer tan alta que no huelgue**[80] **ser mirada** (GAlfarache, I, 75).
    A todas las mujeres les gusta ser admiradas.

2422 **Una mujer alabada no tiene espada, y si la tiene, no mata** (PJustina, II, 22).
    Los halagos ablandan fácilmente a las personas.

2423 **Yendo las mujeres al hilandero,**[81] **van al mentidero** (Ac.).
    «Advierte que cuando se reúnen muchas mujeres, suelen hablar mucho y con ligereza.»

2424 **La mula buena, como la viuda, gorda y andariega** (Dorotea, I, 60 y HNúñez, II, 274). *La mula, como la viuda, gorda y andariega* (Correas, 329).
    Considera que son las mejores cualidades que pueden tener ambas.

2425 **Mula que hace hin**[82] **y mujer que parla latín, nunca hicieron buen fin** (Ac.). *Mujer que habla latín, rara vez tiene buen fin* (FC, 263).
    «Condena como defecto la emisión de este sonido en las mulas y las ocupaciones impropias en las mujeres.»

2426 **Ni mula con tacha, ni mujer sin raza** (Ac.).
    «Advierte la ventaja de que la mujer venga de buena madre, y que lo sean, si es posible, todas las de su familia.»

2427 **No hay mula de albarda que la troja**[83] **no consienta** (BAmor, 711).
    Alude a las mujeres experimentadas en el amor, y especialmente a las viudas.

2428 **Quien endura,**[84] **caballero va en buena mula** (Ac.).
    «Recomienda la economía.»

---

80 *Holgarse* 'alegrarse de una cosa'.
81 *Hilandero* 'lugar donde se hila'.
82 *Hin*, onomatopeya con que se representa la voz del caballo y de la mula.
83 *Troja* 'carga que se pone al animal sobre el pelo sin protección alguna'.
84 *Endurar* 'ahorrar'.

2429 **Quien quisiere *mula* sin tacha, ándese a pata** (Ac.). *Quien quiere bestia sin tacha, a pie se anda* (Ac. s/v bestia y PJustina, II, 284). *Quien quisiere mula sin tacha, estése sin ella* (Criticón, III, 211). *El que quiere caballo sin tacha, ese se anda a pata* (FC, *Más honor,* 176).
«Enseña que se deben tolerar y suplir algunos defectos de las cosas que por su naturaleza no pueden ser enteramente perfectas.» «Enseña que no se han de pretender imposibles, sino tomar las cosas como suelen ser.» (s/v bestia.)

2430 ***Mulo* cojo e hijo bobo lo sufren todo** (Ac.).
«Da a entender que a las cosas que son menos apreciadas se las expone a mayor trabajo.»

2431 **Cuando amanece, para todo el *mundo* amanece.** v. 1356.

2432 **En este *mundo* cansado, ni hay bien cumplido ni mal acabado** (Ac.).
«Advierte la inconstancia y volubilidad de las cosas terrenas.»

2433 **Este *mundo* es golfo [85] redondo; quien no sabe nadar vase al hondo** (Ac.). *Mundo redondo, quien no sabe nadar vase a lo hondo* (Santillana, 449).
«Advierte los muchos riesgos que hay en el mundo, y cuán necesarias son la cautela y destreza para librarse de ellos.»

2434 **Al *mur* que no sabe sino un agujero, presto lo toma el gato.** v. 2991.

2435 **Lo que has de dar al *mur*, [86] dalo al gato, y sacarte ha de cuidado** (Ac., Quijote, II, 56 y Galdós, *Arapiles,* 114). *Lo que has de dar al mur, dalo al gato* (DLengua, 146).
«Aconseja que hagamos con prudencia lo que habríamos de hacer a la fuerza o sin poder evitarlo.»

2436 **No pasa seguro quien corre por el *muro*.** v. 2723.

2437 **Por el *muro* se saca la villa** (Ac.). Muchas ciudades y poblaciones se protegían con murallas.
«Por el hilo se saca el ovillo.» A veces, con un solo hecho, prueba o argumento se deducen los defectos o las cualidades de algo o de alguien.

2438 **Para *música* vamos, dijo la zorra** (Ac.).
«Se nota al que, fuera de propósito y con pretexto de diversión, embaraza al que está ocupado en asunto serio.»

---

[85] *Golfo* 'mar'.
[86] *Mur* 'ratón'.

N

2439 Cada uno es juzgado según su *nacencia* [1] (Zifar, 266).
  Indica que con frecuencia se califica a las personas por el medio social
  de que proceden.

2440 **Desnudo *nací*, desnudo me hallo: ni pierdo ni gano** (Ac. y Quijote, I,
  25). *Desnudo nací, desnudo me hallo* (Galdós, *Empecinado,* 77).
  «Denota que el que no tiene ambición, se conforma fácilmente, aunque
  pierda o deje de adquirir algunos bienes.»

2441 **Nadie *nace* enseñado, si no es a llorar** (PJustina, II, 14). El llanto es una
  de las primeras manifestaciones de la vida.
  Pone de relieve que, generalmente, todo ha de aprenderse mediante el
  estudio o la experiencia.

2442 **No con quien *naces*, sino con quien paces** (Ac., Santillana, 490, Quijote, II, 10, 32 y 68, GAlfarache, V, 131, FC, 264 y Galdós, *Bodas,* 212 y
  Narváez, 124). *No donde naces, sino con quien paces* (Lozana, 239).
  «Enseña que el trato y comunicación hacen más que la crianza y linaje
  en orden a las costumbres.»

2443 **No *nace* quien no medre** (Zifar, 251).
  Todos los hombres van creciendo y prosperando, de una manera u otra,
  desde su nacimiento.

2444 **Quien antes *nace*, antes pace** (Ac.).
  «Advierte que los hijos primogénitos, especialmente los mayorazgos, se
  llevaban lo principal de la hacienda.» De modo más general, da a entender
  que la persona que se anticipa a las demás encuentra con mayor facilidad
  lo que desea.

---

[1] *Nacencia* 'nacimiento'.

2445 El mejor **nadador** es del agua (Ac.). *El mejor nadador se ahoga* (Ac.). *Ser del agua* equivale a pertenecer o venir a morir en ella.
«Significa que el que frecuentemente se expone a los riesgos, fiado de su destreza o habilidad, regularmente perece en ellos.»

2446 **Nadal**,[2] frío cordial (Ac.).
«Expresa la excesiva intensidad del frío en este tiempo.»

2447 No se ha de exprimir tanto la **naranja** que amargue el zumo (Ac.).
«Enseña la prudencia y moderación con que se debe proceder para evitar las malas resultas que suele causar el llevar las cosas al extremo.» También puede significar que no se debe explotar a las personas o animales hasta el punto de dejarlos extenuados.

2448 Lo que la **natura** niega, ninguno lo debe cometer[3] (Zifar, 110).
Aconseja no obrar contra la naturaleza de las cosas.

2449 **Natural** y figura, hasta la sepultura. v. 1655.

2450 No alabes ni desalabes hasta siete **Navidades** (Ac.).
«Advierte que se suspenda el juicio acerca de las personas o cosas hasta que la experiencia las dé a conocer enteramente.» En general, aconseja obrar con prudencia.

2451 Quien no tuviere que hacer, arme **navío** o tome mujer (Ac.).
«Da a entender que el que estuviere ocioso, con cualquiera de estas dos cosas tendrá mucho en que ocuparse.»

2452 A la **necesidad** no hay ley. v. 2454.

2453 De la **necesidad** nace el consejo (GAlfarache, I, 222).
Expresa que es precisamente en los momentos difíciles cuando se agudiza el ingenio.

2454 La **necesidad** carece de ley (Ac.). *Cuita no ha ley* (BAmor, 928). *A la necesidad no hay ley* (Lozana, 154).
«Explica que el que padece urgente necesidad se juzga dispensado de las leyes u obligaciones comunes.»

2455 La **necesidad** hace a la vieja trotar (Ac.). *Vieja con cuita trota* (BAmor, 930).
«Pondera cuánto aviva e incita al trabajo y a la diligencia la necesidad de adquirir lo preciso para conservar la vida.»

---

[2] *Nadal* 'Navidad'.
[3] *Cometer* 'acometer'.

2456   La *necesidad* hace maestro (Ac.).
        «Da a entender que la falta de lo que se ha menester o la inminencia
        del riesgo hace ejecutar con habilidad y destreza lo que parece que no se
        sabía o lo que no se había aprendido.»

2457   A cada *necio* agrada su porrada [4] (Ac.).
        «Enseña lo mucho que puede el amor propio y el afecto o pasión con
        que cada cual mira sus cosas.»

2458   Al *necio,* del diestro; al loco, del cabestro [5] (Ac.).
        «Enseña el modo de tratar con ambos y que al uno basta guiarle y al
        otro es preciso llevarle por fuerza.»

2459   Cuando el *necio* es acordado, el mercado es ya pasado (Ac.).
        «Advierte cuán conveniente es hacer las cosas en tiempo oportuno.»

2460   El *necio* hace al fin lo que el discreto al principio (Ac.).
        «Aconseja hacer pronto y de grado lo que al fin habrá de hacerse por
        fuerza.»

2461   Más sabe el *necio* en su casa que el cuerdo en la ajena. *Más sabe el necio
        en su casa que el sabio en la ajena.* v. 2053.

2462   Más vale ser *necio* que porfiado (Ac.). *Más vale quedar por necio que ser
        tenido por porfiado* (DLengua, 24).
        «Los prudentes excusan las altercaciones y porfías.»

2463   *Necios* y porfiados hacen ricos a los letrados (Ac.).
        «Advierte la poca razón con que suelen moverse muchos pleitos, y que
        se siguen más por tenacidad que por justicia.»

2464   Quien todo lo *niega,* todo lo confiesa (Ac.).
        «Da a entender que se sospecha culpable al que, habiéndose averigua-
        do que tuvo parte en una cosa, lo niega todo.»

2465   A nuevo *negocio,* nuevo consejo (Celestina, V, 199 y Correas, 55).
        Para tratar de un asunto nuevo deben aplicarse distintos caminos o pro-
        cedimientos.

2466   No se hacen los *negocios* de hongos, sino con buenos dineros redon-
        dos. v. 474.

2467   Fue la *negra* al baño y tuvo que contar un año (Ac. y Santillana, 329).
        Fue la negra al baño y trujo que contar un año (DLengua, 52).
        «Advierte lo mucho que da que hablar a la gente sencilla cualquier cosa
        cuando no la ha visto otra vez.»

---

[4]   *Porrada* 'necedad, disparate'.
[5]   *Cabestro* 'ramal o cordel que se ata al cuello de las caballerías para llevarlas o suje-
tarlas'.

2468 La *negra,* por ser blanca, contra sí se denueda⁶ (BAmor, 285).
Manifiesta la imposibilidad de conseguir lo que es contrario a la naturaleza de cada cual.

2469 ¿Para qué va la *negra* al baño, si blanca no puede ser? v. 382.

2470 Yo me era *negra* y vistiéronme de verde (Ac.). El color verde se consideraba poco favorecedor, y tener la tez morena sinónimo de poca belleza.
«Reprende a los que empeoran las cosas queriéndolas componer o
adornar.»

2471 Casarme quiero, y sea con un triste *negro* (GAlfarache, IV, 250).
Expresa, irónicamente, el deseo que suelen tener las mujeres de casarse, incluso con un hombre de pocas cualidades.

2472 En los *nidos* de antaño no hay pájaros hogaño (Ac., Quijote, II, 74 y
Criticón, III, 204).
«Alusivo a la instabilidad de las cosas terrenas.»

2473 No hallar *nidos* donde se piensa hallar pájaros (Ac.). *No haber hallado
nidos donde se pensó hallar pájaros* (Quijote, II, 15).
«Explica haber salido enteramente vanas las esperanzas de lo que se
pretendía o se buscaba.»

2474 ¿Dónde perdió la *niña* su honor? —Donde habló mal y oyó peor (Ac.).
Aquel día perdí mi honor, que hablé mal y oí peor (Ac. s/v día). *Entonces perdí
mi honor, cuando dije mal y oí peor* (Zifar, 307 y Santillana, 282).
«Aconseja el gran recato con que se debe hablar, para no dar motivo
a oír lo que no es razón.» «Advierte cuánto daña la intemperancia de la
lengua, pues si uno injuria a otro, será a su vez injuriado.» (s/v día.)

2475 Al *niño* y al mulo, en el culo (Ac.).
«Enseña que el castigo se debe ejecutar del modo y con la cautela de
que sea escarmiento y no daño.»

2476 Ara con *niños,* segarás cadillos (Ac.). El cadillo es planta muy común
en los campos cultivados, y de ninguna utilidad.
«Advierte la necesidad que hay de servirse de gente hábil y experta en
cualquier negocio, especialmente en la labranza, para coger buen fruto.»

2477 Dicen los *niños* en el solejar⁷ lo que oyen a sus padres en el hogar (Ac.).
«Enseña el cuidado y cautela que deben observar los padres delante de
los hijos en acciones y palabras; porque estos las aprenden incautamente,
y las dicen y usan sin reparo ni reflexión.»

---

⁶ *Denodarse* 'esforzarse, atreverse'.
⁷ *Solejar* 'solana'.

2478   **Ese *niño* me alaba, que come y mama** (Dorotea, III, 186, HNúñez, II, 135 y Correas, 207).
        Se suele halagar a la persona de la que se obtiene algún beneficio; por tanto, las alabanzas que se tributan a veces no son desinteresadas.

2479   **Gritá, *niños,* que baja el vino; hoy a cuatro, mañana a cinco** (Dorotea, I, 67, HNúñez, II, 160 y Correas, 225).
        Se dice irónicamente cuando alguien trata de hacer creer lo que es contrario a la evidencia.

2480   **Los *niños,* de pequeños; que no hay castigo después para ellos** (Ac.).
        «Enseña que se deben corregir y castigar las malas inclinaciones que suelen mostrar los niños; porque con la edad se hacen incorregibles o es difícil el castigo.»

2481   **Los *niños* y los locos dicen las verdades** (Ac.). *Los locos son los que dicen las verdades* (Lozana, 278). *Los locos dicen las verdades* (Criticón, III, 208). *Las verdades suelen decirlas los niños y los tontos* (Galdós, *Narváez,* 248).
        «Advierte que la verdad se halla frecuentemente en las personas que no son capaces de reflexión, de artificio ni disimulo.»

2482   **Ni al *niño* el bollo, ni al santo el voto** (Ac.).
        «Enseña que se debe cumplir todo lo que se promete.»

2483   **Quien con *niños* se acuesta, cagado amanece** (Ac.). *Quien con niños se acuesta...* (Galdós, *Luchana,* 261).
        «Enseña que quien fía el manejo de los negocios a personas ineptas y de poco seso se verá después chasqueado.»

2484   **Si el *niño* llorare, acállelo su madre; y si no quiere callar, déjelo llorar** (Ac.).
        «Aconseja que cada uno cumpla con lo que le toca y hasta donde alcancen sus medios, sin cuidarse de lo demás.»

2485   **Si eres *niño* y has amor, ¿qué harás cuando mayor?** (Ac.). En este caso, *amor* se refiere a los vicios que este puede traer consigo.
        «Da a entender que si no se corrigen las inclinaciones que se advierten en los niños, después crecen y se aumentan con la edad y se hace difícil la enmienda.»

2486   **A la *noche,* chichirimoche, y a la mañana, chichirinada** (Ac.). *Chichirimoche* y *chichirinada* son voces caprichosas y eufónicas, equivalentes a *mucho* y *nada* respectivamente.
        «Reprende la informalidad de los que a cada momento mudan de propósito.»

2487   Cada uno se entiende, y trastejaba[8] de *noche* (Ac.).
        «Moteja al que hace algún despropósito, estando persuadido de que pro-
        cede con acierto.» También puede significar que cada uno tiene sus moti-
        vos para realizar acciones que a los demás les parecen disparatadas o poco
        acordes con la realidad.

2488   De *noche* todos los gatos son pardos (Ac. y Quijote, II, 33).
        «Explica que con la oscuridad de la noche o con la falta de luz es fácil
        disimular las tachas de lo que se hace, vende o comercia.»

2489   La *noche* es capa de pecadores (Ac.).
        «Explica que el que obra mal, se vale de la oscuridad y las tinieblas
        para ocultar sus hechos y no ser conocido.»

2490   Lo que de *noche* se hace, a la mañana parece (Ac.). *Lo que de noche se*
        hace, de día parece (Santillana, 391).
        «Advierte el yerro de fiarse del sigilo para obrar mal. También se
        usa para exhortar a prevenir el trabajo cuando hay mucho que hacer al
        otro día.»

2491   Mala *noche,* y parir hija (Ac.). *Llevar mala noche, y parir hija* (Santillana,
        383). *Parto malo, e hija en cabo* (Santillana, 537). *Noche mala, y parir hija* (Cri-
        ticón, III, 104). Se prefería tener hijos varones porque ayudaban en el tra-
        bajo y contribuían a incrementar la hacienda.
        «Denota tener mal éxito un negocio o pretensión, después de haber apli-
        cado el mayor trabajo y cuidado para conseguirlos.»

2492   El *nombre* sigue al hombre (GAlfarache, III, 100). *El nombre rige al hom-*
        bre (Correas, 355).
        Las obras son las que califican al hombre y le dan buena o mala repu-
        tación.

2493   Ponte buen *nombre,* Isabel, y casarte has bien (Dorotea, V, 369, HNú-
        ñez, III, 173 y Correas, 398).
        Advierte a las jóvenes que es conveniente adquirir buena fama para
        conseguir un matrimonio ventajoso; y, de modo más general, que con una
        buena reputación se suelen obtener beneficios.

2494   La *novia,* de contado, y el dote, de prometido (Ac.).
        «Significa el riesgo que puede haber en diferir el cumplimiento de una
        promesa favorable, cuando se recibe la carga que le es aneja.»

2495   Quien no da *nudo,* pierde punto (Ac.). *Quien no da ñudo, pierde punto* (San-
        tillana, 618).
        «Enseña que el querer atropellar o abreviar demasiadamente las cosas
        suele retardarlas.»

---

    [8] *Trastejar* 'retejar'.

2496   **Arremangóse mi *nuera*, y volcó en el fuego la caldera** (Ac.).
«Se aplica a los ociosos o dejados, que cuando quieren hacer algo, lo echan todo a perder por su torpeza y falta de práctica.»

2497   **A ti lo digo, *nuera*.** *A vos lo digo, mi nuera; entendedlo vos, mi suegra.* v. 1843.

2498   **De *nuevas* no os curedes,** [9] **que hacerse han viejas y saberlas hedes** [10] (Ac. y FC, *Más honor,* 165).
«Reprende la demasiada prisa de saber lo que inmediatamente no nos atañe.»

2499   **Dormiré, dormiré; buenas *nuevas* hallaré** (Ac.).
«Contra los que, siendo perezosos y negligentes, se prometen buenos sucesos.»

2500   **Las malas *nuevas* siempre son ciertas** (Ac.).
«Expresa el natural temor a la adversidad, antes que la esperanza del bien.»

---

[9] *Curarse* 'hacer caso, preocuparse'.
[10] *Hedes,* ant. 'habéis'.

Ñ

2501   Quien no da *ñudo*, pierde punto. v. 2495.

2502   Un *ñudo* a la bolsa y dos a la boca. *Un ñudo en la bolsa y dos gordos en la boca.* v. 85.

O

2503   **Obispo** por obispo, séalo don Domingo (Dorotea, IV, 367 y Santillana, 528).
        Se dice cuando una persona se adjudica a sí misma, o a quien le interesa, los cargos que supone ventajosos o que proporcionan beneficios.

2504   **Quien lleva las obladas,** [1] **que taña las campanas** (Ac.). Alude probablemente a la costumbre que había en los pueblos de recaudar alimentos la víspera del día de difuntos, para las personas que pasaban la noche haciendo el clamor o tocando a muerto.
        «Enseña que el que lleva la utilidad debe llevar el trabajo.»

2505   **Primero es la obligación que la devoción** (Ac.). *La obligación es antes que la devoción* (Galdós, *Maestrazgo*, 76).
        «Enseña que no se debe anteponer cosa ninguna al cumplimiento de los deberes.»

2506   **A buenas obras pagan buenas palabras** (GAlfarache, I, 119 y Correas, 6).
        Aconseja mostrar agradecimiento por los beneficios que se reciben.

2507   **El que en malas obras suele andar, no se sabe de ellas quitar** (Zifar, 501).
        Indica que no es fácil que se corrijan las personas acostumbradas a obrar mal.

2508   **La obra es la que alaba al maestro** (Lozana, 305). *La obra alaba al maestro, y el maestro a la obra la alaba y abona* (Correas, 260).
        Las personas son conocidas y apreciadas por la manera de realizar su trabajo.

---

[1]   *Oblada* 'ofrenda que se lleva a la iglesia y se da por los difuntos, que regularmente es un pan o rosca'.

2509   **Las *obras*, con las sobras** (Ac.).
       «Aconseja no gastar en edificios sino el sobrante de las rentas.» Puede
       significar sencillamente que no se invierta en cosas superfluas.

2510   **Las *obras* hacen linaje** (Celestina, IX, 36 y Correas, 263).
       Se debe juzgar a las personas por su conducta, más que por los títulos
       que posean.

2511   **Ni *obra* buena, ni palabra mala** (Ac.). *Ni palabra mala, ni obra buena* (Ac.
       s/v palabra). *Don Juan de Mena, ni palabra mala, ni obra buena* (FC, 270).
       «Se moteja a los que ofrecen mucho y nada cumplen.»

2512   ***Obra* comenzada, no te la vea suegra ni cuñada** (Ac.). *Labor comenzada,
       no te la vea suegra ni cuñada* (Ac. s/v labor).
       «Aconseja que lo que uno quiere que llegue a efecto, lo procure ocultar
       de quien se lo impida.»

2513   ***Obra* del común, obra de ningún** (Ac.).
       «Da a entender que lo que está a cargo de muchos no se perfecciona,
       porque todos echan fuera de sí el trabajo.» También significa que nadie
       considera como propio el trabajo que se hace en favor de la comunidad.

2514   ***Obra* empezada, medio acabada** (Ac.).
       «Denota que la mayor dificultad en cualquier cosa consiste por lo común
       en los principios.»

2515   ***Obra* hecha, dinero espera** (Ac. y Santillana, 513). *Obra hecha, venta espe-
       ra* (Ac.). *Obra hecha, no espera* (FC, 268).
       «Enseña que donde se trabaja se asegura la utilidad y el provecho.»

2516   ***Obra* saca obra** (Ac.).
       «Manifiesta que, ejecutada una obra, suele quedar la precisión de hacer
       otra.»

2517   ***Obras* son amores, que no buenas razones** (Ac.). *Obras son querencias* (San-
       tillana, 505). *Obras son amores* (Dorotea, IV, 309 y Criticón, II, 92).
       «Recomienda confirmar con hechos las buenas palabras, porque ellas
       solas no acreditan el cariño y buena voluntad.»

2518   **Siembra buenas *obras*, cogerás fruto de ellas** (GAlfarache, II, 68). *Siem-
       bra obras buenas, cogerás fruto de ellas* (Correas, 452).
       El que obra bien suele ser recompensado.

2519   ***Obreros* a no ver, dineros a perder** (Ac.).
       «Enseña que en las obras a cuya vista no están sus dueños, suele gastar-
       se el dinero inútilmente.»

2520   **Quien mal hace, *obrero* coge** (Ac.).
       «Reprende al holgazán, que por no trabajar paga a quien ejecute algo
       por él.»

2521   A la *ocasión* la pintan calva (Ac. y Cela, *Judíos,* 260 y *MViento,* 129).
       La ocasión es calva (Criticón, I, 274).
           «Recomienda actividad y diligencia para aprovechar las buenas coyun-
       turas.»

2522   La *ocasión* hace al ladrón (Ac.).
           «Significa que muchas veces se hacen cosas malas que no se habían pen-
       sado, por verse en oportunidad para ejecutarlas.»

2523   Quien quita la *ocasión,* quita el pecado (Ac.). Actualmente suele decir-
       se *peligro,* en vez de *pecado.*
           «Aconseja se huya de los tropiezos para evitar los daños.»

2524   La *ociosidad* es madre de los vicios (Ac.). *La ociosidad es madre de todos
       los vicios* (Ac.).
           «Enseña cuán conveniente es vivir ocupado para no contraer vicios.»

2525   El que nace para *ochavo,* [2] no puede llegar a cuarto (Ac.).
           «Indica lo difícil que es para los humildes salir de su condición.»

2526   Soplará el *odrero,* y levantárase Toledo (DLengua, 113). *Soplará el odre-
       ro, y alborotarse ha Toledo* (HNúñez, III, 405 y Correas, 466). Este refrán
       está inspirado en un suceso histórico: Don Álvaro de Luna, en el año 1449,
       ordenó que se recaudaran fondos en Toledo, y esto dio origen a un motín
       en la ciudad. Uno de los promotores fue, al parecer, un odrero. [3]
           Da a entender que de pequeños principios pueden llegar a originarse
       males muy graves.

2527   *Oficio* de concejo, honra sin provecho (Ac.). Los concejales, e incluso
       los alcaldes de pueblos pequeños, no tienen, por lo general, un sueldo asig-
       nado. Sus cargos son puramente honoríficos.
           «Aconseja el desinterés en el ejercicio de los cargos públicos.»

2528   *Oficio* de manos, no le parten hermanos (Ac.). Los oficios, si no se han
       aprendido, no pueden recibirse como herencia.
           «Aconseja procurarse cada cual el sustento en el ejercicio de su arte,
       sin confiar en auxilio ajeno.»

2529   ¿Qué oficio tenéis? —Este que veis (Ac.).
           «Ref. para burlarse de los holgazanes.»

2530   Quien es de tu *oficio,* ese es tu enemigo. v. 1459.

2531   Quien ha *oficio,* ha beneficio (Ac. y GAlfarache, II, 98). *Quien tiene oficio,
       tiene beneficio* (Ac.).
           «Advierte que generalmente al trabajo sigue la utilidad.»

---

[2]   *Ochavo* 'moneda de cobre en vigencia hasta mediados del s. XIX'.
[3]   v. Mariana, J. *Hist. de España,* II, cap. VIII.

2532   Alguno se cuida⁴ santiguar, y se quiebra los *ojos* (Zifar, 455). *Púsose a santiguar, y se sacó un ojo* (FC, 257).
        Da a entender que a veces, por torpeza, se daña uno a sí mismo o a otro sin tener mala voluntad. También significa que por el excesivo deseo de hacer alguna cosa bien, se cometen los errores que se querían evitar.

2533   A quien tanto ve, con un *ojo* le basta (Ac.).
        «Se usa para reprender al que es muy curioso y se mete a registrar lo que no quieren que vea o entienda.»

2534   De quien pone los *ojos* en el suelo, no fíes tu dinero (Ac.).
        «Aconseja que nos guardemos de los hipócritas.»

2535   El *ojo* del amo engorda al caballo (Ac.). *El ojo del amo engorda el caballo* (Cela, *MViento*, 268 y Delibes, *DEmigrante*, 212).
        «Advierte cuánto conviene que cada uno cuide de su hacienda.»

2536   El *ojo*, límpiale con el codo (Ac.).
        «Da a entender que daña a los ojos el hurgarlos.»

2537   Hay *ojos* que de legaña se agradan. v. 2545.

2538   Lo que con el *ojo* veo, con el dedo lo señalo (Ac.). *Lo que con los ojos veo, con el dedo lo señalo* (Ac.). *Lo que veo por los ojos, con el dedo lo señalo* (Quijote, II, 62).
        «Da a entender que no es necesaria mucha advertencia para conocer lo que es patente y notorio.»

2539   Lo que ve el *ojo*, desea el corazón (Zifar, 115). *Lo que los ojos no ven, el corazón no lo desea* (Correas, 272).
        Se suelen desear y apetecer los bienes que se tienen a la vista y se conocen, y no los que se ignoran o están remotos.

2540   Lo que veo por los *ojos*, con el dedo lo señalo. v. 2538.

2541   Los *ojos* se abalanzan, los pies se cansan, las manos no alcanzan (Ac.). Los *ojos* representan el deseo sentido; los *pies*, el cansancio que se produce al buscarlo; las *manos*, la imposibilidad de conseguirlo.
        «Explica el deseo de una cosa que no se puede lograr.»

2542   Más ven cuatro *ojos* que dos (Ac. y DLengua, 79).
        «Da a entender que las resoluciones salen mejor conferidas y consultadas que tomadas por solo un dictamen.»

---

⁴ *Cuidar* 'pensar, creer'.

2543   Ni *ojo* en la carta, ni mano en el arca (Ac.). *Ni los ojos a las cartas, ni las manos a las arcas* (Ac.). *Ni los ojos a las cartas, ni las manos a las barbas* (Ac.). *Ni ojo en casa, ni mano en arca* (FC, *Más honor*, 165).
«Reprende a los que intentan averiguar lo que no deben y a los que toman lo ajeno. Otros dicen: ni las manos a las barbas, reprendiendo a los que ponen las manos en otro.»

2544   No es nada lo del *ojo,* y lo llevaba en la mano (Ac.). La primera parte del refrán se supone en boca del que ha tenido el accidente; la segunda, es el comentario irónico.
«Significa que alguno no da importancia a una cosa, siendo así que la tiene, y mucha.»

2545   *Ojos* hay que de legaña se enamoran (Ac.). *Ojos hay que de legaña se pagan* (Ac.). *Ojos hay que de legaña se agradan* (Corbacho, 143). *Hay ojos que de legaña se agradan* (Celestina, IX, 32).
«Enseña que el gusto no siempre se gobierna por la razón.»

2546   *Ojos* malos, a quien los mira pegan su malatía [5] (Ac.).
«Advierte que el llegarse a las malas compañías siempre es peligroso, porque regularmente comunican y pegan sus malas costumbres.»

2547   *Ojos* que no ven, corazón que no llora (Ac.). *Ojos que no ven, corazón que no quiebra* (Ac., Santillana, 509 y Quijote, II, 67). *Ojos que no ven, corazón que no siente* (Ac.).
«Da a entender que las lástimas que están lejos, se sienten menos que las que se tienen a la vista.»

2548   *Ojos* que ven no envejecen (PJustina, II, 34 y Correas, 372).
El conocer cosas nuevas y variadas suele mantener la juventud y la ilusión.

2549   Púsose a santiguar, y se sacó un *ojo*. v. 2532.

2550   Quebrar el *ojo,* y untar el casco. v. 578.

2551   Un *ojo* a la sartén, y otro a la gata (Dorotea, III, 226). *Un ojo al plato, y otro al gato* (Correas, 495).
Se usa para indicar que la atención no se debe centrar en una sola cosa.

2552   *Olivo* y aceituno, todo es uno (Ac.).
«Suele decirse a los que gastan el tiempo buscando diferencias en las cosas que sustancialmente no las tienen; y también a los que con impertinencia repiten una cosa, aunque con diferente nombre o diversas palabras.»

2553   A la *olla* que hierve, ninguna mosca se atreve (Ac.).
«Da a entender que a riesgo conocido no hay quien se arroje fácilmente.»

---

[5]   *Malatía,* ant. 'enfermedad'.

2554   Donde buenas *ollas* quiebran, buenos cascos quedan (Ac.). *Donde gran-*
        des ollas quiebran, buenos cascos quedan (FC, 258).
        «Indica que de buenos padres suelen nacer tales hijos o descendientes.»

2555   La *olla* sin cebolla, es boda sin tamborín (Lozana, 9). *Ni olla sin tocino,*
        ni boda sin tamborino (HNúñez, III, 26).
        Considera que es tan necesario el uso de la cebolla en toda clase de gui-
        sos, como la música en las fiestas.

2556   No hay buena *olla* con agua sola (Ac. y Dorotea, III, 228).
        «Da a entender que para que una cosa sea buena es necesario que tenga
        todo lo que le corresponde.»

2557   No hay *olla* tan fea, que no tenga su cobertera (Ac. y Dorotea, III, 229).
        «Da a entender que no hay persona o cosa tan despreciable, que no
        tenga quien la estime para algo.»

2558   *Olla* cabe [6] tizones, ha menester cobertera, y la moza do hay garzo-
        nes, [7] la madre sobre ella (Ac.).
        «Encarece el cuidado que se debe poner para evitar las ocasiones peli-
        grosas, especialmente a la juventud.»

2559   *Olla* de muchos, mal mejida [8] y peor cocida (Ac.).
        «Expresa ser mal gobernado el negocio en que muchos tienen parte.»

2560   *Olla* que mucho hierve, sabor pierde (Ac.). *Ollilla que mucho hierve, sabor*
        pierde (Santillana, 520).
        «Aconseja no dejar perder la sazón de las cosas.»

2561   *Olla* reposada no la come toda barba [9] (Ac.).
        «Enseña que el que tiene muchos cuidados y dependencias, difícilmen-
        te logra descanso aun para comer.»

2562   *Olla* sin sal, haz cuenta que no tienes manjar (Ac.).
        «Enseña que las cosas que no tienen lo necesario no aprovechan, o que
        para la perfección se requiere que no falte calidad alguna.»

2563   Quien quisiere probar la *olla* de su vecino, tenga la suya sin coberte-
        ra (Ac.).
        «Se aplica a los que quieren disfrutar de lo ajeno sin ofrecer lo suyo.»

2564   A cada *ollaza* su coberteraza (Ac.).
        «Explica que a cada cosa se le ha de proporcionar aquello que le corres-
        ponde o que ha menester.»

---

[6] *Cabe*, ant. 'junto a'.
[7] *Garzón* 'joven, mozo'.
[8] *Mejer* 'mover un líquido para que se mezcle o incorpore'.
[9] *Barba* 'persona'.

2565   Cada *ollero* alaba su puchero (Ac.).
        «Da a entender que todos celebramos nuestras cosas, aunque no lo merezcan.»

2566   Cada *ollero* su olla alaba, y más si la trae quebrada (Ac.).
        «Enseña que se debe desconfiar del que alaba mucho sus propias cosas,
        y más cuando las quiere hacer valer.»

2567   *Ollilla* que mucho hierve, sabor pierde. v. 2560.

2568   Más vale *onza* de sangre que libra de amistad (Ac.).
        «Denota que la influencia del parentesco suele prevalecer sobre la de
        la amistad.»

2569   La *oración* breve sube al cielo (Ac.). *La oración breve penetra los cielos* (PJustina, I, 142).
        «Da a entender que el que va a pedir una gracia no ha de ser molesto
        ni gastar muchas razones.»

2570   *Oración* de perro no va al cielo (Ac.).
        «Explica que lo que se hace de mala gana o se pide con mal modo, regularmente no se estima o no se consigue.»

2571   No es *orégano* todo el monte. v. 2318.

2572   La *oreja,* junto a la teja (Ac.).
        «Advierte que no es sano dormir en piso bajo, por razón de la humedad.»

2573   O en la *oreja* o en el rabo, la mula es asno (Ac.).
        «Advierte cómo los malos instintos se revelan de uno u otro modo.»

2574   Si como tiene *orejas* tuviera boca, a muchos llamara la picota (Dorotea, II, 192 y Correas, 450). La picota era la columna o pilón que había
        en la entrada de algunos pueblos, donde se exponían las cabezas de los ajusticiados, o los reos, a la vergüenza pública. Solía tener un remate cónico
        con cuatro canecillos salientes, y a estos, por similitud, el pueblo les llamaría *orejas.* [10]
        Da a entender que hay gran número de delincuentes que se libran de
        la justicia.

2575   Nadar, nadar, y a la *orilla* ahogar (Ac. y Santillana, 463).
        «Se dice del que se fatiga por conseguir una cosa y la ve desaparecer
        al considerarla segura. Aplícase también al enfermo que perece cuando había
        concebido esperanzas de pronta curación.»

---

[10]   v. Morby, nota 167.

2576 **No es *oro* todo lo que reluce** (Ac., Quijote, II, 33, Galdós, *Ayacuchos,* 127, Cela, *MViento,* 250 y Delibes, *5 horas,* 101). *No ha de ser oro cuanto reluce* (Celestina, XII, 105). *No es todo oro lo que reluce* (Quijote, II, 48 y Criticón, III, 135).
«Aconseja no fiarse de apariencias, porque no todo lo que parece bueno lo es en realidad.»

2577 ***Oro* es lo que oro vale** (Ac. y Santillana, 510).
«Significa que el valor de las cosas no está exclusivamente representado por el dinero.»

2578 ***Oro,* majado luce** (Ac. y Santillana, 507).
«Enseña que las cosas cobran más estimación cuando están más experimentadas y probadas.»

2579 **De *orujo* exprimido nunca mosto corrido** (Ac. y FC, *LGarcía,* 209).
«Da a entender que no se puede sacar mucho fruto de donde no hay sustancia.»

2580 **Ahora que tengo *oveja* y borrego, todos me dicen: enhorabuena estéis, Pedro.** v. 2742.

2581 **Cada *oveja* con su pareja** (Ac., Quijote, II, 19 y 53, GAlfarache, II, 264, Galdós, *Chamartín,* 147 y Delibes, *DEmigrante,* 65 y *5 horas,* 129).
«Enseña que cada uno se contenga en su estado, igualándose solo con los de su esfera.»

2582 **La más ruin *oveja* se ensucia en la colodra** [11] (Ac.).
«Denota que las personas más inútiles suelen ser las más perjudiciales.»

2583 ***Oveja* chiquita, cada año es corderita** (Ac.).
«Da a entender que las personas de pequeña estatura suelen disimular bien la edad.»

2584 ***Oveja* duenda, mama a su madre y a la ajena.** v. 406.

2585 ***Oveja* harta, de su rabo se espanta** (Ac.).
«Habla contra los regalones y acomodados, a quienes cualquier suceso les causa recelo.»

2586 ***Oveja* que bala, bocado pierde** (Ac. y Santillana, 525).
«Enseña que el que se divierte fuera de su intención, se atrasa o pierde en lo principal.» Suele aplicarse a las personas muy habladoras.

2587 ***Ovejas* bobas, por do va una van todas** (Ac.).
«Enseña el poder que tienen el ejemplo y la mala compañía.»

---

[11] *Colodra* 'vasija de madera en forma de barreño, que usan los pastores para ordeñar las cabras, ovejas y vacas'.

2588   ***Ovejas* y abejas, en tus dehesas** (Ac.).

      «Indica la conveniencia de tener estas dos granjerías [12] en tierras pro-
pias, porque en las ajenas dan poca utilidad.»

2589   **Quien tiene *ovejas* tiene pellejas** [13] (Ac.).

      «Advierte que el que está a la utilidad, también está expuesto al daño.»

---

[12]   *Granjería* 'beneficio de las haciendas de campo'.
[13]   *Pelleja* 'piel quitada del cuerpo del animal una vez muerto'.

P

2590 **Paciencia** y **barajar** (Ac., GAlfarache, II, 236 y Quijote, II, 23).
«Exhorta o excita a otro, o uno a sí mismo, a tener paciencia, sin dejar de perseverar en un intento o propósito.»

2591 A **padre** endurador, [1] hijo gastador (Ac.). *A padre ganador, hijo despendedor* (Ac.). *A padre guardador, hijo gastador* (Ac.).
«Además del sentido recto (por el que significa que frecuentemente sucede a un padre avaro o económico un hijo pródigo), advierte también cuán contrarios en otras cosas suelen ser los genios de los padres y de los hijos.»

2592 A quien es **padre,** bástale madre (Ac.). *Para quien es padre, bástale madre* (Ac.).
«Indica que el que vale poco no puede aspirar a mucho.»

2593 Dejemos **padres** y abuelos, por nosotros seamos buenos (Ac.).
«Advierte que no hagamos vanidad de la gloria heredada, sino que procuremos adquirirla por nosotros mismos.»

2594 De **padre** cojo, hijo renco [2] (Ac.).
«Explica que los hijos regularmente sacan las costumbres y resabios de sus padres.»

2595 De **padre** santo, hijo diablo (Ac.).
«Da a entender que no siempre aprovecha la buena crianza de los hijos si estos son de mal natural.»

2596 ¿De qué murió mi **padre**? —De achaque (Ac. y Santillana, 234).
«Reprende a los que se olvidan de la muerte, aun avisados de las que ven en los otros, y siempre les buscan un motivo particular.»

---

[1] *Endurador* 'ahorrador'.
[2] *Renco* 'cojo por lesión de las caderas'.

2597 Do tu *padre* fue con tinta, no vayas tú con quilma [3] (Ac.). Seguramente se refiere este refrán a los documentos que se presentan cuando se entabla un pleito.
«Aconseja que no se espere bien donde se hizo mal.»

2598 El *padre* alcalde, y compadre el escribano (GAlfarache, I, 60).
Manifiesta que es fácil obtener prebendas cuando se cuenta con ayudas poderosas.

2599 El que ha de morir a oscuras, aunque tenga el *padre* cerero. v. 937.

2600 El que tiene *padre* alcalde, seguro va a juicio. v. 2610.

2601 Entre *padres* y hermanos no metas tus manos (Ac.). *Entre hermanos no metas tus manos* (Ac. s/v hermano).
«Aconseja no tomar parte en los disturbios entre parientes, porque estos fácilmente se componen y después se pierde la amistad con unos y con otros.»

2602 Los *padres*, a yugadas, [4] y los hijos, a pulgadas (Ac.).
«Explica que cuando la herencia se ha de partir entre muchos hijos, por ricos que sean los padres, siempre caben a poco.»

2603 Miente el *padre* al hijo, y no el hielo al granizo (Ac.).
«Quiere dar a entender que rara vez falta hielo después del granizo.»

2604 Mi *padre* se llama hogaza, y yo me muero de hambre (Ac. y Galdós, *2 mayo,* 146).
«Moteja a los que ostentan tener parientes muy ricos, o haberlo sido sus antepasados, estando ellos en suma pobreza.» También puede referirse a los cambios que tiene la fortuna.

2605 Nuestros *padres*, a pulgadas, y nosotros, a brazadas (Ac.).
«Advierte que lo que algunos juntan con trabajo, sus herederos suelen disiparlo en breve tiempo.»

2606 *Padre* no tuviste, madre no temiste; hijo, mal desperecer [5] (Ac.). *Padre no tuviste, madre no temiste; hijo, diablo te hiciste* (Ac.).
«Advierte la falta que hace el padre para la buena crianza de los hijos.»

2607 *Padre*, que me ahorcan. —Hijo, a eso se tira (Ac.).
«Zahiere a los que se quejan de que se pongan los medios para llevar a cabo lo que se trata de hacer.»

2608 Para quien es *padre*, bástale madre. v. 2592.

---

[3] *Quilma* 'costal o saco donde generalmente se llevaban los granos, semillas u otras cosas'.
[4] *Yugada* 'espacio de tierra de labor equivalente a unas 32 hectáreas'.
[5] *Desperecer* 'perecer, acabar'.

2609   **Preguntadlo a vuestro *padre,* que vuestro abuelo no lo sabe** (Ac.).
«Nota al que pregunta a quien no puede saber las cosas, especialmente cuando ha preguntado al que era natural que lo supiese y no le ha dado razón de lo que intenta saber.»

2610   **Quien el *padre* tiene alcalde, seguro va a juicio** (Ac.). *El que tiene el padre alcalde...* (Quijote, II, 43). *El que tiene padre alcalde, seguro va a juicio* (Galdós, *Arapiles,* 114).
«Enseña que algunas veces los respetos de amistad o parentesco hacen torcer la justica.» También censura la influencia que ejercen los que ostentan cargos públicos.

2611   **Quiere mi *padre* Muñoz lo que no quiere Dios** (Ac.).
«Reprende al que se empeña en lograr su antojo o su voluntad de cualquier modo que sea, justo o injusto.»

2612   **Sobre *padre* no hay compadre** (Ac. y FC, 276). Los lazos de parentesco suelen anteponerse a los de la amistad.
«Enseña cuánto más vale y aprovecha el amor del padre, que el que proviene de cualquier título.»

2613   **Tiraos,** [6] ***padre,* y pasarse ha mi madre** (Ac.). *Tiraos, padre, posarse ha mi madre* (Santillana, 693).
«Reprende a las mujeres que quieren mandar las casas y cargan todo el trabajo al marido, estando ellas ociosas.»

2614   **¿Tose el *padre* prior? Bueno será el sermón** (Dorotea, I, 114, HNúñez, III, 440 y Correas, 486).
Indica que los asuntos de importancia suelen venir precedidos de largos preparativos.

2615   **Un *padre* para cien hijos, y no cien hijos para un padre** (Ac. y DLengua, 84).
«Denota el verdadero y seguro amor de los padres para con los hijos, y la ingratitud con que estos suelen corresponderles.»

2616   **La mala *paga,* aunque sea en paja** (Ac.). *La mala paga, siquiera en paja* (Ac.). *Del mal pagador, aunque sea en paja* (Ac.). *Del mal pagador, siquiera en paja* (Ac.). *Del mal pagador, siquiera en pajas* (Santillana, 239). *A mala paga, siquiera en pajas* (PJustina, II, 253).
«Enseña que se ha de tomar aquello que se pueda, por no perderlo todo.»

2617   ***Paga* adelantada, paga viciosa** (Ac.).
«Da a entender que suelen cumplir mal sus compromisos los que cobran por adelantado.»

---

6   *Tirarse* 'quitarse'.

2618   Al buen *pagador* no le duelen prendas (Ac. y Quijote, II, 14, 30, 34, 59 y 71).
    «Da a entender que el que quiere cumplir con lo que debe, no repugna dar cualquiera seguridad que le pidan.»

2619   Del mal *pagador*, aunque sea (o siquiera) en paja. v. 2616.

2620   El buen *pagador* es señor de lo ajeno (Ac.). *El buen pagador, heredero es de lo ajeno* (Santillana, 308).
    «Aconseja la puntualidad de la paga, con lo cual se gana crédito.»

2621   Al *pagar* será el dolor. v. 1585.

2622   *Paga* lo que debes, sabrás lo que tienes. v. 2126.

2623   En cada *pago* [7] su viña, y en cada barrio su tía (Ac.).
    «Indica cuán útil es tener hacienda y buenas relaciones en partes diversas.»

2624   De *paja* o heno, el pancho lleno (Ac.). *De paja o heno, el vientre lleno* (Ac.). *De paja y de heno, etc.* (Quijote, II, 3 y 33).
    «Indica que lo que importa es satisfacer el apetito sea como quiera, a falta de lo que se apetece.»

2625   Ver la *paja* en el ojo ajeno, y no la viga en el nuestro (Ac.). *Ver la paja en el ojo ajeno, y no la viga en el propio* (Ac.). *El que ve la mota en el ojo ajeno, vea la viga en el suyo* (Quijote, II, 43).
    «Explica con cuánta facilidad reparamos en los defectos ajenos y no en los propios, aunque sean mayores.»

2626   El *pajar* viejo, cuando se enciende, malo es de apagar (Ac.). *Pajar viejo arde más presto* (Ac.). *Pajar viejo presto se enciende* (Ac.). *Pajar viejo, cuando se enciende, malo es de apagar* (Santillana, 552).
    «Advierte que cuando una pasión se llega a apoderar de un viejo con dificultad la vence.»

2627   *Pajarico* que escucha el reclamo, escucha su daño (Ac.).
    «Enseña que el que procura indagar la opinión que de él se tiene, suele oír cosas que le desagradan.»

2628   *Pajarilla* que en erial se cría, siempre por él pía (Ac.).
    «Pondera lo fuerte del amor a la tierra nativa.»

2629   A chico *pajarillo*, chico nidillo (Ac.).
    «Enseña que se debe medir con la calidad o dignidad de los sujetos el porte y trato.» También puede indicar que las personas deben adaptarse a las circunstancias que las rodean.

---

    [7] *Pago* 'porción de tierras o heredades, especialmente de viñas u olivares'.

2630   El mal *pajarillo* la lengua tiene por cuchillo (Ac.).
        «Enseña que el maldiciente se daña a sí mismo.»

2631   Cada *pajarito* tiene su higadito (Ac.). Era creencia antigua que en el hígado se encontraban los buenos o malos humores.
        «Denota que toda persona, por quieta y mansa que sea, se irrita y se enfada algunas veces.»

2632   Más vale *pájaro* en mano que buitre volando (Ac., Santillana, 422 y Quijote, I, 31). *Más vale pájaro en mano que ciento volando* (Ac.). *Más vale pájaro en mano que buey volando* (GAlfarache, III, 259).
        «Aconseja no dejar las cosas seguras, aunque sean cortas, por la esperanza de otras mayores que son inseguras.»

2633   *Pájaro* de mal natío,[8] el que se ensucia en el nido (Ac.).
        «Moteja al hombre que desacredita aquello mismo que más debería apreciar.»

2634   *Pájaro* triguero, no entres en mi granero (Ac.).
        «Enseña lo poco que se debe fiar de los que están habituados al vicio.»

2635   *Pájaro* viejo no entra en jaula (Ac. y Galdós, *Trafalgar,* 21). Una de las maneras de cazar pájaros es atraerlos hacia una jaula, poniéndoles cebo o comida.
        «Enseña que a los versados o experimentados en una cosa, no es fácil engañarlos.»

2636   Quien *pájaro* ha de tomar, no ha de oxear[9] (Ac.).
        «Enseña que para conseguir los fines no se han de tomar los medios contrarios a ellos.» También da a entender que no se puede uno atraer la amistad o favor de una persona con malas palabras.

2637   Donde fuiste *paje,* no seas escudero (Ac.). Los pajes solían acompañar como subordinados a los escuderos.
        «Enseña que se deben evitar los motivos de envidia que causan a los que han sido sus compañeros los que ascienden a clase más elevada.»

2638   Eso lo acabará la *pala* y el azadón (Ac.). *Eso lo apartará la pala y el azadón* (Ac.).
        «Da a entender que solo la muerte puede desarraigar una costumbre o un afecto.»

2639   A dos *palabras* tres porradas (Ac.). *A dos palabras tres pedradas* (Santillana, 16).
        «Reprende a los habladores necios o ignorantes.»

---

8   *Natío* 'natural'.
9   *Oxear* 'espantar a las gallinas u otras aves domésticas'.

2640   **A *palabra* locas, orejas sordas** (Ac.). *A palabras locas, hacer orejas sordas* (Corbacho, 311).

«Denota que las cosas se toman según quien las dice, no haciendo caso del que habla sin razón.»

2641   **Cual *palabra* me dicen, tal corazón me hacen** (Zifar, 486). *Cual palabra te dicen, tal corazón te meten* (BAmor, 95). *Tales cosas te digan, tal corazón te pongan* (FC, *Dicha*, 147).

Pondera el influjo que tienen sobre los hombres los buenos o los malos consejos.

2642   **Ni *palabra* mala, ni obra buena. v. 2511.**

2643   **No hay *palabra* mal dicha si no fuese mal entendida** (Ac.). *No hay mala palabra si no es a mal tenida* (BAmor, 64).

«Reprende a los maliciosos y malintencionados que ordinariamente interpretan y echan a mala parte lo que se dijo sin malicia o con buena intención.»

2644   ***Palabra* de boca, piedra de honda** (Ac.). *Palabra en boca es lo mismo que piedra en honda* (Galdós, *Chamartín*, 146).

«Palabra y piedra suelta no tienen vuelta.» Recomienda la prudencia, sobre todo al emitir juicios que puedan afectar a terceros.

2645   ***Palabras* de santo, uñas de gato** (Ac.).

«Nota a uno de hipócrita.»

2646   ***Palabras* señaladas no quieren testigos** (Ac.).

«Enseña el cuidado que se debe tener en hablar, especialmente de cosas de que puede resultar perjuicio.»

2647   ***Palabras* y plumas el viento las lleva** (Ac., Santillana, 546 y DLengua, 9). *Palabras y plumas el viento las tumba* (Ac.).

«Enseña el poco caso y seguridad que se debe tener en las palabras que se dan, por la facilidad con que se quiebran o no se cumplen.»

2648   ***Palabra* y piedra suelta no tienen vuelta** (Ac. y Galdós, *Chamartín*, 146).

«Enseña la reflexión y cautela que se debe tener en proferir palabras, especialmente las que pueden herir, porque una vez dichas no se pueden recoger.»

2649   **Pocas *palabras* cumplen al buen entendedor** (BAmor, 1610).

La persona inteligente no necesita largas explicaciones para comprender lo que se le quiere decir.

2650   **Fuime a *palacio*, fui bestia y vine asno** (Dorotea, IV, 369 y HNúñez, II, 151 y Correas, 220).

No sirve de nada dar una educación esmerada a la persona que no desea aprender, o no es capaz de ello.

2651   De rico a soberbio no hay *palmo* entero (Ac.).
        «Aconseja el buen uso de las riquezas para huir del engreimiento que
        suele seguirles de cerca.»

2652   Cada *palo* aguante su vela (Ac.). Alude a las velas de la nave, cada una
        de las cuales va sujeta al palo que le pertenece.
        «Da a entender que cada uno debe sufrir lo que le corresponda o me-
        rezca.»

2653   De tal *palo,* tal astilla (Ac. y Galdós, *Zaragoza,* 227).
        «Da a entender que comúnmente todos tienen las propiedades o incli-
        naciones conforme a su principio u origen.»

2654   Al *pan,* pan, y al vino, vino. v. 2671.

2655   Al que come bien el *pan,* pecado es el ajo que le dan (Ac.). El pan está
        tomado hiperbólicamente por los alimentos ordinarios; y el ajo, como es-
        pecie que se utiliza para condimentar cualquier guiso más elaborado.
        «Advierte que con las personas que comen con gana las viandas comu-
        nes, es superfluo gastar en salsas y manjares delicados.»

2656   A *pan* de quince días, hambre de tres semanas (BAmor, 1491, Santilla-
        na, 23 y DLengua, 80).
        Indica que, en casos de extrema necesidad, uno tiene que aceptar lo
        que se le ofrezca.

2657   A *pan* duro, diente agudo (Ac., Santillana, 3 y FC, 262).
        «Aconseja la actividad y diligencia que se debe poner para superar la
        dificultad en las cosas arduas y dificultosas.»

2658   A quien no le sobra *pan,* no críe can (Ac.). *A quien no le sobra el pan,*
        no críe can (FC, 262).
        «Enseña que todos deben arreglarse a sus rentas, y no contraer empe-
        ños indebidos por gastos excesivos.»

2659   Ara bien y hondo, y cogerás *pan* en abondo (Ac.).
        «Enseña que la tierra bien labrada produce sus frutos con mayor abun-
        dancia.»

2660   Aun ahora se come el *pan* de la boda (Ac.).
        «Muestra que el peso y cargas del matrimonio no se sienten en sus prin-
        cipios, como tampoco los de los cargos y empleos mientras dura el gozo
        de haberlos adquirido.»

2661   Bien haya *pan* que presta [10] y moza que le come (Dorotea, V, 443). *Bien*
        haya el pan que presta (HNúñez, I, 170). *Bien haya el pan que presta y la moza*
        que lo come (Correas, 83).
        Se dice para elogiar las cosas buenas y los beneficios que procuran.

---

[10]   *Prestar* 'dar de sí, aumentar'.

2662   Con *pan* y vino se anda el camino (Ac.). *Pan y vino anda camino, que no mozo garrido* (Celestina, IV, 174 y DLengua, 107).
        «Enseña que es menester cuidar del sustento de los que trabajan, si se quiere que cumplan con sus obligaciones.» En general, da a entender que es preciso poner los medios adecuados para lograr un buen trabajo.

2663   Dame *pan* y dime tonto (Ac.). *Dame pan y llámame tonto* (Ac. y Galdós, *Chamartín*, 119).
        «Zahiere al que perdona las malas razones a cambio de los beneficios que recibe.»

2664   Del *pan* de mi compadre, gran zatico[11] a mi ahijado (Ac.). *Del pan de mi compadre, buen zatico a mi ahijado* (Santillana, 209).
        «Advierte que de los bienes ajenos solemos ser muy liberales, aunque seamos escasos en dar de los nuestros.»

2665   Dura el *pan* con migas de ál[12] (Ac.).
        «Explica que no es mucho que uno ahorre en una cosa, cuando para su manutención y sustento puede recurrir a otras.»

2666   El *pan* bien ahechado,[13] dos veces es floreado (Ac.). El pan que se hace con harina bien cernida, o harina de flor, es más fino y ligero.
        «Expresa la mejora y perfección de las cosas según el esmero en la ejecución de ellas.»

2667   El *pan* bien escardado hinche la troj[14] a su amo (Ac.).
        «Denota las ventajas que se logran cuando se ponen en cualquier negocio la actividad y diligencia debidas.»

2668   El *pan* comido, y la compañía deshecha. v. 1005.

2669   El *pan* con ojos, el queso sin ojos, el vino que salte a los ojos (Dorotea, II, 189 y Correas, 379). *Pan con ojos y queso sin ojos* (HNúñez, III, 131).
        Indica las cualidades que se consideran deseables en cada una de estas cosas.

2670   El *pan* de mi compadre, y el duelo ajeno (GAlfarache, II, 91). Después de los entierros se solía celebrar un banquete para los que habían asistido. En algunas regiones todavía persiste esta costumbre.
        Contra los aprovechados.

___

[11]   *Zatico* 'pedazo de pan'.
[12]   *Ál* 'otra cosa'.
[13]   *Ahechar* 'cerner, limpiar con criba el trigo u otros cereales'.
[14]   *Troj* 'granero'.

2671   **El *pan*, pan, y el vino, vino** (Ac.). *Pan por pan, vino por vino* (Ac.). *Pan, pan; vino, vino* (Galdós, *Apostólicos*, 166). *Al pan, pan, y al vino, vino* (Delibes, *5 horas*, 254).
        «Denota que se debe proceder con ingenuidad y franqueza.» «Da a entender que uno ha dicho a otro una cosa llanamente, sin rodeos y con claridad.»

2672   **Más vale *pan* con amor, que gallina con dolor** (Ac.).
        «Enseña que cuando no hay amor entre casados u otras personas, sirve de poco la riqueza y el regalo; y que, al contrario, se lleva bien la pobreza cuando lo hay.»

2673   **Mejor es *pan* duro que ninguno** (GAlfarache, V, 71 y Correas, 307).
        No hay que despreciar las cosas, por modestas que sean, cuando se tiene necesidad de ellas.

2674   **Ni tu *pan* en tortas, ni tu vino en botas** (Ac. y Dorotea, IV, 365).
        «Explica que es regla de economía el que ninguno emplee su caudal en cosas que brevemente y con facilidad se consumen.»

2675   **No hay para *pan*, y compraremos musco** [15] (Ac.).
        «Zahiere al que, careciendo de lo necesario, gasta el dinero en cosas superfluas.»

2676   ***Pan* ajeno, caro cuesta** (Ac.).
        «Advierte que los beneficios que se reciben, además del empacho de la necesidad, dejan a uno obligado a la correspondencia.»

2677   ***Pan* con ojos, y queso sin ojos.** v. 2669.

2678   ***Pan* con pan, comida de tontos** (Ac.).
        «Condena la unión de dos o más cosas que, por ser de índole semejante, forman conjunto insulso y monótono.»

2679   ***Pan* de ayer y vino de antaño traen al hombre sano** (Criticón, III, 77). *Pan de ayer y vino de antaño, mantienen el hombre sano* (Correas, 379). Se creía que el pan recién cocido era indigesto.
        Indica que ambas cosas son buenas para la salud.

2680   ***Pan*, pan; vino, vino.** v. 2671.

2681   ***Pan* y vino anda camino, que no mozo garrido.** v. 2662.

2682   ***Pan* y vino juega,** [16] **que no camisa nueva** (BAmor, 983). *Salud es la que juega, que no camisa nueva* (Correas, 443).
        Da a entender que el sustento está por encima de todas las demás necesidades. También podría significar que la comida y la bebida despiertan más el deseo que la mera presencia de una mujer joven.

---

[15]   *Musco* 'almizcle, sustancia que sirve para hacer perfume'.
[16]   *Jugar* 'importar'.

2683   *Pan* y vino, un año, tuyo, y otro, de tu vecino (Ac.).
        «Denota la desigualdad de las cosechas, aun en tierras poco distantes
        entre sí.»

2684   Por mucho *pan,* nunca mal año (Ac.). *Por mucho trigo, nunca es mal año*
        (Ac. s/v trigo).
        «Advierte que lo que abunda siendo bueno, no daña.» (s/v trigo).

2685   Quien da *pan* a perro ajeno, pierde el pan y pierde el perro (Ac.). Hoy
        día se suelen omitir los artículos en este refrán.
        «Enseña que el que hace beneficios a personas desconocidas y con fin
        interesado, comúnmente los pierde.»

2686   Yo me albardaré [17] y el *pan* de todos me comeré (Criticón, III, 203).
        Se dice del que está decidido a conseguir sus propósitos, sin importarle
        la opinión que pueda merecer a los demás.

2687   *Panadera* érades antes, aunque ahora traéis guantes (Ac.). No era pro-
        pio de los menestrales el usar guantes.
        «Reprende a los que se olvidan de sus humildes principios en viéndose
        en alta fortuna, y desprecian a sus iguales.»

2688   Está el *pandero* en manos que lo sabrán bien tañer. *Está el pandero en*
        manos que lo sabrán bien tocar. v. 2168.

2689   No todo es vero lo que suena el *pandero* (Ac.). *Lo que dice el pandero,*
        todo es vero (Santillana, 395).
        «Exhorta a no creer ligeramente lo que se oye, especialmente al vulgo,
        que por lo común habla sin reflexión ni reparo.»

2690   De la *panza* sale la danza (Ac.).
        «Declara ser consecuencia del buen mantenimiento corporal la alegría
        del ánimo.»

2691   Adoba tu *paño,* y pasarás tu año. v. 2698.

2692   Al *paño,* con el palo, y a la seda, con la mano. v. 1500.

2693   El buen *paño* en el arca se vende (Ac., FC, 259 y Cela, *El Gallego,* 140).
        «Enseña que las buenas prendas por sí mismas son apetecibles y se
        dan a conocer sin necesidad de ostentarlas ni examinarlas.» En la actua-
        lidad cuando se dice el refrán, suele hacerse en forma negativa: *Ya no es*
        verdad que el buen paño en el arca se vende. El buen paño no se vende ya en
        el arca [18].

---

[17]   *Albardarse* 'hacerse pasar por burro o necio'.
[18]   v. Cela, *El Gallego,* 140 y Zunzunegui, *La vida como es,* 345.

2694   **No hay *paño* sin raza**[19] (BAmor, 94). *En buen paño cae la raza* (HNúñez, II, 85 y Correas, 185).
        Por muy buena que sea una persona es casi imposible que no tenga algún defecto.

2695   ***Paños* lucen en palacio, que no hijosdalgo** (Ac.). La palabra *paños* está usada en su sentido amplio de 'trajes'.
        «Advierte que muchas veces se hace más aprecio de los sujetos por el vestido y pompa exterior que por la calidad y las prendas.»

2696   **Quien se viste de ruin *paño*, dos veces se viste al año** (Ac.).
        «Advierte que es ahorro comprar los géneros de mejor calidad, aunque sean más caros que los ordinarios.»

2697   **Quien tunde**[20] **el *paño*, quita la cresta al gallo** (Dorotea, I, 60, HNúñez, III, 310 y Correas, 430). Literalmente expresa la opinión de que así como el paño es más fuerte sin recortar, así el gallo perdería en bravura sin la cresta.
        Manifiesta que a veces por buscar la perfección se estropean las cosas. También puede significar que quien domina una materia o una situación determinada, se impone fácilmente a los demás.

2698   **Remienda tu *paño* y pasarás tu año** (Ac.). *Adoba*[21] *tu paño y pasarás tu año* (Ac. y Santillana, 36). *Adoba tu sayo y pasarás tu año* (Ac. s/v sayo). *Remienda tu sayo y pasarás tu año* (Ac. s/v sayo y FC, 273). *Remienda tu sayo y te durará un año* (Ac. s/v sayo).
        «Aconseja la economía y cuidado que se debe tener en las cosas de uso propio para que duren.»

2699   **Si quieres ser *papa*, estámpalo en la testa** (GAlfarache, II, 106). *¿Quieres ser papa? Póntelo en la testa* (Criticón, III, 208).
        Indica que con empeño y voluntad firme se suele conseguir lo que se desea.

2700   **El *papel*, que se rompa él** (Ac.).
        «Aconseja no apresurarse a inutilizar cartas u otros escritos que pueden alguna vez ser de provecho.»

2701   **Una en el *papo***[22] **y otra en el saco** (Ac.). *Uno en papo y otro en saco* (Santillana, 713).
        «Se nota al que no se contenta con lo que le dan, y pide o quiere llevar más para otra ocasión.»

2702   **A la *par* es negar y tarde dar** (Ac.).
        «Enseña cuánto desmerece la dádiva con la tardanza.»

---

[19]   *Raza* 'lista en el paño u otra tela, en que el tejido está más claro que en el resto'.
[20]   *Tundir* 'cortar o igualar con tijeras el pelo de los paños'.
[21]   *Adobar* 'componer, arreglar'.
[22]   *Papo* 'buche'.

2703 Bien sabe las *paranzas* [23] quien pasó por las losas [24] (BAmor, 644).
Las personas experimentadas conocen fácilmente el engaño.

2704 A todo *pardal* [25] viejo no lo toman en todas redes (BAmor, 1208).
«Bien sabe las paranzas quien pasó por las losas.»

2705 Después de beber, cada uno dice su *parecer* (Ac.).
«Advierte que el exceso en el vino arriesga el secreto.»

2706 Quien no *parece,* perece (Ac.).
«Explica que entre muchos que tienen interés en una cosa, por lo común sale perjudicado el que no se halla presente.»

2707 Cuando de mala *parte* viene la oveja, allá va la pelleja [26] (Zifar, 169).
De mal vino la oveja, allá va la pelleja (Santillana, 214).
Lo que tiene mala procedencia suele tener también un mal fin.

2708 El que desparte suele siempre llevar la peor *parte.* v. 2713.

2709 En todas *partes* cuecen habas, y en mi casa, a calderadas (Ac.). *En cada casa cuecen habas, y en la nuestra, a calderadas* (Ac. s/v casa). *En otras casas cuecen habas, y en la mía, a calderadas* (Quijote, II, 13). *En todas partes cuecen habas* (Delibes, *DEmigrante,* 102). Las habas solían ser alimento de personas humildes y también de animales.
«Advierte que las flaquezas humanas no son exclusivas de ningún país o lugar.» «Denota que en todas partes se hallan trabajos, y que cada uno tiene los suyos por mayores.» (s/v casa.)

2710 Gran *parte* de la salud es desearla (Celestina, X, 56). *Gran parte es de la salud, desearla* (Correas, 224).
El deseo de sanar por parte del enfermo, contribuye a su curación.

2711 Por todas *partes* se va a Roma (Ac. y Galdós, *Narváez,* 182).
«Explica la posibilidad de ir al mismo fin por diversos caminos.»

2712 Quien da *parte* de sus cohechos, de sus tuertos [27] hace derechos (Ac.).
«Denota que el que regala o soborna suele lograr sus pretensiones, aunque no sean justas.»

2713 Quien desparte [28] lleva la peor *parte* (Ac.). *El que desparte suele siempre llevar la peor parte* (Criticón, III, 214).
«Advierte a los mediadores la prudencia con que deben proceder.»

---

[23] *Paranza* 'puesto, sitio formado de tierras y ramas para esperar el cazador de montería las reses'.
[24] *Losa* 'trampa'.
[25] *Pardal* 'gorrión'.
[26] *Pelleja* 'piel del animal después de muerto'.
[27] *Tuerto* 'sinrazón'.
[28] *Despartir* 'poner paz entre los que riñen'.

2714   **Parto** malo, e hija en cabo. v. 2491.

2715   Estierca[29] y escarda, y cogerás buena **parva** (Ac.).
        «Enseña que poniendo los medios convenientes, fácilmente se logra el
        fin deseado.»

2716   A lo **pasado** no hay consejo ninguno (Zifar, 481).
        Indica que son inútiles las amonestaciones en cosas que ya han ocurri-
        do y no tienen remedio.

2717   No me veas mal **pasar,** que no me verás pelear (Lozana, 82). *Acá no
        me vean pasar mal, que en el infierno no me verán pernear* (Correas, 8). *Mal pasar*
        tiene el sentido de 'penuria, falta de medios económicos'. Modernamente
        es más corriente emplearlo en frase positiva: *tener un buen pasar* se dice del
        que tiene una posición desahogada.
        Manifiesta que quienes disfrutan de cierta holgura económica no sue-
        len ser amigos de reyertas.

2718   **Pascua** de antruejo, pascua bona; cuanto sobra a mi señora, tanto dona;
        pascua de flores, pascua mala; cuanto sobra a mi señora, tanto guarda
        (Ac.). Se llamaba *pascua de antruejo* a las fiestas que se celebraban en los
        tres días de carnaval que preceden al miércoles de ceniza. Por esa razón,
        al comenzar la cuaresma, y por tanto el ayuno, se daba a los criados todo
        lo que había sobrado de las comidas. La pascua de flores es la de Resu-
        rrección.
        «Censura a los que solo dan las cosas cuando no les pueden servir.»

2719   Malo es **Pascual,** mas nunca le falta mal (DLengua, 129). *Malo es Pas-
        cual, y nunca falta quien le haga mal* (Santillana, 462).
        Indica que nadie se libra de padecer males, ni siquiera aquellos que
        los causan a otros.

2720   Tal para cual, **Pascuala** con Pascual. v. 2755.

2721   **Pasión** no quita conocimiento (Ac.).
        «Suele emplearse cuando se confiesan los defectos o faltas de persona
        querida.»

2722   A mal **paso,** pasar postrero (Criticón, III, 209).
        Aconseja valerse de la experiencia de otros ante situaciones arriesgadas
        o difíciles.

2723   No da **paso** seguro quien corre por el muro (Celestina, XI, 78). *No pasa
        seguro quien corre por el muro* (DLengua, 146).
        Aconseja evitar las situaciones arriesgadas.

2724   Quien malos **pasos** anda, malos polvos levanta. v. 663.

---

[29] *Estercar,* ant. 'estercolar'.

2725 **Pastor carabero,**[30] **hace al lobo carnicero** (Ac.). El pastor que se distrae hablando con otros, o jugando, da ocasión al lobo para robar las ovejas. «Muestra cuán perjudicial es el descuido en la guarda de nuestras cosas.»

2726 **Riñen los pastores, y se descubren los hurtos.** v. 1990.

2727 **Buena pata y buena oreja, señal de buena bestia.** v. 2824.

2728 **El pato y el lechón, del cuchillo al asador** (Ac.).
«Denota la facilidad con que se corrompe la carne de estos animales.»

2729 **Pato, ganso y ansarón, tres cosas suenan y una son** (Ac.).
«Reprende a los que usan de muchas palabras para decir una misma cosa.»

2730 **Donde hay patrón no manda marinero** (Ac.). *Donde manda capitán, no manda marinero* (Galdós, *Trafalgar,* 217).
«Advierte que donde hay superior no puede mandar el inferior.»

2731 **Paz de gallego, tenla por agüero** (Dorotea, V, 432, HNúñez, III, 133 y Correas, 387).
Aconseja desconfiar de las personas que nos muestran una actitud benévola, no siendo esta habitual en ellas.

2732 **Paz y paciencia, y muerte con penitencia** (Ac.).
«Comprende las reglas de vivir y de morir bien.»

2733 **El pecado callado, medio perdonado.** v. 2735.

2734 **No hay pecado sin pena ni bien sin galardón** (BAmor, 933).
Expresa la creencia de que todas las acciones humanas serán juzgadas.

2735 **Pecado encelado,**[31] **es medio perdonado** (Ac.). *El pecado callado, medio perdonado* (Lozana, 197).
«Encarece lo perjudicial del escándalo, sobre todo en vicios y defectos.»

2736 **El pece,**[32] **para quien lo merece** (Ac.).
«Enseña que el premio corresponde al mérito, y a él se le debe dar.»

2737 **A lo hecho, pecho** (Ac., Galdós, *Rey José,* 236, MCortesano, 135 y *Tormentas,* 208 y Cela, *El Gallego,* 33).
«Aconseja tener fortaleza para arrostrar las consecuencias de una desgracia o de un error que ya son irremediables.»

---

[30] *Carabero* 'amigo de caraba o jolgorio'.
[31] *Encelado* 'encubierto'.
[32] *Pece,* ant. 'pez'.

2738   Ni *pidas* a quien pidió, ni sirvas a quien sirvió (Ac.). *Ni sirvas a quien
sirvió, ni pidas a quien pidió* (Santillana, 469). Quien ha tenido que mendigar
o servir, a veces desea vengarse de humillaciones pasadas; además, por su
experiencia, conoce los trucos de que se valen los pedigüeños o los servidores.
        «Advierte la mudanza que suele hacer en los ánimos la del estado o for-
tuna.»

2739   Quien *pide* no escoge. v. 1189.

2740   *Pedrada* contada, nunca ganada (Ac.). «En el juego de bolos y argolla,
pedrada vale piedra, porque contaban las ganadas con piedrecillas.» [33]
        «Enseña que por lo común la jactancia en las cosas arguye que no son
ciertas ni seguras.»

2741   Acertádole ha *Pedro* a la cogujada, [34] que el rabo lleva tuerto (Ac. y
Santillana, 15).
        «Irónicamente se reprende a los que se jactan de lo que no han hecho.»

2742   Ahora que tengo, todos me dicen: «Norabuena estéis, *Pedro*» (Criticón, II, 112). *Agora que tengo oveja y borrego, todos me dicen: enhorabuena estéis,
Pedro* (HNúñez, I, 30).
        «Advierte que solo se hace caso y estimación de los hombres acomoda-
dos y ricos, y a ellos se les tributan las veneraciones.» [35]

2743   Algo va de *Pedro* a Pedro (Ac. y Quijote, I, 47). *Mucho va de Pedro a
Pedro* (Ac. y Celestina, VII, 240).
        «Da a entender que hay diferencia de un sujeto a otro.»

2744   Bien está San *Pedro* en Roma (Ac.). *Bien se está San Pedro en Roma* (Ac.,
Quijote, II, 41, 53 y 59 y Galdós, *ETrágica,* 201).
        «Se dice contra cualquier mudanza que se propone a uno, si él juzga
que no es conveniente.»

2745   Casaron a *Pedro* con Marigüela; si ruin es él, ruin es ella (Dorotea, III,
226 y Correas, 109).
        Manifiesta que, por lo general, suelen unirse las personas de condición
semejante.

2746   Con lo que *Pedro* sana, Sancho adolece. v. 3098.

2747   Cuando los *Pedros* están a una, mal para Álvaro de Luna (Dorotea,
IV, 365, HNúñez, III, 220 y Correas, 139). Alude probablemente a los In-
fantes de Aragón, enemigos de Álvaro de Luna.
        Quiere decir que cuando se conjuran muchos contra una sola persona,
acaban por derrotarla.

---

[33] v. Covarrubias, *Tesoro* s/v pedrada.
[34] *Cogujada,* ave parecida a la alondra.
[35] v. Ac. 1726 s/v borrega.

2748 Duro es *Pedro* para cabrero. v. 2757.

2749 Mucho os quiero, **Pedro:** no os digo lo medio (Ac.). *Mucho os quiero, Pedro, pero no os digo lo medio* (Dorotea, V, 384). Hay que suponer que lo que se omite es la palabra *mal;* es decir, «Mucho mal os quiero...»[36]
   «Reprende la afectada ponderación del cariño cuando se pretende algo o cuando las obras no corresponden.»

2750 Mucho va de *Pedro* a Pedro. v. 2743.

2751 *Pedro* de Urdemalas, o todo el monte, o nada (Ac.).
   «Enseña que la fuerza del genio no se contiene por la razón, ni se contenta con medianías en lo que hace.»

2752 *Pedro,* ¿por qué atizas? —Por gozar de la ceniza (Ac.).
   «Advierte lo mucho que suele influir el interés en las acciones humanas.»

2753 *Pedro,* por ti poco medro. —Menos medrarás si yo puedo (Ac.).
   «Enseña cuán difícil es contrarrestar la envidia y la venganza.»

2754 Pícame, *Pedro,* que picarte quiero (Ac.).
   «Reprende y procura contener a los que riñen y contienden tenazmente. Aplícase también al que con ademanes o palabras incita a otro a disputar.»

2755 Tal para cual, *Pedro* para Juan (Ac.). *Tal para cual, Pascuala con Pascual* (Ac.).
   «Explica la relación o igualdad entre dos personas o cosas despreciables.» En la actualidad se suele emplear solo la primera parte.

2756 Tan bueno es *Pedro* como su compañero (Ac.). *Tan bueno es Pedro como su amo* (Santillana, 692). *Tan bueno es Juan como Pedro* (Galdós, *Un faccioso,* 310). Generalmente, las personas se asocian con las que se les parecen. Está dicho irónicamente.
   «Denota que entre dos sujetos tanto motivo hay para desconfiar del uno como del otro.»

2757 Viejo es *Pedro* para cabrero (Ac.). *Ya es duro Pedro para cabrero* (Ac.). *Duro es Pedro para cabrero* (Criticón, III, 207).
   «Indica ser poco a propósito para el estudio o para el trabajo la persona ya muy entrada en años.»

2758 Dame *pega*[37] sin mancha, darte he moza sin tacha (Ac.). Tan difícil es encontrar un pájaro de esta clase sin manchas blancas y negras, como una persona sin defectos.
   «Enseña cuán difícil es hallar mujer que no tenga algún defecto.»

---

[36] v. Correas, 202 y Casares, J. *Introducción a la lexicografía moderna,* 322.
[37] *Pega* 'urraca'.

2759   Quien anda a tomar *pegas,* [37] toma unas blancas y otras negras (Ac.).
        «Enseña que no siempre se consigue cumplidamente lo que se quiere
        o se busca.»

2760   Tanto pica la *pega* [37] en la raíz del torvisco, [38] hasta que quebrante el
        pico (Ac.).
        «Enseña que las cosas no se deben llevar hasta el extremo.»

2761   *Peine* encorvado, [39] cabello enhebrado (Ac.). Entre tejedores, se llama
        peine el instrumento con que aprietan la urdimbre; es una pieza larga de
        madera con púas para que pasen las hebras. *Cabello* puede estar por 'pelo'
        en su acepción de 'hebra'.
        «Enseña que estando dispuestos los medios para una cosa, pueden darse
        por casi conseguidos los fines.»

2762   De pequeña *pelea* nace muy gran rencor (BAmor, 424).
        Aconseja no despreciar las cosas que parecen de poca importancia, por-
        que pueden tener consecuencias muy graves.

2763   *Pelea* de hermanos, alheña [40] en manos (Ac.).
        «Aconseja evitar las contiendas entre parientes.»

2764   Al *peligro,* con tiento, y al remedio, con tiempo (Ac.).
        «Enseña que en las cosas peligrosas se ha de proceder con detención,
        y en las que piden remedio, con prevención y actividad.»

2765   Quien ama el *peligro,* en él perece (Ac.). *Quien busca el peligro, en él perece*
        (Ac.). *Quien busca el peligro, perece en él* (Quijote, I, 20). *El que busca el peligro,
        en él perece* (Galdós, *Trafalgar,* 46 y 50). *Quien busca el escándalo, en él perece*
        (Galdós, *ETrágica,* 79).
        «Se amonesta a los temerarios.»

2766   Aunque muda el *pelo* la raposa, su natural no despoja (Celestina, XII,
        100 y Correas, 73).
        Advierte que los de malas inclinaciones difícilmente mejoran su con-
        dición.

2767   Cuando el *pelo* [41] enrasa y el raso empela, con mal anda la seda (Ac.).
        Estos dos tejidos suelen hacerse de seda. Si al terciopelo, que debe tener
        pelo, se le cae, y al raso le sale, ambos pierden sus características esen-
        ciales.
        «Enseña que todas las cosas que salen de su estado son viciosas o están
        cerca de perderse.»

---

[38]   *Torvisco* 'arbusto de cáscara muy dura, común en el mediodía de España'.
[39]   En la ed. de Ac. de 1732 s/v encordado y hasta 1852 se registra *peine encordado,* y
a partir de lo siguiente ed., *encorvado.* La forma actual es probablemente una errata.
[40]   *Alheña* 'polvo a que se reducen las hojas de esta hierba; sirve para teñir'.
[41]   *Pelo,* ant. 'terciopelo'.

2768   Cuando tuvieres un *pelo* más que él, pelo a pelo te pela con él (Ac. y PJustina, I, 25).
«Enseña que se eviten los pleitos, en cuanto sea posible, con quien tiene más caudal o poder.»

2769   Súfrase[42] quien *penas* tiene, que tiempo tras tiempo viene (Ac. y FC, 257).
«Aconseja que no se pierda la esperanza ni en los mayores ahogos.»

2770   *Pendencia* de por San Juan... v. 3029.

2771   *Piensa* mal y acertarás (Ac.).
«Quiere dar a entender que para no equivocarse hay que tener mala opinión de los hombres.»

2772   Allégate a la *peña,* mas no te despeña[43] (Lozana, 167).
Manifiesta que se debe ayudar a las personas, pero no hasta el punto de perjudicarse uno mismo.

2773   *Peñoladas,*[44] y no puñaladas (Ac.).
«Aconseja encargar la satisfacción de los agravios a los tribunales y no tomarse la justicia por la mano.»

2774   Contra *peón* hecho dama, no para pieza en tabla (Ac.). *Contra peón hecho dama, no para pieza en la tabla* (Dorotea, V, 427).
«Además de su sentido recto en el juego de damas, enseña que por lo común el que desde estado humilde ha pasado a superior, intenta supeditar a los demás.»

2775   La *pera* y la doncella, la que calla es buena. v. 2411.

2776   Quien dice mal de la *pera,* ese la lleva (Ac.).
«Zahiere al que disimula la voluntad o gana que tiene de una cosa, poniéndole afectadamente defectos.»

2777   Tras las *peras,* vino bebas (Criticón, III, 77). *Sobre peras, vino bebas* (HNúñez, III, 410).
Es creencia tradicional que perjudica beber agua cuando se ha comido fruta.

2778   Lo que con unos se *pierde,* con otros se gana (Lozana, 253).
Indica que unas cosas se compensan con otras.

2779   No *pierde* por delgado, sino por gordo y mal hilado. v. 2948.

---

[42]   *Sufrirse* 'recibir con resignación un daño moral o físico'.
[43]   *No te despeña*: uso anómalo del imperativo, debido seguramente a la rima. v. 975.
[44]   *Peñolada* 'plumada, acción de escribir una cosa corta'.

2780   **No se *pierde* lo que se dilata** (Celestina, VI, 218). *No se pierde lo que se dilata, aunque se tarda* (Correas, 361).
       Invita a la paciencia.

2781   **Perdido es quien tras *perdido* anda** (Celestina, I, 92, HNúñez, III, 142 y Correas, 390).
       Quien se une a malas compañías suele tener un mal fin.

2782   ***Perdiz* azorada, medio asada** (Ac.). *Perdiz azorada, en el día asada* (FC, LGarcía, 225). Las perdices sienten tal miedo de la persecución del azor, que huyendo de él caen fácilmente ante cualquiera otra presa. [45]
       «Se decía porque estaba más tierna la perdiz después de fatigada por el azor.»

2783   **Huyendo del *perejil*, le nació en la frente** (Ac.). *Huí del perejil, y nacióme en la frente* (Santillana, 350 y GAlfarache, V, 62).
       «Da a entender el gran cuidado que se debe tener en la elección, para que, huyendo de una cosa mala, no se elija otra peor.»

2784   **La *pereza* es llave de pobredad** (Zifar, 338). *La pereza es llave de la pobreza* (FC, 257).
       Indica el daño que causa la falta de diligencia.

2785   ***Perrillo* de muchas bodas, no come en ninguna por comer en todas** (Ac.).
       «Enseña que todo lo pierde el que con codicia quiere abarcar muchas cosas.»

2786   **A *perro* flaco todo son pulgas.** v. 2792.

2787   **A *perro* viejo, nunca cuz cuz** [46] (Ac.). *A perro viejo no hay tus tus* [46] (Ac. y Galdós, *Arapiles,* 111). *A perro viejo, tus tus* (Santillana, 85). *A perro viejo, no cuz cuz* (Celestina, XII, 108 y DLengua, 50).
       «Enseña que es muy difícil engañar al hombre experimentado y cuerdo.»

2788   **Echéme a dormir y espulgóme el *perro*, no la cabeza, sino el esquero** [47] (Ac.).
       «Reprende a los que por abandono o demasiada confianza, no cuidan de sus intereses.»

2789   **El *perro* con rabia, de su amo traba** [48] (Ac.). *El can con rabia, de su dueño traba* (Ac. s/v can). *Can con rabia, a su dueño muerde* (Santillana, 156).
       «Muestra cómo el que está encolerizado o airado, como fuera de razón, no conoce ni respeta a nadie.»

---

[45]   v. Rodero, José Mª, *Dicc. Caza,* s/v azorar.
[46]   *Cuz* y *tus,* voces interjectivas para llamar a los perros. Suelen usarse repetidas.
[47]   *Esquero* 'bolsa de cuero que solía llevarse sujeta al cinto, y servía para llevar dinero y otras cosas'.
[48]   *Trabar* 'asir, pelear'.

2790   El *perro* del herrero duerme a las martilladas y despierta a las dente-
lladas (Ac.).
«Reprende a los que solo se presentan en las casas cuando hay un motivo de placer o interés.»

2791   El *perro* del hortelano, que ni come las berzas ni las deja comer al
amo (Ac.). *El perro del hortelano, ni come las berzas, ni las deja comer* (Santillana, 264).
«Reprende al que ni se aprovecha de las cosas ni deja que los otros hagan
uso de ellas.» En la actualidad solo suele decirse la primera parte, dándose
por sobrentendida la restante.

2792   El *perro* flaco todo es pulgas (Ac.). *A perro flaco todo son pulgas* (Ac.).
«Da a entender que al pobre, mísero y abatido, suelen afligirle todas
las adversidades.»

2793   El *perro* viejo no ladra a tocón [49] (BAmor, 942). *Perro viejo no ladra en
vano, o en balde* (Correas, 392).
Las personas experimentadas no hacen las cosas sin un motivo serio
o justificado.

2794   En dando en que el *perro* ha de rabiar, rabia (Ac.).
«Advierte el riesgo de que caiga en un vicio o falta aquel a quien se
le atribuye con insistencia.»

2795   Ládreme el *perro,* y no me muerda (Ac. y Santillana, 378).
«Enseña que no son temibles las amenazas cuando hay seguridad de
que no tendrán cumplimiento.»

2796   Los *perros* de Zurita, [50] no teniendo a quien morder, uno a otro se
mordían (Ac.). *Los canes de Zurita, no teniendo a quien morder, uno a otro se
mordían* (Ac. s/v can). «Pudo traer origen este refrán del cerco que se puso
en Çorita, si con la hambre que tuvieron los perros vinieron a comerse unos
a otros.» [51]
«Significa que los maldicientes, cuando no tienen de quién decir mal,
de sí mismos lo dicen; y que los perversos se dañan mutuamente cuando
no pueden dañar a otros.» «Acredita que los ruines, a falta de enemigo común,
entre sí mismos mueven guerra y se destrozan.» (s/v can.)

2797   Muerto el *perro,* se acabó la rabia (Ac.).
«Da a entender que cesando una causa cesan con ella sus efectos.»

---

[49]   *Ladrar a tocón* 'ladrar a la luna, ladrar en balde'.
[50]   *Zurita* es probablemente *Zurita de los Canes,* pueblo de Guadalajara.
[51]   v. Covarrubias, *Tesoro* s/v Çorita.

2798 Ni *perro* negro, ni mozo gallego (Dorotea, IV, 365). *Ni perro, ni negro, ni mozo gallego* (HNúñez, III, 21 y Correas, 339).
      Da a entender que ninguno de ellos es digno de confianza.

2799 No hay mejor *perro* que sombra de mesonero (PJustina, I, 101).
      Indica que el mejor vigilante de un negocio es su propio dueño.

2800 Nunca más *perro* a molino (Celestina, II, 126). *Nunca más perro al molino* (Correas, 367).
      Después de sufrir una experiencia desagradable, uno se propone no volver a repetirla.

2801 *Perro* alcucero,[52] nunca buen conejero (Ac.).
      «Denota que la persona que se ha criado con regalo no es a propósito para el trabajo.»

2802 *Perro* ladrador, poco mordedor (Ac.). *Perro ladrador, nunca buen mordedor* (Ac.).
      «Enseña que de ordinario los que hablan mucho hacen poco.»

2803 Quien con *perros* se echa, con pulgas se levanta (Zifar, 336).
      Indica que no pueden esperarse buenos resultados de acciones imprudentes.

2804 Vióse el *perro* en bragas de cerro,[53] y no conoció a su compañero (Ac.). *Vióse el villano en bragas de cerro, y él, fierro que fierro*[54] (Ac. s/v villano). *Vióse el perro en bragas de cerro, no conoció a su compañero* (Corbacho, 66). *Vióse el perro en bragas de cerro* (Santillana, 710 y Quijote, II, 50).
      «Reprende la altanería de los que, elevados a empleos superiores, desprecian a los que antes fueron sus iguales y compañeros.» (s/v villano.)

2805 De *persona* beoda no fíes tu bolsa (Ac.).
      «Enseña que nadie debe fiar sus intereses a personas a quienes los vicios perturban la razón.»

2806 *Perusino* en Italia, y trujillano en España, a todas naciones engaña (Lozana, 252).
      Califica de astutos y vividores a los naturales de estos dos lugares.

2807 De los *pescados,* el mero; de las carnes, el carnero. v. 2190.

2808 *Pescador* de caña, más come que gana (Ac.).
      «Se dice contra los que por holgazanería buscan ejercicio de poco trabajo y escasa utilidad.»

---

[52] *Alcucero* 'goloso'.
[53] En *bragas de cerro,* figuradamente 'en posición desahogada'.
[54] *Fierro que fierro:* en HNúñez, III, 458; Correas, 508 y Ac. 1726 a 1803 s/v braga, aparece *fiero que fiero,* que significaría 'lleno de orgullo'. Es posible que *fierro que fierro* sea una errata transmitida a las ediciones siguientes de Ac.

2809   *Pescador* que pesca un pez, pescador es (Ac.).
«Consuela a la persona cuya diligencia consigue alguna parte de lo que solicita.»

2810   *Peso* y medida quitan al hombre fatiga (Ac.).
«Aconseja el buen régimen que se debe tener en las acciones de la vida humana.»

2811   El *pez* que busca el anzuelo, busca su duelo (Ac.).
«Enseña que es error grave dejarse engañar de la apariencia de las cosas o de una conveniencia ilusoria en que suele estar escondido algún daño.»

2812   Salga *pez* o salga rana, a la capacha [55] (Ac.).
«Reprende la codicia y ansia de los que recogen cuanto encuentran, por poco que valga.»

2813   A *picada* de mosca, pierna [56] de sábana (Ac.). *A picada de mosca, pieza de sábana* (Ac.).
«Moteja a las personas delicadas, particularmente cuando piden un gran remedio para un pequeño daño.»

2814   Ni a *pícaro* descalzo, ni a hombre callado, ni a mujer barbada, no le des posada (Ac.). Al primero, porque no tiene con qué pagar el alojamiento; al segundo, porque no declara sus intenciones, y a la mujer barbada, porque es de temer por su aspecto varonil.
«Advierte el riesgo de admitir en casa, sin cautela, a persona de las cualidades que en él se expresan.»

2815   La *picaza* en la puente, de todos ríe, y todos de su frente (Zifar, 395).
El que se burla de todos se expone, a su vez, a ser objeto de la burla de los demás.

2816   *Picaza* parladera, no tomes el sendero y dejes la carrera (BAmor, 920).
Reprende a los que por inconsciencia dejan de hacer lo que más les conviene.

2817   Aquese te hizo rico, que te hizo el *pico.* v. 2819.

2818   Donde otro mete el *pico,* mete tú el hocico (Ac.).
«Aconseja entrar a la parte en las cosas de provecho cuando son comunes.»

2819   Ese te hizo rico, que te hizo el *pico* [57] (Ac. y GAlfarache, II, 212). *Aquese te hizo rico, que te hizo el pico* (GAlfarache, III, 71). *¿Quién te hizo rico? Quien te mantuvo el pico* (FC, *Más honor,* 164). *Quien te dio el pico, te hizo rico* (Galdós, *1824,* 170).
«Da a entender la facilidad de hacer ahorros cuando no hay que costear la manutención.»

---

[55]   *Capacha* 'capacho, cestillo de esparto'.
[56]   *Pierna,* fig. 'pieza'.
[57]   *Hacer el pico* a uno 'mantener, dar de comer'.

2820   Beba la *picota* de lo puro, que el tabernero medirá seguro (Ac. y Do-
         rotea, II, 148). La *picota,* rollo u horca de piedra, era donde se ponían las
         cabezas de los reos; como era utilizada por la justicia, en sent. amplio *picota*
         está por *juez.*
             «Advierte que cuando la justicia anda derecha, nadie se tuerce.»

2821   Bien se está el *pie* en la pierna (Corbacho, 229).
             Aconseja que no se saquen las cosas del lugar que las corresponde.

2822   Buen *pie* y buena oreja, señal de buena bestia. v. 2824.

2823   El *pie* del dueño, estiércol es para la heredad (Ac.).
             «Significa cuánto importa la presencia del señor para que vayan bien
         sus cosas o se adelanten.»

2824   Grande *pie* y grande oreja, señal de grande bestia (Criticón, III, 210).
         Buen pie y buena oreja, señal de buena bestia (HNúñez, I, 182). *Buena pata y*
         buena oreja, señal de buena bestia (Correas, 90).
             Considera que no es de personas inteligentes tener tales características.

2825   Los *pies* del hortelano no echan a perder la huerta (Ac.).
             «Enseña que el que entiende las cosas que maneja, evita fácilmente los
         yerros que comete el que se introduce en ellas sin inteligencia.»

2826   Los *pies* duchos [58] de andar, no pueden quedar [59] (Zifar, 501). *Pies que*
         son duchos de andar, no pueden quedos estar (HNúñez, III, 149 y Correas, 394).
             El que está acostumbrado a la vida bohemia no se adapta fácilmente
         a la sedentaria.

2827   No comas crudo, ni andes el *pie* desnudo (Ac.).
             «Ref. de elemental higiene.»

2828   Si me quebré el *pie,* fue por mi bien (Celestina, VII, 245). *Quebréme un*
         pie, quizás por mejor (GAlfarache, III, 173). *Si me quebré la pierna, quizá por*
         mejor (GAlfarache, IV, 73).
             Indica que, a veces, una desgracia da origen a un beneficio que no se
         hubiera obtenido de no ocurrir esta.

2829   Allá vayas, *piedra,* do la virginidad se destierra (PJustina, I, 179).
             Se desea que las cosas que nos desagradan vayan adonde tengan buena
         acogida.

2830   Aunque callo, *piedras* apaño. v. 2835.

---

[58]   *Ducho* 'acostumbrado'.
[59]   *Quedar* 'estar parado'.

2831   Entre dos *piedras* molares, nadie meta sus pulgares. v. 2359.

2832   No hay *piedra* berroqueña que dende a un año no ande lisa al pasa-
        mano (Ac.). La piedra berroqueña o granito, se caracteriza por tener una
        superficie áspera y ser de gran dureza.
            «Da a entender que por más áspera y fuerte que sea una cosa, viene
        con el mucho uso a suavizarse.»

2833   *Piedra* movediza, nunca moho la cobija (Ac. y Celestina, XV, 154). *Pie-
        dra movediza no cubre moho* (Zifar, 35). *Piedra movediza, no la cubre moho* (San-
        tillana, 548).
            «Aconseja la actividad para mejorar la condición.»

2834   *Piedra* sin agua, no aguza en la fragua (Ac.). Se refiere a la piedra del
        herrero que sirve para afilar los instrumentos, y que necesita estar mojada.
            «Enseña que para conseguir lo que se intenta es menester ayudarse, o
        que a uno le ayuden.»

2835   Quien calla, *piedras* apaña [60] (Ac.). *Yo que me callo, piedras apaño* (Santi-
        llana, 726). *Aunque callo, piedras apaño* (FC, 256).
            «Se aplica al que en una conversación observa, sin hablar, lo que se
        dice, para usar de ello a su tiempo.»

2836   Extender la *pierna* hasta donde llega la sábana (Ac.). *No extiendas la pierna
        más de lo que alcanza la manta* (FC, 257).
            «Aconseja que, en los gastos, ninguno exceda su posibilidad, ni en las
        pretensiones solicite sino lo que corresponde a su calidad y estado.»

2837   La *pierna* en el lecho, y el brazo en el pecho (Ac.). *La pierna en el lecho,
        y la mano en el pecho* (DLengua, 145).
            «Aconseja que para el remedio de algún daño se pongan los medios
        proporcionados a su logro.»

2838   No extiendas la *pierna* más de lo que alcanza la manta. v. 2836.

2839   Si me quebré la *pierna,* quizá por mejor. v. 2828.

2840   La *pintura* y la pelea, desde lejos me la otea [61] (Ac.).
            «Aconseja no mezclarse en reyertas ajenas.»

2841   A *placeres* acelerados, [62] dones acrecentados (Ac.).
            «Se dijo porque las noticias gustosas, cuando se anticipan, suelen pre-
        miarse con dádivas más crecidas.»

---

[60] *Apañar* 'guardar'.
[61] *Otear* 'mirar, ver'.
[62] *Acelerado* 'dado con antelación'.

2842　El *placer* no comunicado, no es placer (Celestina, VIII, 9). *Los bienes, si no son comunicados, no son bienes* (Celestina, I, 89). *El placer no comunicado no da cumplida alegría ni es bien logrado* (Correas, 178).

Indica que las alegrías y las riquezas son menores cuando no se hace a alguien partícipe de ellas.

2843　Los *placeres* son por onzas y los males por arrobas (Ac.).

«Advierte que en esta vida son más frecuentes los disgustos y pesares que los gustos y satisfacciones.»

2844　*Planta* muchas veces traspuesta, ni crece ni medra (Ac.).

«Nota la inconstancia de algunos, que en ningún estado se aquietan.» También significa que no se puede saber el fruto que da una persona o cosa si se la cambia continuamente de ocupación o de lugar.

2845　A la *plaza,* el mejor mozo de la casa (Ac.).

«Advierte que para los negocios económicos, debe echarse mano del criado de mayor confianza y de más habilidad.»

2846　Quien en la *plaza* a labrar [63] se mete, muchos adestradores tiene (Ac.).

«Advierte que quien hace una cosa en público, se expone a la intromisión o a la censura de muchos.»

2847　No hay *plazo* que no llegue, ni deuda que no se pague (Ac.). *No hay plazo que no se cumpla, ni deuda que no se pague* (Ac.).

«Reprende la imprudencia del que promete hacer una cosa de difícil ejecución, fiado solo en lo largo del plazo que toma para ello, porque últimamente llega y le es preciso cumplir su promesa. También se aplica al que, alentado con la impunidad, persevera y se obstina en la depravación.»

2848　En *pleito* claro no es menester letrado (Ac.).

«Denota que la justicia y la razón, cuando son palpables, no necesitan defensores.»

2849　*Pleito* bueno o pleito malo, de tu mano el escribano (Ac.). *Por bueno o por malo, el escribano de tu mano* (Ac. s/v escribano).

«Enseña cuánto contribuye para el buen éxito de un negocio tener de su parte al principal agente de él.» (s/v escribano.)

2850　Quien mal *pleito* tiene, a barato [64] lo mete (Ac.). *Quien mal pleito tiene, a boruca* [64] *lo mete* (Ac.). *Quien mal pleito tiene, a voces lo mete* (Ac.).

«Reprende a los que destituidos de razón procuran confundirla para que no se aclare la verdad.»

2851　Al *pobre,* el sol se le come (Ac.).

«Expresa que al desvalido nadie, o casi nadie, le atiende.»

63　*Labrar* 'trabajar en un oficio'.
64　*Meter a barato,* o *a boruca* 'confundir al que habla, dando voces o moviendo alboroto'.

2852   Aquel es *pobre,* el que por pobre se tiene. v. 3068.

2853   Cuando *pobre,* franca; cuando rica, avarienta (Celestina, XII, 106). *Cuando pobre, franco, cuando rico, avaro* (HNúñez, III, 212 y Correas, 140).
        Generalmente, la riqueza hace a las personas avaras.

2854   Del *pobre* la bolsa, con poco dinero rebosa (Ac.).
        «Explica que el pobre se alegra con poco, y le parece que tiene mucho.»

2855   No están bien dos *pobres* a una puerta (Ac.).
        «Explica el estorbo que se causan recíprocamente los varios pretendientes
        de una misma ocupación o empleo.»

2856   No los que tienen poco son *pobres,* mas los que mucho desean (Celestina, I, 103). *No es pobre el que tiene poco, sino el que codicia mucho* (Correas, 347).
        Pone de relieve que son más desgraciados los que teniendo bienes están
        insatisfechos, que aquellos que no ambicionan nada.

2857   *Pobre* importuno saca mendrugo (Ac.). *Pobre porfiado saca mendrugo* (Ac.).
        «Prueba que para lograr lo que se desea, nada sirve tanto como la cons-
        tancia.»

2858   La *pobreza* hace comer sin guisar (Lozana, 7).
        Cuando se carece de medios hay que conformarse con alimentos sim-
        ples que, por lo general, son los más baratos.

2859   Ni te abatas por *pobreza* ni te ensalces por riqueza (Ac.).
        «Denota que en ningún estado o clase se deje de obrar con modestia
        y decoro.»

2860   *Pobreza* no es vileza (Ac.).
        «Enseña que nadie se debe afrentar ni avergonzar de padecer necesi-
        dad, y reprende a los que desprecian a quien la padece.»

2861   *Pobreza* nunca alza cabeza (Ac.).
        «Advierte que del pobre y desvalido nadie suele hacer caso, ni darle
        la mano para que mejore de fortuna.»

2862   Quien *pobreza* tien, de sus deudos es desdén, y el rico, de serlo, de
        todos es deudo (Ac.).
        «Significa que así como al pobre le suele desconocer el rico por parien-
        te, así también todos se suelen hacer parientes del poderoso.»

2863   De lo *poco,* poco, y de lo mucho, nada (Ac.). *De lo poco, poco, de lo mucho,
nada* (Celestina, XII, 107).
        «Se dice por los hombres que en mediana fortuna parecen liberales, y
        en haciéndose ricos, son miserables; y enseña que en toda suerte de fortu-
        na, contraria o favorable, es menester vivir con igualdad.»

2864   **De muchos *pocos* se hace un algo.** v. 2867.

2865   **Goza de tu *poco*, mientras busca más el loco** (Ac.).
        «Reprende la desordenada fatiga con que aspiran a enriquecerse los hombres, pudiendo pasar con mayor descanso con lo que les basta y ya poseen.»

2866   **Lo *poco* agrada, y lo mucho enfada** (Ac.).
        «Advierte que el exceso suele ser molesto aun en las cosas más gratas.»

2867   **Muchos *pocos* hacen un mucho** (Ac. y Quijote, II, 7). *De muchos pocos se hace un algo* (GAlfarache, II, 76).
        «Aconseja el cuidado que se debe tener en los desperdicios cortos, porque, continuados acarrean gran daño, o en no perder las ganancias cortas, porque, repetidas hacen cúmulo.»

2868   **Quien cuando *puede* no quiere, bien es que cuando quiera no pueda** (GAlfarache, III, 11). *El que no quiere cuando puede, cuando quiere no puede* (FC, 260).
        Alude a lo difícil que es corregir los defectos o vicios que se han hecho crónicos.

2869   **Quien más no *puede*, amidos** [65] **morir se deja** (BAmor, 957). *Quien más no puede, morir se deja* (Correas, 422).
        La voluntad del hombre es a veces impotente para luchar contra las desgracias continuadas.

2870   **Quien no *pueda* andar, que corra** (Ac.).
        «Se dice cuando se manda lo que es difícil a quien no puede ejecutar ni aun lo fácil.»

2871   **Quien *puede* ser suyo, no sea enajenado** (BAmor, 206). *Quien pueda ser libre, no se cautive* (FC, 260).
        Encarece las ventajas de la libertad y de la independencia.

2872   **Si no *puedes* lo que quieres, quiere lo que puedes** (Ac.).
        «Encarece la limitación justa de los deseos.»

2873   **Haced *poleadas*** [66] **y ahorraréis hogazas** (Ac.).
        «Recomienda contentarse con lo mediano no pudiendo o no debiendo aspirar a lo mejor.»

2874   **De aquellos *polvos* vienen estos lodos** (Ac.). *Con esos polvos se hicieron esos lodos* (Santillana, 162).
        «Denota que muchos males que se padecen provienen de errores o desórdenes cometidos anteriormente.»

---

[65]   *Amidos*, ant. 'a la fuerza'.
[66]   *Poleadas* 'gachas'.

2875   El *polvo* de la oveja alcohol es para el lobo (Ac., Santillana, 246, DLengua, 41 y Dorotea, III, 261). *Bien se huelga el lobo con la voz de la oveja* (FC, 262). La huella que deja la oveja es un incentivo para el lobo.
   «Denota lo poco que se repara en el daño y perjuicio que se puede seguir, cuando se logra el gusto que se pretende.»

2876   **Pólvora, poca, y munición** [67] **hasta la boca** (Ac.).
   «Aconseja que para el logro de un intento se pongan todos los medios que sean conducentes y seguros, procurando omitir o moderar los que puedan tener algún riesgo.»

2877   Alábate, *polla,* que has puesto un huevo, y ese, huero [68] (Ac.).
   «Moteja a los que se alaban de haber hecho cosas de poca entidad e importancia.»

2878   El *pollo,* cada año, y el pato, madrigado [69] (Ac.).
   «Aconseja que el pollo se coma antes que llegue a ser gallo, y, al contrario, el pato, después de haber padreado.»

2879   El *pollo* de enero a San Juan es comedero (Ac.).
   «Denota que los pollos que nacen por enero están en sazón de comerse por San Juan.»

2880   El *pollo* de enero sube con su madre al gallinero; y el de San Juan, va al muladar (Ac.).
   «Da a entender que es más a propósito el frío para criarse este género de animales, que el tiempo templado o caluroso.»

2881   *Pollo* de enero, cada pluma vale un dinero (Ac.). *Pollo de enero, pluma o dinero* (FC, 266).
   «Pondera lo apreciables que son los pollos de este tiempo.»

2882   En *porfías* [70] bravas, desquícianse las palabras (Ac.).
   «Enseña la atención y cuidado que se debe poner en no altercar ni contender con otro, y, en caso de hacerlo, la moderación que se debe observar en las palabras.»

2883   *Porfía* mata la caza (Ac.). *Porfía mata venado* (Ac.).
   «Enseña que para el logro de las cosas difíciles se necesita constancia.»

---

[67]   *Munición* 'pertrechos para defenderse de alguna cosa'.
[68]   *Huero* 'no fecundado, vacío'.
[69]   *Madrigado* 'que ha ejercido las funciones de la generación', dicho especialmente del animal macho.
[70]   *Porfía* 'altercado, disputa'.

2884   **Porfiar,** [71] **mas no apostar** (Ac.).
        «Aconseja que de dos males se evite el mayor.»

2885   **Quien guarda su poridad,** [72] **guarda su poder** (Zifar, 324). *Quien guar-*
        da su poridad, excusa mucho mal (HNúñez, III, 279 y Correas, 420).
        Quien divulga sus secretos o debilidades se hace vulnerable ante los
        demás.

2886   **El salir de la posada es la mayor jornada** (Ac.).
        «Advierte que la mayor dificultad de las cosas consiste en princi-
        piarlas.»

2887   **Quien posee no pleitee** (Criticón, II, 267).
        Aconseja no entablar pleitos, salvo en caso de extrema necesidad, por-
        que incluso cuando se ganan acarrean muchos gastos y disgustos.

2888   **El postrero que sabe las desgracias es el marido** (GAlfarache, II, 84).
        A veces, la persona a quien más le afecta un asunto es la única que
        lo ignora.

2889   **Al potro y al mozo, el ataharre** [73] **flojo y apretado el bozo** [74] (Ac.).
        «Enseña que se les ha de dar buen trato y alimentarlos bien, pero que
        no se les ha de soltar la rienda para que anden a su libertad.»

2890   **Dos potros a un can, bien le morderán** (Ac.).
        «Da a entender las ventajas del mayor número en los combates y
        peleas.»

2891   **El potro, primero de otro** (Ac.). *El potro, dómele otro* (Ac.).
        «Aconseja que en las cosas en que hay riesgo es bien valerse de las ex-
        periencias ajenas.»

2892   **Pacen potros como los otros** (Ac.).
        «Advierte que no debe desestimarse un dictamen por ser la gente moza,
        pues los jóvenes discurren muchas veces tan acertadamente como los más
        ancianos y experimentados.»

2893   **Potros cayendo y mozos perdiendo, van asesando** [75] (Ac.).
        «Explica que los trabajos y contratiempos hacen cuerdos a los hombres.»

2894   **Maridar de praza** [76] **e parir escondida, gentil sabandija** (Ac.).
        «Zahiere a los que cometen públicamente alguna falta y tienen que ocultar
        sus consecuencias.»

---

[71] *Porfiar* 'discutir'.
[72] *Poridad* 'secreto'.
[73] *Ataharre* 'banda de cuero o cáñamo que, sujeta a los bordes laterales y posteriores de la silla, rodea las ancas de la caballería e impide que el aparejo se corra'.
[74] *Bozo* 'bocado, cuerda que se echa a la caballería sobre la boca, como parte de freno'.
[75] *Asesar* 'adquirir seso o cordura'.
[76] *Maridar de praza*, o *de plaza* 'hacer vida marital públicamente'.

2895 **Bien *predica* quien bien vive** (Ac. y Quijote, II, 20).
«Denota que ayuda mucho a la persuasión el buen ejemplo.»

2896 **¡Cómo subo, subo: de *pregonero* a verdugo!** (Ac.).
«Ref. con que uno se lamenta, o moteja a otro, de haber venido a menos.»

2897 **Quien *pregunta*, no yerra** (Ac., BAmor, 955 y PJustina, II, 207). *El que pregunta, no yerra* (FC, *LGarcía*, 200).
«Aconseja cuán conveniente y provechoso es el informarse con cuidado y aplicación de lo que se ignora, para no aventurar el acierto en lo que se ha de ejecutar.»

2898 ***Prenda* que come, nadie la tome** (Ac.).
«Aconseja no tomar en prenda cosa que ocasiona gastos continuos.»

2899 ***Prendas* de garzón, dineros son** (DLengua, 107 y Santillana, 541).
Las cualidades de un hombre joven y su capacidad de trabajo, son tan estimables como el dinero.

2900 ***Preso* por mil, preso por mil y quinientos** (Ac. y Criticón, III, 203).
«Advierte que el que llega a excederse en una cosa, se atreve a ejecutar otros muchos excesos, sin temor de la pena o riesgo que le amenaza. Indica también la resolución de llevar a cabo un empeño, aunque sea con mayor coste o sacrificio de lo que se había pensado.»

2901 **Más vale *prevenir* que ser prevenidos** (Celestina, XVI, 156). *Más vale prevenir que curar* (Cela, *Lazarillo*, 93 y Delibes, *5 horas*, 88).
Es mejor conocer con anticipación un daño o perjuicio, que ser advertidos de él y tener que remediarlo.

2902 **En *priesa* me ves, y doncellez me demandas** (Ac. y Quijote, II, 41). *En priesa me ve, y doncellez me demanda* (Galdós, *Chamartín*, 48).
«Moteja a quien inconsideradamente pide imposibles sabiendo que lo son.»

2903 **De pequeños *principios* resultan grandes fines** (GAlfarache, III, 78).
Aconseja no despreciar las cosas pequeñas.

2904 ***Principio* quieren las cosas** (Ac., Galdós, 2ª *Casaca*, 224 y Delibes, *5 horas*, 124).
«Exhorta a resolverse a empezar o proseguir una cosa que se teme o se duda si se conseguirá o logrará.»

2905 **Si el *prior* juega a los naipes, ¿qué harán los frailes?** (Ac.). *Cuando el guardián juega a los naipes, ¿qué harán los frailes?* (Dorotea, II, 191). *Cuando el sargento juega a los dados, ¿qué harán los soldados?* (FC, 259).
«Reprende a los que dan mal ejemplo, debiendo darlo bueno.»

2906   **A gran *prisa*, gran vagar** (Ac.). *A gran prisa, más vagar* (Ac.). *A más prisa, gran vagar* (Ac.). *A más prisa, más vagar* (Ac.). *A mucha prisa, gran vagar* (Galdós, *Chamartín*, 48).

        «Da a entender que no se deben atropellar las cosas ni sacarlas de su curso regular, porque de otro modo se tarda más en la ejecución o logro de ellas.»

2907   **Quien se arrebata, su *pro*[77] no cata[78]** (Zifar, 323).

        Quien se deja llevar de la ira o el apasionamiento, no suele ver lo que es más conveniente para él.

2908   **No hay *procesión* sin tarasca.** v. 1599.

2909   **No se puede repicar y andar en la *procesión*** (Ac.).

        «Enseña que no se pueden hacer a un tiempo y con perfección dos cosas muy diferentes.»

2910   **Tras mala *procura*,[79] viene la mala ventura** (Ac.).

        «Advierte los perjuicios que ocasiona el descuido o negligencia en los propios asuntos.»

2911   **Quien menos *procura*, alcanza más bien** (Ac. y Celestina, VI, 220). *Quien menos procura, más alcanza* (Ac.).

        «Nota cuán dañosa puede ser la demasiada solicitud en los negocios o pretensiones.»

2912   **Quien te algo *prometiere*, luego tomando hiere** (Corbacho, 153).

        Previene contra los que prometen o dan, con la intención de cobrarse ampliamente el favor.

2913   **Entre *propios*, los cumplimientos son excusados.** v. 180.

2914   **Lo *propio* se peca por carta de menos que por carta de más.** v. 800.

2915   **El *propósito* muda el sabio; el necio persevera** (Celestina, V, 199). *El consejo muda el viejo, y porfía el necio* (Correas, 175).

        Aconseja la flexibilidad y la tolerancia.

2916   **Quien sus *propósitos* parla, no se casa** (PJustina, II, 287).

        Recomienda no divulgar los proyectos que se tienen, porque es fácil que otros impidan su ejecución o se aprovechen de ellos.

2917   **Por la *prueba* se conoce al amigo** (Zifar, 17). *En las adversidades se prueban y conocen los amigos* (Correas, 194).

        Los servicios oportunos son el mejor testimonio de amistad.

---

[77] *Pro* 'provecho'.
[78] *Catar* 'ver'.
[79] *Procura* 'cuidado asiduo en los negocios'.

2918   A chico *pucherete,* chico manjarete (Ac.).
        «Recomienda la buena proporción y correspondencia en las cosas.»

2919   *Puentes* y fuentes, zamarra y campanas; Estella la bella, Pamplona la
        bona, Olite y Tafalla, la flor de Navarra y, sobre todo, puentes y aguas
        (PJustina, II, 26). *Estella la bella, Pamplona la bona, Olite y Tafalla, la flor
        de Navarra* (HNúñez, II, 129 y Correas, 213).
        Elogia Navarra.

2920   A cada *puerco* le llega su San Martín (Ac. y Galdós, *Arapiles,* 115). *A
        cada puerco le viene su San Martín* (Ac.). *Para cada puerco hay su San Martín*
        (Santillana, 532). Por la fiesta de San Martín (11 de noviembre) es habitual
        hacer la matanza.
        «Denota que no hay persona para quien no llegue la hora de la tribu-
        lación.»

2921   Al más ruin *puerco,* la mejor bellota (Ac.). *El más ruin jabalí se come la
        mejor bellota* (Criticón, II, 206).
        «Advierte que las más veces logran los bienes terrenales los que menos
        lo merecen.»

2922   Al matar los *puercos,* placeres y juegos; al comer las morcillas, place-
        res y risas; al pagar los dineros, pesares y duelos (Ac.). *Al matar de los
        puercos, placeres y juegos; al comer de las morcillas, placeres y risas; al pagar de
        los dineros, pesares y duelos* (Ac. s/v matar). Alude a las fiestas que solían cele-
        brarse en las matanzas de cerdos.
        «Cochino fiado, buen invierno y mal verano.» «Al freír será el reír y al pagar será
        el llorar.» (s/v matar.) Los momentos placenteros suelen alternarse con otros
        dolorosos o tristes.

2923   Al *puerco* y al yerno mostrarle la casa, que él se vendrá luego (Ac.).
        Se moteja a los yernos de aprovechados, comparándolos con los cerdos que
        no tienen más interés que la comida.
        «Enseña la facilidad con que se ejecutan las cosas en que se halla gusto
        o interés, o con que se va al paraje donde lo puede haber.»

2924   A *puerco* fresco y berenjenas, ¿quién terná[80] las manos quedas? (Ac.).
        «Denota cuán difícil es contener las pasiones halagadas por un objeto
        que las atrae.»

2925   Comeréis *puerco* y mudaréis acuerdo[81] (Ac.).
        «Significa que el que usa cosas nocivas tiene pronto que arrepentirse.»

2926   El *puerco* sarnoso revuelve la pocilga (Ac.).
        «Da a entender que en las comunidades y repúblicas los más indignos
        suelen ser los más quejosos y, por ello, los más díscolos e inquietos.»

---

[80]   *Terná,* ant. 'tendrá'.
[81]   *Mudar acuerdo* 'cambiar de opinión'.

2927   Hurtar el *puerco* y dar los pies por Dios (Ac. y Santillana, 325). *Hurtá-*
        bamos el puerco y dábamos los pies por Dios (PJustina, I, 127).
        «Moteja a los que juzgan que con cualquier pequeño bien que hacen
        encubren el daño grave que ocasionan.»

2928   Para cada *puerco* hay su San Martín. v. 2920.

2929   **Puerco** fiado gruñe todo el año (Ac.).
        «Explica lo trabajoso que es verse uno adeudado, por la molestia conti-
        nua de los acreedores.»

2930   **A cada *puerta*, su dueña** (Ac.).
        «Denota el cuidado con que se deben guardar algunas cosas.»

2931   **A *puerta* cerrada, el diablo se vuelve** (Ac.). *A puerta cerrada, se torna la*
        muerte, y aun el diablo (PJustina, I, 49).
        «Enseña el cuidado que debe tenerse en evitar las malas ocasiones.»

2932   **Cierra tu *puerta*, y loa tus vecinos** (DLengua, 112). *Cierra tu puerta, y*
        alaba a tu vecino (Santillana, 167).
        Aconseja como norma de vida guardar la intimidad y hablar bien de
        todos.

2933   **Cuando una *puerta* se cierra, ciento se abren** (Ac.). *Donde una puerta*
        se cierra, otra se abre (Ac. y Quijote, I, 21). *Cuando una puerta se cierra, otra*
        suele abrir la fortuna (Celestina, XV, 150).
        «Consuela a uno en los infortunios y desgracias; pues tras un lance des-
        dichado, suele venir otro feliz y favorable.»

2934   **La *puerta* pesada, puesta en el quicio no pesa nada** (Dorotea, II, 192).
        Todo resulta fácil cuando se ponen los medios naturales para ejecutar
        las cosas.

2935   **Puerta** abierta, al santo tienta (Ac.).
        «La ocasión hace al ladrón.» Es difícil resistir la tentación cuando se brin-
        dan muchas facilidades para caer en ella.

2936   **Quien pierde el primer *punto*, pierde mucho** (PJustina, I, 180). *Quien*
        pasa punto, pasa mundo (Santillana, 574).
        Da a entender que desanima mucho empezar con un contratiempo un
        negocio cualquiera.

2937   **Entre *pupa* y burujón,** [82] **Dios escoja lo mejor** (Dorotea, V, 385). *Entre*
        pupa y durujón, [82] *Dios escoja lo mejor* (HNúñez, II, 103 y Correas, 202).
        Se dice cuando alguien se encuentra en la necesidad de elegir entre dos
        cosas igualmente malas.

---

[82]   *Burujón y durujón* 'chichón'.

2938 **Ayer *putas,* hoy comadres** (Ac.).
«Se dice de las personas que riñen difamándose, y luego con facilidad se hacen amigas.»

2939 **De *puta* vieja y de tabernero nuevo me guarde Dios** (Lozana, 321). *De tabernero novel y de puta del burdel* (HNúñez, I, 316). De la primera, por su experiencia, y del segundo, por su ignorancia.
Da a entender que a veces tan malo es tratar con personas inexpertas en su profesión, como con las que tienen demasiada experiencia y conocen todas las artimañas.

2940 **Ni de *puta* buena amiga, ni de estopa buena camisa** (Lozana, 125). *Ni de estopa buena camisa, ni de puta buena amiga* (Santillana, 471). La primera, por su mala condición, y la segunda, por su mala calidad.
Aconseja no confiar en las cosas o personas que no ofrecen seguridad.

2941 **Para *putas* sobra[83] caridad** (Lozana, 163).
A veces se atiende o ayuda con más interés a las personas que menos lo merecen.

2942 ***Puta* de todo trance, alcatara a la fin** (Lozana, 209). Este refrán tiene una interpretación dudosa. *Puta de todo trance* podría interpretarse por 'la que abusa de su profesión'. No hemos encontrado ninguna acepción de la palabra *alcatara* aplicable al refrán. Podría tener el sentido de 'alcahueta' según este texto y el de otros pasajes de *Lozana* (v. págs. 172 y 279).
Da a entender que la mujer que se entrega a esta clase de vida sin comedimiento ni reflexión, no prospera ni se enriquece, y termina viviendo con gran estrechez.

2943 ***Puta* de Toro[84] y trucha de Duero** (Lozana, 129).
Elogia las cualidades de una y otra.

2944 ***Puta* la madre, puta la hija, puta la manta que las cobija** (Ac.). *Cual la madre, tal la hija, y tal la manta que las cobija* (DLengua, 156).
«Zahiere a la familia o junta de gente donde todos incurren en un mismo defecto.»

2945 **¿Quién te hizo *puta*? El vino y la fruta** (Lozana, 45).
Considera que estas dos cosas estimulan el apetito sexual.

2946 ***Putería* ni hurto nunca se encubren mucho** (Ac.).
«Enseña que la cautela y cuidado no pueden ser perpetuos cuando el pecado es continuo.»

---

[83] *Sobrar* 'tener en demasía'.
[84] *Toro,* pueblo de la provincia de Zamora.

Q

2947 **Antes *quebrar* que doblar** (Ac. y Santillana, 104).
Aconseja «no rendirse uno al interés ni a malos consejos para cumplir su deber».

2948 **No se *quiebra* por delgado, sino por gordo y mal hilado** (Ac.). *No pierde por delgado, sino por gordo y mal hilado* (Ac. s/v perder). El hilado ha de hacerse con habilidad para que no se rompa por falta de torsión.
«Advierte que la calidad de las cosas suele importar más que la cantidad.» «Da a entender que no siempre lo más grueso y basto es de más duración.» (s/v perder.)

2949 **Más vale buena *queja* que mala paga** (Ac. y Quijote, II, 7).
«Se dice del que abandona el premio por no parecerle correspondiente al mérito, y prefiere poderse quejar a no quedar bien satisfecho.»

2950 **A donde te *quieren* mucho, no entres a menudo.** *A do te quieren mucho, no vayas a menudo.* v. 2955.

2951 **Al que *quiera* saber, poquito y al revés.** v. 2267.

2952 **A quien lo *quiere* celeste, que le cueste** (Ac.). *El que quiera azul celeste, que le cueste* (Ac. s/v azul).
«Da a entender que el que quiere darse un gusto, debe hacer el sacrificio correspondiente.» «Da a entender que quien quiera obtener lo que desea, no debe quejarse si por ello se le originan gastos y molestias.» (s/v azul.)

2953 **Cuando uno no *quiere,* dos no barajan** (Ac., Zifar, 291, Santillana, 601 y DLengua, 103). *Cuando uno no quiere, dos no riñen* (Ac.). *Si uno no quiere, dos no barajan* (Criticón, III, 207).
«Recomienda la serenidad de ánimo para evitar disensiones.»

2954 **Donde *quiera* que fueres, haz como vieres.** v. 1957.

2955   Do no te *quieren* mucho, no vayas a menudo (BAmor, 1320). *A do te
        quieren mucho, no vayas a menudo* (Santillana, 10). *A donde te quieren mucho,
        no entres a menudo* (FC, 262).
        Aconseja no frecuentar el trato de personas con las que no se tiene de-
        masiada amistad, o no abusar del cariño de los amigos.

2956   El que no *quiere* cuando puede, cuando quiere no puede. v. 2868.

2957   El que todo lo *quiere* vengar, presto quiere acabar (GAlfarache, II, 70
        y Correas, 182).
        Recomienda tener serenidad, y no apresurarse a tomar resoluciones.

2958   Ese te *quiere* bien que te hace llorar. v. 2966.

2959   Lo que más se *quiere,* más se siente (PJustina, I, 199).
        Manifiesta que duelen más las cosas que se pierden cuanto más se es-
        timan.

2960   Lo que me *quise,* me quise; lo que me quise, me tengo yo (PJustina,
        II, 10 y Correas, 272).
        No hay por qué lamentarse cuando se sufren las consecuencias de algo
        que uno mismo se ha proporcionado.

2961   Non *querades* dejar lo ganado por lo que es por ganar (Zifar, 477).
        No dejes lo ganado por lo que has de ganar (BAmor, 994).
        Aconseja no cambiar una situación segura y experimentada por la es-
        peranza de mayores bienes, si son inciertos.

2962   ¿Queréis que os diga? Quien no come no costriba [1] (Ac. y Santillana,
        610). *Quien no come no costriba* (DLengua, 105).
        «Enseña cómo sin el debido sustento no se puede trabajar.» Siguiendo
        la interpretación de Corominas, el sentido literal sería: Quien no come no
        puede indigestarse, y figuradamente: Quien no goza o gusta de las cosas
        tampoco sufre sus inconvenientes.

2963   *Querer* es poder (Ac. y Galdós, *Vergara,* 122).
        «Se dice para denotar que con voluntad se consigue casi todo lo po-
        sible.»

2964   Quien bien *quiere,* bien obedece (Ac. y PJustina, II, 94).
        «Explica que el cariño y amistad facilitan todos los medios de compla-
        cer y dar gusto.»

2965   Quien bien *quiere,* tarde olvida (Ac.). *Quien bien ama, tarde olvida* (Ac.
        s/v amar). *Bien ama quien nunca olvida* (Santillana, 126).
        «Enseña que el cariño o amor que ha sido verdadero, no lo alteran las
        contingencias del tiempo ni otras circunstancias, quedando siempre vivo,
        aun cuando parece que se entibia.»

---

[1] *Costribar,* ant. 'trabajar', según Valdés, *DLengua,* 105 y Ac. Para Corominas, *Dicc.
etimológico* s/v: 'indigestarse, empacharse'.

2966   Quien bien te **quiera,** te hará llorar (Ac.). *Quien bien te quiere, te hará llo-*
rar (Ac.). *Ese te quiere bien que te hace llorar* (Quijote, I, 20). *El que te hace*
llorar, te quiere bien (Criticón, I, 218). *Quien bien te quiere, etc.* (Galdós, *Mendi-*
zábal, 303).
«Enseña que el verdadero cariño consiste en advertir y corregir al amigo
en lo que yerra, posponiendo el sonrojo que le puede causar al fruto que
se promete de la reprensión.»

2967   Quien todo lo **quiere,** todo lo pierde (Ac., Zifar, 200 y Criticón,
III, 205).
«Reprende al ambicioso, que por deseo desmedido pierde aun lo que
tiene seguro.»

2968   Si bien me **quieres,** trátame como sueles (Ac.).
«Enseña que no es verdadero el cariño que no tiene constancia.»

2969   Siempre te **quise** bien y nunca te hice bien (DLengua, 155).
Contra los hipócritas.

2970   Si **quieres** ser bien servido, sírvete a ti mismo (Ac.). *Si quieres tener buen*
criado, sírvete a ti mismo (FC, 264).
«Enseña que nadie hace tan bien ciertas cosas como el mismo que las
ha menester.»

2971   Si **quieres** vivir sano, hazte viejo temprano (Ac.). *Si quieres vivir mucho*
y sano, hazte viejo temprano (Criticón, III, 35).
«Recomienda las precauciones y prácticas de los viejos en los medios
de conservar la vida.»

2972   Si uno no **quiere,** dos no barajan. v. 2953.

2973   **Quilma**[2] de lino, no la lleves al molino (Ac.).
«Porque pasa la harina entre los intersticios de la tela.»

---

[2]   *Quilma* 'costal'.

R

2974   **Rabanete** y queso tienen la corte en peso. v. 2976.

2975   Cuando pasan **rábanos**, comprarlos (Ac., Galdós, *Carlos VI,* 78 y Cela, *MViento,* 129). Alude probablemente a la venta ambulante que hacían los hortelanos.
«Aconseja aprovechar las ocasiones cuando se vienen a la mano.»

2976   **Rábanos** y queso traen la corte en peso (Ac.). *Rabanete y queso tienen la corte en peso* (Santillana, 636). *Rábanos y queso tienen la corte en peso* (FC, 260). A pesar de ser productos humildes sirven para alimentar a toda clase de personas.
«Significa que se deben atender las cosas por pequeñas que sean.»

2977   De **rabo** de puerco, nunca buen virote [1] (Ac. y Santillana, 217).
«Enseña que de personas de ruin condición no se pueden esperar obras ni acciones nobles.»

2978   Por el **rabo** de la cuchara sube el gato a la olla. v. 581.

2979   A la **ramera** y al juglar, a la vejez les viene el mal (Ac.).
«Advierte que los vicios de la mocedad se pagan en la vejez con los males que ellos mismos ocasionan.»

2980   Quien **ramo** pone, su vino quiere vender (Ac.).
«Ref. especialmente dirigido a reprender el excesivo adorno en las mujeres.»

2981   Canta la **rana**, y no tiene pelo ni lana (Ac.). *Canta la rana, que no tiene pelo ni lana* (FC, 261).
«Aconseja sufrir la pobreza con dulce paciencia.»

---

[1]   *Virote* 'especie de saeta con la cabeza guarnecida de suela'.

2982   Cuida bien lo que haces, no te fíes de *rapaces* (Ac.).
        «Enseña que en negocios de importancia no conviene fiarse de gentes
        sin experiencia.»

2983   Quien manda y haz,² no ha menester *rapaz* (Ac.).
        «Aprueba la diligencia del que pudiendo hacerse servir lo hace por sí
        mismo.»

2984   Cada *raposo* guarde su cola (Ac.).
        «Recomienda que cada uno mire por sí.»

2985   Si mucho sabe la *raposa,* más sabe quien la toma. *Si sabe mucho la rapo-
        sa, más el que la toma.* v. 3495.

2986   A *raposo* durmiente, no le amanece³ la gallina en el vientre (Ac.). *Al
        raposo durmiente, no le amanece la gallina en el vientre* (DLengua, 105). *Al zorro
        durmiente, nunca le canta grillo en el vientre* (FC, 256).
        «Contra los descuidados y negligentes.»

2987   Lo que has de dar al rato,⁴ dáselo al gato (Ac.).
        «Aconseja gastar de una vez con utilidad, y no exponerse al desperdicio
        ni al hurto.»

2988   Más vale *rato* acucioso que día perezoso (BAmor, 580). *Más vale rato
        presuroso que día perezoso* (Santillana, 458).
        Recomienda hacer el trabajo con diligencia y prontitud.

2989   Acogí al *ratón* en mi agujero, y volvióseme heredero (Ac.).
        «Enseña no deberse hacer confianza de quien pueda sospecharse que
        con el tiempo abusará de ella.»

2990   *Ratones,* arriba; que todo lo blanco no es harina (Ac.).
        «Enseña cuán falaces suelen ser las apariencias.»

2991   *Ratón* que no sabe más que un horado, presto es cazado (Ac.). *Al mur⁵
        que no sabe sino un agujero, presto lo toma el gato* (DLengua, 146).
        «Advierte la dificultad de escaparse de cualquier peligro quien no tiene
        para ello más que un recurso.»

2992   Allá darás, *rayo,* en casa de Tamayo (Ac.). *Allá vayas, rayo, en casa de
        Tamayo* (Ac.).
        «Denota la indiferencia con que el egoísmo mira los males ajenos.»

2993   Con *razón* o sin ella, ayúdenos Dios y a los nuestros. v. 1353.

---

² *Haz* 'hace'.
³ En Ac. 1956 *amenace,* por errata.
⁴ *Rato* 'ratón'.
⁵ *Mur* 'ratón'.

2994   Di tu *razón* y no señales autor (Ac.). La defensa propia debe hacerse sin
        acusar a nadie.
            «Enseña que en las cosas que pueden tener inconvenientes se calle el
        autor, aun cuando haya precisión de publicarlas.»

2995   La *razón* no quiere fuerza (Ac.).
            «Advierte que en todo debe obrar más la justicia que la violencia. Ús[ase]
        también para exhortar a uno para que se dé por convencido de lo que le dicen.»

2996   So la buena *razón* empece [6] el engañador (Ac.).
            «Advierte que el que tira a engañar, usa de buenas palabras y aparen-
        tes razones para lograr su fin.»

2997   Buen *recado* [7] tiene mi padre el día que no hurta (Ac.).
            «Ref. irón[ico] que reprende a los que no proceden con legalidad en
        sus tratos y a los que se enfadan por no lograr lo que apetecen.»

2998   Quien *recauda* no tarda (Zifar, 361 y Correas, 426).
            No debe considerarse tiempo perdido el que se emplea en conseguir algo.

2999   El que *regala,* bien vende, si el que recibe lo entiende (o si no es ruin
        el que prende). v. 1200.

3000   No hay *regla* sin excepción (Ac. y Quijote, II, 18).
            «Se usa para dar a entender que no hay dicho o proloquio tan general-
        mente cierto, que no falle o deje de verificarse en algunos casos particu-
        lares.»

3001   *Regla* y compás, cuanto más, más (Ac.).
            «Muestra cuánto conviene la exactitud, cuenta y orden en las cosas.»

3002   *Reinos* y dineros no quieren compañeros (Ac.).
            «Muestra la dificultad de acomodarse a concierto quienes se sienten in-
        dependientes.»

3003   A lo hecho no hay *remedio,* y a lo por hacer, consejo (Ac.).
            «Enseña la conformidad que se necesita en lo que ya se hizo cuando
        salió mal, y la prudencia y prevención con que se debe obrar en adelante.»
        (s/v hecho.)

3004   A todo hay *remedio,* sino a la muerte (Lozana, 215). *A todo hay maña,*
        sino a la muerte (Santillana, 55). *Todas las cosas tienen remedio, si no es la muerte*
        (Quijote, II, 10). *Para todo hay remedio, si no es para la muerte* (Quijote, II,
        43). *Todo tiene remedio en este mundo menos la muerte* (Galdós, *TDestinos,* 296).
        Todo tiene remedio, menos la muerte (Delibes, *5 horas,* 166 y 232).
            Se dice como consuelo al que ha sufrido algún contratiempo o des-
        gracia.

---

[6]   *Empecer,* ant. 'causar perjuicio, ofender'.
[7]   *Recado* 'provisión que para el abastecimiento de las casas se lleva del mercado'.

3005   **No hay mejor _remiendo_ que el del mismo paño** (Ac.).
«Enseña y aconseja que todo aquello que uno puede hacer por su mano o diligencia, no lo encargue a otro.»

3006   **Nunca falta un _remiendo_ para un descosido.** v. 3054.

3007   **Cada _renacuajo_ tiene su cuajo** (Ac.).
«Denota que aun los seres más débiles pueden irritarse en ciertos momentos.»

3008   **Ares o no ares, _renta_ me pagues** (Ac.).
«Enseña que por dejar el labrador sin arar la tierra, no se excusa de pagar el arriendo.»

3009   **En salvo está el que _repica_** (Ac., Santillana, 284, DLengua, 54, Quijote, II, 36 y Galdós, _Arapiles,_ 115). _A salvo está el que repica_ (Celestina, XI, 76). _A buen salvo está el que repica_ (Quijote, II, 31 y 43). En los pueblos o lugares pequeños, se suelen tocar las campanas para anunciar algún peligro.
«Nota la facilidad del que reprende a otro el modo de portarse en las acciones peligrosas, estando él en seguro o fuera del lance.»

3010   **A la _res_ vieja alíviale la reja** (Ac.). _A la res vieja, aliviarle la reja_ (FC, 262).
«Significa que se debe procurar a los viejos el alivio en las cargas y trabajos.»

3011   **Lo que saben tres, sábelo toda _res_**[8] (Zifar, 428, HNúñez, II, 317 y Correas, 273).
Es difícil guardar un secreto que conocen más de dos personas.

3012   **Al _revés_ me la vestí, ándese así** (Ac.).
«Reprende a los dejados o descuidados que quieren proseguir en lo mal hecho.»

3013   **Al que no tiene, el _rey_ le hace libre** (Ac.). _Al que no tiene, el rey lo hace libre_ (FC, 264).
«Da a entender que el insolvente queda indemne.»

3014   **A _rey_ muerto, rey puesto** (Ac. y Galdós, _De Oñate,_ 219).
«Expresa la presteza con que se ocupan los puestos vacantes.» Se dice con frecuencia para indicar que nadie es imprescindible.

3015   **Cual es el _rey,_ tal la grey** (Ac.).
«Enseña cuánto influye en las costumbres de un pueblo o de una comunidad el ejemplo de quien gobierna.»

---

[8] _Toda res_ 'todo el mundo'.

3016   Donde está el *rey*, está la corte (Ac.).
        «Explica que en materia de obsequios o cumplimientos solo se debe
        atender a la persona principal.»

3017   Donde no está el *rey*, no le hallan (Dorotea, V, 383). *Do no está el rey,
        no le hallan* (HNúñez, I, 341 y Correas, 166).
        Demuestra la evidencia de un hecho.

3018   Do quieren *reyes*, allá van leyes. v. 2023.

3019   Ese es *rey*, el que no ve rey (DLengua, 181). *Harto rey es quien al rey no
        ve* (FC, *LGarcía*, 216). Alude a los que viven alejados de la corte.
        La persona más libre es la que vive por sus propios medios, sin tener
        que acatar órdenes de nadie.

3020   Mata, que el *rey* perdona (Corbacho, 28 y Santillana, 437).
        Zahiere a los que cometen abusos, fiados en la protección de los pode-
        rosos.

3021   Ni quito ni pongo *rey* (Ac. y Quijote, II, 60). Tradicionalmente, este re-
        frán se pone en boca de Beltrán Du Guesclin cuando ayudó a Enrique de
        Trastamara contra su hermano Pedro I de Castilla; a veces se completa aña-
        diendo *pero ayudo a mi señor*.
        «Suele emplear[lo] el que se exime de tomar parte activa en la decisión
        de un negocio.»

3022   No han de faltar ni *rey* que nos mande, ni papa que nos excomul-
        gue (Ac.).
        «Aconseja conformarse con la obediencia y sumisión ineludibles.»

3023   A *rico* no debas y a pobre no prometas (Ac.).
        «Aconseja no comprometerse con persona que nos puede atropellar con
        su poder o molestar con sus instancias.»

3024   Del *rico* es dar remedio, y del viejo, consejo (Ac.). *Del viejo, el consejo;
        y del rico, el remedio* (Ac. s/v viejo).
        «Denota que a los ricos hizo Dios sus tesoreros para el remedio de los
        pobres necesitados; y a los viejos, maestros, por la experiencia que tienen
        de los negocios.»

3025   Los *ricos* mueren de hambre, los pobres, de ahítos, y los que no tienen
        herederos y gozan bienes eclesiásticos, de frío (GAlfarache, I, 91).
        Los primeros, porque al enfermar era costumbre ponerlos o dieta; los
        segundos, porque al tener ocasión de comer lo harían hasta hartarse; y los
        últimos, por la soledad en que vivían.

3026   No es *rico* el que más ha, mas el que menos codicia (Zifar, 14 y 111).
        Da a entender que la ambición desmesurada no hace la felicidad.

3027   No hay *rico* necio ni pobre discreto (GAlfarache, II, 165).
        Censura irónicamente lo habitual que es valorar a las personas por su
        riqueza.

3028   O *rico,* o pinjado,[9] o muerto, o descalabrado (DLengua, 64). *O rico, o*
        pinjado (Santillana, 504). «Dícese de los mozos que salen de su tierra con
        ánimo de valer, y se aventuran a ser algo, aunque les cueste trabajo, o vol-
        ver mancos si van por guerra; y aplícase a los que se abalanzan en juego
        o trato a ganar mucho o perder.»[10]
        Da a entender que una persona está determinada a emprender un asunto
        difícil, aunque pueda tener resultado adverso.

3029   **Riña** de por San Juan, paz para todo el año (Ac. y Criticón, III, 207).
        Cuestión de por San Juan, paz para todo el año (Ac. s/v cuestión). *Cuestión de*
        San Juan, paz para todo el año (Celestina, VIII, 16). *Pendencia de por San Juan...*
        (GAlfarache, IV, 162). *Riña por San Juan, paz para todo el año* (FC, 257).
        «Da a entender que de una pendencia muy reñida, a veces se origina
        una firme amistad. Expresa asimismo la conveniencia de discutir, al hacer
        un trato, para dejar estipuladas todas las condiciones y evitar que en lo
        sucesivo haya disputas.»

3030   A *río* revuelto, ganancia de pescadores (Ac.). *A río vuelto, ganancia de pes-*
        cadores (Santillana, 82, Celestina, II, 126, DLengua, 103, Lozana, 241 y PJus-
        tina, I, 109).
        «Nota al que se vale industriosamente de las turbaciones o desorden
        para buscar y sacar utilidad.»

3031   **Cuando el *río* suena, agua lleva** (Ac. y Galdós, *Chamartín,* 162 y *2ª Casa-*
        ca, 57). *Cuando el río suena, agua o piedra lleva* (Ac.).
        «Quiere dar a entender que todo rumor o hablilla tiene algún funda-
        mento.»

3032   **Del *río* manso me guarde Dios, que del fuerte yo me guardaré.** v. 73.

3033   **Donde va más hondo el *río,* hace menos ruido** (Ac.).
        «Se aplica al talento, que cuanto mayor es, busca menos la ostentación.»

3034   No crece el *río* con agua limpia (Ac.).
        «Advierte que no es común el adquirir rápidamente y con honradez
        grandes riquezas.»

3035   De la *risa* al duelo, un pelo (Ac.).
        «Indica cuán de cerca suele seguir el dolor al placer.»

3036   **Robles** y pinos, todos son mis primos (Dorotea, I, 61, HNúñez, III, 351
        y Correas, 437).
        Contra los que presumen de parentesco o amistad con toda clase de
        personas.

---

[9]   *Pinjado* 'colgado'.
[10]   v. Correas, 373.

3037   A *rocín* viejo, cabezadas [11] nuevas (Ac.).
       «Reprende a los viejos que se componen y adornan como si fuesen mozos.»

3038   El *rocín* en mayo vuélvese caballo (Dorotea, IV, 365, HNúñez, III, 108 y Correas, 437).
       Pone de manifiesto la influencia de la primavera en las personas y en los animales.

3039   Pues ara el *rocín,* ensillemos al buey (Ac.).
       «Advierte que no se trastornen ni truequen las ocupaciones y ministerios de cada uno.»

3040   La *rodilla* [12] de Mari García, que más me ensucia que me limpia (Ac.).
       La rodilla de Mariquita, que mancha más que quita (Ac.).
       «Se tacha de sucio un paño o trapo.» En sentido general, indica que a veces los medios empleados para remediar un mal lo empeoran.

3041   Cuando a *Roma* fueres, haz como vieres. v. 1957.

3042   *Roma,* la que los locos doma (Lozana, 156). *Roma, Roma, la que a los locos doma y a los cuerdos no perdona* (HNúñez, III, 351). *Roma, a los viejos mata y a los mozos doma* (Correas, 438).
       Inspirado, quizá, en algún suceso histórico, en alguna característica de la ciudad o de sus costumbres, o por ser la sede oficial de la Iglesia.

3043   Quien come la *romaracha,* y va en Nagona, [13] torna otra vez a Roma (Lozana, 57). «Romerachas es una forma de raíces salvajes como rábanos, pero queman más. Destas comí yo en Italia, en Roma y otras partes.» [14]
       Expresa una antigua creencia popular.

3044   A las *romerías* y a las bodas van las locas todas (Ac.).
       «Censura a las mujeres que frecuentan las diversiones.»

3045   Quien anda muchas *romerías,* tarde o nunca se santifica (Ac.).
       «Aconseja que no se ande vagando de una parte a otra, ni aun con pretexto de devoción, porque suele ocasionar vicios.»

3046   *Romería* de cerca, mucho vino y poca cera (Ac. y Dorotea, IV, 369).
       «Da a entender que muchas veces se toman por pretexto las devociones para la diversión y el placer.»

---

[11]   *Cabezada* 'guarnición de cuero, cáñamo o seda que se pone a las caballerías para afianzar el bocado'.
[12]   *Rodilla* 'paño para limpiar la cocina'.
[13]   *Nagona,* o *Navona,* plaza de Roma.
[14]   v. Fernández de Oviedo, *Hist. Indias,* 1ª parte, fº 96c.

3047   ***Romero* hito** [15] **saca zatico** [16] (Ac., Santillana, 631 y DLengua, 109). *El romero hito siempre saca zatico* (BAmor, 869).
«Pobre importuno saca mendrugo.» Alaba la tenacidad.

3048   **El que *rompe,* paga** (Ac.).
«Indica que el que hace un daño ha de ser responsable y ha de atenerse a las consecuencias.»

3049   **La *ropa* sucia se debe lavar en casa** (Ac.).
«Aconseja que las familias arreglen en la intimidad las disensiones que surjan y que se corrijan unos a otros los defectos, sin enterar a los extraños.»

3050   **Si quieres criarte gordito y sano, la *ropa* del invierno gasta en verano** (Ac.).
«Aconseja no ir desabrigado.»

3051   **El *rosario* al cuello, y el diablo en el cuerpo** (Ac.). *El rosario en la mano, y el diablo en la faltriquera* [17] (FC, 258).
«Reprende a los hipócritas.»

3052   **Más vale *rostro* bermejo que corazón negro** (Ac. y Dorotea, V, 430).
«Reprende a los que por demasiado empacho o rubor dejan de comunicar sus aflicciones a los que pueden remediarlas y servirles de alivio y consuelo. Dícese también del que oculta un disgusto o enfado y no lo manifiesta al que lo causó.»

3053   **Quien se viste de verde, a su *rostro* se atreve** (Dorotea, II, 129). *La que se viste de verde, en su hermosura se atreve* (HNúñez, II, 275 y Correas, 261). Da a entender que el color verde no favorece a las mujeres que no son muy hermosas, y que con este riesgo solo deben usar de él las que lo son. [18]
Se dice contra los engreídos.

3054   **Nunca falta un *roto* para un descosido** (Ac.). *Nunca falta un remiendo para un descosido* (Delibes, *5 horas,* 214).
«Da a entender que los pobres y desvalidos suelen hallar alivio y consuelo entre los que igualmente lo son. Lo suele decir, como en desquite, la persona que por su escaso haber o poco mérito se ve desdeñada. Aplícase también cuando se unen dos personas que son tal para cual.»

3055   **Más vale el *ruego* del amigo que el hierro del enemigo** (Ac.).
«Denota que la dulzura y suavidad suelen tener mayor eficacia que el rigor y las amenazas.»

---

[15]   *Hito* 'importuno'.
[16]   *Zatico* 'mendrugo'.
[17]   *Faltriquera* 'bolsillo de las prendas de vestir'.
[18]   v. Ac. 1726 s/v atreverse.

3056   **Por demás es *ruego* a quien no puede haber misericordia** (Celestina,
        IV, 180). *Por demás es el ruego a quien no puede haber misericordia ni mover duelo*
        (Correas, 400).
            Recomienda no hacer peticiones a personas duras y poco compasivas.

3057   **A *ruido* de gaitero, érame yo casamentero** (PJustina, I, 88).
            En las fiestas suelen surgir fácilmente los noviazgos.

3058   **Fingir *ruido* por venir a partido** [19] (Ac.).
            «Explica la astucia y malicia de algunos, que porque no tienen razón
        quieren hacerse temer para conseguir lo que desean.»

3059   **Al *ruin*, cuando lo mientan, luego viene** (DLengua, 41). *El ruin, cuando
        lo mientan, luego viene* (DLengua, 113).
            Tiene el mismo sentido que: En nombrando al ruin de Roma, luego asoma.

3060   **Al *ruin*, dadle un palmo y tomaráse cuatro.** v. 1976.

3061   **A *ruin*, ruin y medio** (Ac. y Santillana, 24).
            «Indica que para negociar con una persona baja es menester otra de
        su calidad o peor.»

3062   **De *ruin* a ruin, quien acomete vence** (Ac. y Santillana, 221).
            «Da a entender que entre dos cobardes vence, por lo común, el que
        se esfuerza y comienza a reñir.»

3063   **El *ruin*, cuando lo mientan, luego viene.** v. 3059.

3064   **El *ruin*, cuanto más le ruegan, más se ensancha** (Ac.). *El ruin, cuanto
        más le ruegan, más se extiende* (Ac.). *El ruin, mientras más le ruegan, más se extien-
        de* (Santillana, 267).
            «Advierte que el villano se entona y engríe cuando se siente necesario.»

3065   **En nombrando al *ruin* de Roma, luego asoma** (Ac.). *En nombrando al
        ruin de Roma...* (Galdós, *Cien mil*, 93 y *Mendizábal*, 148).
            «Se usa familiarmente para decir que ha llegado aquel de quien se esta-
        ba hablando.»

3066   **No se puede igualar sino *ruin* con su par** (Corbacho, 143). *No se puede
        igualar el ruin sino con su igual* (HNúñez, III, 80 y Correas, 361).
            No hay que hacer comparaciones entre personas o cosas de diversas
        calidades o categorías.

3067   ***Ruin* con ruin, que así casan en Dueñas** [20] (Ac. y Santillana, 638). *Ruin
        con ruin: así casan en Dueñas* (Corbacho, 143).
            «Amonesta que el matrimonio, para no ser desgraciado, ha de ser entre
        iguales.»

---

[19]   *Venir a partido* 'sacar provecho o ventaja'.
[20]   *Dueñas,* pueblo de Palencia.

3068   ***Ruin* sea quien por ruin se tiene** (Ac. s/v tener, Celestina, IX, 35 y Quijote, I, 21). *Aquel es pobre, el que por pobre se tiene* (Zifar, 111). *Ruin sea quien
por ruin se tiene, y lo dice en concejo* (Santillana, 640).
        «Amonesta a no sentir tan bajamente de sí, que se dé ocasión a ser mi-
rado con desprecio.» (s/v tener.) Aconseja el conocimiento propio para aprender a valorarse.

3069   **Un *ruin* ido, otro venido** (Ac.).
        «Se aplica cuando, libres ya de un mal, solemos dar en otro análogo
o peor.»

S

3070 **Ni *sábado* sin sol, ni moza sin amor** (Ac.). *Ni sábado sin sol, ni vieja sin arrebol* (Ac.). *Ni sábado sin sol, ni vieja sin dolor* (Ac.). Por ser el sábado el día destinado al descanso, no se le concibe sin buen tiempo, igual que es propio de la juventud tener amores, y de la vejez tener el rostro enrojecido o padecer algún mal.

«Se aplica a cualquier cosa que regular y frecuentemente sucede en determinados tiempos o personas.»

3071 **Quien en *sábado* va a la aceña, el domingo tiene mala huelga** [1] (Ac.). Se supone que quien va a moler en sábado, al día siguiente tiene que cocer el pan y no puede descansar.

«Advierte que el perezoso o descuidado ha de hacer las cosas fuera de sazón y atropelladamente.»

3072 **Aquel *sabe* que se salva, que el otro no sabe nada** (Ac.). Señala que la verdadera sabiduría consiste en salvar el alma.

«Reprende a los que se glorían de saber muchas artes y ciencias y viven desastrosamente.»

3073 **El que las *sabe*, las tañe** (Ac.). *La que las sabe, las tañe* (Celestina, I, 108 y Lozana, 31). *Quien las sabe, las tañe* (Celestina, V, 194, DLengua, 184, PJustina, I, 134 y Quijote, II, 59).

«Advierte que nadie obre ni hable sino en la materia que entiende.»

3074 **El *saber* es señor y ayudador** (Zifar, 293).

Recomienda adquirir el mayor número posible de conocimientos.

3075 **El *saber* no ocupa lugar** (Ac.).

«Da a entender que nunca estorba el saber.»

---

[1]   *Huelga* 'holganza, descanso'.

3076   La que las *sabe,* las tañe. v. 3073.

3077   Más *sabe* quien mucho anda que quien mucho vive (Lozana, 249).
Encarece los conocimientos y experiencias que procuran los viajes.

3078   Más vale *saber* que haber (Ac., Zifar, 293, Santillana, 440, GAlfarache,
II, 97 y Galdós, *Narváez,* 77).
«Enseña que debe preferirse la ciencia a la riqueza.»

3079   **Ni sé si halaga, ni sé si amaga** (Ac.).
«Se aplica a ciertas personas que usan de palabras tan ambiguas que
pueden tomarse en buena y mala parte.»

3080   **No hay peor *saber* que no querer** (Ac.).
«Se aplica al que se excusa de hacer lo que le piden, pretextando ignorancia.»

3081   **Quien las *sabe,* las tañe.** v. 3073.

3082   **Quien no *sabe* pedir, no sabe vivir** (Criticón, III, 207). *Quien no supo pedir,
no supo vivir* (HNúñez, III, 265).
Para lograr lo que uno necesita, muchas veces hay que recurrir a la ayuda
de los demás.

3083   **Quien poco *sabe,* presto lo reza** (Ac.).
«Se aplica a quien acaba pronto algo por disponer de pocos recursos
para realizarlo más ampliamente.»

3084   **Yo sé que me sé, y desto callarme he** (Corbacho, 145). *Yo sé que me sé,
mas de esto callarme he* (HNúñez, III, 477 y Correas, 516).
«Aconseja que el que sabe de otro alguna cosa indecente no la ha de
decir aunque más le insten o provoquen a ello.» [2]

3085   De *sabiduría* y de bondad no hay sino la mitad de la mitad. v. 1312.

3086   **Aunque manso tu *sabueso,* no le muerdas en el befo** [3] (Ac.).
«Denota el cuidado que debe ponerse en no irritar ni exasperar aun
a los que muestran suavidad y mansedumbre.»

3087   *Sácame* de aquí, y degüéllame allí (Ac.).
«Da a entender el deseo de salir de un mal paso, aunque amenace otro
peor.»

3088   Siete al *saco,* y el saco en tierra (Ac. y Santillana, 648). *Tres al saco, y
el saco en tierra* (Ac.).
«Se nota la mala maña de los que concurren a ejecutar algo y no lo consiguen.»

---

[2]   v. Ac. 1729 s/v callar.
[3]   *Befo* 'belfo, labio de un animal'.

3089   A las que [4] *sabes* mueras, y sabía hacer saetas (Ac.). La primera parte
        del refrán se supone en boca del que quiere vengarse, y sabe que la persona
        a quien maldice tiene por oficio hacer un arma mortífera.
        «Expresa el deseo de venganza contra uno.»

3090   **Más cuesta el *salmorejo* [5] que el conejo** (Ac.).
        «Vale más la salsa que los perdigones.»

3091   **Vale más la *salsa* que los perdigones** (Ac.).
        «Se usa para indicar que en alguna cosa tiene lo accesorio más valor
        que lo principal.»

3092   **A gran *salto*, gran quebranto** (Ac. y Santillana, 100).
        «Enseña que quien de improviso obtiene una posición elevada, está muy
        expuesto a perderla.»

3093   **Más vale *salto* de mata, [6] que ruego de buenos** (Ac.). *Más vale salto de*
        mata, que ruego de hombres buenos (Ac., Santillana, 415 y Quijote, I, 21 y
        II, 67).
        «Enseña que al que ha cometido un exceso por el cual teme que se le
        ha de castigar, más le aprovecha escaparse, que no el que pidan por él per-
        sonas de valimiento.»

3094   **Malo es esperar *salud* en muerte ajena** (Celestina, I, 39). *Esperar salud*
        en muerte ajena, se condena (Correas, 211).
        No debe desearse el bien propio cuando de él se sigue un daño para
        otro.

3095   **Para poca *salud*, más vale morirse** (Ac.).
        «Ú[sase] para indicar que una cosa reporta tan escasa ventaja que no
        merece el esfuerzo de conservarla.»

3096   **¡Pecadora de *Sancha*!: quería, y no tenía blanca** (Ac.).
        «Denota lo sensible que es no poder satisfacer alguno sus deseos por
        falta de medios.»

3097   **Allá va *Sancho* con su rocín** (Ac.). *Hallado ha Sancho su rocín* (Santilla-
        na, 356).
        «Da a entender la gran amistad de dos que andan constantemente
        juntos.»

3098   **Con lo que *Sancho* sana, Domingo adolece** (Ac. y Santillana, 149). *Con*
        lo que Pedro sana, Sancho adolece (DLengua, 144).
        «Enseña que no todas las cosas convienen a todos.»

---

[4]   *A las que* 'a las cosas que'.
[5]   *Salmorejo* 'salsa compuesta de agua, aceite, vinagre y sal'.
[6]   *Salto de mata* 'huida'.

3099   Hallado ha *Sancho* su rocín. v. 3097.

3100   **La *sangre* se hereda, y el vicio se apega** (Ac. y GAlfarache, I, 54). *La sangre se hereda, y la virtud se aquista* [7] (Quijote, II, 42). Los rasgos físicos se transmiten por herencia, y los vicios o virtudes se adquieren con el trato de quien los tiene.
        «Censura a los nobles de abolengo que no quieren corregirse en sus vicios ni enmendar sus desaciertos.»

3101   **La *sangre* sin fuego hierve** (PJustina, I, 29 y II, 122 y FC, *LGarcía*, 225). Pondera la atracción que ejerce un sexo sobre el contrario.

3102   **Dice el *sano* al doliente: Dios te dé salud** (Celestina, VIII, 21). *Dice al doliente el sano: Dios te dé salud, hermano* (HNúñez, I, 321 y Correas, 155).
        Zahiere a los que dan consejos u opiniones sobre cosas no experimentadas por ellos. También podría decirse de los que se desentienden de los males ajenos.

3103   **El *sano* al doliente, so regla lo mete** (Ac.).
        «Señala el ascendiente del que está libre de un vicio sobre el que lo tiene.»

3104   **Aquí morirá *Sansón* con todos los filisteos** (Ac.). *Aquí morirá Sansón y cuantos con él son* (Ac., Corbacho, 158, Quijote, II, 71 y GAlfarache, IV, 209). *Muera Sansón, y cuantos con él son* (Santillana, 446). *Aquí caerá Sansón, y cuantos con él son* (Galdós, *Arapiles,* 114).
        «Se usa para indicar que ha llegado el momento en que es preciso arrostrar el mayor peligro sin reparar en las consecuencias.»

3105   **Más fuerte era *Sansón,* y le venció el amor** (Dorotea, II, 184).
        Pone de relieve la fuerza del amor, y que incluso el más fuerte puede ser vencido.

3106   **Muera *Sansón* y cuantos con él son.** v. 3104.

3107   **Entre *santa* y santo, pared de cal y canto** (Ac.).
        «Enseña ser muy peligrosas las ocasiones entre personas de diferente sexo, aunque sean de señalada virtud.»

3108   **Rogar al *santo* hasta pasar el tranco** [8] (Ac.). *Rogar al santo hasta pasar el charco* (Ac.).
        «Reprende a los ingratos que, hecho el beneficio, se olvidan de quien lo hizo.»

3109   **Compón el *sapillo,* parecerá bonillo** (Ac.). La ropa y el arreglo personal disimulan la fealdad.
        «Afeita un cepo y parecerá un mancebo.» Confía en el poder de la imagen.

---

[7] *Aquistar* 'adquirir'.
[8] *Tranco* 'salto grande'.

3110   Antaño me mordió el *sapo,* y hogaño se me hinchó el papo (Ac.).
        «Se aplica al que atribuye una cosa presente a causa muy remota.»

3111   **Sardina** que el gato lleva, gandida[9] va (Ac.). *Sardina que el gato lleva,*
        galdida[9] *va* (Ac.). *Sardina que el gato lleva, galduda*[9] *va* (Ac.). *Sardina que*
        lleva el gato, tarde o nunca vuelve al plato (Ac.). *Sardina que gato lleva, galduda*
        va (Santillana, 649 y DLengua, 107).
        «Advierte que una vez hecho el daño, la reparación es difícil.»

3112   Cuando el **sargento** juega a los dados, ¿qué harán los soldados? v. 2905.

3113   **Sarna** con gusto no pica (Ac.). *Sarna con gusto no pica, pero mortifica* (Ac.).
        «Da a entender que las molestias ocasionadas por cosas voluntarias no
        incomodan. Suele redargüirse añadiendo pero mortifica, significando que
        siempre producen alguna inquietud.»

3114   Cuando la **sartén** chilla, algo hay en la villa (Ac.). El ruido que hace
        la sartén al freír, indica que se está cocinando algo.
        «Cuando el río suena, agua lleva.» Indica que de cualquier indicio, por in-
        significante que sea, puede deducirse un hecho.

3115   Dijo la **sartén** a la caldera: quítate allá, culinegra (Ac.). *Dijo la sartén*
        a la caldera: tírate allá, culinegra (Ac. y Santillana, 215). *Dijo la sartén a la*
        caldera: quítate allá, ojinegra (Ac. y Quijote, II, 67). *Dijo la sartén a la caldera:*
        tírate allá, ojinegra (Ac.). *Dijo la sartén al cazo: quítate allá, que me tiznas* (Ac.).
        Dijo la sartén a la caldera: tira allá, culnegra (DLengua, 36). *Dijo la sartén*
        al cazo... (Galdós, *Camarilla,* 204).
        «Reprende a los que, estando manchados con vicios u otros defectos
        dignos de nota, vituperan en otros las menores faltas.»

3116   Saltar de la **sartén** y dar en las brasas (Ac.). *Por saltar de la sartén, caí*
        en la brasa (GAlfarache, I, 137).
        «Dar en un grave mal y estrago por huir de otro más leve perjuicio.»

3117   Como el **sastre** del campillo y la costurera de Miera, que el uno ponía
        manos y hilo, y la otra trabajo y seda. v. 3119.

3118   El buen **sastre** conoce el paño. v. 3121.

3119   El **sastre** del campillo, que cosía de balde y ponía el hilo (Ac.). *El sastre*
        del cantillo, que cosía de balde y ponía el hilo (Ac.). *El alfayate*[10] *del cantillo, hacía*
        la costura de balde y ponía el hilo (Santillana, 283). *Como el sastre del campillo*
        y la costurera de Miera,[11] *que el uno ponía manos y hilo, y la otra trabajo y seda*
        (PJustina, II, 227).
        «Se aplica al que, además de trabajar sin utilidad, sufre algún costo.»

---

[9]   *Gandida, galdida* o *galduda* 'comida'.
[10]   *Alfayate* 'sastre'.
[11]   *Miera,* pueblo de Santander.

3120 **Entre** *sastres* **no se pagan hechuras** (Ac.).
      «Explica la buena correspondencia que suelen usar entre sí las perso-
      nas de un mismo empleo, profesión u oficio.»

3121 **No es mal** *sastre* **el que conoce el paño** (Ac.). *El buen sastre conoce el paño*
      (Galdós, *7 julio*, 90).
      «Se dice de la persona inteligente en asunto de su competencia. Aplíca-
      se también al que reconoce sus propias faltas.» En la actualidad se usa más
      la expresión 'conocer el paño' o 'conocer bien el paño', aplicada a quien
      conoce bien su oficio o el asunto de que se trate.

3122 **Debajo del** *sayal*, [12] **hay ál** [13] (Ac., PJustina, II, 259 y Galdós, *MCortesa-
      no*, 89). *So el sayal, hay ál* (Ac. y DLengua, 101 y 117).
      «Denota que no debe juzgarse de las cosas por la apariencia.»

3123 **No es todo el** *sayal* [12] **alforjas** (Ac.). Aunque las alforjas se suelen hacer
      de esta tela, también se aplica a otros usos.
      «Da a entender que en todo hay excepciones.»

3124 **So el** *sayal,* **hay ál.** v. 3122.

3125 **Adoba tu** *sayo* **y pasarás tu año.** v. 2698.

3126 **Debajo del buen** *sayo* **está el hombre malo** (Ac.).
      «Aconseja no fiarse de las apariencias.»

3127 **Remienda tu** *sayo* **y pasarás tu año.** *Remienda tu sayo y te durará un año.*
      v. 2698.

3128 **Más vale** *sazón* [14] **que barbechera** [15] **ni binazón** [16] (Ac.).
      «Denota que valen más los temporales oportunos que las mejores labores.»

3129 **A gran** *seca,* **gran mojada** (Ac.).
      «Ref. con que dan a entender los labradores esperanza de abundante
      lluvia, fundada en haber tardado mucho tiempo en llover. Dícese también
      del que ejecuta con exceso una acción que dejó de hacer por mucho tiem-
      po, o le sobreviene un bien inesperado de que había carecido. Advierte asi-
      mismo que en todas las cosas se observa al fin cierto nivel y compen-
      sación.»

---

[12] *Sayal* 'tela de lana burda'.
[13] *Ál* 'otra cosa'.
[14] *Sazón* 'punto o madurez de las cosas que se obtienen por las buenas condiciones cli-
matológicas'.
[15] *Barbechera* 'acción de preparar la tierra para que se meteorice y descanse'.
[16] *Binazón* 'bina, segunda vuelta que se da a la tierra'.

3130   **A quien dices el *secreto*, das tu libertad** (Celestina, II, 120). *A quien dices tu secreto, das tu libertad y estás sujeto* (Correas, 60).
   No es aconsejable comunicar a otra persona cuestiones íntimas que solo a uno le atañen.

3131   **Miráis lo que bebo, y no la *sed* que tengo** (Ac.).
   «Contra los que murmuran de las medras ajenas, sin considerar el trabajo que cuesta conseguirlas.»

3132   **Cada *semana* tiene su disanto** [17] (Ac.).
   «Consuela a los que tienen trabajos, representándoles que con el tiempo suelen interrumpirse o minorarse.»

3133   **Como *sembráredes*, cogeredes** (Ac.).
   «Significa que los resultados corresponderán a las obras.»

3134   **Quien bien *siembra*, bien coge** (Ac.). *Quien bien siembra, bien recoge* (GAlfarache, IV, 95).
   «Explica que el que acierta a emplear bien su liberalidad o servicios, fácilmente consigue lo que desea.»

3135   ***Siembra* quien habla y recoge quien calla** (Ac.).
   «Expresa la ventaja que trae el callar.»

3136   **Haz tu *senara*** [18] **donde canta la cogujada** (Ac.). La cogujada, ave parecida a la alondra, suele estar por los caminos próximos a lugares habitados.
   «Enseña que son preferibles las tierras inmediatas a las poblaciones.»

3137   **Cada *sendero* tiene su atolladero** (Ac.).
   «Indica que en toda obra hay que vencer dificultades.»

3138   **Asaz es *señal* mortal no querer sanar** (Celestina, I, 38 y Correas, 67).
   Si el enfermo no coopera ni desea su curación, de poco sirven los medios que se empleen para lograrla.

3139   **Mala *señal* es de amor huir y volver la cara** (Celestina, VII, 246). *Mala señal de amor, huir y volver los ojos* (Correas, 286).
   Indica que quien ama a una persona no desea alejarse de ella.

3140   **A escaso *señor*, artero servidor** (DLengua, 102). Cuando el amo es cicatero, el criado ha de valerse de artimañas para obtener algún beneficio.
   Da a entender que en circunstancias difíciles es preciso obrar con sagacidad y astucia para superarlas.

3141   **A tal *señor*, tal honor** (Ac.).
   «Indica que según es la persona, así debemos honrarla.»

---

[17]   *Disanto* 'día festivo'.
[18]   *Senara* 'sembradura'.

3142   Cabe[19] *señor* ni cabe igreja,[20] no pongas teja (Ac.).
        «Denota de peligrosa la vecindad de los poderosos.»

3143   Haz lo que te manda tu *señor,* y pósate con él a la mesa. v. 196.

3144   No siempre le está bien al *señor* guardar, ni al pobre gastar (GAlfa-
        rache, II, 74). *No siempre le está bien al señor gastar, ni al pobre endurar* (Co-
        rreas, 362).
        Aconseja obrar según las circunstancias de cada momento.

3145   Págase[21] el *señor* del chisme, mas no del que lo dice (Ac.).
        «Denota que, aun a los que agrada el chisme, desagrada el chismoso.»

3146   Quien a buen *señor* sirve con servicio leal, buena soldada prende y
        no ál[22] (Zifar, 171).
        El que obra con rectitud y lealtad suele ser recompensado.

3147   Quien vive, loa el *Señor* (Lozana, 72).
        La vida es un don que debemos agradecer a Dios.

3148   Sirve a *señor* y sabrás de dolor (Ac.).
        «Advierte que el que sirve a los poderosos suele verse desatendido.»

3149   **Septiembre,** o lleva las puentes, o seca las fuentes (Ac.). *Septiembre, o*
        lleva los puentes, o seca las fuentes (FC, 265).
        «Declara lo necesarias y al mismo tiempo peligrosas que son las lluvias
        de otoño, y que no suelen tener término medio.»

3150   El que bien *see,*[23] no hay por qué se lieve[24] (Zifar, 34). *Quien bien see,*
        no se lieve (Zifar, 35). *Quien bien está, no se mude* (DLengua, 54). *Quien bien*
        está, no se mueva (FC, 259).
        Aconseja no buscar cambios, aunque puedan parecer favorables, cuan-
        do la situación que se disfruta no es mala.

3151   Lo que *fuere,* sonará (Ac., Santillana, 388 y Galdós, *2 mayo,* 17 y *Lucha-*
        na, 265). *La que sea, ya sonará* (Cela, *El Gallego,* 242).
        «Da a entender que a su tiempo se hará patente una cosa, o se conoce-
        rán sus consecuencias. También denota que se arrostran las consecuencias
        de una decisión por peligrosas que sean.»

3152   Quien bien *see,* no se lieve. v. 3150.

---

[19]   *Cabe,* ant. 'junto a'.
[20]   *Igreja,* ant. 'iglesia'.
[21]   *Pagarse* 'hacer estimación'.
[22]   *Ál* v. n. 13.
[23]   *Seer,* ant. 'permanecer, continuar en una situación'.
[24]   *Levar,* ant. 'salir, moverse a otra parte, irse'.

3153   Uno que *es* bueno, para sí es bueno (Lozana, 197).
La persona buena encuentra su recompensa en sí misma.

3154   A buen *servicio,* mal galardón. v. 3311.

3155   En el *servicio* del criado está el galardón del señor (Celestina, II, 119).
En el servicio del servidor, está el galardón del señor (HNúñez, II, 124 y Correas, 190).
Alaba la lealtad y buenos servicios de los subordinados.

3156   De *servidores* leales se hinchen los hospitales. v. 2008.

3157   A más *servir,* menos valer (Ac.).
«Enseña que algunas veces suelen desatenderse los méritos.»

3158   Ni *sirvas* a quien sirvió, ni pidas a quien pidió. v. 2738.

3159   Quien a otro *sirve,* no es libre (Celestina, IX, 28 y HNúñez, III, 300).
Manifiesta la sujeción en que se hallan los que dependen de otros.

3160   Quien *sirve* a muchos, no sirve a ninguno (Lozana, 208).
Suele pasar desapercibido el trabajo que se realiza para una comunidad.

3161   Do hay buen *seso,* hay otro mejor (Zifar, 16).
Por muy inteligente que sea una persona, siempre puede haber otra que la supere.

3162   La que no pone *seso* a la olla, no lo tiene en la toca (Ac.). Juega con dos sentidos de seso: el de 'piedra, ladrillo o hierro con que se calza la olla para que asiente bien' y el de 'sensatez, prudencia'.
«Enseña que el no poner cuidado en las cosas precisas e importantes es señal de poco juicio.»

3163   Ni tanto ni tan calvo que se le vean los *sesos* (Ac.). *Ni tanto ni tan calvo* (Delibes, *5 horas,* 161). *Ni tanto* por 'ni con tanto pelo'.
«Contra las exageraciones.»

3164   Quien poco *seso* ha, aína[25] lo expiende[26] (Zifar, 71).
A la persona de escasa inteligencia, enseguida se le agotan las ideas.

3165   Quien fue a *Sevilla* perdió su silla (Ac.).
«Advierte que la ausencia suele causar la pérdida de empleos, u otras mudanzas y novedades perjudiciales, o bien que uno no tiene derecho a recobrar lo que voluntariamente dejó.»

---

[25] *Aína* 'enseguida'.
[26] *Expender* 'gastar'.

3166 **Quien madruga a la *siega* no engorda a la puerca** (Ac.).
«Anima a madrugar para trabajar con provecho, como el segador que al ejecutar en sazón su labor, evita que se le desgranen las espigas.»

3167 **Cuando la *sierra* está tocada, en la mano viene el agua** (Ac.).
«Denota que cuando la sierra está cubierta de nubes, suele llover pronto.»

3168 **Topaste en la *silla:* por acá, tía** (Ac. y Dorotea, II, 192).
«Aconseja que el que encuentra peligros graves en lo que solicita o emprende, desista de lo empezado o aplique otros medios más seguros.»

3169 **No hay que mentar la *soga* en casa del ahorcado** (Ac.). *No se ha de mentar la soga en casa del ahorcado* (Ac. y Quijote, I, 25). *En casa del ahorcado no hay que mentar la soga* (Ac. s/v casa). *En casa del ahorcado no se ha de mentar la soga* (Ac. s/v casa).
«Aconseja no verter en la conversación especies ni palabras capaces de suscitar la memoria de cosa que sonroje o moleste a alguno de los circunstantes.»

3170 **Quien no trae *soga,* de sed se ahoga** (Ac. y PJustina, II, 96). Alude probablemente a la soga que se usa para sacar agua del pozo.
«Denota cuánto conviene para todos casos la prevención o preparación de los medios oportunos.»

3171 **Siempre quiebra la *soga* por lo más delgado** (Ac., GAlfarache, I, 155 y FC, *LGarcía,* 210). *La cuerda se rompe siempre por lo más flojo* (Delibes, *DEmigrante,* 148).
«Da a entender que por lo común el fuerte prevalece contra el débil, el poderoso contra el desvalido.»

3172 **Cuando el sol *sale,* para todos sale** (Ac.).
«Indica que hay muchos bienes y ocasiones de que disfrutan todos.»

3173 **Salga el *sol* por Antequera**[27] **y póngase por donde quiera** (Ac.). *Salga el sol por Antequera* (FC, *LGarcía,* 220 y Galdós, *GOriente,* 118).
«Ref. en que se apoyan los que toman a todo trance una resolución aventurada.»

3174 **Salíme al *sol,* dije mal y oí peor** (Ac. y Dorotea, IV, 368).
«Reprende la concurrencia al lugar o sitio en que se murmura y habla mal.»

3175 ***Sol* de invierno sale tarde y se pone presto** (Ac.).
«Se dice de todo bien tardío y de corta duración.»

---

[27] *Antequera,* pueblo de Málaga.

3176   **Sol de marzo, que parece que sale y da mazada** (PJustina, II, 213). *Dar mazada* es hacer o causar daño o perjuicio.
Aconseja no fiarse del sol de este mes.

3177   **Sol que mucho madruga, poco dura** (Ac.).
«Enseña que las cosas intempestivas o demasiado tempranas suelen malograrse.»

3178   **La soledad y la pobreza están mal juntas** (Lozana, 307).
Manifiesta que una cosa no sirve de alivio a la otra.

3179   **Cuando no tengo solomo,** [28] **de todo como** (Ac.).
«Recomienda contentarse con lo asequible, a falta de cosa mejor.»

3180   **No quiero, no quiero, pero echádmelo en el sombrero** (Ac.). *No quiero, no quiero, pero échalo en el sombrero* (Ac.). *No lo quiero, no lo quiero, mas échamelo en el capelo* [29] ('Ac. s/v capelo). *No quiero, no quiero, pero echádmelo en la capilla* [30] (Ac. s/v capilla). *No lo quiero, no lo quiero, pero échamelo en el sombrero* (FC, 257). *No quiero, no quiero, échamelo en el sombrero* (Galdós, *Estafeta*, 160).
«Contra los que rehúsan afectadamente recibir una cosa que les dan, con deseo de que les insten más para tomarla.» «Reprende la hipocresía del que se finge desprendido y a la vez solicita su provecho.» (s/v capelo.)

3181   **Al son que llora la vieja, canta el cura en la iglesia** (PJustina, I, 40).
Se decía a propósito de lo más o menos costosos que eran los funerales.

3182   **A son de parientes, busca qué meriendes** (Ac.).
«Persuade a no darse al ocio en confianza del socorro ajeno.»

3183   **Sopa en vino no emborracha, pero agacha** (Ac.). *Sopa en vino no emborracha, pero arrima a las paredes* (Ac.).
«Enseña que cada cosa obra sus naturales efectos aunque se disfrace o disimule con algún pretexto.»

3184   **Soplar y sorber no puede junto ser** (Ac.). *Sopas y sorber no puede junto ser* (Ac.).
«Persuade que no pueden lograrse a un tiempo cosas incompatibles.»

3185   **No hay peor sordo que el que no quiere oír** (Ac., Santillana, 492 y Criticón, III, 209). *No hay peor desentendido que el que no quiere entender* (Criticón, III, 183).
«Explica que son inútiles los medios con que se persuade al que con tenacidad y malicia no quiere hacerse cargo de las razones de otro.»

---

[28]   *Solomo* 'solomillo. Lomo de cerdo adobado'.
[29]   *Capelo* 'sombrero'.
[30]   *Capilla* 'capucha'.

3186   Cuanto mayor es la *subida,* tanto mayor es la descendida (Ac.). *De gran subida, gran caída* (Ac.).
«Advierte que cuanto más eleva la fortuna a los hombres, suele ser mayor la caída.»

3187   Cuando la *sucia* empucha, [31] luego anubla (Ac.).
«Da a entender que el que dilata por pereza lo que debe hacer a su tiempo, suele hallar después embarazos al hacerlo.»

3188   Lo que otro *suda,* a mí poco me dura (Ac.). *Lo que otro suda, a mí poco tura* [32] (Santillana, 386).
«Manifiesta la poca duración de las ropas de desecho que se dan a uno.»

3189   Los que no gozan de *suegra,* no gozan de cosa buena (GAlfarache, V, 58 y Correas, 278).
Considera buenas a las suegras, en contra de la opinión más corriente; o quizá está dicho con ironía.

3190   *Suegra,* ni aun de azúcar es buena (Ac.). *Suegra, ni de barro buena* (Santillana, 669).
«Advierte que por lo común las suegras se avienen mal con las nueras y con los yernos.»

3191   Apaña, [33] *suegro,* para quien te herede: manto de luto, corazón alegre (Ac.).
«Reprende el demasiado afán de atesorar riquezas, que suelen ir a parar a quien las gasta alegremente.»

3192   Para mí no puedo, y devanaré para mi *suegro* (Ac.).
«Se aplica a los que piden favor para una persona indiferente, no teniéndolo para sí.»

3193   Quitósele el *suelo* al cesto, y perdimos el parentesco. v. 1159.

3194   La *suerte* de la fea, la hermosa la desea. v. 1294.

3195   Lo que te ha tocado por *suerte,* no lo tengas por fuerte (Ac.).
«Enseña que solo es digno de aplauso lo adquirido por virtud y mérito propios.»

3196   El *sufrido* es bien servido (Criticón, III, 208). La persona sufrida no es exigente, y por eso se siente siempre atendida y apreciada.
Seguramente está dicho con ironía, porque, según Romera Navarro, [34] se aplica a los maridos consentidores.

---

[31]   *Empuchar* 'poner en lejía de agua y ceniza las madejas antes de sacarlas al sol para curarlas'.
[32]   *Turar,* ant. 'durar'.
[33]   *Apañar* 'guardar'.
[34]   v. Romera Navarro, M. Ed. crítica y notas de *El Criticón,* de B. Gracián, n. 256.

3197   Quien **sufrió,** calló y vido lo que quiso (DLengua, 45). *Quien calló,* [35] *ven-ció y lo que quiso vio* (HNúñez, III, 309).
       Elogia la discreción y la prudencia.

3198   Quien a los **suyos** se parece, honra merece (Ac.). *Bien haya quien a los suyos se parece* (Ac. s/v bien y DLengua, 102). *Bien haya el que a los suyos parece* (GAlfarache, I, 49). *Bien haya quien a los suyos parece* (Criticón, III, 203).
       «Elogia al que no desluce con malas acciones la reputación de sus ascendientes.» «Se dice de los que ejecutan algunas acciones semejantes a las que ejecutaron sus padres o parientes.» (s/v bien.)

3199   Quien da lo **suyo** antes de la (o de su) muerte, merece que le den con un mazo en la frente. v. 1735.

3200   Quien de los **suyos** se aleja, Dios le deja (Ac. y FC, *LGarcía,* 209).
       «Expresa que a quien abandona sin justo motivo a sus parientes o allegados, Dios le abandonará también.»

---

[35]   HNúñez, en ref. citado, añade: *'calló* quiere decir aquí *sufrió.'*

T

3201 Aunque no bebo en la *taberna,* huélgome en ella. *Si bebo, en la taberna; si no, huélgome en ella. Si no bebo en la taberna, huélgome en ella.* v. 3203.

3202 **Taberna** sin gente, poco vende (Ac. y PJustina, II, 260).
«Explica que la soledad y retiro no son a propósito para buscar la granjería o utilidad.»

3203 Ya que no bebo en la *taberna,* huélgome en ella (Ac.). *Si bebo, en la taberna; si no, huélgome en ella* (Santillana, 653). *Si no bebo en la taberna, huélgome en ella* (GAlfarache, III, 248). *Aunque no bebo en la taberna, huélgome en ella* (FC, 256).
«Nota que, aunque algunos no ejecutan lo que otros, se divierten viéndolo hacer; como en el juego, en el baile, etc.»

3204 Cuando el *tabernero* vende la bota, o sabe a la pez o está rota (Ac.).
«Advierte que no se compren ciertas cosas sin detenido examen, cuando las necesita el mismo que las vende.»

3205 De *tabernero* novel, y de puta del burdel. v. 2939.

3206 **Tablilla** [1] de mesón, que para sí no tiene abrigo y dale a todos (Celestina, VIII, 12). *Como tablilla de mesón, que a todos da mamparo e a sí non* (Correas, 121).
Reprende a los que dan consejos a otros y no los toman para sí.

3207 ¡Qué *tacha,* beber con borracha! [2] (Ac. y Santillana, 590).
«Se aplica a los grandes bebedores porque bebiendo por la bota, pueden saciar su apetito sin que se note lo que beben.»

---

[1] *Tablilla* 'pequeña tabla que sirve de anuncio o aviso de algo'.
[2] *Borracha* 'bota para el vino'.

3208 Todo *talante* [3] ha su semejante (Zifar, 234).
Denota la igualdad o semejanza moral que existe entre dos personas.

3209 La *taleguilla* de la sal, mala es de sustentar (Ac.). Se llama figuradamente *taleguilla de la sal* el dinero que se consume en comprar alimentos.
«Nota de gravoso el gasto diario.»

3210 No se alzó esta *tapia* para en la primavera echar la barda [4] (Ac.). Las tapias que se cubren con barda suelen ser las de corrales o casas de labor.
«Enseña que muchas cosas se empiezan para más de lo que parece.»

3211 Buena es la *tardanza* que hace la carrera segura (Zifar, 361 y Santillana, 113).
Aconseja dedicar a la ejecución de un trabajo todo el tiempo que sea necesario para hacerlo bien.

3212 No *tarda* quien viene. v. 3362.

3213 No cabe más la *taza,* que no es saca de lana (Dorotea, II, 187).
Se dice hiperbólicamente del que quiere sacar de alguna cosa más provecho del que se puede obtener.

3214 Cada uno se entiende, y hurtaba las *tejas* a su vecino (Ac.).
«Moteja al que para hacer alguna maldad afecta extravagancias con que ocultar sus malos designios.»

3215 Quien tiene *tejado* de vidrio, no tire piedras al de su vecino (Ac.). *Quien tiene tejado de birlo,* [5] *no es bien bolee al del vecino* (PJustina, II, 17).
«Aconseja al que tuviere motivos o causas para ser censurado, no censurar a los demás.»

3216 *Tejado* de un rato, [6] labor para todo el año (Ac.).
«Enseña que la obra hecha de prisa, ocupa más tiempo en repararla.»

3217 Más vale gordo al *telar,* que delgado al muladar (Ac.). Es preferible dejar el hilo gordo a que, por afinarlo demasiado, se rompa fácilmente.
«Enseña que no se deben apurar tanto las cosas ni quererlas tan exquisitas que se pierda todo.»

3218 *Temas* [7] hay de gavilán, que está cocido y quiere volar (Dorotea, I, 117, HNúñez, III, 430 y Correas, 474).
Contra los que se empeñan en conseguir imposibles.

---

[3] *Talante* 'voluntad, deseo, gusto. Disposición personal'.
[4] *Barda* 'cubierta de paja o broza que se pone sobre las tapias'.
[5] *Birlo* 'bolo'.
[6] *De un rato* 'hecho con precipitación'.
[7] *Tema* 'obstinación, manía'.

3219   El que poco *tiene,* poco se precia (Corbacho, 299). *Quien poco tiene, poco puede* (Correas, 424).
       No puede presumir quien tiene pocos recursos.

3220   Mejor es *tener* que no demandar (Lozana, 212).
       Además de su sentido recto, aconseja que se conforme uno con lo que posee.

3221   Quien más *tiene,* más quiere (Ac.).
       «Advierte la insaciabilidad de la codicia, que se aumenta con las riquezas.»

3222   Quien poco *tiene,* poco puede. v. 3219.

3223   Quien *tuvo,* retuvo. v. 3355.

3224   Quien poco *tiene,* hace largo testamento (Lozana, 109).
       Da a entender, irónicamente, lo contrario de lo que se dice.

3225   Un *testigo* solo no es entera fe (Celestina, VII, 256).
       No debe considerarse suficiente el testimonio de una sola persona, aunque afirme que ha presenciado el hecho de que se trate.

3227   Desde que vi a tu *tía,* muero de acedía;[8] desde que no la veo, muero de deseo (Ac.).
       «Advierte la inconstancia de los deseos y pasiones humanas.»

3228   Al *tiempo* el consejo (Celestina, VII, 262 y Correas, 38).
       Los consejos deben darse solamente cuando la ocasión lo requiere.

3229   Al *tiempo* se encoge[9] mejor la hierba malva[10] (BAmor, 104). «Se empleaba este dicho si las cosas se ponían mal, cuando se esperaba que tomasen buen cariz.»[11]
       Da a entender la oportunidad con que se deben hacer las cosas.

3230   A mal *tiempo,* buena cara (Ac. y Galdós, *De Oñate,* 254).
       «Aconseja recibir con relativa tranquilidad y entereza las contrariedades y reveses de la fortuna.»

3231   A su *tiempo* maduran las brevas (Ac.). *A su tiempo maduran las uvas* (Ac. y Galdós, *7 julio,* 89). *Con el tiempo maduran las uvas* (Ac.).
       «Aconseja la paciencia y espera para lograr un fin.»

3232   A su *tiempo,* nabos en Adviento. v. 1069.

---

   8   *Acedía* 'tristeza, sinsabor'.
   9   *Encoger* 'reunir, juntar'.
   10   *Hierba malva* 'enredadera'.
   11   v. Corominas, ed. crítica *BAmor.*

3233   Con el *tiempo* maduran las uvas. v. 3231.

3234   Cual el *tiempo,* tal el tiento (Ac. y Quijote, II, 55). *Tal el tiempo, tal el tiento* (Quijote, II, 50 y Galdós, *Bodas,* 112).
        «Aconseja la prudencia en acomodarse a las circunstancias y al tiempo.»

3235   El *tiempo* cura al enfermo, que no el ungüento (Ac. y FC, *LGarcía,* 204).
        «Da a entender que el tiempo es la más eficaz medicina de los males.»

3236   En *tiempo* de higos no hay amigos (Ac.). *En tiempo de higos, higas*[12] (Criticón, II, 112).
        «Zahiere a los que en los tiempos de su prosperidad o fortuna se olvidan de los amigos.»

3237   Más vale llegar a *tiempo* que rondar un año (Ac.).
        «Denota que la oportunidad es la mejor condición para lograr la realización de cualquier fin.»

3238   Nunca «*tiempo* hay» hizo cosa buena (Ac.).
        «Contra los que dilatan la realización de un negocio.»

3239   Quien en *tiempo* huye, en tiempo acude (Ac.).
        «Advierte que quien sabe en tiempo retirarse y huir del riesgo o peligro, sabe también acometer oportunamente.»

3240   Quien quisiere ser mucho *tiempo* viejo, comiéncelo presto (Ac.).
        «Aconseja la moderación en las acciones y modo de proceder, porque los excesos de la mocedad abrevian la vida.»

3241   Quien *tiempo* tiene y tiempo atiende, tiempo viene que se arrepiente (Ac., Santillana, 627 y DLengua, 103). *Quien tiempo ha, y tiempo atiende, tiempo viene que tiempo pierde* (Zifar, 75). *Quien tiempo tiene y mejor le espera, tiempo viene que se arrepiente* (Celestina, IX, 40).
        «Aconseja no perder la ocasión que se ofrece, por la esperanza de que vendrá otra mejor.»

3242   Siga el *tiempo* quien vivir quisiere; si no hallarse ha solo y sin argén[13] (Corbacho, 102). *Siga el tiempo quien bien se quiere, si no hallarse ha solo y sin argén* (HNúñez, III, 393). *Siga el bien quien bien se quier; si no, hallarse ha solo y sin argén* (Correas, 454).
        Aconseja acomodarse a las costumbres de cada época o lugar.

3243   Tal el *tiempo,* tal el tiento. v. 3234.

---

[12] *Higa* 'ademán de desprecio'.
[13] *Argén,* ant. 'dinero'.

3244   **Tiempos** hay de acometer y tiempos de retirar (Quijote, II, 4).
         Recomienda hacer lo más oportuno en cada momento.

3245   **Tiempo** tras tiempo viene (Ac.). *Tiempo tras tiempo, y agua tras viento* (San-
         tillana, 677).
             «Fr. proverb. alusiva a la instabilidad y mudanza de las cosas hu-
         manas.» [14]

3246   **A quien está en su *tienda*, no le achacan que se halló en la contienda**
         (Ac.).
             «Da a entender que a los que cuidan de su obligación, empleo y oficio,
         y a los que ocupan bien el tiempo, no les suelen atribuir delitos, como suce-
         de a los holgazanes y vagabundos.»

3247   **Quien tenga *tienda*, que la atienda** (Ac.). *Quien tiene tienda, que la atienda*
         (Ac.). *Quien tenga tienda, que la atienda, y si no que la venda* (Ac.).
             «Advierte la vigilancia que uno debe tener en sus propios negocios. Suele
         añadirse: y si no, que la venda.»

3248   **A tu *tierra*, grulla, aunque sea con un pie** (Ac.). Las grullas suelen man-
         tenerse sobre un pie cuando se posan.
             «Indica la mayor comodidad y ventaja de vivir uno en su país y entre
         los suyos.»

3249   **Callar y obrar por la *tierra* y por la mar** (Ac.).
             «Enseña que para negociar bien, se ha de hablar poco y obrar con dili-
         gencia.»

3250   **De luengas *tierras*, luengas mentiras.** v. 3395.

3251   **En cada *tierra*, su uso, y en cada casa, su costumbre** (Ac.). *En cada tie-
         rra, su uso* (Santillana, 296, GAlfarache, IV, 180 y Quijote, II, 9).
             «Aconseja amoldarse a los usos y costumbres del paraje donde viva o
         de los sujetos con quienes trate.»

3252   **En la *tierra* de los necios, el loco es rey.** v. 3254.

3253   **En *tierra* ajena, la vaca al buey acornea** (Ac.).
             «Da a entender que cualquiera, aun siendo inferior, se atreve a insultar
         a quien no tiene protección y abrigo.»

3254   **En *tierra* de ciegos, el tuerto es rey** (Ac.). *En la tierra de los necios, el loco
         es rey* (Criticón, II, 370).
             «Manifiesta que con poco que uno valga en cualquiera línea, le basta
         para sobresalir entre los que valen menos.»

---

[14]   Ac. desde 1726 hasta 1822 lo califica de refrán. No se cita en las eds. de 1837-1869.
Reaparece en la de 1884 con la calificación de fr. proverb.

3255 En *tierra* de señorío, almendro o guindo; en tierra real, noguera y moral (Ac.). «Aconseja que no es conveniente echar muchas raíces ni hacendarse en tierra de señorío, porque ordinariamente los señores tratan mal a sus vasallos y, una vez arraigados, no pueden irse a otra parte para redimir su vejación; lo que podrán hacer si no se arraigan y solo plantan cosas de poco precio, como son el almendro y el guindo.» [15] El almendro vive de 60 a 70 años. El nogal, dos o tres siglos.

«Denota [que] no convenía arraigarse o hacendarse mucho en tierra de señorío, sino en territorio realengo.»

3256 La *tierra* baza, buen pan amasa. v. 3258.

3257 La *tierra* do me criare, démela Dios por madre (Ac. y FC, *LGarcía*, 216). *La tierra que me sé, por madre me la he* (Santillana, 396 y Lozana, 95). *La tierra que el hombre sabe, esa es su madre* (GAlfarache, II, 233). Se considera más querida y propia la tierra donde se vive que aquella en la que se nació.

«Da a entender que cada uno se halla contento en la tierra en que se ha criado.»

3258 La *tierra* negra buen pan lleva (Ac.). *La tierra baza buen pan amasa* (Ac.).

«Manifiesta la buena calidad de los terrenos de este color, para el cultivo y labranza.»

3259 La *tierra* que el hombre sabe, esa es su madre. *La tierra que me sé, por madre me la he.* v. 3257.

3260 No hay *tierra* mala, si le viene su añada [16] (Ac.).

«Indica que no hay cosa, por inútil que parezca, de la cual no pueda sacarse provecho en alguna circunstancia.»

3261 Al que a mí me trasquiló, las *tijeras* le quedaron en la mano. v. 3263.

3262 Las malas *tijeras* hicieron a mi padre tuerto (Dorotea, IV, 367). *Las malas tijeras hicieron a mi marido tuerto* (Correas, 263). «Se dijo porque el que corta con malas tijeras, como va haciendo fuerza, tuerce la boca; y enseña que de la continuación en la mala costumbre se hace vicio y queda como hábito y naturaleza.» [17] Por otra parte, *tijeras* tiene el sentido figurado de 'persona que murmura', y *tuerto* puede significar 'agravio'. Probablemente juega el refrán con el sentido recto y figurado de ambas palabras.

Da a entender que las murmuraciones son causa de agravios y de males.

---

[15] v. Ac. 1726 s/v almendro.
[16] *Añada* 'condiciones meteorológicas favorables para las cosechas que se dan durante un año'.
[17] v. Ac. 1726 s/v boquituerto y Covarrubias s/v tiseras.

3263   **Quien a mí me trasquiló, con las *tijeras* se quedó** (Ac.). *Quien a mí me trasquiló, le quedaron las tijeras en la mano* (Ac.). *Quien a nosotros trasquiló, las tijeras le quedaron en la mano* (Quijote, II, 37). *Quien a mí me trasquiló, las tijeras le quedaron en la mano* (Galdós, *Arapiles*, 115). *Al que a mí me trasquiló, las tijeras le quedaron en la mano* (Galdós, *Apostólicos*, 178).
        «Advierte que el mismo que dañó o perjudicó a uno, puede causar a otro igual daño o perjuicio.»

3264   **Sobre negro no hay *tintura*** (Ac.).
        «Denota lo difícil que es corregir o mejorar el mal genio o natural, o excusar y disimular las malas acciones.»

3265   **Apagóse el *tizón*, y pareció quien lo encendió** (Ac.).
        «Denota que cuando los que estaban enemistados se hacen amigos, se descubre al autor de la discordia.»

3266   **Más vale hasta el *tobillo* que hasta el colodrillo** [18] (Ac.).
        «Indica que de los males son preferibles los menores.»

3267   **Dos *tocas* en un hogar, mal se pueden concertar** (Ac.).
        «Explica la dificultad de convenirse o vivir en paz dos que quieren mandar, especialmente dos mujeres, en una casa.»

3268   ***Tocas* de beata, y uñas de gata.** v. 754.

3269   **Gran *tocado*,** [19] **y chico recado** [20] (Ac. y Santillana, 341).
        «Reprende a los que, con las apariencias y ornato exterior que ostentan, quieren disimular su poco valimiento y poder.»

3270   **Adonde pensáis hallar *tocinos*, no hay estacas** (Ac.). *A do pensáis que hay tocinos, no hay estacas* (Santillana, 17). *Do pensáis que hay tocinos, no hay estacas* (Lozana, 50). *Adonde se piensa que hay tocinos, no hay estacas* (Quijote, II, 55 y Galdós, *Bodas*, 48). *Muchos piensan que hay tocinos, y no hay estacas* (Quijote, I, 25). *No siempre hay tocinos donde hay estacas* (Quijote, II, 65). *Donde se piensa que hay tocino, no hay estacas* (FC, 263). «En las aldeas hincan en las paredes unas estacas de las cuales cuelgan algunas cosas, y particularmente tocinos, de donde nació el proverbio: Adonde pensáis hallar tocinos, no hay estacas.» [21]
        «Advierte cuánto se engañan algunos, creyendo que otros que carecen aun de lo necesario tienen grandes facultades.»

3271   **El *tocino* del paraíso, para el casado no arrepiso** [22] (Ac.).
        «Da a entender que es raro el casado que no está arrepentido.»

---

[18] *Colodrillo* 'parte posterior de la cabeza'.
[19] *Tocado* 'peinado y adorno de la cabeza, especialmente de las mujeres'.
[20] *Recado* 'provisión que para el surtido de las casas se lleva del mercado'.
[21] v. Covarrubias s/v estaca.
[22] *Arrepiso*, p.p. irregular y ant. del verbo arrepentirse.

3272 El *tocino* hace la olla, y el hombre la plaza; la mujer, la casa (GAlfara-che, IV, 182).
Da a entender que cada uno tiene obligaciones que le son propias y que debe atender debidamente.

3273 Muchos piensan que hay *tocinos,* y no hay estacas. *No siempre hay tocinos donde hay estacas.* v. 3270.

3274 En *Toledo,* el abad a huevo, y en Salamanca, a blanca (Dorotea, II, 148, HNúñez, II, 124 y Correas, 200). *A huevo* y *a blanca* son locuciones que indican lo baratas que están las cosas, por la abundancia de ellas.
Se decía por el gran número de clérigos que había en ambas ciudades.

3275 En *Toledo,* no te cases, compañero (Criticón, III, 209 y Correas, 200).
El refrán considera a las mujeres de esta tierra poco dignas de confianza.

3276 Más vale un «*toma*» que dos «te daré» (Ac. y Quijote, II, 7, 35 y 71). *Haré, haré: más vale un «toma» que dos «te daré»* (Santillana, 334).
«Enseña que el bien presente que se disfruta es preferible a las esperan-zas y promesas, aunque sean más halagüeñas.»

3277 Quien *toma,* dar debe (BAmor, 173).
Aconseja corresponder a los favores de los demás.

3278 El *tonto,* si es callado, por sesudo es reputado. v. 440.

3279 No hay *tonto* para su provecho (Ac.).
«Advierte que por poca capacidad que uno tenga, en llegando a su pro-pia utilidad, suele discurrir con acierto.»

3280 El *toro* y el vergonzoso, poco paran en el coso (PJustina, II, 181).
El toro, porque lo matan, y el vergonzoso porque suele huir de los luga-res públicos.

3281 Pelean los *toros,* y mal para las ramas (Ac. y Santillana, 553).
«Enseña que de las riñas y disgustos entre los poderosos salen perjudi-cados los subalternos.»

3282 Quien da a la *torre,* antes dice[23] la piedra que sale el alhorre[24] (BAmor, 1007).
«Proverbio aplicado a cualquiera que se halla en una posición peligro-sa, como la del amenazado de morir de frío, o la del que ha arrojado una piedra hacia arriba para hacer salir el gerifalte que anida en lo alto de una torre, y si él no se aparta le caerá la piedra en la cabeza.»[25]

---

[23] *Decir* 'descender, bajar'.
[24] *Alhorre* 'alforre', ave parecida al halcón.
[25] v. Corominas, ed. crítica BAmor.

3283   *Trabajar* y nunca medrar. v. 55.

3284   Todo aquello alegra que con poco *trabajo* se gana (Celestina, IX, 37).
        Alegra lo que sin trabajo se gana y sin trabajo se aumenta (Correas, 28).
            Denota la satisfacción que produce el dinero que llega inopinadamente.

3285   *Trabajo* [26] tiene la zorra, cuando anda a grillos (Ac.).
            «Pondera la estrechez y apuro que demuestra el que aplica su esfuerzo
        a cosas de poquísima utilidad.»

3286   La *traición* aplace, mas no el que la hace (Ac.). *La traición aplace, y no
        el traidor que la hace* (GAlfarache, II, 160). *Aunque la traición aplace, el traidor
        se aborrece* (Quijote, I, 39).
            «Enseña que aun aquel a quien aprovecha la traición desprecia al trai-
        dor y desconfía de él.»

3287   A un *traidor,* dos alevosos (Ac., Santillana, 35, Celestina, III, 136 y DLen-
        gua, 103). *A un alevoso, dos traidores* (FC, 255).
            «Da a entender que el que obra con traición no merece que se le guar-
        de fe.»

3288   Más vale una *traspuesta* [27] que dos asomadas (Ac.).
            «Advierte que vale más no meterse en alguna acción de empeño que
        intentarla en vano.»

3289   ¿Adónde vas, *trigo* tardío? —A alcanzar al temprano. —Ni en paja ni
        en grano (Ac.).
            «Recomienda la siembra en sazón. fig. Muestra que el trabajo que se
        deja para última hora no da tan buen fruto como el que se hace en el tiem-
        po oportuno.»

3290   Cuando siembres, siembra *trigo,* que chícharos [28] hacen ruido (Ac.).
            «Advierte que solo se debe trabajar y gastar en cosas útiles.»

3291   Ni mío es el *trigo,* ni mía es la cibera, [29] y muela quien quiera (Ac.).
            «Enseña que en los negocios ajenos no nos debemos entrometer sin ser
        llamados.»

3292   No es lo mismo predicar que dar *trigo* (Ac.). *Una cosa es predicar y otra
        dar trigo* (Galdós, *Narváez,* 241 y *Apostólicos,* 54 y Delibes, *5 horas,* 107 y
        269).
            «Denota que es más fácil aconsejar que practicar lo que se aconseja.»

3293   Por mucho *trigo* nunca es mal año. v. 2684.

---

[26]   *Trabajo* 'estrechez, miseria'.
[27]   *Traspuesta* 'huida, fuga'.
[28]   *Chícharo* 'garbanzo'.
[29]   *Cibera:* en Extremadura 'tolva', parte del molino.

3294   Si te fuere bueno el *trigo* tardío, no se lo digas a tus hijos (Ac.).
«Para indicar que cuando la pereza o una acción descuidada cualquiera nos da por casualidad buenos resultados, no debemos alabarnos de ella, para no dar mal ejemplo.»

3295   *Tripas* llevan corazón, que no corazón tripas (Ac. y Quijote, II, 47). *Tripas llevan pies* (Ac.). *Tripas llevan pies, que no pies tripas* (Quijote, II, 34 y Galdós, *Empecinado, 9* y *GOriente, 201*).
«Enseña cuánto conviene, para tener valor, esfuerzo o alegría, estar bien alimentado.»

3296   *Tripa* vacía, corazón sin alegría (Ac.).
«Tripas llevan corazón, que no corazón tripas.»

3297   Morir ahorcados, o comer con *trompetas* (GAlfarache, IV, 15).
Se dice del que no está dispuesto a conformarse con medianías. Tiene el mismo sentido que el ref. siguiente.

3298   Ayunar, o comer *trucha* (Ac., Lozana, 44 y FC, 256).
«Expresa la resolución de quedarse sin nada o lograr lo mejor.»

3299   Las *truchas* y las mentiras, cuanto mayores, tanto mejores (Dorotea, IV, 368). *La trucha y la mentira, cuanto mayor, tanto mejor* (Correas, 490).
Se dice cuando se sospecha que alguien está mintiendo.

3300   No se cogen *truchas* a bragas enjutas (Ac.). *No se pescan truchas a bragas enjutas* (Ac. y Galdós, *De Oñate, 115*). *No se toman truchas a bragas enjutas* (Ac. y Criticón, III, 209). *No se toman truchas...* (Celestina, VII, 233 y Quijote, II, 71). *No se pueden pescar truchas a bragas enjutas* (Cela, *El Gallego, 86*).
La pesca de la trucha requiere meterse dentro del agua.
«Enseña cómo para conseguir lo que se desea es necesario poner diligencia y pasar trabajos.»

3301   Más vale dar buen *trueno* [30] que dinero a maese Pedro (Dorotea, V, 431). *Más vale dar buen trueno que dinero a maestre Pedro* (Correas, 299).
Alude a quienes prefieren hacer algo, aunque pueda causar escándalo, a tener que gastar dinero.

3302   Quitáronlo a la *tuerta* y diéronlo a la ciega (Ac.).
«Denota el hecho de quitar una dignidad, empleo u otra cosa al que era en alguna manera benemérito, y dársela al que es enteramente indigno.»

3303   Con un poco de *tuerto*, [31] llega el hombre a su derecho (Ac.).
«Denota que para conseguir lo que se nos debe de justicia, conviene a veces sufrir alguna vejación y ceder algo de nuestro derecho.»

---

[30]   *Dar un trueno* 'decir o hacer algo que cause escándalo'.
[31]   *Tuerto* 'sinrazón o injusticia que se hace a uno'.

3304   Más vale *tumbo* de olla[32] que abrazo de moza (Ac.).

      «Denota que las cosas que dan provecho son preferibles a las de mero gusto.»

3305   **Por do fueres, de los *tuyos* halles** (Lozana, 39). *Adonde quiera que vayas, de los tuyos hayas* (DLengua, 102). *Do quiera que vayas, de los tuyos hayas* (DLengua, 121). *Donde quiera que vayas, de los tuyos hayas* (Criticón, III, 203).

      Encarece la conveniencia de encontrar amigos o parientes cuando se está fuera de casa o en tierra extraña.

---

[32]   *Tumbo de olla* 'cada uno de los tres vuelcos de la olla: caldo, legumbres y carne'.

U

3306   *Uno* y ninguno, todo es uno (Ac.).
«No hay hombre sin hombre.» Todos necesitamos la ayuda de otros.

3307   *Uñas* de gato, y cara (o hábito) de beato. v. 754.

3308   El *usar* saca oficial (Ac.).
«El uso hace maestro.» Elogia el trabajo continuado y la experiencia que se obtiene de él.

3309   Lo que se *usa* no se excusa (Ac. y Criticón, III, 205).
«Advierte que nos debemos conformar con la costumbre común del tiempo, o que es difícil sustraerse a la fuerza del uso común.»

3310   Al mal *uso* quebrarle la pierna. v. 1944.

3311   A *uso* de Aragón, a buen servicio, mal galardón (Criticón, III, 210).
A buen servicio, mal galardón (Quijote, II, 66).
Contra la ingratitud.

3312   A *uso* de iglesia catedral, cuales fueron los padres, los hijos serán (Ac.).
Donde hay catedral, hay un obispado que dicta las normas a las otras iglesias.
«Enseña el influjo que tiene el ejemplo y, en especial, el de los padres para con los hijos.»

3313   El *uso* hace maestro (Ac.). *Uso hace maestro* (Santillana, 712).
«Persuade a ejercitar las artes, ciencias y virtudes, pues la repetición de sus actos facilita su mayor perfección y destreza.»

3314 La *uva* torrontés, ni la comas ni la des, para vino buena es; la calagraña, cómela o dala, que para vino no vale nada (Ac.). La uva torrontés es una variedad de color blanco, muy transparente, con el grano pequeño y el hollejo muy tierno y delgado, por lo cual se pudre pronto. Se hace vino de ella, muy oloroso, suave y claro, que se conserva mucho tiempo. La calagraña es una variedad de uva de mala calidad.

«Explica las cualidades de estas uvas.»

3315 Poda tardío y siembra temprano; cogerás *uva* y grano (Ac.).

«Poda tardío y siembra temprano: si errares un año, acertarás cuatro.» Aconseja hacer las cosas a su debido tiempo.

V

3316   **A la vaca harta, la cola le es abrigada** [1] (Ac.). *La vaca harta, de la cola hace cama* (Ac.).
«Indica que al que ha comido con abundancia, nada le suele embarazar para dormir bien.»

3317   **De la vaca flaca, la lengua y la pata** (Dorotea, V, 385). Estas dos partes del cuerpo son las que menos varían de calidad en las reses aunque estén mal alimentadas.
Indica que incluso de lo que parece malo o inútil se puede sacar algún provecho.

3318   **La vaca harta, de la cola hace cama.** v. 3316.

3319   **Más vale vaca en paz, que pollos con agraz** [2] (Ac.). *Más valen cardos en paz, que pollos con agraz* (Ac. s/v cardo). *Más quiero cardos en paz, que no salsa de agraz* (Santillana, 419). *Más vale carnero en paz, que no pollo con agraz* (PJustina, I, 178).
«Encarece el sosiego y tranquilidad, aunque solo se disfrute de medianas comodidades.»

3320   **Matad vacas y carneros; dadme un cornado** [3] **de bofes** (Ac.). *Mata vacas y carneros y dame un cornado de bofes* (Santillana, 460).
«Se dice de quien, por pequeña ocasión o por exiguo provecho, pretende que otro se incomode o trabaje demasiado.»

---

[1] *Abrigada* 'abrigo, resguardo, refugio'.
[2] *Agraz* 'zumo que se saca de la uva sin madurar'; y en sent. fig., 'rencilla, disgusto'.
[3] *Cornado* 'moneda de escaso valor, equivalente a un cuarto de maravedí'.

3321   **Por eso se vende la vaca; porque uno come la pierna, y otro la falda**
(Ac.). *Por eso se vende la vaca; porque uno quiere la pierna, y otro la falda* (Ac.).
Por eso se vende la vaca; porque unos quieren la pierna y otros la falda (Dorotea,
V, 446).
«Enseña que por la diversidad de gustos todo resulta aprovechable.»

3322   **Quien come la vaca del rey, a cien años paga los huesos** (Ac. y Santillana, 609).
«Advierte que quien ha sido poco fiel en el manejo de los caudales de
los poderosos, no se dé por seguro, por mucho tiempo que pase, de que
no le residencien[4] y se lo hagan pagar doblado.»

3323   **Si quieres ser rico, calza de vaca y viste de fino** (Ac.).
«Aconseja preferir los géneros de mejor calidad, por ser de más duración.»

3324   **Vaca y carnero, olla de caballero** (Ac.).
«Ref. con que en lo antiguo se expresaba que la mesa donde había una
olla con vaca y carnero, era de lo mejor en aquellos tiempos.»

3325   **So vaina de oro, cuchillo de plomo** (Ac.).
«Enseña que no se puede fiar en apariencias y adornos, porque muchas
veces suelen encubrir cosas muy despreciables.»

3326   **Lo que mucho vale, mucho cuesta** (Ac.).
«Se avisa que no debe repararse en el trabajo o en el coste de las cosas
cuando son muy estimables.»

3327   **Más vale morir honrado que vivir deshonrado.** v. 2362.

3328   **Más vale perder lo poco que perderlo todo.** v. 3412.

3329   **Más vale tarde que nunca** (Ac. y Galdós, *Vergara,* 73).
«Significa que aunque se haga o llegue con retraso una cosa, resulta
útil y estimable.»

3330   **Tanto vales cuanto tienes** (Ac. y Quijote, II, 43). *Tanto vales cuanto has,
y tu haber demás* (Santillana, 674).
«Significa que el poder y la estimación entre los hombres suelen ser a
proporción de la riqueza que tienen.»

3331   **Valiera más solo que mal acompañado** (Celestina, II, 123). *Vale más
estar solo que mal aconsejado* (Criticón, I, 271). Es preferible la soledad cuando la compañía que se podría tener no es agradable.
«Aconseja el cuidado en hacer elección de las compañías, pues si no
son buenas, echan a perder al de mejores inclinaciones.»[5]

---

[4] *Residenciar* 'pedir cuenta o hacer cargo'.
[5] v. Ac. 1726 s/v acompañado.

3332   **Los *valientes* y el buen vino duran poco** (Ac.). *Los valientes y el buen vino se acaban presto* (Ac.).
«Advierte a los que se jactan de valientes que están muy expuestos a recibir daño y perderse, por las frecuentes ocasiones en que suelen arrostrar el peligro. También indica que las bravatas y palabras arrogantes, en cuanto llega la ocasión de obrar, suelen resultar vanas.»

3333   **Quien no aprieta[6] en *vallejo*,[7] no aprieta en concejo** (Ac.).
«Enseña que el que no tiene riquezas, no suele tener autoridad. Dícese por alusión a los labradores pobres, de cuyo voto suele hacerse poco caso.»

3334   ***Vanidad* y pobreza, en una pieza** (Ac.). *Vanidad y pobreza, todo en una pieza* (FC, 258).
«Moteja al que tiene orgullo siendo pobre.»

3335   **Ayer *vaquero* y hoy caballero** (Ac. y FC, 262).
«Denota la inestabilidad de las cosas humanas.» También puede referirse al que presume de títulos cuando todo el mundo conoce su origen humilde.

3336   **Cuando te dieren la *vaquilla*, acude con la soguilla** (Ac. y Quijote, II, 41). *Cuando te dieren la vaquilla, corre con la soguilla* (Ac. y Quijote, II, 4 y 50). *Cuando te dan la cabrilla, acorre con la soguilla* (BAmor, 870). *Cuando te dieren la cabrilla, acorre con la soguilla* (Corbacho, 153). *Cuando te dieren la vaquilla, acorre con la soguilla* (Santillana, 603). *Cuando te ofrecieren la cochinilla, etc.* (PJustina, II, 187). *Si te dan la vaquilla, acude con la soguilla* (Galdós, Chamartín, 218). *Cuando nos dan la vaquilla, acudamos con la soguilla* (Galdós, Bodas, 113).
«Así nos aconseja no despreciar lo que nos den, aun cuando nos parezca desmedrado y mezquino, como también aprovechar la ocasión, por el riesgo de que no vuelva.» La Ac. dice: «aun cuando nos parezca desmedrado y mezquino», por considerar que los diminutivos tienen un sentido despectivo.

3337   **Nadie le dio la *vara*; él se hizo alcalde, y manda** (Ac.).
«Reprende a los entremetidos que se toman el cargo que no les corresponde ni les dan.»

3338   **Al buen *varón*, tierras ajenas su patria le son** (Ac.).
«Significa que el hombre honrado y de buenas prendas, aunque esté en país extranjero y lejos de su patria, encuentra amigos, conveniencias y bienestar.»

3339   **Donde no hay *varón*, todo bien fallece** (Celestina, IV, 174).
Alude a lo necesario que es el hombre para que una casa vaya bien.

3340   **Esa, don *Vasco*, rapáosla del casco[8]** (Dorotea, V, 384). *Esa, don Velasco, rapáosla del casco* (HNúñez, II, 131 y Correas, 204).
Se usa para contradecir lo que otro afirma o cree.

---

6   *Apretar* 'aguijar, espolear'.
7   *Vallejo*, diminutivo de 'valle'.
8   *Rapar del casco* 'disuadir a uno de algún pensamiento o idea que se le había fijado'.

3341   A la *vasija* nueva dura el resabio de lo que se echó en ella (Ac.).
        «Significa que los vicios y malas costumbres contraídos en la primera
        edad no se suelen perder en toda la vida.»

3342   No hay *vasija* que mida los gustos, ni balanza que los iguale (GAlfara-
        che, I, 92).
        Es difícil valorar o medir materialmente los gustos y las cualidades de
        las personas.

3343   Por malas *vecindades,* se pierden heredades (BAmor, 260).
        Un mal vecino puede ocasionar grandes daños o molestias.

3344   Fui a mi *vecina* y avergoncéme; volví a mi casa y consoléme. v. 632.

3345   Sangraos, *vecina.* —El buen vino es medicina (Criticón, III, 78). *San-*
        graos, Marina; sopa en vino es medicina (HNúñez, III, 362 y Correas, 443).
        Era muy corriente que los médicos ordenaran extraer sangre a los en-
        fermos.
        Contra los que quieren hacer su gusto por encima de todo.

3346   Ara por enjuto o por mojado; no besarás a tu *vecino* el rabo (Ac.).
        Besar el rabo es ejecutar una acción servil.
        «Da a entender que el que trabaja, en cualquiera sazón que lo haga,
        no necesitará mendigar el socorro del vecino.»

3347   El buen *vecino* hace tener al hombre mal aliño (Ac.).
        «Reprende la demasiada confianza de los que, atenidos a lo que los otros
        pueden hacer a su favor, descuidan las diligencias que deben hacer por sí
        mismos.»

3348   El mal *vecino* ve lo que entra, y no lo que sale (DLengua, 78 y Santilla-
        na, 251).
        La persona mal intencionada solamente observa o presta atención a las
        cosas que puede juzgar mal.

3349   Quien cabe mal *vecino* mora, horas canta y horas llora (DLengua, 184).
        Pondera la importancia de tener buenos vecinos para vivir en paz.

3350   Quien ha buen *vecino,* ha buen maitino [9] (DLengua, 50 y Santilla-
        na, 593).
        Indica la tranquilidad y apoyo que se puede encontrar con una buena
        vecindad.

3351   Quien de una *vegada* [10] no se escarmienta, muchas veces se arrepiente
        (Zifar, 181).
        La persona que no aprende con la experiencia está continuamente ex-
        puesta a cometer los mismos errores.

---

[9]   *Maitino* 'alba, mañana'.
[10] *Vegada,* ant. 'vez'.

3352   **Ahorrar para la *vejez*, ganar un maravedí y beber tres** (Ac.).
       «Reprende a los que gastan más de lo que tienen.»

3353   **A la *vejez*, aladares de pez** (Ac. y Santillana, 70).
       «Moteja a los viejos que se tiñen las canas para parecer mozos.»

3354   **A la *vejez*, viruelas** (Ac., Cela, *El Gallego*, 28 y *Lazarillo*, 30 y Delibes,
       5 horas, 196 y 219).
             «Nota a los viejos alegres y enamorados o que hacen cosa que no co-
       rresponde a su edad. Se dice también notando de tardía y fuera de sazón
       una cosa.»

3355   **El que tuvo y retuvo, guardó para la *vejez*** (Ac.). *Quien tuvo, retuvo* (Ac.
       s/v tener).
             «Se emplea refiriéndose a los que con los años no perdieron el vigor,
       la intrepidez, la belleza o alguna otra cualidad propia de su edad viril.»
       «Para indicar que siempre se conserva algo de lo que en otro tiempo se
       tuvo: belleza, gracia, gallardía, caudal.» (s/v tener.)

3356   **Quien a sí *vence*, a nadie teme** (DLengua, 113).
             Considera el dominio de sí mismo como el máximo poder y valor de
       una persona.

3357   **A las tres va la *vencida*** (Ac.). *A la tercera va la vencida* (Ac., Galdós,
       ETrágica, 86 y Cela, *El Gallego*, 23). *A tres va la vencida* (Ac. y Celestina,
       XIX, 197).
             «Da a entender que repitiendo los esfuerzos cada vez con mayor ahín-
       co, a la tercera se suele conseguir el fin deseado. También significa que
       después de tres tentativas infructuosas, debe el prudente dejarse vencer,
       esto es, desistir de su intento. Otras veces se dice, como en son de amenaza,
       a quien, habiendo cometido ya dos faltas, no se le quiere perdonar una más.»

3358   **El *vencido*, vencido, y el vencedor, perdido** (Ac.).
             «Aconseja evitar cuanto se pueda las disputas, pleitos y disensiones, por
       las costas y gastos que traen consigo aun al que logra su intento.»

3359   **Después de *vendimias*, cuévanos**[11] (Ac. y FC, 256).
             «Nota que una cosa se ha hecho después de pasada la ocasión oportuna.»

3360   **Poco *veneno* no mata** (Ac.).
             «Significa que ciertas cosas dañosas, tomadas o usadas en corta canti-
       dad, suelen no dañar. También aconseja no usar de exageradas precaucio-
       nes, así en lo material como en lo moral.»

3361   **Hoy *venida*, cras**[12] **garrida**[13] (Ac.). *Hoy venido y cras garrido* (Santilla-
       na, 503).
             «Contra los que al primer paso de su buena fortuna se engríen y enso-
       berbecen.»

---

[11]   *Cuévano* 'cesta de mimbre grande para llevar la uva en el tiempo de la vendimia'.
[12]   *Cras*, ant. 'mañana'.
[13]   *Garrido* 'bien vestido y compuesto'.

3362   Quien *viene,* no viene tarde (Lozana, 224). *No tarda quien viene* (Galdós, *7 julio,* 70).

   Suele utilizarse para excusar al que llega a algún lugar con retraso.

3363   **En *venta* y bodegón, paga a discreción** (Ac.).

   «Denota la necesidad de pagar en estos parajes lo que quiere el ventero o el bodegonero.»

3364   **Cuando corre la *ventura,* las aguas son truchas** (Ac. y PJustina, II, 189).

   «Advierte que cuando es favorable la fortuna, todo sale bien o se convierte en provecho.»

3365   **La *ventura* de la barca: la mocedad, trabajada, y la vejez, quemada** (Ac.).

   «Se aplica a los que toda su vida son desgraciados.»

3366   ***Ventura* te dé Dios, hijo, que el saber poco te basta** (Ac. y Criticón, III, 202). *Fortuna te dé Dios, hijo, que el saber poco te basta* (Ac. s/v fortuna). *Fortuna te dé Dios, hijo, que el saber poco te vale* (Ac. s/v fortuna). *Ventura te dé Dios, hijo* (Criticón, II, 129 y 199).

   «Denota que el que tiene buena suerte, aunque no tenga mérito, suele conseguir fácilmente lo que desea.»

3367   **En tal se *vea* quien más de ello se huelga** (GAlfarache, III, 166 y Correas, 199).

   Es una amenaza contra el que se alegra del mal ajeno.

3368   **Si te *vi,* no me acuerdo** (Ac., Santillana, 647 y Lozana, 208). *Si te vi, ya no me acuerdo* (Ac.). *Si te he visto, no me acuerdo* (Galdós, *Trafalgar,* 244 y Delibes, *5 horas,* 27, 68 y 231).

   «Manifiesta el despego con que los ingratos suelen pagar los favores que recibieron.»

3369   **Si te *vi,* burléme;** [14] [si no te vi calléme] (Celestina, XII, 105). *Si me viste, burléme; si no me viste, calléme* (Santillana, 644).

   «Se dice contra algunos ladroncillos o maliciosos que si son cogidos en el hurto, dicen y se excusan con que era burla, y si no son cogidos callan y se aprovechan de la ocasión.» [15]

3370   **Cuando el *verano* es invierno, y el invierno verano, nunca buen año** (Ac.). *Cuando en verano es invierno, y en invierno verano, nunca buen año* (Ac.).

   «Denota lo dañoso que es a los frutos y a la salud la irregularidad de las estaciones.»

---

[14]   *Burlarse* 'bromear'.
[15]   v. Ac. 1726 s/v burlar.

3371   En el *verano* por el calor y en el invierno por el frío, es saludable el vino (Criticón, III, 77).
       Pondera las buenas cualidades del vino.

3372   Las *verdades* de Perogrullo, que a la mano cerrada llamaba puño (Ac.).
       «Zahiere la mentecatez que consiste en decir perogrulladas.»

3373   Las *verdades* suelen decirlas los niños y los tontos. v. 2481.

3374   La *verdad* adelgaza, pero no quiebra (Ac. y FC, 256). *La verdad adelgaza, y no quiebra* (Quijote, II, 10).
       «Exhorta a profesar verdad siempre; porque, aun cuando se quiera sutilizar y ofuscarla con astucia y mentira, siempre queda resplandeciente y victoriosa.»

3375   Para *verdades*, el tiempo, y para justicias, Dios (Ac.).
       «Da a entender que a la larga se averigua o descubre lo cierto, y que la justicia divina es ineludible.»

3376   Por las *verdades* se pierden los amigos, y por las no decir se hacen desamigos [16] (BAmor, 165).
       A veces, se ofende a los amigos por hablar sinceramente, y otras, por el contrario, el ocultar la verdad hace que una amistad se pierda.

3377   Quien dice la *verdad*, ni peca ni miente (Ac., FC, 271 y Delibes, *5 horas*, 277).
       «Da a entender que siempre debe decirse la verdad, por amarga que sea.»

3378   La *vergüenza* en la doncella, enfrena el fuego y apaga su centella (Pjustina, II, 49). *La vergüenza en la doncella enfrena el fuego* (Correas, 503).
       Alaba el pudor en la mujer joven.

3379   Más vale *vergüenza* en cara que mancilla en corazón (Ac., Santillana, 416 y Quijote, II, 44). *Más vale vergüenza en faz que en corazón mancilla* (BAmor, 870). *Más vale vergüenza en cara que mancha en el corazón* (FC, 263).
       «Advierte que es preferible vencer el empacho de hacer o decir una cosa, a quedar con remordimiento de no haberla hecho o dicho.»

3380   Quien no tiene *vergüenza*, toda la calle es suya (Ac.). *Quien no tiene vergüenza, todo el campo es suyo* (Ac.). *Quien no tiene vergüenza, todo el mundo es suyo* (Ac. y Criticón, II, 296).
       «Reprende a los que no reparan en hacer su gusto sin respeto alguno.»

3381   Quien tiene *vergüenza*, ni come ni almuerza (Ac.).
       «Da a entender que el vergonzoso no suele medrar.»

---

[16] *Desamigo* 'enemigo'.

3382 El *vestido* del criado dice quién es su señor (Ac.).
«Denota que el porte de los criados suele manifestar las cualidades del amo.»

3383 A las *veces,* do cazar pensamos, cazados quedamos (Ac.).
«Advierte que no siempre consiguen sus fines la astucia y el engaño, pues en muchas ocasiones el engañoso y el astuto caen en los mismos lazos que preparan a otro.»

3384 A las *veces* lleva el hombre a su casa con que llore (Corbacho, 86, HNúñez, I, 43 y Correas, 24).
Indica el discernimiento con que se debe obrar en la elección de las amistades.

3385 A las *veces* mal perro roye buena coyunda[17] (BAmor, 1623). *A las veces ruin cadela,*[18] *roe buena correa* (Correas, 24).
Personas indignas o de poca valía ocupan a veces puestos destacados.

3386 Al que yerra, perdónale una *vez,* mas no después (Ac.). *Al que yerra, perdonarle una vez, mas no después* (FC, 262).
«Advierte que es razón disimular y perdonar el primer yerro; pero si son repetidos no merecen disculpa, y se deben castigar.»

3387 Díselo tú una *vez,* que el diablo se lo dirá diez (Criticón, III, 206).
Contra los que dan malos consejos.

3388 El que da presto, da dos *veces.* *El que luego da, da dos veces.* v. 3391.

3389 Muchas *veces,* el que escarba,[19] lo que no quería halla (Ac.).
«Denota que los hombres demasiadamente curiosos en apurar las cosas, suelen encontrar lo que les es nocivo y causa de pesar.»

3390 Quien come y condesa,[20] dos veces pone mesa (Ac. y Santillana, 581). *Quien guarda y condesa, dos veces pone mesa* (DLengua, 156). *Quien come y deja, dos veces pone la mesa* (FC, 258).
«Recomienda la prudente economía.»

3391 Quien da luego, da dos *veces* (Ac. y Galdós, *Arapiles,* 123). *Quien da primero, da dos veces* (Ac.). *El que luego da, da dos veces* (Quijote, I, 34). *El que da presto, da dos veces* (Criticón, III, 211).
«Alaba la prontitud del que da lo que se le pide. Indica también la ventaja del que se anticipa en obrar.»

3392 Quien guarda y condesa, dos *veces* pone mesa. v. 3390.

---

[17] *Coyunda* 'correa'.
[18] *Cadela,* en gallego 'perra'.
[19] *Escarbar,* fig. 'inquirir curiosamente'.
[20] *Condesar* 'ahorrar, economizar'.

3393 Tantas *veces* va el cántaro a la fuente, que deja el asa o la frente. v. 718.

3394 *Vezo*[21] pon que vezo quites (DLengua, 119 y Santillana, 130).
Aconseja no contraer costumbres que sea imposible dejar.

3395 A luengas *vías*, luengas mentiras (Ac.). *De luengas vías, luengas mentiras* (Ac., Santillana, 185 y DLengua, 111). *De luengas tierras, luengas mentiras* (Ac. s/v tierra). *De largas vías, cercanas mentiras* (Criticón, III, 370).
«Nota la facilidad con que se miente cuando se habla de tiempos y países muy remotos.»

3396 Para ese *viaje* no se necesitan alforjas (Ac.).
«Contesta al que creyendo ayudar a otro en una pretensión, le da arbitrios que están al alcance de cualquiera. También suele emplearse para contestar al que ofrece ayuda o protección en asunto fácil de ejecutar o conseguir. Se emplea para indicar que el resultado obtenido no corresponde al esfuerzo empleado.»

3397 ¿Dónde va *Vicente*? Donde va la gente (Ac.). *¿Dónde va Vicente? Al ruido de la gente* (Ac.).
«Se emplea para tachar a alguno de falta de iniciativa o de personalidad, y que se limita a seguir el dictamen de la mayoría.»

3398 Contra el *vicio* de pedir, hay la virtud de no dar (Ac.).
«Fr. proverb. usada para negar una petición.»

3399 Deja el *vicio* por un mes, y él te dejará por tres. v. 780.

3400 Tras el *vicio* viene el fornicio (Ac.).
«Enseña que la vida regalona y holgazana suele conducir a la lujuria.»

3401 Nunca una *victoria* sola (PJustina, II, 6).
Expresa la creencia de que los éxitos, igual que las desgracias, no suelen ser únicos.

3402 De buena *vid* planta la viña, y de buena madre, la hija (Ac.).
«Aconseja elegir para esposa a una joven que haya recibido buenos ejemplos de su madre.»

3403 Buena *vida* arrugas tira[22] (Ac.).
«Da a entender que la vida regalada y de conveniencias retarda la vejez o hace que se disimule.»

3404 Buena *vida*, padre y madre olvida (Ac. y FC, 256).
«Significa que el que llega a lograr vida abundante de conveniencias, no echa de menos los afectos de la familia.»

---

21 *Vezo*, ant. 'costumbre'.
22 *Tirar* 'quitar'.

3405   Date buena *vida,* temerás más la caída (Ac.).
       «Advierte que al que se cuida mucho de su regalo, le son más sensibles
       las desgracias.»

3406   De mí salió quien me mató y me tiró [22] la *vida* (BAmor, 272).
       Se aplica a los que por su carácter o modo de obrar se causan perjuicio
       a sí mismos.

3407   El que larga *vida* vive, mucho mal ha de pasar (Quijote, II, 32). *El que
       larga vida tiene, mucho mal ha de pasar que en ella viene* (Correas, 180).
       Señala lo frecuentes que son las penalidades en esta vida.

3408   En esta *vida* caduca, el que no trabaja no manduca (Ac.).
       «Recuerda la necesidad de trabajar en que está el hombre.»

3409   La *vida* de la aldea, désela Dios a quien la desea (Ac.).
       «Denota que la soledad e incomodidades que se padecen en la aldea,
       la hacen poco apetecible.»

3410   La *vida* del puerco, corta y gorda (Dorotea, IV, 291).
       Da a entender que los placeres excesivos acortan la vida.

3411   Lo que en tu *vida* no hicieres, de tus herederos no lo esperes (Ac.).
       «Contra los que esperan hacer el bien dejando mandas en su testa-
       mento.»

3412   Más vale perder lo servido que la *vida* por cobrallo (Celestina, III, 129).
       Más vale perder lo poco que perderlo todo (Correas, 302).
       Considera preferible perder los derechos que se tienen, a correr riesgos
       graves por defenderlos.

3413   Media *vida* es la candela, pan y vino, la otra media (Ac.). *Media vida
       es la candela, y el vino la otra media* (Criticón, III, 78).
       «Explica que con buen alimento y buena lumbre se soporta mejor la
       crudeza del invierno.»

3414   Mientras dura, *vida* y dulzura (Ac.).
       «Se dice del que disfruta del bien presente, sin cuidarse de lo que suce-
       derá después.»

3415   Quien es de *vida,* el agua le es medicina. v. 1468.

3416   Tal sea mi *vida,* cual es la perdiz con lima (Dorotea, I, 114, HNúñez,
       III, 422 y Correas, 470).
       Se desea para uno mismo una vida tan agradable como la lima, o cual-
       quier agrio, lo es para aderezar la perdiz.

3417   *Vida* sin amigo, muerte sin testigo (Ac.).
       «Advierte al que no se cuida de granjearse amigos, que se verá desam-
       parado en las adversidades.»

3418   Arregostóse [23] la *vieja* a los berros, no dejó verdes ni secos (Ac.). *Arregostóse la vieja a los bledos, no dejó verdes ni secos* (Ac.). Empicóse [23] *la vieja a los berros, no dejó verdes ni secos* (Ac.). Empicóse la vieja a los bledos, no dejó verdes ni secos* (Ac.). Regostóse [23] *la vieja a los bledos, ni dejó verdes ni secos* (Santillana, 630). *Arregostóse la vieja a los bredos, y ni dejó verdes ni secos* (DLengua, 102). *Regostóse la vieja a los bledos* (Quijote, II, 69). *Regostóse la vieja a los bledos; no dejó verdes ni secos* (Galdós, *Arapiles,* 123). *Regostóse la vieja a los bledos...* (Galdós, *Bodas,* 320).

    «Da a entender la fuerza de la afición a una cosa.»

3419   Poco a poco hila la *vieja* el copo (Ac.). *Poco a poco hilaba la vieja el copo* (Ac.).

    «Enseña lo mucho que se adelanta con la perseverancia en el trabajo.»

3420   ¿Por qué va la *vieja* a la casa de la moneda? Por lo que se le pega (Ac.).

    «Para denotar que la frecuencia con que uno concurre a una casa, más que de amistad o cariño, nace por lo regular, de la utilidad que espera.»

3421   Regostóse la *vieja* a los bledos, ni dejó verdes ni secos. 3418.

3422   *Vieja* con cuita trota. v. 2455.

3423   *Vieja* escarmentada, arregazada [24] pasa el agua (Ac.). *Vieja escarmentada, regazada [24] pasa el agua* (Santillana, 701).

    «Enseña a escarmentar en el propio daño.»

3424   *Vieja* que baila, mucho polvo levanta (Dorotea, I, 115, HNúñez, III, 457 y Correas, 504).

    Quien hace cosas impropias de su condición o edad, se expone a ser criticado.

3425   Al *viejo,* múdale el aire y darte ha el pellejo (Ac.).

    «Advierte que es peligroso en la vejez mudar de clima.»

3426   Cuando el *viejo* no puede beber, la sepultura le pueden hacer (Criticón, III, 77). *Cuando el viejo no puede beber, la fuesa [25] le pueden hacer* (Correas, 135).

    Alude al vino, considerándolo vigorizante para los ancianos.

3427   Del *viejo,* el consejo; y del rico, el remedio. v. 3024.

---

[23] *Arregostarse, regostarse, empicarse* 'aficionarse'.
[24] *Arregazar* o *regazar* 'recoger las faldas hacia arriba o hacia el regazo'.
[25] *Fuesa,* ant. 'sepultura'.

3428 **Do *viejos* no lidian, los cuervos no gradan** [26] (BAmor, 940). *Donde viejos no andan, cuervos no graznan* (Santillana, 232). Ref. de interpretación dudosa, fundamentalmente por no estar claro el significado de *gradar*. Cejador opina que su sentido literal sería que donde hay carroñas (o viejos) es donde andan los cuervos. Corominas considera que «si admitiéramos que la idea es la de matar una pieza de caza, lo cual pide cazador experimentado y entrado en años [...], la intervención del cuervo al acecho de animales muertos se hace más oportuna»; es decir, que los cazadores viejos son los que con mayor facilidad consiguen cobrar piezas, y por ello es natural que los cuervos los sigan. Por nuestra parte, y basándonos en la variante de Santillana, creemos que la explicación más sencilla sería que donde no hay viejos (o cosa cercana a la muerte), los cuervos no graznan (o no se encuentran a gusto). De ahí se deduciría la siguiente explicación figurada:

Los oportunistas o logreros solo acuden donde pueden obtener algún beneficio.

3429 **El *viejo* desvergonzado hace al niño mal hablado** (Ac.). *El viejo desvergonzado hace al niño osado* (Ac.).

«Advierte lo poco que aprovechan los años y canas para que el anciano inspire respeto, si su conducta no lo merece.»

3430 **El *viejo* que se cura, cien años dura** (Ac.).

«Advierte cuánto conduce el buen régimen para alargar la duración de la vida y de todas las cosas.»

3431 **El *viejo* ya come las sopas en la sepultura** (Criticón, III, 26).

Se dice por la proximidad de la vejez con la muerte.

3432 **No le quiere mal quien le hurta al *viejo* lo que ha de cenar** (Ac.).

«Enseña la moderación y regla que deben observar los ancianos, especialmente en la cena.»

3433 **Con *viento* limpian el trigo, y los vicios con castigo** (Ac.). La primera parte del ref. alude a la tarea de abieldar o bieldar los cereales; actualmente esta operación se hace por medios mecánicos, sin tener que esperar a que sople el viento.

«Enseña lo conveniente que es el castigo para la enmienda del vicioso.»

3434 **Quien siembra *vientos*, recoge tempestades** (Ac.).

«Se predicen a uno las funestas consecuencias que puede atraerle predicar malas doctrinas o suscitar enconos.»

3435 **Nunca buena *viga* se hizo de buen cohombro** [27] (GAlfarache, IV, 47).

Para hacer las cosas bien, hay que emplear los medios y los materiales adecuados.

---

[26] *Gradar* 'graznar' (Corominas, Aguado, Richardson); 'andar —del lat. *gradum*—' (Cejador y Keniston); 'complacerse' (Menéndez Pidal, *Voc. Cid*).

[27] *Cohombra* 'pepino'.

3436   Cuando el *vil* está rico, no tiene pariente ni amigo. v. 3445.

3437   No es villano el de la *villa*, sino el que hace la villanía (Ac.). Juega el
refrán con el doble sentido de *villano*, es decir, con el primitivo de «habi-
tante de la villa perteneciente al estado llano» y el que se derivó de este,
«la persona que comete una acción indigna».
«Indica que en todos estados hay personas de buen y mal proceder.»

3438   Quien es ruin en su *villa*, también lo será en Sevilla. v. 3440.

3439   Quien necio es en su *villa*, necio es en Castilla (Ac.).
«Da a entender que el necio lo es dondequiera que se halle.»

3440   Quien ruin es en su *villa*, ruin será en Sevilla (Ac.). *Quien es ruin en su
villa, también lo será en Sevilla* (FC, 256).
«Enseña que el que es de mal natural o malas costumbres, obra de un
mismo modo y se da a conocer por malo en cualquiera situación.»

3441   Al *villano*, con la vara de avellano (Ac.). La vara hecha con una rama
de este árbol es muy dura y correosa, y a propósito para azotar.
«Advierte que con la gente ruin no suelen bastar las palabras y razones
para que cumpla con su obligación, siendo necesario valerse del castigo.»

3442   Al *villano*, dale el pie y se tomará la mano (Ac.).
«Aconseja que no se tengan familiaridades con gente ruin, para que
no se tomen más confianza de la que corresponde.»

3443   Con *villano* de behetría,[28] no te tomes a porfía (Ac.).
«Aconsejaba evitar encuentros con villanos de behetría; porque como
en tales lugares no había distinción de estados, no respetaban a la no-
bleza.»

3444   Cuando el *villano* está en el mulo, ni conoce a Dios ni al mundo (Ac.).
Era costumbre que los villanos fueran a pie. El mulo les daba, pues, una
sensación de superioridad.
«Da a entender que la mejor fortuna suele envanecer y hacer olvidar
el estado humilde, especialmente a los de bajo nacimiento.»

3445   Cuando el *villano* está rico, ni tiene parientes ni amigos (Ac.). *Cuando
el villano está rico, ni tiene pariente ni amigo* (Santillana, 576). *Cuando el vil está
rico, no tiene pariente ni amigo* (Celestina, XIV, 134).
«Da a entender que quien ha llegado a grande altura se suele olvidar
de sus principios.»

3446   Vióse el *villano* en bragas de cerro, y él, fierro que fierro. v. 2804.

3447   Aún no es *vino*, y ya es vinagre. v. 590.

---

[28] *Behetría* 'antiguamente, población cuyos vecinos, como dueños de ella, podrían recibir por señor a quien quisiesen'.

3448   Cuando dieres vino a tu señor, no le mires al sol (Dorotea, II, 187).
        Cuando dieres vino a tu señor, no lo mires al sol (HNúñez, III, 197 y Correas,
        133). El vino puede tener impurezas que se hacen más evidentes a la luz
        del sol.
            Aconseja no analizar demasiado las cosas, sobre todo cuando no le ata-
        ñen a uno mismo.

3449   Desque han bebido el vino, dicen mal de las heces (BAmor, 946).
        Contra los desagradecidos.

3450   Donde no hay vino y sobra el agua, la salud falta (Criticón, III, 77).
        Alaba las cualidades del vino.

3451   El buen vino no ha menester pregonero (Ac.).
            «El buen paño en el arca se vende.» Manifiesta que las mercancías se ven-
        den por su buena calidad. Hoy día, por el contrario, se considera impres-
        cindible la publicidad para la venta de cualquier artículo.

3452   El vino, al desnudo le es abrigo (Criticón, III, 77).
            Refrán de sentido recto, puesto que el vino da calor.

3453   El vino, como rey, y el agua, como buey. v. 75.

3454   El vino con agua es salud de cuerpo y alma (Criticón, III, 78).
            Aconseja mezclar el vino con agua para que no perjudique.

3455   El vino tras la miel sabe mal, pero hace bien (Criticón, III, 77). *El agua
        sobre la miel sabe mal y hace bien* (HNúñez, II, 32).
            Expresa una creencia popular.

3456   En el mejor vino hay heces (Ac.).
            «Expresa que no hay bien cumplido.»

3457   Lo que no va en vino, va en lágrimas y en suspiros. v. 1999.

3458   Ninguno se embriaga del vino de casa (Ac.).
            «Advierte que las cosas propias no satisfacen, antes suelen causar fas-
        tidio.»

3459   Vendimia enjuto, [29] cogerás vino puro (Ac.). *Vendimia en enjuto, cogerás
        vino puro* (FC, 265).
            «Aconseja vendimiar antes de las lluvias de otoño.»

3460   Vino acedo y tocino añejo y pan de centeno, sostienen la casa en
        peso (Ac.).
            «Denota que estas tres cosas contribuyen a la economía de las casas.»

---

[29] *Enjuto* 'seco'.

3461   **Vino puro y ajo crudo hacen andar al mozo agudo** (Ac.). *Vino puro y*
        ajo crudo hacen al hombre agudo (Galdós, *Rey José,* 26).
        «Indica la necesidad de que los criados estén alimentados convenientemente para que sirvan bien a sus amos.»

3462   **La viña del ruin se poda en abril** (Ac.). Las labores de la poda deben
        hacerse antes de la primavera.
        «Explica que la hacienda del miserable se cuida tarde y mal.»

3463   **La viña y el potro, críelos otro** (Ac.).
        «Denota que todos los principios suelen ser costosos y difíciles.»

3464   **Virtudes vencen señales** [30] (Ac. y GAlfarache, III, 150).
        «Da a entender que uno obra o puede obrar bien, no obstante los indicios o signos que argüían lo contrario.»

3465   **Por las vísperas se conocen los disantos** [31] (Ac.). *Por las vísperas se sacan*
        los santos (Ac.). *Por la víspera podéis sacar el disanto* (DLengua, 174). *Se sacan*
        por las vísperas los disantos (GAlfarache, V, 154). Por el repique de campanas
        o por los preparativos, se conoce la categoría de la fiesta que se va a celebrar, y también porque se sacan los santos de la ermita.
        «Se usa para indicar que por los indicios deducimos lo que será el resultado.»

3466   **La viuda honrada, su puerta cerrada** (Ac.). *La viuda honrada, su puerta*
        cerrada, su hija recogida y nunca consentida, poco visitada y siempre ocupada (GAlfarache, III, 104).
        «Aconseja el recogimiento, retiro y recato que deben observar las viudas.»

3467   **La viuda llora y otros cantan en la boda** (Ac.).
        «Muestra la inconstancia de las cosas del mundo, pues cuando unos se alegran se afligen otros.»

3468   **La viuda rica, con un ojo llora y con otro repica** [32] (Ac.). *La viuda rica,*
        con el un ojo llora y con el otro repica (Criticón, II, 117).
        «Zahiere el interés que se antepone al afecto, como en quien con la herencia se consuela de la pérdida del difunto.»

3469   **Como se vive, se muere** (Ac.).
        «Explica la fuerza del hábito adquirido.»

---

30   *Señal* 'muestra, apariencia'.
31   *Disanto* 'día de fiesta'.
32   *Repicar* 'tañer las campanas en señal de fiesta o regocijo'.

3470 **Vive conmigo y busca quien te mantenga** (Celestina, XII, 103 y Correas, 509).

Zahiere a los que quieren sacar provecho de otro sin darle nada a cambio.

3471 **Al vivo, la hogaza, y al muerto, la mortaja** (Ac.).

«El muerto, al hoyo, y el vivo, al bollo.» Indica que, aunque hayamos sufrido la pérdida de un ser querido, no debemos olvidar las necesidades materiales.

3472 **Adonde hay voluntad, mejor es entrarse que llamar** (Dorotea, III, 225).

Se usa para indicar que es bien acogida la presencia de uno.

3473 **Voluntad es vida** (Ac. y Criticón, III, 207). *Voluntad es vida, y muerte es enojo* (Santillana, 716).

«Significa que el gusto propio en hacer las cosas contribuye mucho al descanso de la vida, aunque parezca perjudicial o molesto.»

3474 **Voz del pueblo, voz del cielo** (Ac.).

«Enseña que el convenir comúnmente todos en una especie es prueba de su certidumbre.»

3475 **Vulto** [33] **romano, y cuerpo senés, andar florentín y parlar boloñés** (Lozana, 90).

Elogia las distintas cualidades de las gentes de las ciudades de Roma, Siena, Florencia y Bolonia.

---

[33] *Vulto*, ant. 'rostro'.

Y

3476 **Donde hay *yeguas*, potros nacen** (Ac.). *Donde yeguas hay, potros nacen* (FC, 256).
«Enseña que no se deben extrañar los acontecimientos o defectos por ser naturales, cuando están inmediatas o son conocidas las causas de que provienen.»

3477 **El que desecha la *yegua*, ese la lleva** (Ac.).
«Quien dice mal de la pera, ese la lleva.» Es frecuente poner defectos a lo que se piensa comprar.

3478 ***Yegua* parada,** [1] **prado halla** (Ac.).
«Advierte que en medio de las mayores dificultades la necesidad sugiere medios para lograr lo que se ha menester.»

3479 **Nuestro *yerno*, si es bueno, harto es luengo** [2] (Ac. y Dorotea, III, 229).
«Enseña que las calidades que se han de buscar y apreciar en el yerno son la bondad y la virtud, más que otras prendas naturales.»

3480 **Al que hace un *yerro* y pudiendo no hace más, por bueno le tendrás** (Ac.).
«Enseña que al que en lo regular se contiene y pudiendo obrar mal no lo hace, se le debe disimular o pasar algún yerro o defecto, sin que por él pierda su buen crédito.»

3481 ***Yerro* es no creer, y culpa creerlo todo.** v. 1543.

3482 **No hay más *yesca* que la que arde.** v. 935.

3483 **Cuando *yunque*, sufre; cuando mazo, tunde** (Ac.).
«Enseña que debemos acomodarnos al tiempo y a la fortuna.»

---

[1] *Parada* 'tímida'.
[2] *Luengo* 'liberal, dadivoso'.

Z

3484 **La zamarra y la vileza, al que se la aveza** [1] (Ac.).
«Da a entender que es tanto el poder y fuerza de la costumbre, que llega a familiarizar al que la tiene hasta con las cosas más repugnantes.»

3485 **Malo es el zamarro de espulgar, y el viejo de castigar** (Ac.). Es difícil buscar pulgas en el zamarro, por la lana rizada de que está hecho.
«Enseña ser muy difícil el arrancar los vicios de la persona que se ha endurecido en ellos y ha contraído la costumbre de no resistirlos.»

3486 **No se ganó Zamora en una hora** (Ac. y Quijote, II, 71). *En una hora no se ganó Zamora* (Celestina, VI, 221). *No se gana Zamora en una hora* (PJustina, II, 12). *No se tomó Zamora en una hora* (Cela, *MViento,* 136).
«Significa que las cosas importantes y arduas necesitan tiempo para ejecutarse o lograrse.»

3487 **Zapatero, a tus zapatos** (Ac.).
«Aconseja que cada cual no juzgue sino de aquello que entienda.»

3488 **Harto soy ciego si por zaranda** [2] **no veo** (Ac.).
«Nota a los que quieren engañarse o disimular en cosas evidentes o claras.»

3489 **La zarza da el fruto espinando,** [3] **y el ruin, llorando** (Ac.).
«Reprende al mezquino que hace el beneficio de mala gana.»

3490 **Aunque mucho sabe la zorra, más sabe el que la toma.** v. 3495.

---

[1] *Avezarse* 'acostumbrarse'.
[2] *Zaranda* 'criba'.
[3] *Espinar* 'herir, punzar con espina'.

3491 Cuando la zorra anda a caza de grillos, mal para ella y peor para sus hijos (Ac.).

«Enseña la grave necesidad y pobreza que suele tener el hombre cuando se ejercita en cosas no correspondientes a su estado.»

3492 El que toma la zorra y la desuella, ha de saber más que ella (Ac.). *El que toma la zorra y la desuella, ha de ser más que ella* (Ac.).

«Enseña que para vencer en cualquiera línea al hombre sagaz, astuto e ingenioso es necesario excederle en estas mismas dotes.»

3493 La zorra mudará los dientes, mas no las mientes. v. 2041.

3494 Lo que hace la zorra en un año, lo paga en una hora. v. 3496.

3495 Mucho sabe la zorra, pero más quien la toma (Ac.). *Si mucho sabe la raposa, más sabe quien la toma* (Ac. s/v raposa). *Si sabe mucho la raposa, más el que la toma* (Celestina, XIX, 190). *Aunque mucho sabe la zorra, más sabe el que la toma* (Galdós, *Arapiles,* 116).

«Amonesta que ninguno, por muy advertido que sea, debe fiarse de su sagacidad, pues puede haber otro más astuto que le engañe.»

3496 No hace tanto la zorra en un año, como paga en una hora (Ac.). *Lo que hace la zorra en un año, lo paga en una hora* (FC, 259).

«Significa el castigo que se da de una vez al que ha cometido muchas culpas o ha hecho muchas travesuras.»

3497 Al zorro durmiente, nunca le canta grillo en el vientre. v. 2986.

ÍNDICE ALFABÉTICO DE PALABRAS [1]

---

[1]   v. apartado 4 de la Advertencia.

anillo 217 a 219.
ánima 220, 666.
anochecedor 221.
ánsar 222, 1787.
ansarón 1057, 2728.
antaño 2185, 2462, 2679, 3110.
Antequera 3173.
antes 23, 106, 231, 291, 386, 675, 873, 948,
    954, 1014, 1030, 1043, 1302, 1404, 1504,
    1556, 1735, 1783, 1882, 1907, 2310, 2444,
    2687, 3282.
antojar 532.
Antón, na 224, 1349, 1802.
antruejo 124, 225, 1652, 2718.
anublar 3187.
anzuelo 2811.
añada 226, 3260.
añadir 792.
añejo 170, 3460.
añil 227.
año 14, 16, 59, 117, 228 a 270, 303, 429, 498,
    539, 604, 607, 674, 1109, 1138, 1262, 1630,
    1632, 1682, 1760, 1874, 1995, 2094, 2225,
    2226, 2346, 2349, 2351, 2352, 2467, 2583,
    2684, 2686, 2698, 2832, 2878, 2929, 3237,
    3322, 3370, 3430, 3496.
apagar 2140, 2626, 3265, 3378.
apalear 1060.
apañar 793, 2835, 3191.
aparecer 438.
aparejar 1256.
apartar 90, 2185, 2638.
apasionado 1050, 1875.
apedrear 1874.
apegar 3100.
apellido 271.
apercibir 892, 1887; apercebir 892.
apero 1988.
apetito 2159.
apio 1823.
aplacer 3286.
apocar 1669.
aporrear 1060.
apostar 2884.
aprender 1165, 1420.
apretado 916.
apretar 8, 163, 380, 1364, 1617, 2889, 3333.
apriscar 301.
aprobar 1297.
aprovecer 1824.
aprovechar 708, 1166, 1491, 1846.
apuesto: apuesta 2386.
apurar 1085, 1227.
aquí 84, 219, 1272, 1358, 2245, 3087, 3104.

aquistar 3100.
arada 272.
arado 273, 711, 1203; aradro 1092.
arador 274, 275, 711.
aradro. v. arado
Aragón 276, 297, 1531, 3311.
araña 277 a 279.
arañar 277, 1643.
arar 510, 516, 528, 1764, 2235, 2328, 2476,
    2659, 3008, 3039, 3346.
árbol 280 a 283.
arca 186, 284, 285, 2543, 2693.
Arcadia 316.
arcaduz 286.
arco 287 a 290.
arder 123, 935, 2018, 2317, 2626.
ardido: ardida 2083.
arena 291, 2191.
arenal 292.
Arganda 1780.
argén 293, 3242.
argolla 294.
arista 712.
arma 295, 698.
armar 176, 287, 290, 2451.
arqueta 1482.
arraigar 1864.
arrancar 527.
arrastrar 296, 987.
arre 82, 326.
arrebatar 2907.
arrebol 297, 3070.
arregazar 3423.
arregostarse 3418.
arremangar 2322, 2496.
arremango 1795.
arremeter 2322.
arrendador: arrendadorcillo 50.
arrendar 1567.
arrepentirse 102, 869, 3241, 3351; arrepiso
    3271.
arriba 2990.
arribar 1145.
arriero 299, 312; arrierito 299.
arriesgar 300, 2194.
arrimar 282, 502, 3183.
arriscar 301.
arroba 1115, 2842.
arrodillarse 493.
arrope 1825.
arroyo 2058, 2193.
arroz 302, 1685.
arruga 775, 3403.
arrugar 1108.

barbechada 226.
barbechera 3128.
barbecho 527, 680.
barbero 397, 398.
barbudo 273.
barca 399, 3365; barqueta 401.
barcino 1605.
barco 400.
barda 3210.
barjuleta 1997.
barqueta, v. barca
barraganada 1809.
barranco 402.
barrer 866, 1434.
barril 1093.
barrio 2623.
barro 403, 797, 3190.
basa 1529.
bastar 170, 492, 1536, 1857, 2078, 2100, 2228, 2374, 2592, 3366.
bastecer 662.
batalla 246, 698.
batear 321.
batir 1936.
bautizado 466.
bayo 404.
bazo, za 566, 1746, 1794, 3258.
beato, ta 754, 806, 2345.
bebedor 732.
beber 77, 78, 405, 479, 603, 604, 813, 818, 973, 1044, 1232, 1372, 1469, 1751, 1844, 2704, 2777, 2820, 3131, 3203, 3352, 3426, 3449.
becerra 406; becerrilla, becerrita 406.
befo 3086.
behetría 3443.
Beltrán 407.
bellaco 408, 918, 1039, 1878.
bello: bella 2919.
bellota 2921.
Benavente 2338.
bendecir 71, 1349.
beneficio 2531.
beodo: beoda 2805.
berenjena 2924.
bermejo 1021, 3052.
berro 409, 3418.
berroqueño: berroqueña 2832.
berza 410, 2790.
besar 478, 2173, 3346.
bestia 411 a 414, 1162, 1685, 1865, 2429, 2650, 2824.
bestial 1865.
besugo 249.

bien 7, 52, 132, 155, 220, 241, 260, 293, 322, 345, 368, 383, 407, 415 a 434, 475, 481, 525, 566, 596, 717, 748, 768, 771, 874, 875, 914, 956, 1064, 1081, 1172, 1181, 1191, 1200, 1205, 1212, 1223, 1224, 1286, 1311, 1343, 1347, 1348, 1354, 1363, 1388, 1391, 1453, 1486, 1496, 1511, 1593, 1607, 1624, 1664, 1722, 1795, 1809, 1828, 1847, 1936, 1961, 2011, 2100, 2101, 2122, 2136, 2217, 2230, 2294, 2332, 2655, 2659, 2661, 2703, 2734, 2744, 2821, 2828, 2842, 2855, 2868, 2890, 2895, 2911, 2964 a 2966, 2968 a 2970, 2982, 3134, 3144, 3150, 3196, 3198, 3242, 3339.
bina 904.
binar 807.
binazón 3128.
birlo 3215.
bisabuelo 811.
blanca 47, 435, 1129, 3096, 3274.
blanco, ca 381, 382, 386, 575, 634, 1021, 1426, 1718, 2064, 2174, 2468, 2759, 2990.
Blas 436.
bledo 3418; bredo, v.
bobo, ba 308, 437, 443, 2430, 2587.
boca 85, 141, 444 a 460, 484, 634, 1007, 1335, 1536, 1657, 1668, 2164, 2287, 2290, 2396, 2644, 2876.
bocado 200, 461 a 465, 868, 2148, 2586.
bocina 1756.
boda 466 a 477, 1453, 1575, 2555, 2660, 2785, 3044, 3467.
bode 478.
bodega 479, 480.
bodegón 3363.
bodigo 1, 1096.
bodorrio 1263.
bofe 3320.
bofetón 481.
bola 294.
bolear 3215.
boloñés 3475.
bolsa 85, 454, 482 a 486, 655, 1196, 1322, 1335, 1439, 1668, 1793, 1934, 2287, 2394, 2805, 2853.
bolso: bolsico 487; bolsillo 487; bolsón 488, 1318.
bollo 474, 2228, 2368, 2482.
bona, v. bueno.
bonanza 1582.
bondad 1312.
bonete 489.
bonillo, v. bueno.
boñigo 1685.

borde 1817.
bordón 490, 2118, 2357.
bordonería 2019.
borracha 3207.
borrachera 491.
borrachez 491.
borracho 492.
borrar 443.
borreguero 954.
borrego 2002, 2742.
borrico, ca 493, 1062.
borrón 1502.
boruca 2850.
bota 2674, 3204.
botón 2370.
bozo 2331, 2350, 2889.
braga 494 a 496, 1739, 1833, 1856, 2803, 3300.
bramar 1913.
brasa 497, 806, 821, 930, 2068, 3116.
bravo, va 73, 150, 521, 1054, 2020, 2335, 2372, 2882.
brazada 2106, 2605.
brazo 1310, 2837.
bredo 3418.
bregar 289.
breva 236, 3231.
breve 1602, 2569.
brío 2233.
bronce 498.
brozoso: brozosa 448.
brujo, ja 499.
búa 500.
bueno, na 19, 21, 28, 44, 160, 226, 252, 295, 362, 446, 474, 501 a 507, 544, 546, 547, 634, 643, 678, 688, 713, 732, 741, 791, 821, 828, 853, 902, 932, 1061, 1100, 1129, 1132, 1141, 1144, 1156, 1182, 1255, 1260, 1262, 1271, 1295, 1309, 1427, 1433, 1522, 1548, 1549, 1554 a 1557, 1563, 1569, 1618, 1627, 1668, 1692, 1725, 1730, 1746, 1756, 1794, 1799, 1822, 1836, 1893, 1942, 1952, 1956, 2086, 2095, 2113, 2123, 2143, 2144, 2152, 2160, 2163, 2168, 2231, 2245, 2250, 2351, 2411, 2424, 2428, 2499, 2506, 2511, 2517, 2518, 2554, 2556, 2593, 2614, 2715, 2756, 2849, 2940, 2949, 2996, 3093, 3146, 3153, 3189, 3190, 3211, 3238, 3294, 3314, 3402 a 3405, 3435, 3479, 3480; buen 51, 101, 147, 173, 185, 228, 254, 259, 280, 282, 412, 462, 523, 556, 567, 622, 724, 732, 734, 743, 777, 891, 941, 967, 1023, 1025, 1049, 1061, 1096, 1177, 1256, 1257, 1259, 1271, 1299, 1334, 1380, 1478, 1565, 1644, 1746, 1936,

1988, 2098, 2163, 2225, 2425, 2664, 2693, 2977, 2997, 3009, 3146, 3161, 3258, 3301, 3311, 3332, 3338, 3345, 3347, 3350, 3370, 3451; bona 2718, 2919; bonillo 3109.
Bueso 779.
buey 75, 508 a 532, 664, 711, 929, 1833, 2069, 2328, 2632, 3039.
buhonero 533.
buitre 2632.
Bujalance 1600.
bulto 534, 1273.
buñolero 535, 536.
buñuelo 535.
burdel 2939.
burla 537 a 549, 1980; burla burlando 2031.
burlador 1995.
burlar 323, 550, 1995, 2048, 2242, 3369.
burro, rra 310, 313, 551, 1701, 1984.
buscar 167, 554, 640, 1211, 1496, 1849, 1899, 2107, 2195, 2206, 2765, 2811, 2865, 3182, 3470.

cabalgar 973, 1477.
caballero, ra 385, 555 a 557, 1102, 1299, 1328, 1852, 2428, 3324, 3335.
caballo 163, 330, 517, 555, 558 a 566, 653, 890, 1062, 1620, 1895, 2429, 2535, 3038.
cabello 567, 568, 2761.
caber 259, 625, 818, 840, 1533, 1592, 1905, 1926, 3213.
cabestro 558, 569, 2458.
cabeza 457, 570 a 578, 1908, 1915, 2160, 2788, 2861.
cabezada 3037.
cabezal 647, 2098.
cabezón 2154.
cabo 229, 231 a 233, 245, 297, 579 a 581, 1081, 1260, 1406, 2119, 2398, 2491.
cabra 230, 528, 582 a 585, 1818, 1819; cabrilla 3336.
Cabra 1707.
cabrero 2757.
cabrito 1818.
cada 59, 72, 88, 138, 139, 324, 439, 533, 568, 579, 604, 662, 724, 731, 786, 801, 809, 875, 1069, 1130, 1184, 1226, 1261, 1270, 1355, 1372, 1566, 1618, 1710, 1774, 1817, 1837, 1874, 2049, 2055, 2057, 2115, 2124, 2139, 2439, 2457, 2487, 2564 a 2566, 2581, 2623, 2631, 2652, 2705, 2709, 2878, 2881, 2920, 2930, 2984, 3007, 3137, 3214.
cadañero 1982.
cadela 3385.
cadillo 2476.

cargar 44, 320, 331, 411, 941, 1789, 2240.

cargo 1204.

caricia 1570.

caridad 771, 2941.

carne 40, 667, 772 a 784, 1284, 1856, 1923, 2040, 2190, 2306.

carnero 785 a 787, 789, 791, 1055, 2004, 2190, 3319, 3320, 3324.

carnicero 2725.

caro, ra 253, 792, 1247, 2273, 2676.

carrasca 121, 793.

carrera 48, 794, 2815, 3211.

carreta 531, 795.

carro 531, 797.

carta 391, 798, 800, 2543.

casa 130, 150, 211, 319, 322, 417, 454, 489, 609, 632, 638, 684, 688, 801 a 867, 870, 951, 994, 1022, 1089, 1090, 1257, 1348, 1434, 1469, 1627, 1671, 1749, 1754, 1804, 1811, 1829, 1869, 1880, 1918, 1940, 1946, 1985, 2048, 2053, 2057, 2251, 2295, 2388, 2392, 2397, 2400, 2410, 2543, 2709, 2845, 2923, 2992, 3049, 3169, 3251, 3272, 3384, 3420, 3458, 3460; casilla 851.

casado, da 185, 195, 868 a 870, 1796, 1800, 2311, 2373, 2389, 3271.

casamentero 3057.

casamiento 871, 872, 2253.

casar 332, 573, 873 a 877, 971, 1269, 1697, 1797, 1805, 1813, 1908, 1962, 2196, 2220, 2336, 2471, 2493, 2745, 2916, 3275.

cascabel 1654.

cascar 121, 672.

cascarón 878.

casco 578, 620, 879, 2554, 3340.

cascudo 517.

casilla, v. casa

caso 881.

casta 884.

castaña 885.

castellano 886, 1608.

castigar 887, 1135, 1157, 1365, 1429, 2079, 2113, 3485.

castigo 888, 889, 2480, 3433.

Castilla 297, 890, 1531, 3439.

castillo 891. 892.

casto, ta 883, 893, 2374.

castrar 785.

catar 388, 426, 509, 733, 873, 1745, 1978, 2301, 2326, 2408, 2907.

catarro 895.

catedral 3312.

caudal 896 a 899, 1735.

causa 900, 901, 1553.

causar 768, 1419.

cautela 902.

cautivar 2871.

cautivo 903.

cauto 893.

cava 904.

cavar 1670.

caza 683, 905, 906, 2231, 2883, 3491.

cazador 907, 1644.

cazar 867, 908, 1645, 2991, 3383.

cazo 909, 3115.

cazuela 2.

cebada 313, 637, 910 a 912, 1024, 2305.

cebadero 1564.

cebar 2200.

cebo 913.

cebolla 914, 1551, 2555.

cedazo 253, 916, 2203; cedacito 915; cedazuelo 915.

cedo 1751.

cegar 56.

celada 918, 919.

celemín 920.

celeste 2952.

celos 921.

cena 702, 839, 922 a 926.

cenagal 2058.

cenar 928, 1467, 2181, 3432.

cenceño 932.

cencerro 524, 532, 929, 2227.

cencivera 2320.

cendal 647, 2170.

ceniza 124, 148, 679, 930, 2412, 2752.

centella 931, 3378; centelluela 931.

centeno 1565, 3460.

ceño 932.

cepa 26.

cepo 933.

cera 11, 934, 935, 3046.

cerca 667, 1302, 1593, 2320, 3046.

cercano; cercana 3395.

cercar 1812.

cerco 936, 2065.

cerero 937.

cereza 938, 2407.

cerner 1267, 1753.

cerotico 939.

cerradura 940.

cerrar 162, 450, 455, 696, 2026, 2271, 2931 a 2933, 3372, 3466.

cerrevedijón 724.

cerro 2804.

certero 941.

cesta 942, 943.

dar 11, 66, 80, 107, 133, 135, 183, 283, 323, 338, 370, 416, 455, 588, 600, 602, 604, 619, 624, 654, 676, 694, 695, 697, 701, 719, 727, 751, 760, 779, 889, 904, 923, 945, 1036, 1041, 1088, 1125, 1136, 1140, 1175, 1177, 1182, 1188 a 1202, 1225, 1238, 1249, 1282, 1290, 1293, 1307, 1310, 1311, 1331, 1338, 1345, 1349, 1360 a 1362, 1367, 1370, 1373, 1375, 1383, 1387, 1388, 1433, 1442, 1449, 1504, 1510, 1557, 1613, 1627, 1675, 1688, 1701, 1708, 1735, 1768, 1785, 1792, 1858, 1919, 1927, 1976, 1996, 2034, 2047, 2205, 2280, 2305, 2372, 2435, 2495, 2655, 2663, 2702, 2712, 2723, 2758, 2794, 2814, 2927, 2987, 2992, 3024, 3102, 3116, 3130, 3176, 3206, 3257, 3276, 3277, 3282, 3292, 3301, 3302, 3314, 3320, 3336, 3337, 3366, 3391, 3397, 3405, 3409, 3425, 3442, 3448.

dardo 1203.

data 1204.

dátil 1205.

Daza, v. Hernán Daza.

debajo 732, 1080, 1509, 1853, 2183, 2243, 2273, 3122, 3126.

deber 443, 1092, 1160, 1201, 1206, 1214, 1416, 1728, 2195, 3023, 3049, 3277.

decebir 892.

decidor 1207.

decir 77, 212, 263, 318, 326, 357, 373, 436, 446, 459, 460, 482, 496, 530, 594, 658, 804, 909, 992, 996, 1021, 1046, 1125, 1208 a 1216, 1428, 1453, 1492, 1566, 1721, 1722, 1773, 1782, 1843, 1890, 2011, 2016, 2118, 2167, 2169, 2179, 2236, 2272, 2296, 2303, 2316, 2326, 2328, 2366, 2399, 2401, 2416, 2438, 2477, 2481, 2641, 2643, 2663, 2705, 2742, 2962, 2994, 3068, 3102, 3115, 3130, 3145, 3174, 3294, 3377, 3382, 3387, 3449.

dedal 129, 1217.

dedo 217, 1122, 1218, 1219, 1226, 2176, 2538; dedillo 218, 219.

defender 2125.

degollado: degollada 2360.

degollar 3087.

dehesa 320, 1221, 2588.

dejar 72, 102, 173, 243, 506, 513, 537, 618, 718, 746, 780, 792, 868, 1002, 1013, 1071, 1153, 1415, 1553, 1781, 2195, 2210, 2227, 2251, 2283, 2363, 2484, 2593, 2791, 2816, 2869, 3200, 3390, 3418.

dejo 287.

delante 25, 1525.

delantero, ra 941, 1689, 2387.

delgado 2948, 3171, 3217.

delibrar 2197.

delicado 1223.

demandador 1799.

demandar 1088, 1224, 2363, 2902, 3220.

demás 202, 957, 1446, 3056, 3330.

demasiado: demasiada 934.

demediar 2274.

demoler 2261.

dende 2832.

denodar 2468.

denostar 632, 815.

dentar 1110.

dentellada 2790.

dentera 1589, 1680, 1845.

dentro 285, 703, 1978.

denuedo 1907.

deparar 1371.

deprender 375.

deprisa 872.

derechero 249.

derecho, cha 310, 519, 805, 976, 1225 a 1227, 1353, 1360, 1982, 2711, 3303.

derramador, ra 148.

derramar 81, 416, 2013.

derredor 1325.

derribar 793, 1666.

derrocar 330.

desaconsejar 35.

desagradecido 1230.

desaguisado 1246.

desalabar 1084, 2450.

desalmado: desalmada 1499.

desamar 154, 155.

desamigo 3376.

desamorado: desamorada 1765.

desamparar 1389, 2146.

desatar 345, 873, 1012, 1499, 2300.

desatinar 346.

desavenir 1368.

desbaratar 871.

descalabrar 140, 1231, 3028.

descalostrar 1827.

descalzar 496.

descalzo 2346, 2813.

descansar 677, 1232, 1687.

descendida 3186.

descolorar 1959, 2321.

descomponer 1017, 2319.

desconocer 1388.

descontento 2124.

descornar 529.

descosido 3054.

descubrir 114, 176, 919, 1118, 1168, 1556, 1621, 1723, 1990.

donaire 589.

donar 2718.

doncella 1242, 1411 a 1414, 1434, 2397, 2411, 2943.

doncellez 2902.

donde 6, 20, 488, 733, 842, 858, 859, 865, 940, 1026, 1048, 1166, 1172, 1190, 1192, 1405, 1435, 1526, 1587, 1591, 1598, 1628, 1681, 1754, 1868, 1957, 2023, 2027, 2096, 2191, 2442, 2473, 2554, 2637, 2818, 2835, 2933, 2955, 3016, 3017, 3033, 3136, 3173, 3270, 3305, 3339, 3428, 3450, 3476; dónde 93, 510, 1633, 2474, 3397; do 6, 233, 327, 351, 405, 457, 574, 585, 650, 859, 1385, 1423, 1759, 1963, 2014, 2023, 2097, 2098, 2191, 2195, 2587, 2597, 2829, 2955, 3161, 3257, 3270, 3305, 3383, 3428; dó 510, 1423.

doña 473.

doñear 1029.

dorar 1790.

dormidor 2355.

dormir 38, 470, 623, 643, 651, 921, 928, 1278, 1415, 1420, 1460, 1473, 1484, 1527, 1555, 1973, 2137, 2499, 2788, 2790.

dos 28, 82, 126, 181, 395, 464, 634, 659, 810, 974, 1011, 1245, 1255, 1317, 1390, 1439, 1583, 1624, 1690, 1757, 1821, 1853, 1887, 2182, 2309, 2401, 2953.

dote 1421, 2494.

ducado 474, 851, 1422.

ducho, cha 494, 2100, 2175, 2176, 2826.

duda 685.

dudar 314, 1074.

duelo 87, 446, 1150, 1255, 1423 a 1427, 1435, 1836, 2670, 2811, 2922, 3035, 3056.

duendo: duenda 406.

Dueñas 3067.

dueño, ña 686, 810, 862, 1174, 1428 a 1439, 1733, 1943, 2404, 2789, 2823, 2930.

Duero 2943.

dula 2034.

dulce 1441, 1560, 1700.

dulzura 3414.

durar 58, 203, 421, 429, 606, 1120, 1165, 1171, 1408, 2665, 3177, 3188, 3322, 3341, 3414, 3430.

durmiente, 2986.

duro, ra 53, 115, 169, 964, 1071, 1301, 1442, 1746, 2074, 2657, 2673, 2757.

ea 364, 1448.

eclesiástico 3025.

echar 81, 244, 393, 523, 635, 638, 734, 762, 822, 1064, 1089, 1161, 1177, 1272, 1502, 1511, 1555, 1639, 1786, 2125, 2788, 2803, 2825, 3180, 3210, 3341.

efecto 1176.

ejército 2276.

embarazar 1851.

embarcar 2220.

embargar 693.

embeodar 67.

emborrachar 3183.

embotar 2022.

embriagar 3458.

empacho 1577.

empalagar 2157.

empanada 1289.

empecer 2996.

empedrar 1952.

empelar 2767.

empeñado 377.

empezar 771, 1000, 1444, 1600, 2514.

empicarse 3418.

empinar 1493.

empreñar 1029.

empringar 309.

empuchar 3188.

enajenar 2871.

enamorado 1445, 1446, 1966.

enamorar 1880, 2545.

encantado 2004.

encantador 1447.

encelar 2735.

encender 2626, 3265.

encerrar 2215.

encima 1406.

encina 121, 592.

encoger 3229.

encomendar 1397 1650.

encontrar 299, 653, 2237.

encornudar 1906, 2199.

encorvar 2761.

encrucijada 130.

encubierta 1448.

encubrir 403, 1320, 1524, 1554, 2946.

encuentro 1449.

ende 6.

endentecer 1450.

endrina 239.

endurador 1636, 2591.

endurar 1636, 2428.

enemigo, ga 90, 168, 191, 347, 658, 889, 1106, 1451 a 1462, 1749, 2059, 2250, 2363, 3055.

enero 1463 a 1465, 2879 a 2881.

enfadar 908.

enfermar 67, 1467, 1511, 1793, 1839, 2056.

enfermo 49, 1468, 1469, 1815, 2218, 3235.

labor 1987, 2512, 3216.
labrador 1988, 1989.
labranza 897.
labrar 107, 260, 2846.
lacerador 1636.
lacerio 1205.
lado 1741, 1840, 2341.
ladrador 2802.
ladrad 683, 684, 692, 1674, 1873, 2793, 2795.
ladrón 138, 1841, 1990 a 1996, 2139, 2522;
　ladroncillo 1997.
lágrima 980, 1998, 1999.
laguna 2000, 2001.
lamer 341, 525, 679, 685.
lamparilla 729.
lana 250, 435, 498, 1558, 2002 a 2005, 2981,
　3213.
lanceta 1305.
lanza 726, 2022.
lanzada 2324.
lar 2204.
largo, ga 608, 617, 646, 1139, 1406, 1603,
　1883, 2176, 2372, 2385, 3224, 3395, 3407.
lástima 2007.
latín 2245.
latino: latina 2384.
lavajo 2065.
lavar 577, 2182, 3049.
Lázaro Martín 2245.
lazo 1681.
leal 2008 a 2010, 3146.
lebrero 1464; liebrero 1464.
leche 1109, 2011 a 2013.
lecho 2837.
lechón 1347, 2728.
lechuga 984.
leer 1031, 2092.
legaña 2545.
legista 712.
legua 579, 2014.
lejos 347, 1962.
lengua 457, 988, 1250, 2015, 2017, 2169,
　3317.
leña 281, 320, 763, 793, 2018, 2019.
león 576, 1057, 2020.
León 165.
lerdo 312, 318.
letra 1777, 2021, 2022.
letrado 1752, 2026, 2247, 2248, 2463, 2848.
levantar 587, 663, 690, 694, 906, 922, 931,
　1276, 1495, 2027, 2306, 2526, 2803, 3424.
levar 615, 3150.
ley 711, 1598, 2023, 2024, 2454.
libertad 2025, 3130.

libra 1685, 2197, 2568.
librar 73, 1382, 1965.
libre 2871, 3013, 3159.
libro 2026; librillo 2091.
lidiar 3428.
liebre 690, 907, 1603, 2027
liebrero, v. lebrero.
ligero 64, 1931.
lima 2028, 3416.
limpiar 1811, 2536, 3040, 3433.
linaje 2510.
lindo: linda 1942.
lino 2973.
liso: lisa 2832.
lista 2398.
liviano: liviana 769.
loar 52, 748, 1572, 2932, 3147.
lobo, ba 222, 317, 772, 1284, 1758, 2029 a
　2045, 2049, 2322, 2725, 2875.
loco, ca 204, 312, 570, 1037, 1207, 1657, 2047
　a 2055, 2125, 2398, 2458, 2481, 2640,
　2865, 3042, 3044, 3254.
locura 1320, 2056, 2057.
lodazal 2058.
lodo 912, 1713, 2058; lodillo 2209.
logro 183.
longa, v. luengo.
loor 2059.
Lope 1825.
losa 2060, 2703.
lozano: lozana 2332.
Lozano 1812.
lucir 511.
luchar 2061.
luego 149, 765, 1358, 1534, 2912, 2923, 3059,
　3187, 3391.
luengo, ga 661, 1521, 1603, 3395, 3479; longa
　617.
lueñe 1275.
lugar 523, 625, 1962, 2063.
luna 225, 699, 936, 2064, 2065.
lunar 697.
lunes 1803.
luto 3191.

llaga 494, 1121, 1373, 2066.
llama 931, 2068.
llamado 2069, 2070.
llamar 12, 152, 182, 466, 482, 622, 762, 819,
　1314, 1691, 1841, 2304, 2574, 2663, 3372,
　3472.
llano 1145, 2071.
llar 606.
llave 14, 150, 2072, 2784.

pagador 962, 2616, 2618, 2620.

pagar 114, 199, 280, 457, 997, 1106, 1206, 1253, 1310, 1585, 1729, 1730, 1787, 2126, 2506, 2847, 2922, 3048, 3120, 3145, 3322, 3363, 3496.

pago 812, 2623.

paja 252, 316, 435, 2238, 2616, 2624, 2625, 3289.

pajar 2626.

pájaro 723, 1970, 2472, 2473, 2632 a 2636; pajarico 2627; pajarillo, lla 2628 a 2630; pajarito 2631.

paje 2637.

pajoso: pajosa 448.

pala 275, 2638.

palabra 512, 798, 1121, 1328, 1478, 2506, 2511, 2639 a 2649, 2882.

palacio 1076, 1862, 2345, 2650, 2695.

palma 274.

palmo 280, 1976, 2651.

palo 121, 319, 831, 1019, 1060, 1167, 1365, 1500, 1701, 1704, 2209, 2652, 2653.

paloma 566, 913.

palomar 913.

Palomo, v. Juan.

Pamplona 2919.

pan 65, 66, 108, 688, 695, 916, 986, 1005, 1026, 1120, 1122, 1331, 1387, 1427, 1474, 1548, 1551, 1584, 1746, 1838, 2019, 2276, 2295, 2333, 2655 a 2686, 3413, 3460.

panadero: panadera 245, 2019, 2687.

panal 2292, 2361.

pancho 2624.

panchón 842.

pandero 128, 1333, 1705, 2168, 2375, 2689.

panza 2690.

paño 612, 730, 1140, 1247, 1500, 1772, 2371, 2693 a 2698; 3005, 3121.

pañuelo 1361.

papa 1332, 2699, 3022.

papar 2286.

papel 2249, 2700.

papo 1683, 2105, 2352, 2701.

par 1071, 1103, 2149, 2200, 2265, 2701, 3066.

parada 1062.

paraíso 3271.

paranza 2703.

parar 31, 777, 969, 1196, 3280, 3478.

pardal 2704.

pardo 2224, 2488.

parecer₁ 571, 2705.

parecer₂ 157, 740, 933, 1129, 1132, 1174, 1181, 1380, 1824, 1847, 2332, 2490, 2706, 3109, 3176, 3198, 3265.

pared 1033, 1897, 2316, 3107, 3183.

pareja 2581.

parejo, ja 395, 652.

parentesco 1159.

pariente 187, 1131, 1196, 1302, 2356, 3182, 3445.

parir 17, 993, 1108, 1347, 1592, 2379, 2491, 2894.

parladero: parladera 2816.

parlar 2217, 2425, 2916, 3475.

parte 10, 303, 307, 523, 1289, 1926, 2707 a 2713.

partido 3058.

partir 386, 544, 1122, 2193, 2528.

parto 1403, 2491.

parva 238, 2714.

pasamano 2832.

pasar 68, 95, 149, 263, 397, 399, 400, 560, 876, 965, 1116, 1267, 1689, 1779, 1822, 1947, 2152, 2194, 2613, 2698, 2703, 2716, 2717, 2723, 2936, 3108, 3407, 3423.

pascua 757, 2152, 2718.

pascual 705.

Pascual, la 2719, 2755.

pasión 2721.

paso 353, 663, 2722, 2723.

pastor 936, 2227, 2725.

pata 2429, 2825, 3317.

patata 464.

pato 2728, 2729, 2878.

patria 3338.

patrón 2730.

pavo 1533.

Payo 2282.

paz 1706, 2295, 2731, 2732, 3029, 3319.

pecado 901, 1251, 2523, 2655, 2734, 2735.

pecador, ra 2489, 3096.

pecar 284, 631, 800, 1397, 3377.

pece, v. pez.

pecho 781, 1113, 1900, 2099, 2737, 2837.

pedidor 1608.

pedir 2, 61, 702, 844, 916, 1189, 1273, 1282, 1422, 1428, 1519, 1583, 1663, 1976, 2246, 2264, 2363, 2738, 3082, 3398.

pedrada 2639, 2740.

Pedro 2741 a 2757, 3098; Pedro de Urdemalas 2751; maese Pedro 3301; san Pedro 1349, 2744.

pega 2758 a 2760.

pegar 746, 2291, 2546, 3420.

pegujar 292.

peine 2761.

pelar 393, 615, 2768.

pelea 2762, 2763, 2840.

pelear 1990.
peligro 972, 2405, 2764, 2765.
peligroso 1593.
pelo 511, 615, 1150, 1900, 2003, 2035, 2766
    a 2768, 2981, 3035; pelillo 615, 2254.
pelleja 2227, 2589.
pellejo 513, 1027, 3425.
pena 666, 1094, 1414, 1736, 2051, 2734,
    2769.
pendencia 3029.
penetrar 2569.
penitencia 1137, 2732.
pensar$_1$ 24, 352, 404, 638, 665, 881, 938,
    1268, 1301, 1402, 1446, 1993, 2027, 2142,
    2208, 2771, 3270, 3383.
pensar$_2$ 404, 2069.
peña 1175, 2772.
Peñafiel 891.
peñolada 2773.
peón 2774.
peor 358, 545, 964, 1167, 1180, 1215, 1488,
    2181, 2474, 3174, 3185, 3491.
pepino 302.
pepita 1610, 1616.
pequeño, ña 690, 693, 900, 931, 1456, 2480,
    2762, 2903.
pera 544, 2411, 2776, 2777.
perder 1, 84, 166, 212, 219, 419, 424, 465,
    476, 524, 532, 603, 664, 733, 800, 959, 976,
    1083, 1093, 1159, 1253, 1286, 1598, 1632,
    1994, 2041, 2161, 2184, 2187, 2198, 2305,
    2410, 2440, 2474, 2495, 2685, 2778 a 2781,
    2894, 2936, 2948, 2967, 3165, 3241, 3343,
    3358, 3376, 3412.
perdigón 3091.
perdiguero 1464.
perdiz 2782, 3416.
perdón 1995.
perdonar 9, 602, 2735, 3020, 3042, 3386.
perecer 2706, 2765.
perejil 2783.
pereza 2784.
perezoso 1083, 1885, 2988.
perjurar 306.
perjuro 306.
pernear 2717.
Perogrullo 3372.
perro, rra 113, 640, 772, 980, 1278, 1331,
    1347, 1436, 2072, 2115, 2224, 2570, 2685,
    2787, 2800, 3211, 3385; perrillo, 2785.
perseverar 1488, 1865, 2915.
persona 1499, 2805.
perusino 2806.
pesar$_1$ 769, 1839, 2197, 2203, 2236, 2934.

pesar$_2$ 2922.
pescado 886, 2190.
pescador 2808, 2809, 3030.
pescar 2244, 2809, 3300.
pescuezo 1924.
pesebre 513.
peso 135.
pez$_1$ 302, 456, 458, 774, 1445, 2809, 2811,
    2812; pece 1929, 2736.
pez$_2$ 41, 939, 3204, 3353.
piadoso: piadosa 2218.
piar 878, 2628.
piara 225.
picada 2813.
picar 98, 104, 126, 279, 765, 1560, 2754,
    2760, 3113.
pícaro 2814.
picaza 2377, 2815, 2816.
pico 192, 1633, 2105, 2376, 2760, 2818, 2819.
picota 2574, 2820.
pie 786, 918, 1048, 1253, 1627, 1981, 2268,
    2429, 2541, 2821 a 2828, 2929, 3248, 3295,
    3442.
piedra 265, 719, 1175, 1365, 1670, 1983,
    2275, 2359, 2644, 2648, 2829 a 2835, 3031,
    3215, 3282.
pierna 389, 751, 755, 1586, 1613, 1944, 2397,
    2813, 2821, 2828, 2836, 2837, 3321.
pieza 2774, 2813, 3334.
piezgo 786.
pimienta 1685.
pinchar 126.
pinjado 3028.
pino 3036.
pintar 1333, 2020, 2521.
pintura 2840.
piñón 2315; piñoncito 2315.
pío: pía 2085.
pisar 797.
placer$_1$ 1378, 1380, 2029.
placer$_2$ 2841 a 2843, 2922.
placero: placera 2399.
planta 2844.
plantar 3402.
plata 28, 50, 1451, 1508.
plato 1576, 2551, 3111.
plaza 186, 1780, 1869, 2048, 2377, 2845,
    2846, 3272; praza 2894.
plazo 2847.
plegar 1393.
pleitear 2887.
pleito 101, 1023, 2848 a 2850.
plomo 3325.
plorar 703.